全国各类成人高等学校专升本招生考试统考教材

民　　法

主　编　尹志强

北京邮电大学出版社
·北　京·

图书在版编目(CIP)数据

全国各类成人高等学校招生考试统考教材:专升本.民法 / 尹志强主编.—北京 : 北京邮电大学出版社,2017.1

ISBN 978-7-5635-5029-6

Ⅰ.①全… Ⅱ.①尹… Ⅲ.①民法—中国—成人高等教育—升学参考资料 Ⅳ.①G724.4

中国版本图书馆 CIP 数据核字(2017)第 023972 号

书　　名　全国各类成人高等学校招生考试统考教材(专升本)　民法

著作责任者　尹志强　主编

责任编辑　冀爱芳

出版发行　北京邮电大学出版社

社　　址　北京市海淀区西土城路 10 号　邮编 100876

经　　销　各地新华书店

印　　刷　定州市新华印刷有限公司

开　　本　787 mm×1 092 mm　1/16

印　　张　16

字　　数　380 千字

版　　次　2017 年 1 月第 1 版　2021 年 1 月第 5 次印刷

书　　号　ISBN 978-7-5635-5029-6

定　　价　42.00 元

如有印刷问题请与北京邮电大学出版社联系　　电话:(010)62283578

E-mail: publish@bupt.edu.cn　　www.buptpress.com

出版说明

为了使考生在复习备考过程中不至于迷失方向，学习更有针对性，以达到事半功倍的效果，北京师范大学成人考试教材编写组的朱家珏、程正方、周星、梁中义、李仲来等教授接到最新考试大纲后亲自主笔认真地修订了本次的《全国各类成人高等学校招生考试统考教材（专升本）》。参加本套丛书修订的这些教授在我国教育战线德高望重，他们大多都参加了大纲的修订和考试命题工作，在修订的过程中，本着对教学认真负责的原则，坚持了以大纲为依据，坚持了以教学为目标，坚持了以突出成人考试特点为方向。他们以严谨的工作作风，以对成人高考（专升本）准确到位的把握，使本套丛书的最新修订版本融入了新的命题思想和观点。本套丛书经修订后奉献给读者，更能起到良好的效果。

本套丛书包括《政治》《英语》《民法》《大学语文》《艺术概论》《教育理论》《高等数学（一）》《高等数学（二）》《医学综合》《生态学基础》《时事政治》。在本套丛书的修订过程中侧重体现以下几个显著特点。

【紧扣大纲】本套丛书严格按照最新《全国各类成人高等学校专升本招生复习考试大纲》修订，并结合编者在北京师范大学成人教育学院举办的成人高考辅导班授课和在北京评卷的经验，以及对历年全国统考试题的分析、研究，总结出了成人高考命题的思路、方法和原则，从而充分体现了成人高考命题的新动态。

【体例新颖】在内容的选择和编排方面，根据知识的内在联系和考生的认知规律，按从简单到复杂、由浅入深、循序渐进等原则安排本套丛书的结构，丛书的编写目的是帮助老师教学和培养考生的应试能力。

【针对性强】本套丛书针对成人考生学习的特点和要求，注重基础知识复习和能力训练，以提高考生综合运用知识的能力和应试水平，能帮助考生在短期内取得良好的复习备考效果。

【免费课程】考生可扫描封底二维码，注册并领取免费课程。需要说明的是，一个手机号码只能领取一门课程，并在有效时间内进行试听下载。如需了解更多资源，请登录 wxxx. bjzchj. cn 网址进行浏览。

在修订的过程中，本套丛书仍然坚持了下面三个特点：第一，注重针对成人学习的特点，强调科学性；第二，注重试题解析与应试能力训练，强调实用性；第三，注重吸收新知识、新成果，强调时代性。

本套丛书可选作成人高考教学的标准教材，同时对高中以上相关人员自学、教研都有很好的参考价值。

希望广大师生在使用本套丛书时能提出宝贵的意见和建议，以便我们进一步修改，使之日趋完善，在此对关心本套丛书并付出辛勤劳动的同志表示衷心的感谢。

编　者

目　　录

第一部分　民法总论

第二部分　物　　权

第三部分　债　　权

第四部分　人　身　权

第五部分　婚姻家庭

第六部分　继承权

第七部分　民事责任

附　录

第一部分 民法总论

第一章 民法概述

学习目标

理解民法的概念和调整对象。掌握民法的渊源和适用范围。了解民法基本原则的概念，掌握我国民法各项基本原则的内涵。

一、民法的概念

“民法”一词有着多种含义，对于民法的概念，应分别从以下两个方面加以理解。

1. 广义的民法与狭义的民法

广义的民法是指所有的调整平等主体之间财产关系和人身关系的法律规范。其包括独立存在、名为民法的法律规范，如《中华人民共和国民法通则》（以下简称《民法通则》）；也包括存在于其他法律文件中的民事法律规范，如《中华人民共和国土地管理法》中有关土地所有权和使用权的规定；还有名称不叫民法但性质上属于民法的法律，如《中华人民共和国公司法》《中华人民共和国票据法》以及最高人民法院的民事司法解释、地方性民事法规、国家认可的民事习惯等也都属于广义上的民法。

狭义的民法仅指名为民法的法律规范。

2. 实质意义上的民法和形式意义上的民法

实质意义上的民法等同于广义的民法，是指在性质上属于调整平等主体之间财产关系和人身关系的法律。形式意义上的民法是指国家立法机关通过一定的程序、按照一定的逻辑体系编纂、以法典方式命名的民事成文法，即民法典。民法典是民法的最高形式，具有逻辑严密、体系完备、条文众多、相对稳定等特点。我国现在还没有制定民法典，《中华人民共和国民法通则》不是民法典，而是民事单行法，《民法通则》为民法典的制定奠定了一定的基础。《中华人民共和国民法总则》（以下简称《民法总则》）是民法典的总则编，规定了民事活动的基本原则和一般规定，在民法典中起统领性作用，观其内容很大程度上是《民法通则》的修订版。虽然两法将在最近几年并行，但依照新法优于旧法的原则，条文存在冲突的以《民法总则》的规定为准。

我国采纳的是广义民法的概念。其包括民法总则、物权法、债与合同法、侵权行为法、知识产权法、婚姻法、继承法以及公司法、证券法、保险法、海商法、票据法、企业破产法等。

二、民法的调整对象

根据《民法总则》第二条的规定，我国民法的调整对象是平等主体的自然人、法人和非法人组织之间的财产关系和人身关系。

财产关系是指人们在产品的生产、分配、交换和消费过程中形成的具有经济内容的社会关系。人身关系是指人们基于人格和身份所形成的社会关系。不同的财产关系和人身关系有着不同的特点，分属不同的法律调整，民法只调整平等主体之间的财产关系和人身关系。而如税收关系等具有命令和服从性质的财产关系，以及如领导与被领导的关系等则不是民法的调整范围。

平等主体是指参加民事法律关系地位平等的当事人。在民法调整的社会关系中，不论当事人是自然人、法人、国家，也不论当事人的地位、身份、经济状况如何，彼此之间的法律地位平等，没有领导和服从的关系，任何一方都不得把自己的意志强加给对方。

三、民法的渊源

民法的渊源是指民法的表现形式。民法同其他法律规范一样，必须借助于一定的形式表现出来，才能成为具有国家强制力的行为准则。

1. 制定法

制定法是指立法机关以条款形式编纂，制定成文件并予颁行的法律。民法的制定法形式有以下几种。

（1）宪法。宪法是全国人民代表大会制定的根本大法，具有最高的法律效力。宪法中有关财产所有权的制度、公民的基本权利和义务的制度等，都是民法的表现形式。民事基本法和单行法都必须以宪法的有关规定为依据。

（2）民事法律。民事法律是全国人民代表大会及其常务委员会制定颁布的民事立法文件，是我国民法的主要表现形式。民事法律的形式有民事基本法、民事单行法、民事特别法的区分。民事基本法就是民法典。民事单行法，是为调整某特定类型的民事关系而制定和颁行的法律。我国目前的民事法律，以单行法的形式为特征，《中华人民共和国合同法》（以下简称《合同法》）、《中华人民共和国担保法》《中华人民共和国继承法》《中华人民共和国专利法》《中华人民共和国商标法》《中华人民共和国著作权法》等，都属于单行法。民事特别法是指相对于民事基本法而具有特别规定的单行法。民事特别法既遵循民事基本法的基本原则和规定，又有特别的原则和规定，而且这些特别的原则和规定，应当优先适用。如《中华人民共和国公司法》《中华人民共和国票据法》等，就属于民事特别法。

（3）国务院及其各部委发布的行政法规、规章中的民事规范。国务院是国家最高行政机关，可以根据宪法、法律和全国人民代表大会常务委员会的授权，制定和发布民事规范。由国务院及其部委发布的民事规范，是我国民法的重要表现形式。例如《中华人民共和国商标法实施条例》等。

（4）地方性法规、民族区域自治条例和单行条例中的民事规范。地方各级权力机关、行政机关依照宪法和法律制定和颁布的，只在本地区内发生法律效力的民事规范，也是我国民法的渊源。

（5）最高人民法院的司法解释。最高人民法院是我国的最高审判机关，有权就审判工作中具体运用民事法律进行司法解释。最高人民法院的民事司法解释，是我国民法的重要渊源之一。例如《关于贯彻执行<中华人民共和国民法通则>若干问题的意见》（以下简称《民通意见》）等。

2. 习惯法

习惯法是独立于国家制定法之外，依据某种社会权威和社会组织，具有一定强制性的行为规范的总和。在现代法律体系中，习惯法的作用大大减弱，已经不是主要渊源，但是仍然在一个国家的法律体系中扮演着不可或缺的角色。

民事习惯是人们在民事活动中反复适用所形成的相对固定的行为规则。经过国家认可的民事习惯，成为民法的渊源。

四、民法的适用范围

民法的适用范围，也称民法的效力，是指民事法律规范在何时、何地、对何人发生法律效力。民法的效力包括以下三个方面。

1. 民法对人的效力

民法对人的效力即指民法对哪些人有法律效力。民法上的人包括自然人和法人。我国民法对人的效力主要有以下几种情况。

第一，对居住在我国境内的中国公民和设立在中国境内的中国法人，都具有法律效力。

第二，对于居留在我国境内的外国人、无国籍人和经我国政府准许设立在中国境内的外国法人，原则上都具有法律效力，但依法享有外交豁免权的人除外。另外，我国民法中某些专门由中国公民、法人享有的权利，对外国人、无国籍人和外国法人不具有法律效力。

第三，居住在外国的我国公民，原则上适用住在国的民法，而不适用我国民法。但是，依照我国法律以及我国与其他国家缔结的双边协定，或我国参加的国际条约，我国认可的国际惯例，应当适用我国民法的，仍然适用我国民法。

2. 民法在时间上的效力

民法在时间上的效力主要指两个方面。

第一，民事法律规范发生法律效力的起止时间，即从什么时候开始生效，到什么时间终止效力。立法上对民事法律规范开始生效的时间，通常有两种做法：一种是在法律文件中明确规定，该法从其通过或公布之日起开始生效；另一种是在民事规范的条文中，单独列举一条说明该规范在公布后的什么时间才开始生效。例如，《民法总则》是 2017 年 3 月 15 日通过的，但该法第二百零六条规定："本法自 2017 年 10 月 1 日起施行。"这种规定是为了让人们在新法生效之前了解该法，并给有关司法机关以准备时间。民事法律的失效时间，法律本身一般都不作规定，而是通过下列方式进行：自然失效，即当某一民事法规规定的任务已经完成后，该法规的效力自然终止；在公布新的法律时，明确宣布以前的同类法规与其相抵触的部分效力终止；修改并重新公布实施法律，并宣布原法律的效力终止。

第二，民法上的溯及既往效力，即民法对于其公布实施以前发生的民事关系有无溯及既往的效力。通常情况下，新的民事法律，只适用于该法生效后所发生的民事关系，也就是说，民法原则上没有溯及既往的效力。

3. 民法在空间上的效力

民法在空间上的效力是指民法在什么地域内适用。由于制定法律的机关不同，民事法规在空间上的适用范围也就不同。一般分为两种情况。

第一，凡是由全国人民代表大会及其常委会、国务院及其各部、委等中央机关制定并颁布的民事法规，适用于中华人民共和国的领土、领空、领水，以及根据国际法和国际惯例应当视为我国领域的一切领域。例如，我国的驻外使馆、领馆，我国在境外的船舶、飞机等。

第二，凡是地方各级政权机关所颁布的法规，只在该地区内发生法律效力，在其他地区不发生效力。

从以上两种情况可以看出，我国民法的适用范围以属地法为原则，即凡是在中国领域内发生的民事活动，原则上都适用中国法律。

五、民法的基本原则

民法的基本原则是指在民事立法和司法中必须遵守的，其效力贯穿民法始终的根本性规则。民法的基本原则反映民事活动的根本属性，其内容具有普遍的约束力，是指导民事立法、民事审判活动和民事主体的民事活动的最高准则。民法的基本原则是克服法律局限性的工具。

根据《民法通则》的规定，我国民法的基本原则有以下几项。

1. 自愿原则

自愿原则是指民事主体在不违反法律的条件下能够充分根据自己的内心意愿，设立、变更和终止民事法律关系的原则。自愿原则也称“意思自治原则”。自愿原则有三方面含义：第一，民事主体有权自愿决定是否进行某一民事活动，他人无权干涉；第二，民事主体在合法范围内有选择对方当事人以及行为的内容、行为的方式的自由；第三，民事主体有权约定解决纠纷的条款，确定解决争议的方式。

2. 平等原则

平等原则是指民事主体在民事活动中法律地位平等，当事人之间不存在一方服从另一方的关系的原则。平等原则是民法所调整的社会关系本质的最集中反映，也是民法区别于其他部门法的主要标志。该原则的基本含义是：参加民事活动的当事人，无论是自然人还是法人，无论其所有制性质如何，也无论其经济实力强弱，其在法律上的地位是平等的，适用的法律是同一的，法律也对双方提供平等的保护。

3. 公平原则

公平原则是指民事立法应当体现社会正义和公平的观念，民事主体应当依据社会公认的公平观念从事民事活动，司法机关应当本着社会正义和公平的精神行使裁判权的原则。

这一原则的含义有三个方面：第一，民事主体参加民事活动的机会是公平的；第二，民事主体在享有权利和承担义务方面不能显失公平；第三，民事主体在承担民事法律责任方面，条件是公平的、相同的，通常，按过错来承担责任，双方无过错但有损害的，由双方合理分担损失。

4. 诚信原则

诚信原则是指在民事活动中必须实事求是、讲究信誉、不规避法律、兼顾他人权益的原则。诚信原则，要求民事主体以诚实、善意的态度行使民事权利和履行民事义务，使当事人都能得到应得的利益，不容许损人利己；当发生特殊情况，使当事人之间的利益失去平衡时，法官可以公平裁量，调整双方的利益。

5. 公序良俗原则

公序良俗原则，是指民事行为不得违反公共秩序或者善良风俗。公共秩序是指社会的存在及其发展所必需的一般秩序。善良风俗是指社会的存在及其发展所必需的一般道德。公序良俗原则是维护国家和社会利益的需要，是约束民事行为的最低要求，是当事人行为自主的底线，不可逾越。

6. 禁止滥用权利的原则

禁止滥用权利原则是指行使民事权利不得超越正当界限，不得损害他人权益，不得违反法律和社会公德，不得损害社会公共利益的原则。

7. 绿色原则

绿色原则要求在人与自然的关系上秉承一代人之内的分配正义，即代内正义；在人与自然的关系上秉承不同代人之间的分配正义，即代际正义；在人与自然的关系上秉承人与其他物种之间的分配正义，即种际正义，是三重正义观的体现。绿色原则既传承了天地人和、人与自然和谐共生的传统文化理念，又与我国是人口大国，需要长期处理好人与资源生态的矛盾这样一个国情相适应。

练习题

一、单项选择题

1. 民法所调整的财产关系（　　）。

A. 都是有偿的　　B. 都是无偿的

C. 一般是有偿的　　D. 一般是无偿的

2. 下列社会关系中，不属于民法调整的是（　　）。

A. 甲与乙之间发生的损害赔偿纠纷

B. 税务机关与纳税人之间的税款征收关系

C. 托运人与承运人之间订立的货物运输合同关系

D. 某工商管理机关与某电脑城签订购买电脑的买卖合同关系

3. 我国民法不适用于（　　）。

A. 我国领域内的外国人　　B. 我国领域外的外国人

C. 我国领域外的中国人　　D. 我国领域内的无国籍人

4. 下列原则中，属于民法基本原则的是（　　）。

A. 诚信原则　　B. 对等互利原则

C. 实事求是原则　　D. 尊重主权原则

5. 2016 年春，张某购得一套房屋，入住后发现该房防水存在质量问题，致使起居室的一面墙终日潮湿。张某决定将该房卖掉。为此，张某在该墙面重新贴好了壁纸，从外观上已看不出有什么问题。2017 年夏，李某看中该房并与张某签订了房屋买卖合同，且已交付首付款。但在交房之前，李某得知了张某卖房的真实原因以及张某隐瞒房屋质量问题的情节，遂提出退房。张某的行为违背了民法基本原则中的（　　）。

A. 自愿原则　　B. 公平原则

C. 等价有偿原则　　D. 诚信原则

6. 民法上所讲的平等原则是指（　　）。

A. 男女平等　　B. 法律面前人人平等

C. 案件的判决结果对当事人平等　　D. 民事法律关系中当事人的法律地位平等

7. 能够成为我国民法渊源的是（　　）。

A. 学说　　B. 判例

C. 习惯法　　D. 道德规范

8. 关于民法的效力范围，下列表述正确的是（　　）。

A. 我国民法适用于中华人民共和国一切领域

B. 我国民法适用于除少数民族地区以外的所有领域

C. 民族自治地方的人民代表大会可以结合当地民族的特点，制定单行条例或规定

D. 自治州（县）人民代表大会制定的，应报省、自治区人民代表大会常务委员会备案

二、简答题

1. 简述我国民法对人的适用范围。
2. 简述民法的自愿原则。
3. 简述民法的平等原则。

三、论述题

论述我国民法的调整对象。

参考答案

扫码阅读

第二章　民事法律关系

学习目标

理解民事法律关系的概念、特征及要素。掌握民事权利的概念与分类。理解民事权利的保护方法。了解民事义务的概念与分类。

一、民事法律关系概述

民事法律关系是指由民事法律规范调整的，以民事权利和民事义务为内容的社会关系。民事法律关系是民法调整对象在法律上的具体体现。在实际生活中，人们之间会产生各种关系，其中符合民事法律规范，具有民事权利和义务内容的才是民事法律关系。

1. 民事法律关系的特征

民事法律关系有以下特征。

（1）主体地位平等。在民事法律关系中，主体的法律地位是平等的，而不管其是自然人还是法人，也不论其行政职务的高低、财产的多寡，这与行政法律关系中的命令与服从特征是不同的。

（2）民事权利和民事义务对等。在民事法律关系中，民事主体在享受一定权利的同时，也相应地承担一定的义务。

（3）权利救济和补偿性民事主体地位平等。在一方受到侵害时，当事人不能惩罚另一方，法律只是保障受侵害人得到补偿。

2. 民事法律关系的要素

民事法律关系由主体、内容、客体三个要素组成。

（1）主体。民事法律关系的主体是指参加民事法律关系、享有民事权利、承担民事义务的人。其包括自然人、法人。在特定条件下国家作为整体也可以成为民事主体。

民事法律关系是人与人之间的关系，所以，一个民事法律关系，至少有两方主体，其中，享受权利的一方是权利主体，承担义务的一方是义务主体。通常情况下，民事主体既是权利主体，又是义务主体。这是由法律关系的权利义务的对等性所决定的。

（2）内容。民事法律关系的内容，是民事主体在法律关系中享有的民事权利和承担的民事义务。

（3）客体。民事法律关系的客体，是民事权利和民事义务共同指向的对象。其包括物、行为和智力成果。

物，是指具有使用价值并能为人力所支配的物质实体和自然力。具体内容将在物权的有关章节中详细阐述。

行为，是指民事法律关系中权利人行使权利和义务人履行义务的活动。

智力成果，是指人们脑力劳动所创造的成果。智力成果是与人身相联系的非物质财富。如著作、科学发明等。

3. 民事法律事实

（1）民事法律事实的概念和分类。民事法律事实是指能够引起民事法律关系发生、变更或者消灭的客观现象。民事法律关系是受民事法律规范调整的社会关系。没有民事法律规范的存在，社会关系不能成为民事法律关系。因此，民事法律关系的产生、变更和消灭首先必须以相应的民事法律规范的存在为前提。但是，民事法律规范的存在并不能直接导致具体民事法律关系的产生、变更和消灭，只有当民事法律规范所规定的客观现象出现时，才能导致具体民事法律关系的产生、变更和消灭。这种能够导致具体民事法律关系产生、变更和消灭的客观现象，就是民事法律事实。

以是否与人的主观意志有关为标准，民事法律事实可以分为行为和自然事实两大类。

① 行为。行为是指人的有意识的活动。行为是主要的民事法律事实，涉及范围很广，例如，抛弃所有权、继承财产、订立合同、转让商标使用权、董事会决议、汇票背书等。

以行为是否合法为标准，行为可以分为合法行为和违法行为。前者如依法订立合同，后者如侵权行为、违约行为等。

以是否以意思表示为要素作为标准，行为可以分为民事行为与事实行为。民事行为，是指民事主体实施的以发生民事法律后果为目的，以意思表示为要素的行为，如订立合同、立遗嘱等。事实行为，是指行为人没有产生相应民事法律后果的意思表示，但根据法律规定发生一定民事法律后果的行为，如无因管理、拾得遗失物等。

② 自然事实。自然事实是指行为以外的、能够引起民事法律关系产生、变更和消灭的事实，如地震、海啸、人的出生和死亡等。所谓"行为以外的"，就是指与人的意志无关的现象。自然事实又分为事件和状态。

事件是指某种客观现象的发生，如人的出生、死亡，发生自然灾害、爆发战争等。状态是指某种客观现象的持续，如物的继续占有、生死不明、时间的经过等。

（2）民事法律事实的构成。民事法律关系的发生、变更或终止，有时只需要一个民事法律事实，有时却需要两个或者两个以上的民事法律事实。前者如甲将乙打伤，乙请求甲损害赔偿关系的成立，只需有甲的侵权行为这样一个民事法律事实即可。后者如遗嘱继承法律关系，需要有立遗嘱的行为和被继承人死亡这两个民事法律事实结合才能产生。这种引起民事法律关系产生、变更或终止的两个以上的民事法律事实的结合，称为民事法律事实构成。

二、民事权利

1. 民事权利的概念

民事权利是指民法赋予民事主体为实现其利益可实施行为的范围，即当事人在法律的保障下，在一定范围内的意思自由。它包含权利人可以在法定范围内，依自己的意思进行民事活动，实现其利益；可以要求负有义务的人为一定行为，以实现自己的利益；以及享有权利的人因他人的行为而使权利不能实现时，有权要求司法机关予以保护等内容。

2. 民事权利的分类

民事权利从不同的角度，以不同的标准可以有多种划分，主要的划分包括以下几种。

（1）根据民事权利的客体所体现的利益的性质，民事权利可以分为财产权与人身权。财产权是以财产为客体，具有一定物质内容，直接体现某种经济利益的权利。其包括物权、债权、继承权等。

人身权是以民事主体的人身性要素为客体的权利，包括人格权和身份权。人格权又分为生命权、健康权、身体权、姓名权、肖像权、名誉权、隐私权、自由权等；身份权又分为亲权、亲属权等。

（2）根据民事权利的作用，民事权利可以分为支配权、请求权、形成权、抗辩权。支配权是指对权利标的享有的排他性的、直接支配的权利。这种权利仅凭权利人自己的意思即可实现，无须义务人的积极行为相配合。义务人的义务只是容忍、尊重和不干预，表现为不作为。物权、人身权和知识产权是支配权。

请求权是指权利主体可以请求他人为一定行为或者不为一定行为的权利。在请求权中，权利人不能对权利的标的进行直接支配，而只能请求义务人为一定行为或者不为一定行为。在效力上，同一客体可以存在两个以上的互不相容的请求权，而且彼此平等，没有优先性。

形成权是指依照权利人的单方意思表示，就能使既存的法律关系发生变化的权利。其特点是突破了双方法律关系非经协议或其他法律上的原因不得变更的传统民法原则。追认权、解除权、撤销权等都是形成权。

抗辩权是指对抗相对人行使请求权的权利。抗辩权的作用是阻止请求权的效力。当对方行使请求权时，用抗辩权进行“防御”。抗辩权分为延期抗辩权和永久性抗辩权。前者指效力暂时地阻止请求权的抗辩权，包括同时履行抗辩权和先诉抗辩权。所谓同时履行抗辩权是指在双务合同中，一方当事人享有的在他方当事人未为对待给付时，拒绝给付的抗辩权。所谓先诉抗辩权是指一般保证的保证人在债权人未就主债务人的财产请求强制执行时，可以拒绝清偿的抗辩权。后者是指效力永久地阻止请求权的抗辩权，例如诉讼时效抗辩权等。

（3）根据其效力范围，民事权利可以分为绝对权和相对权。绝对权是指能够请求不特定的任何人为一定行为的权利。绝对权的义务主体是权利人以外的世界上的一切人，所以，又称为“对世权”。如所有权、人身权等都是绝对权。

相对权是指权利主体仅能向特定的人请求为一定行为的权利。因为权利人只能向特定的义务人请求为特定行为，所以，相对权又称为“对人权”。相对权一般要靠义务人的积极行为才能实现。例如债权等。

（4）根据其相互之间依赖关系，民事权利可以分为主权利与从权利。在相互有关联的几项权利中，凡是可以不依赖其他权利而独立存在的权利是主权利；凡必须以其他民事权利的存在为其存在前提的权利是从权利。主权利与从权利是相互对应的，主权利不存在，从权利也就不可能存在。没有从权利，主权利也就无从谈起。例如，在有担保的债权中，担保权利相对于其所担保的债权而言是从权利，债权是主权利。如果没有债权，担保权就不可能存在；反之，如果仅有债权，没有设置担保，那么，区分主、从权利也就没有了意义。

（5）根据其地位，民事权利可以分为原权利和救济权。原权利和救济权是在有原生和派生关系的几项权利中，以其地位而进行的一种划分。当某一权利受到侵害或者有被侵害危险时，产生的保护或恢复受侵害权利的权利是救济权，其中，救济权所要保护或恢复的权利是原权利。民法在赋予当事人原权利的同时，也赋予其救济权。当原权利受到侵害或者有被侵害危险时，救济权开始发生作用。通常如所有权、合同债权、继承权等是原权利；而请求停止侵害、恢复原状、支付违约金、赔偿损失、恢复名誉等都是救济权。

（6）根据权利要件是否齐备，民事权利分为既得权与期待权。既得权是指已经具备全部要件，被当事人实际享有的权利。例如，公民死亡时，其继承人依继承权而实际取得遗产等。期待权是指已经具备权利构成的部分要件，须等其他要件具备时才能实际享有的权利。即期待权是一种将来可能享有的权利。例如，我们说，每一个人都有继承权，这只是说继承开始前的继承权，是一种期待权，要使其变为既得权，即实际取得遗产，还须具备被继承人死亡和留有遗产这样的条件。

以上对民事权利的分类，是按照不同的标准进行的。对同一种权利，以不同的标准分析会得到多种权利名称，如所有权是财产权，又是绝对权、既得权、原权利等。

3. 民事权利的保护方法

民事权利的保护方法，是指保障民事权利不受侵害或者恢复被侵害的民事权利所采取的救济措施。民事权利的保护方法主要有公力救济和私力救济两种。

(1) 公力救济。公力救济，是指通过法定程序，向国家有关机关请求对其权利进行保护。公力救济的主要程序是民事诉讼和强制执行。如通过给付之诉，使责任人返还原物、恢复原状等。

民事权利受到侵害时，主要依赖于国家的公力救济。但在紧急情况下，若固守公力救济，可能缓不济急，加重损害的程度，所以法律又规定在特殊情况下允许私力救济。

(2) 私力救济。私力救济也叫“自力救济”，是指在权利受到侵害时，权利人依靠自己的力量强制他人、保护权利的行为。例如，为保护自己的人身权而反击行凶者；扣留不付费用的用餐者等。私力救济分为自卫行为和自助行为两种情形。

自卫行为，是指为了防卫或避免自己或他人所面临的侵害，不得已而侵害他人的行为，包括正当防卫和紧急避险。正当防卫，是指为了使本人或他人的财产或人身权利免遭正在进行的不法侵害，而对侵权行为人所采取的必要防卫行为。这种防卫行为是一种合法行为，行为人对给侵权人造成的损害不承担民事或刑事责任。紧急避险，是指为了使本人或他人的人身或财产免受正在发生的侵害，不得已而采取的损害他人权益的行为。紧急避险行为是为避免较大损害的发生，而采取的以较小的损害来保全较大利益的行为。所以，它也是一种自卫行为。但是，它与正当防卫是不同的，正当防卫是对侵害的反击，反击的是侵权行为人；而紧急避险则是逃避侵害，其加害的是无辜的人。

自助行为，是指为了保护自己的权利，对于加害人的自由加以拘束，或对其财产实施扣押、毁损的行为。例如，暂时扣留乘车不买票的人等。

三、民事义务

民事义务，是指民事法律关系的当事人一方，依法为满足另一方的利益而为某种行为或不为某种行为的拘束。民事义务是当事人必须履行的，它也是与权利相对应的。通常情况下，权利的实现需要义务的履行。

从权利的方面，可以较准确地反映民事法律关系的性质和内容，所以，民法多是从民事权利角度规定和阐述各种民事法律关系，因此，也有人将民法称为权利法。但民事义务毕竟与民事权利是不同的，民事权利不是强制的，主体可以抛弃，而民事义务一旦设定，就不能抛弃。

民事义务从形态上分为作为义务和不作为义务。依其他标准可以分为：专属义务和非专属义务；主义务和从义务；法定义务和约定义务；积极义务和消极义务；一般义务和附随义务等。

练习题

一、单项选择题

1. 民事法律关系的客体包括（　　）。

A. 物　　B. 行为

C. 智力成果　　D. 物、行为、智力成果和人身利益

2. 支配权和请求权划分的依据是（　　）。

A. 行使权力的人不同　　B. 权利的客体不同

C. 法律规定不同　　　　　　　　D. 权利的作用不同

3. 债权人对于债务人提供的质押物所享有的权利是（　　）。

A. 从权利　　B. 请求权　　C. 主权利　　D. 抗辩权

4. 对民事权利的最基本的分类是（　　）。

A. 人身权和财产权　　　　　　　B. 支配权和请求权

C. 物权和债权　　　　　　　　　D. 主权和从权

5. 下列各行为中，属于自力救济且不承担责任的是（　　）。

A. 为防止盗贼逃跑将其停放在屋前的汽车轮胎扎破

B. 为看家护院所养的狼狗，将入院的小偷乙咬成重伤

C. 见小偷乙在屋中寻找钱物，遂乘乙不备将其左臂砍下

D. 为保护自家承包的鱼塘免受小偷侵扰在鱼塘的四周架设高压电网，致使小偷被电死

6. 甲在被洪水围困时，为了救助自家和邻居家的财物，未经乙同意，使用了乙的小船。甲的行为是（　　）。

A. 侵权行为　　B. 自助行为　　C. 正当防卫行为　　D. 紧急避险行为

7. 以民事义务发生的根据为标准，民事义务可以分为（　　）。

A. 财产义务与非财产义务　　　　B. 作为义务与不作为义务

C. 法定义务与约定义务　　　　　D. 专属义务与非专属义务

8. 民事法律关系中，民事权利与民事义务的关系是（　　）。

A. 平等的　　B. 公平的　　C. 对等的　　D. 相等的

二、简答题

1. 民事法律关系的概念与特征。
2. 简述民事法律关系的要素。
3. 简述民事权利的保护方法。

三、论述题

论述民法的私力救济。

参考答案

扫码阅读

第三章 自 然 人

学习目标

了解自然人的概念与住所。掌握自然人民事权利能力的概念与特征、开始与终止。掌握自然人民事行为能力的概念、特征及类型。了解宣告失踪的条件与法律后果，掌握宣告死亡的条件与法律后果。掌握监护的概念与设定、监护人及其职责。

一、自然人

1. 自然人的概念

自然人是指基于自然规律出生而享有法律人格的人。自然人是相对法人而言的法律概念。“自然人”和“公民”是两个概念。公民是指具有一国国籍，并根据该国法律享有权利、承担义务的自然人。在我国的民事主体中，不仅我国公民，外国人和无国籍人依法也可以从事民事活动，成为我国的民事主体。因此，在规定公民是民事主体的同时，需要使用“自然人”的概念，赋予外国人和无国籍人依法享有民事主体的资格。

2. 自然人的住所

自然人的住所是法律确认的自然人的中心生活场所。自然人的住所依法只能有一个，即以户籍登记或者其他有效身份登记记载的居所为住所。如果经常居所与住所不一致，经常居所视为住所。经常居所是指连续居住 1 年以上的居所。

住所是自然人进行民事活动的中心场所，所以，住所对公民有重要法律意义。

(1) 住所决定自然人失踪的空间标准。认定自然人是否失踪，应以其是否离开其住所下落不明为标准。

(2) 住所是决定婚姻登记管辖的空间标准。当事人要缔结婚姻关系或解除婚姻关系，须到一方户籍所在地的婚姻登记机关申请办理，通常情况下，户籍所在地就是住所地。

(3) 住所是决定个体工商户登记管辖的空间标准。

(4) 住所是决定民事诉讼地域管辖的标准和诉讼文书送达的空间标准以及债务清偿地的标准。

(5) 住所是决定涉外民事法律关系法律适用的空间标准。如在涉外继承案件中，法定继承，动产适用被继承人死亡时住所地法律。

(6) 在其他法律中，住所也有其重要的法律意义。如选举、纳税、嫌疑犯的取保候审等工作无一不是以其住所为中心而进行的。

二、自然人的民事权利能力

(一) 自然人的民事权利能力的概念和特征

1. 自然人的民事权利能力

民事权利能力，是指法律赋予民事主体享有民事权利和承担民事义务的资格。民事权利能力是自然人取得具体民事权利和承担具体民事义务的前提或可能性，它反映民事主体在民法上的地位。也就是说，民事权利能力与民事权利是不同的，其不同表现在以下几方面。

（1）民事权利能力是民事主体享有权利的一种可能性，不论主体是否参加了民事法律关系，均享有这种资格；而作为民事主体实际享有的民事权利，则只有主体参加到具体的民事法律关系中，才能实现。

（2）民事权利能力既包括主体取得民事权利的资格，也包括承担义务的资格；而民事权利则不包含义务的内容。

（3）民事权利能力与主体的人身不可分离，本人既不能放弃也不能转让；而民事权利除人身权外，既可以由主体依法进行转让或抛弃，也可以被依法限制行使或被剥夺。

2. 自然人民事权利能力的特征

自然人的民事权利能力具有以下特征。

（1）平等性。《民法总则》第十四条规定："自然人的民事权利能力一律平等。"这也是宪法规定的"法律面前人人平等"原则在民法中的具体体现。民事权利能力平等指人们参与民事活动、设定民事权利的机会平等，以及拥有权利能力的人平等。自然人不分男女、老幼，不论其行政职务高低、财产多寡，身心正常或残疾，其权利能力都是平等的，不存在也不允许存在歧视性的差别。

（2）权利和义务的一致性。在民事权利能力中，既包含享有民事权利的能力，也包含承担民事义务的能力，是权利和义务的统一体。在民事活动中，公民享有民事权利的同时，也必须承担相应的民事义务。

（3）不可转让性。自然人的民事权利能力仅因死亡而消灭，与民事主体的人身不可分离，本人不能转让或抛弃，他人也不得非法加以限制或剥夺。

（二）自然人民事权利能力的开始和终止

《民法通则》第九条规定："公民从出生时起到死亡时止，具有民事权利能力，依法享有民事权利，承担民事义务。"从这一规定可以看出，我国公民的民事权利能力是从公民出生时开始的，公民死亡时终止的。《民法总则》第十五条规定，自然人的出生时间和死亡时间，以出生证明、死亡证明记载的时间为准；没有出生证明、死亡证明的，以户籍登记或者其他有效身份登记记载的时间为准。有其他证据足以推翻以上记载时间的，以该证据证明的时间为准。

1. 出生

自然人的权利能力因出生而当然取得，无须履行任何法律手续。出生作为法律事实中的自然事件，是指自然人脱离母体而成为有生命的独立体的事实。在判断出生的具体时间上，有各种各样的主张，如阵痛说、一部露出说、全部露出说、断脐说、初啼说、独立呼吸说等。实质上，所谓"出生"应具备"出"和"生"两个要素，即胎儿有生命的脱离母体。

民事权利能力是民事主体的能力，胎儿没有出生，就不是民事主体，也就没有民事权利能力。但是，在一般情况下，胎儿是要出生的，所以，对于胎儿这一将来的民事主体的利益必须给予必要的保护。在我国主要体现在《继承法》第二十八条的规定："遗产分割时，应当保留胎儿的继承份额。胎儿出生时是死体的，保留的份额按照法定继承办理。"

2. 死亡

死亡是民法上规定的自然人民事权利能力终止的法定事由，也是唯一的原因。自然人一旦死亡，便失去了从事民事活动、参加民事法律关系的可能性和必要性。法律也就没有必要再为其保留民事权利能力。自然人的死亡有两种方式：自然死亡和宣告死亡。

自然死亡又称生理死亡或绝对死亡，是自然人生命最终结束的客观事实。关于自然人自然死亡的时间界限，理论界有争论。有呼吸停止说、心脏停止跳动说及脑死亡说等。严格来讲，确定自然人死亡的具体时间是由一定时期医学发展的水平所决定的，在当时医学上所能确定的死亡标准，就应当是当时法律上确定的死亡标准。不能单纯地以某一个学说为确定的标准。

宣告死亡是指通过法定程序确定失踪人死亡。《民法总则》第四十八条规定："被宣告死亡的人，人民法院宣告死亡的判决作出之日视为其死亡的日期；因意外事件下落不明宣告死亡的，意外事件发生之日视为其死亡的日期。"

三、自然人的民事行为能力

（一）民事行为能力的概念和特征

1. 自然人的民事行为能力

自然人的民事行为能力，是指自然人能够通过自己的行为取得民事权利和设定并承担民事义务的资格。

法律确定自然人具有民事权利能力，但这只是一种可能性，当事人必须具有通过一定的行为，使其变为现实的资格，这种资格就是民事行为能力，它是法律赋予的。法律确认当事人是否有这种能力的标准是其意思能力，即对自己行为性质的认识能力和对行为后果的判断能力。意思能力是人事实上的能力，它不是法律赋予的，它是确定民事行为能力的基础。当事人对自己的行为有正常的认识能力和判断能力的，法律即赋予其民事行为能力，否则，就不赋予其民事行为能力。

2. 自然人民事行为能力的特征

（1）民事行为能力是由国家法律确认的。当事人是否具有独立从事民事活动的能力，是由法律确认的，而不是按当事人的意愿确定的。

（2）民事行为能力与自然人的年龄和智力状态相联系。如前所述，民事行为能力以意思能力为基础，而意思能力又是在智力发育正常情况下，须达到一定年龄后才能完全具备的。这一特征是民事行为能力与民事权利能力的主要区别之一。

（3）民事行为能力非依法定条件和程序不得限制或取消。民事行为能力是法律赋予的，不管是他人还是其本人，非依法定的条件和程序都不得擅自加以限制、取消或放弃。

（二）自然人民事行为能力的类型

我国《民法通则》以自然人的年龄、智力、精神健康状况为标准，将自然人的民事行为能力分为三种。

1. 完全民事行为能力

完全民事行为能力，是指自然人能够通过自己的独立行为进行民事活动的能力。通常情况下，自然人是随年龄的增长，智力也在逐渐发育健全。到成年时，其不仅能够有意识地实施民事法律行为，并且能够理智地判断和理解法律规范和社会共同生活规则，能够估计某一行为的后果。所以，法律赋予其可以独立进行民事法律行为的能力，是完全民事行为能力人。

《民法总则》第十七条规定："十八周岁以上的自然人为成年人。不满十八周岁的自然人为未成年人。"《民法总则》第十八条规定："成年人为完全民事行为能力人，可以独立实施民事法律行为。十六周岁以上的未成年人，以自己的劳动收入为主要生活来源的，视为完全民事行为能力人。"这说明在我国，年满 18 周岁、智力正常的人是完全民事行为能力人。而对 16 周岁以上不满 18 周岁的人，如果能够以自己的劳动取得收入，并能维持当地群众一般生活水平的，法律推定其为完全民事行为能力人。这是一种特殊的完全民事行为能力人，其资格构成须同时满足年龄限制和以其劳动收入为主要生活来源两方面条件。

2. 限制民事行为能力

限制民事行为能力，是指法律赋予自然人享有的不完全的民事行为能力。自然人只在一定范围内具有民事行为能力，超出一定的范围便不具有相应的民事行为能力。

依照《民法总则》第十九条和第二十二条的规定，八周岁以上的未成年人以及不能完全辨认自己行为的成年人是限制民事行为能力人。限制民事行为能力人可以独立实施纯获利益的民事法律行为或者与其智力、精神健康状况相适应的民事活动，其他民事活动由他的法定代理人代理，或者征得他的法定代理人的同意、追认。八周岁以上的未成年人虽然智力已经发展到一定程度，对社会事物有了一定的识别和判断能力，但毕竟年龄尚小，智力发育尚不成熟，缺乏社会活动经验，不能理智地预见其行为的后果。所以，法律只是给予其一定的从事民事活动的自由。而不能完全辨认自己行为的成年人，由于精神障碍等原因使其也不能像正常人那样认识和判断其行为的性质和后果。为保护其合法权益和他人及社会利益，法律对其行为也应进行一定的限制。具体达到什么程度才算是与其智力、精神健康状况相适应，可以从行为与本人生活相关联的程度，本人的智力能否理解其行为、并预见相应的行为后果，以及行为标的数额等方面认定。一般情况下，为满足其日常生活需要且数额不大的行为（如购买公共汽车票、日常学习用具等）、只享受权利而不承担义务的行为（如接受赠与等）和接受以自己的行为所取得的人身权利和财产权利（如参加儿童画展并获奖励等）是与这部分人智力和精神健康状况相适应的行为。

3. 无民事行为能力

无民事行为能力，是指当事人不具有以自己的行为取得民事权利、承担民事义务的能力。无民事行为能力的人称无民事行为能力人，在我国依据《民法总则》第二十条和第二十一条分为两种：一是不满八周岁的未成年人；二是不能辨认自己行为的成年人。

不满八周岁的未成年人，由于年龄太小，还没有民法上的意思能力，即不能正确判断其行为性质和行为后果。为保障他们的利益以及保障社会经济秩序，法律不赋予其行为能力，禁止他们独立从事民事活动，其所需要进行的民事活动，由其法定代理人代为进行。

不能辨认自己行为的成年人，缺乏对事物的判断能力和自我保护能力，不能正确处理自己的事务，法律赋予其法定代理人享有代为处理其有关事务的权利和义务。

依照《民通意见》第六条的规定，无民事行为能力人、限制民事行为能力人接受奖励、赠与、报酬，他人不得以行为人无民事行为能力、限制民事行为能力为由，主张以上行为无效。

四、宣告失踪与宣告死亡

（一）宣告失踪的条件及法律后果

1. 宣告失踪的条件

宣告失踪，是自然人下落不明满 2 年，经其利害关系人申请，由法院宣告其为失踪人的法律制度。

根据《民法总则》第四十条和四十一条的规定，宣告失踪必须具备以下条件。

第一，自然人持续下落不明满二年。即自然人离开自己最后居住地后没有音信的状况持续满二年。战争期间下落不明的，下落不明的时间从战争结束之日或者有关机关确定的下落不明之日起计算。

第二，须由该自然人的利害关系人向人民法院申请宣告该自然人为失踪人。利害关系人包括被宣告人的配偶、父母、成年子女、祖父母、外祖父母、兄弟姐妹，以及与被申请人有民事权利和义务关系的人。

第三，必须由人民法院依法宣告。利害关系人向人民法院提出申请后，人民法院应发出寻找失踪人的公告，公告期间为3个月。期间届满，人民法院根据失踪事实是否得到确定，做出宣告失踪的判决，或终结审理的裁决。

2. 宣告失踪的法律后果

宣告失踪的法律后果是：为失踪人设立财产代管人。财产代管人的设立应当有利于保护失踪人财产。依据我国《民法总则》第四十二条的规定，失踪人的财产由其配偶、成年子女、父母或者其他愿意担任财产代管人的人代管。代管有争议，没有前款规定的人，或者前款规定的人无代管能力的，由人民法院指定的人代管。代管人的职责是妥善管理失踪人的财产，从代管的财产中支付失踪人所欠税款和债务以及其他应付的费用。

（二）宣告死亡的条件及法律后果

1. 宣告死亡的条件

宣告死亡，是指经利害关系人申请，由法院依照法律规定的条件和程序，判决宣告下落不明满一定期限的自然人死亡的法律制度。宣告失踪制度虽然能解决失踪人财产的保护问题，但并不能解决因失踪而引起的民事法律关系不确定的问题，所以，法律在确立宣告失踪制度的同时，又确立了宣告死亡制度。

根据《民法总则》的规定，宣告死亡必须具备以下条件。

第一，自然人离开其住所或最后居住地下落不明的状态持续超过了法定期间。该法定期间有三种情况：一是在一般情况下，自然人离开自己的住所或最后居所地下落不明满4年；二是因意外事故下落不明，从事故发生之日起满2年（因意外事件下落不明，经有关机关证明该自然人不可能生存的，申请宣告死亡不受二年时间的限制）；三是在战争期间下落不明，从战争结束之日起或者有关机关确定的下落不明之日满4年。

第二，必须由利害关系人向人民法院提出申请。所谓利害关系人，是指与被宣告人有一定亲属关系或财产关系的人，其范围和顺序是被宣告人的配偶、父母、子女、兄弟姐妹、祖父母、外祖父母、孙子女、外孙子女，以及其他与其有民事权利义务关系的人。

第三，必须经人民法院依法予以宣告。人民法院在受理后，应发出寻找失踪人的公告，公告期间为1年。公告期限届满，仍无消息的，即做出该人死亡的宣告。判决宣告之日为其死亡的日期；因意外事件下落不明宣告死亡的，意外事件发生之日视为其死亡的日期。

需要注意的是，按照我国法律的规定，宣告失踪并不是宣告死亡的必经程序。即自然人在下落不明后，如果符合申请宣告死亡的条件，其利害关系人有权直接申请宣告死亡。

2. 宣告死亡的法律后果

宣告死亡的后果与自然死亡一样，即以被宣告死亡的人原住所地为中心的一切民事法律关系全部消灭。其婚姻关系自然终止，其配偶可以另行缔结婚姻关系，其财产可以作为遗产按继承程序进行处理。

当然，宣告死亡毕竟是法律上的一种推定，当事人在实际上可能还生存于某地方，其在当地所实施的法律行为，应认定是有效的。

五、监护

法律设立监护制度的目的，一方面是为了保护未成年人、不能辨认和不能完全辨认自己行为的成年人的合法权益，另一方面也是为了维护社会秩序的稳定。

1. 监护的概念

监护是指对无民事行为能力人或限制民事行为能力人设置专人以监督和保护其人身和财产及其他合法权益的一种民事法律制度。

2. 监护的设定

依照监护设定方式的不同，有法定监护和指定监护之分。法定监护是指由法律直接规定监护人范围和顺序的监护。指定监护是指有法定监护资格的人对担任监护人有争议时，由有关机关指定的人担任监护人的监护。这里的指定机关是被监护人住所地的居民委员会、村民委员会或民政部门。对指定不服的当事人可以在接到指定监护的次日起 30 天内向人民法院起诉，申请指定监护人。

3. 监护人

根据监护本身的特点，监护人应当是完全民事行为能力人，而且必须符合《民法总则》第二十七条："父母是未成年子女的监护人。未成年人的父母已经死亡或者没有监护能力的，由下列有监护能力的人按顺序担任监护人：（一）祖父母、外祖父母；（二）兄、姐；（三）其他愿意担任监护人的个人或者组织，但是须经未成年人住所地的居民委员会、村民委员会或者民政部门同意。"第二十八条："无民事行为能力或者限制民事行为能力的成年人，由下列有监护能力的人按顺序担任监护人：（一）配偶；（二）父母、子女；（三）其他近亲属；（四）其他愿意担任监护人的个人或者组织，但是须经被监护人住所地的居民委员会、村民委员会或者民政部门同意。"

4. 监护人的职责和责任

监护人的职责，是指监护人依法所应承担的对被监护人的人身和财产及其他合法权益进行监督和保护的职责。根据我国法律的有关规定，监护人的职责主要体现在六个方面：①保护被监护人的生命安全和身体健康；②照顾被监护人的生活；③管理和保护被监护人的财产；④代理被监护人进行民事活动；⑤代理被监护人进行诉讼；⑥对被监护人进行管理和教育。

与监护人的职责相适应，当出现下列情况时，监护人应承担损害赔偿的责任：①不履行监护职责，致使被监护人的人身、财产和其他合法权益受到损害的；②监护人因故意或过失给被监护人财产造成损害的；③在监护关系存续期间，被监护人给他人造成损害的。

5. 监护的终止

监护的终止也称监护的撤销，指在发生法定事由时，监护关系消灭的制度。有两种类型：一是自然终止，即设定监护的客观情况消失，使得监护的存在已经没有必要，或者监护人的自身情况发生变故，不能再担任监护人时，监护随之终止。例如，未成年人成为成年人，精神病人恢复正常，监护人或者被监护人一方死亡，监护人丧失民事行为能力等。二是诉讼终止，指在监护人不履行监护职责或侵害了被监护人的合法权益时，由被监护人的利害关系人或有关单位诉请人民法院依法撤销原设定的监护人。

练习题

一、单项选择题

1. 依据我国有关法律的规定，要宣告某自然人死亡最短需要（　　）。

A. 四年　　B. 二年　　C. 半年　　D. 一年

2. 对于失踪达到法定期间的人，同一顺序的利害关系人中，有的申请宣告死亡，有的不同意宣告死亡，则（　　）。

A. 应当宣告死亡　　B. 由后一顺序的利害关系人决定

C. 不应当宣告死亡　　D. 由人民法院决定

3. 下列各项权利中，只能由自然人享有的是（　　）。

A. 债权　　B. 名誉权　　C. 肖像权　　D. 请求权

4. 张先生的户籍在温州，因在天津做生意而在天津购置了房产并常年居住在天津。依照法律规定（　　）。

A. 温州与天津都是张先生的住所

B. 温州与天津都不是张先牛的住所

C. 温州是张先生的住所，天津视为张先生的住所

D. 温州视为张先生的住所，天津是张先生的住所

5. 2017 年 6 月 1 日，甲将患有精神病的儿子锁在家中，以防其外出惹事，而其却从窗户跳出，并将行人乙打伤，乙花去医药费 500 元，该费用应（　　）。

A. 完全由甲承担　　B. 完全由乙承担

C. 甲乙共同承担，主要由甲承担　　D. 甲乙共同承担，主要由乙自担

6. 依照我国民法的有关规定，下列人员中属于无民事行为能力人的是（　　）。

A. 盲人　　B. 聋哑人　　C. 痴呆症患者　　D. 下肢残疾人

7. 关于民事权利能力与民事权利，下列说法正确的是（　　）。

A. 民事权利能力与民事权利是一回事，它们之间没有本质上的区别

B. 民事权利能力与民事权利是不同的概念，相互之间没有什么联系

C. 民事权利能力是民事主体享有民事权利的资格，民事主体承担民事义务的资格不包括在内

D. 民事权利能力与民事主体的人身不可分割，本人既不能放弃也不能转让，而民事权利既可以由主体依法进行转让或抛弃，也可以被依法限制或被剥夺

8. 依照我国法律的规定，自然人出生的时间（　　）。

A. 以医院出具的出生证明为准

B. 如户籍证明与医院出具的证明不一致的，以医院证明为准

C. 或以户籍证明为准或以医院证明为准，由当事人自己决定

D. 以出生证明的时间为准；没有出生证明的，以户籍登记或者其他有效身份登记记载的时间为准。有其他证据足以推翻以上记载时间的，以该证据证明的时间为准

二、简答题

1. 简述自然人民事权利能力的概念与特征。

2. 简述自然人民事行为能力的概念与特征。

3. 简述宣告失踪的概念及效力。

三、案例分析题

2010年3月，于某到外地打工，自此便与家人失去联络，家人查找无果。其妻子张彩霞便向法院申请宣告于某死亡。而于某的父母不同意。法院在受理该案后，经过公告，于2010年11月5日做出判决，宣告于某死亡。张彩霞随即与曹有兵结婚，一年后，曹有兵死亡。而此时于某又从外地衣锦还乡。但他却发现自己被宣告死亡了。

问：1. 法院的判决是否正确？为什么？

2. 于某与张彩霞的婚姻关系能否自动恢复？

3. 于某在被宣告死亡期间，其在外地所进行的民事法律行为是否有效？

参考答案

扫码阅读

第四章 法 人

学习目标

掌握法人的概念、特征及成立条件。理解法人的分类。掌握法人民事权利能力、法人民事行为能力的概念与特征。了解法人的变更、终止与清算的概念与内容。

一、法人概述

（一）法人的概念与特征

《民法总则》第五十七条规定：“法人是具有民事权利能力和民事行为能力，依法独立享有民事权利和承担民事义务的组织。”法人具有如下特征。

1. 法人是团体

法人区别于自然人的特点，就在于自然人是由个体担任民事主体，而法人是由自然人及其财产的集合而组成的团体或者说是社会组织，这个社会组织被法律确认为民事主体。

2. 法人拥有独立的财产

拥有独立的财产是法人进行民事活动和承担民事责任的物质基础。法人填补自然人的功能性缺陷，主要是在财产关系方面，因此法人能成为民事主体的支柱，就是财产。换句话说，无财产就无法人的人格。在社会组织中，有财产的不都是法人，如合伙、分公司等也有财产，但与法人财产不同的是，后者的财产只是被出资人看作是自己财产的一部分。对于合伙，合伙财产是合伙人的个人财产；对于分公司，分公司的财产是属于总公司财产的组成部分。而法人则不同，法人的财产属法人所有，既独立于其成员，也独立于其出资人。法人的出资人一旦将财产所有权移转于法人，其享有的就只是股东权而不再是所有权，出资财产与出资人“脱钩”，使这部分财产成了法人的独立财产。

3. 法人能独立承担民事责任

法人能独立承担民事责任，这是法人拥有独立财产的逻辑结果。法人既然拥有独立财产，便能够以此财产负担自己行为的法律后果。显然，法人这一特征使法人与合伙相区别。合伙虽是团体，但合伙人对合伙组织仍要负无限连带责任，即在民事活动中，合伙团体所负的民事责任最终要归到合伙人的头上，合伙团体并不能独行其是，自己承担责任。而法人的责任承担情况就不同，任何以法人名义所为的行为，其后果由法人承担，即使行为的做出者是作为法人成员的自然人，也由法人承担该行为的后果。换句话说，法人的出资人仅负有限责任。

4. 法人能以自己的名义参加民事法律关系

法人作为拟制的人，其所为的行为总是由具体的自然人做出的，也就是法人在参加民事法律关系时，是由法人代表人、代理人或者其他雇员出面的。但法人既为民事主体，任何自然人在代表法人从事民事活动时，其人格就被法人吸收，不再代表自己，其行为名义上归法人，效果自然也由法人承担。法人能以自己的名义参加民事法律关系，使法人的独立人格显现于法律，这也与法人拥有独立财产的特征相一致。

（二）法人应具备的条件

根据《民法通则》第三十七条和《民法总则》第五十八和第六十条的规定，法人的成立必须具备以下条件。

1. 依法成立

依法成立就是依照法律规定而成立。法人是法律赋予其民事主体地位的团体，其成立必须符合法律的规定。所谓依法成立，一是指法人的成立宗旨、组织机构、经营范围、经营方式等必须合法；二是指其成立的审核和登记程序要合法，需要国家有关部门批准的必须依法取得批准后才能成立。

2. 有必要的财产或经费

必要的财产或经费是法人独立进行民事活动，承担民事义务的物质保障。所谓“必要的财产或经费”是指与法人开展的业务相适应的一定数量的财产或经费。

3. 有自己的名称、组织机构、场所及住所

（1）名称。法人的名称是一法人区别于另一法人的标志，在社会交往中，法人以自己的名称进行活动。法人对已经注册登记的名称享有专用权。《中华人民共和国企业法人登记管理条例》第十条规定：“企业法人只准使用一个名称。企业法人申请登记注册的名称由登记主管机关核定，经核准登记注册后在规定的范围内享有专用权。”

（2）组织机构。法人的组织机构是对内管理法人事务、对外代表法人从事民事活动的机构。法人具有团体性，这就要求有一定的机构来承担管理和交往的职责。法人的组织机构包括法定代表人、分支机构、监督机构等，统称为法人的机关。

（3）场所。法人的场所是法人从事生产经营的地方。法人可以同时有多个场所，且可以在不同的地点。

（4）住所。法人的住所是其在登记机关登记的主要办事机构所在地。法人的住所只能有一个。其住所的意义与自然人住所的意义相同。

4. 能独立承担民事责任

法人是有独立人格的民事主体，对自己的行为应当承担法律责任。法人的财产与其成员的财产在法律上是分开的，所以，法人能够独立承担民事责任。而法人的创立人和法人内部成员对法人的民事责任不予负担，其他法人也不予负担。通常情况下，民事责任是财产责任，所以，所谓独立民事责任实质是指财产责任。能独立承担民事责任，在很大程度上，取决于法人的必要财产或经费。法人的民事责任能力与独立的财产是联系在一起的。

二、我国现行立法对法人的分类

根据不同的标准，法人可以分为多种类型。

1. 营利法人、非营利法人、特别法人

这是按照法人的目的事业的不同进行的分类。以取得利润并分配给股东等出资人为目的成立的法人是营利法人。《民法总则》中规定的企业法人就是营利法人。其包括有限责任公司、股份有限公司和其他企业法人等。为公益目的或者其他非营利目的成立，不向出资人、设立人或者会员分配所取得利润的法人，为非营利法人。《民法总则》中规定的事业单位法人，多属于非营利法人。各种“协会”“基金会”也属于非营利法人。

《民法总则》新增了特别法人的分类。《民法总则》第九十六条规定，机关法人、农村集体经济组织法人、城镇农村的合作经济组织法人、基层群众性自治组织法人，为特别法人。规定了特

别法人的法律地位和其行使民事活动的权利和义务，让一些基层群众性组织能够更好地履行职能，为人民群众更好的服务。特别法人与营利法人和非营利法人在设立、终止等方面都有所不同。

2. 企业法人与非企业法人

企业法人是指以营利为目的，独立从事商品生产和经营活动的法人。

非企业法人是指企业法人之外的其他各种法人，包括机关法人、事业单位法人、民办非企业单位法人与社会团体法人等。

3. 机关法人、事业单位法人、民办非企业单位法人与社会团体法人

机关法人是指有独立财政预算经费的各级国家机关。

事业单位法人是有民事主体资格的事业单位。所谓事业单位，即从事公益事业的社会组织，如学校、图书馆、医院等。

民办非企业单位法人，是指非国有的单位或者公民个人创办的非营利的事业单位法人。

社会团体法人是指由法人或自然人组成，谋求事业、行业协调的非营利法人。如协会、学会、研究会、商会等。

4. 公法人与私法人

这是以法人设立的法律根据为标准进行的分类，是学者将法律分为公法和私法的直接产物。依公法设立、目的事业直接由法律规定、加上有强制性规定、人事由国家任免、不得擅自设立和解散的法人为公法人，如各级国家机关法人等；依私法设立、内部关系平等、经营私法事业、可以由社员大会决定解散的法人为私法人，如公司。

5. 社团法人与财团法人

这是对私法人按照其形成的基础条件的不同进行的分类。以人的集合为成立基础的是社团法人；以捐助的财产为基础而成立的是财团法人，如各种基金会法人等。这是传统民法对法人进行的最重要的分类。

6. 本国法人与外国法人

凡在本国登记成立的法人为本国法人。在外国登记成立而在本国活动的法人为外国法人。

三、法人民事权利能力

法人的民事权利能力是指法人依法享有民事权利和承担民事义务的资格。

法人，由于具有团体性以及与自然人自然属性上的差异，其民事权利能力与自然人相比较，也有特殊性，主要表现在以下几个方面。

（1）法人不能享有某些属于自然人固有的因身体、生命、年龄、亲属关系等产生的权利义务。法人可以享有名称权、名誉权，但不能亨有以肉体为前提的人格权，如肖像权、生命权、身体权、健康权等，法人虽然可以通过受遗赠取得死者的遗产，但不能像自然人那样享有继承权。

（2）法人的民事权利能力受法律、行政命令和其章程、目的的限制，而自然人的民事权利能力则具有一般性，他可以享有法律范围内的任何权利和承担任何义务。法人的活动范围受到其设立目的的限制，设立的目的不同，决定了法人的民事权利能力也不同，而自然人的民事权利能力都是相同的。

（3）法人的民事权利能力于法人成立时发生，于法人依法撤销或解散时终止；而自然人的民事权利能力则始于出生，终于死亡。

四、法人民事行为能力

法人的民事行为能力是指法人能以自己的行为取得民事权利和承担民事义务的资格。

与自然人相比，法人的民事行为能力具有如下特点。

（1）法人的民事行为能力与其民事权利能力同时发生、同时消灭。法人一经成立，即产生民事权利能力和民事行为能力，并在法人存续期间始终存在。自然人的民事权利能力始于出生，终于死亡，但其民事行为能力则受到年龄、智力、精神健康状况的限制，既不是与民事权利能力同时发生，也不是同时消灭。

（2）法人的民事行为能力与其民事权利能力在范围上是一致的。法人能够以自己的行为取得民事权利和承担民事义务的范围，不得超出其民事权利能力所限定的范围。自然人的民事行为能力和民事权利能力不具有这个特点，其民事行为能力因年龄、智力和精神健康状况的不同分为：完全民事行为能力、限制民事行为能力和无民事行为能力，而其民事权利能力则是相同的。

（3）法人的民事行为能力是由法人机关或法定代表人来实现的。法人机关或者代表人以自己的意思表示，代表着法人的团体意志，其根据法律、章程实施的民事行为，即为法人的行为，其法律后果由法人承担。

五、法人的变更、终止与清算

（一）法人的变更

法人的变更，是指法人在存续期内，法人组织上的合并、分立以及活动宗旨、业务范围等重要方面的变化。法人可在履行相关手续的前提下进行变更，以此分散经营风险，实现资源的优化配置。法人的变更，包括以下方面。

1. 法人的分立

法人的分立是一个法人分裂设立为两个以上法人的法律行为。其又分为创设式分立和存续式分立。前者是原法人分立为两个以上的新法人，原法人不复存在。后者是原法人继续存在，只是从中又独立出一个或多个新的法人。

因创设式分立而消灭的法人的权利和义务，由分立后的新法人概括承受；而存续式分立的法人的权利和义务，应依据分立合同的约定或章程的规定承担。《民法总则》第六十七条第 2 款规定，法人分立的，其权利和义务由分立后的法人享有连带债权，承担连带债务，但是债权人和债务人另有约定的除外。

2. 法人的合并

法人的合并，是指两个以上的法人，无须清算而归并为一个法人的法律行为。合并分为创设式和吸收式两种：创设式合并是指两个以上的法人归并为一个新法人，原有的法人均告消灭的合并方式；吸收式合并是指一个以上的法人归并于其他法人，归并后只有一个法人存续的合并方式。

因法人合并而消灭的法人的权利和义务概括地由新设立或继续存续的法人承受。《民法总则》第六十七条第 1 款规定，法人合并的，其权利和义务由合并后的法人享有和承担。

3. 法人的组织性质变更

法人成立后，其组织形式、性质可能会因各种各样的情况而发生变化，如由集体企业变成私营企业、由有限责任公司变成股份有限公司等。这种变更，凡依法须经登记者，必须办理登记手续。

4. 其他事项的变更

登记设立的法人，其登记事项发生变化，也应申请办理变更登记，如名称、代表机关、注册资金、住所等。《民法总则》第六十四条规定，法人存续期间登记事项发生变化的，应当依法向登记机关申请变更登记。

（二）法人的终止，指法人丧失了法律上的人格

法人的终止，又称法人的消灭，是指法人丧失民事主体资格。《民法总则》第六十八条规定：

“有下列原因之一并依法完成清算、注销登记的，法人终止：（一）法人解散；（二）法人被宣告破产；（三）法律规定的其他原因。法人终止，法律、行政法规规定须经有关机关批准的，依照其规定。”可见法人终止的原因主要包括以下方面。

1. 依法被撤销

法人可以因为原设立任务的完成、设立期限届满，或者因经济发展的需要进行必要的调整等原因而被撤销，也有因进行违法活动而被有关机关撤销的。法人一经撤销即丧失民事主体资格。

2. 法人解散

《民法总则》第六十九条规定：“有下列情形之一的，法人解散：（一）法人章程规定的存续期间届满或者法人章程规定的其他解散事由出现；（二）法人的权力机构决议解散；（三）因法人合并或者分立需要解散；（四）法人依法被吊销营业执照、登记证书，被责令关闭或者被撤销；（五）法律规定的其他情形。”解散分为法院或主管机关宣告解散和法人自行解散。当法人的目的和行为违反法律、公共秩序和善良风俗时，可以由法院或主管机关宣告予以解散。法人自行解散的，也需要向国家有关机关申请，申报解散的原因及财产、债权、债务处理情况，经审查批准后方可解散。

3. 依法被宣告破产

法人经营不善、资不抵债时，依照有关法律规定，由人民法院依照法定程序宣告其破产。《民法总则》第七十三条规定，法人被宣告破产的，依法进行破产清算并完成法人注销登记时，法人终止。

4. 其他原因

前三项是《民法总则》所列举的法人终止的主要原因，“其他原因”是为补充上述列举，这是立法技术上的问题，以防止列举不尽所带来的疏漏。

（三）法人的清算

法人的清算，是指由依法成立的清算组织依职权清理即将终止的法人的业务和财产，依照法律程序了结其全部法律关系的活动。

法人终止必须进行清算，并停止清算以外的活动。清算由清算组织进行。在我国企业法人解散时，其清算组织由主管机关或人民法院组织有关机关和有关人员组成清算组织。清算组织的职权是对内清理财产，处理法人的有关事务；对外代表法人了结债权债务，在法院起诉和应诉。《民法总则》第七十条规定：“法人解散的，除合并或者分立的情形外，清算义务人应当及时组成清算组进行清算。”第七十一条规定：“法人的清算程序和清算组职权，依照有关法律的规定；没有规定的，参照适用公司法的有关规定。”如果清算法人的财产不足以清偿债务，清算组织应申请宣告破产。清算终止后，法人最终归于消灭。当然，清算组织还应在法人登记机关进行注销登记，并在指定的报刊上进行公告。

练习题

一、单项选择题

1. 社团法人成立的基础是（　　）。

A. 捐助的财产　　B. 集资的财产　　C. 人的集合　　D. 人和财产的集合

2. 法人终止时，依法应对其进行（　　）。

A. 审计　　B. 审验　　C. 清算　　D. 核算

3. 法人的行为能力范围（　　）。
A. 与资金能力范围一致
B. 与权利能力范围一致
C. 与责任能力范围一致
D. 与生产经营能力范围一致

4. 律师协会组织属于（　　）。
A. 机关法人
B. 非法人组织
C. 社会团体法人
D. 事业单位法人

5. 自然人的民事权利能力是平等的，而法人的民事权利能力却（　　）。
A. 因法人的规模不同而有区别
B. 因法人的资金能力不同而有区别
C. 因法人设立的目的不同而有区别
D. 因法人生产经营能力不同而有区别

6. 依照《民法总则》第六十二条的规定，法定代表人因执行职务造成他人损害的，承担相应民事责任的是（　　）。
A. 该法人
B. 受益人
C. 行为本人
D. 该法人和行为人

7. 2017 年 11 月初，公司从自有资金中拿出 200 万元，设立了一个新的公司，该行为属于(　　)。
A. 解散
B. 合并
C. 创设式分立
D. 存续式分立

8. 依法人的业务活动内容为标准，可以将法人分为（　　）。
A. 公法人和私法人
B. 社团法人和财团法人
C. 营利法人和非营利法人
D. 企业法人和非企业法人

二、简答题

1. 简述法人的概念与特征。
2. 简述法人应具备的条件。
3. 简述法人民事行为能力的概念与特征。

三、案例分析题

2017 年，甲公司分立为乙公司和丙公司。分立前，甲公司尚有未到期的债权 50 万元和债务 30 万元，债权债务情况分别为：债务人丁公司欠甲公司 30 万元、债务人戊公司欠甲公司 20 万元；甲公司欠债权人已公司 20 万元货款、欠债权人庚公司 10 万元运费。在分立过程中，乙公司和丙公司对甲公司的债权及债务达成协议：乙公司接受甲公司对丁公司的债权 30 万元，承担甲公司对已公司的债务 20 万元；丙公司接受甲公司对戊公司的债权 20 万元，承担甲公司对庚公司的债务 10 万元。后因丙公司无力承担庚公司的债务而发生纠纷。问：

（1）乙公司与丙公司达到的债务承担协议效力如何？为什么？

（2）庚公司的债务应由谁来承担？为什么？

参考答案

扫码阅读

第五章　非法人组织

学习目标

掌握非法人组织与合伙的概念。理解普通合伙与有限合伙的基本内容。

一、非法人组织概述

根据《民法总则》第四章（第一百零二条至第一百零八条）规定，非法人组织是不具有法人资格，但是能够依法以自己的名义从事民事活动的组织。非法人组织包括个人独资企业、合伙企业、不具有法人资格的专业服务机构等。非法人组织应当依照法律的规定登记。设立非法人组织，法律、行政法规规定须经有关机关批准的，依照其规定。非法人组织的财产不足以清偿债务的，其出资人或者设立人承担无限责任。法律另有规定的，依照其规定。非法人组织可以确定一人或者数人代表该组织从事民事活动。有下列情形之一的，非法人组织解散：（一）章程规定的存续期间届满或者章程规定的其他解散事由出现；（二）出资人或者设立人决定解散；（三）法律规定的其他情形。非法人组织解散的，应当依法进行清算。

二、合伙的概念

合伙是指两个以上的自然人、法人或者其他组织，根据合伙合同而共同出资、共同经营事业，依照合同约定或者法律规定承担责任的组织。这里所说的事业包括各种行业，可以是营利性的行业，也可以是非营利性的行业。

我国关于合伙的法律规范主要体现在两部法律中，《民法通则》和《中华人民共和国合伙企业法》（以下简称《合伙企业法》）。以适用法律的不同为标准，合伙可分为两种类型，合同型合伙和企业型合伙。

所谓合同型合伙，是指根据合伙合同形成的合伙，该类型合伙虽然有两个以上的人出资，经营共同事业，但是没有合伙名称，并未在工商部门登记注册成立为一个组织体，组织松散；或者是临时性的，其性质属于合伙合同，没有民事主体资格。合同型合伙适用《民法通则》规定的"个人合伙"。《民法通则》第三十条至三十五条对个人合伙作出了相关规定。

所谓企业型合伙，是指自然人、法人和其他组织依照《合伙企业法》在中国境内设立的普通合伙企业和有限合伙企业。该类型合伙具有字号，并在工商部门登记为一个组织体。企业型合伙适用《合伙企业法》。

无论是合同型合伙还是企业型合伙，都存在一些共同的规则，例如都需要两个以上的合伙人，都需要订立合伙协议，都需要共担责任和风险等。但是，二者的法律地位不同。一方面，企业型合伙具有字号，并在工商部门登记为一个组织体，具有较强的团体性，可以成为独立的民事主体；合同型合伙并不能成为独立的民事主体，在性质上不过是一种合同关系。另一方面，两者在设立的条件、持续性、是否建立商业账簿、合伙的解散程序等方面都存在一定的区别。

本处所讨论的合伙是以《合伙企业法》为依据的企业型合伙，包括普通合伙和有限合伙。

三、普通合伙

1. 普通合伙的概念与特征

普通合伙企业，是指由普通合伙人组成，合伙人对合伙企业债务承担无限连带责任的组织。在实践中，绝大多数合伙都是普通合伙，如果未加限制词“有限”，通常说的合伙是指普通合伙，而且通常称“合伙”。普通合伙企业属于营利性普通合伙。

普通合伙的特征主要表现在以下几方面。

（1）合伙是两个以上的合伙人所组成的组织。通常情况下，合伙人并无资格限制，只要具有行为能力，可以签署合伙合同，均可以成为合伙人。但是，《合伙企业法》第三条规定，国有独资公司、国有企业、上市公司以及公益性的事业单位、社会团体不得成为普通合伙人。

（2）合伙存在的基础是合伙协议。合伙协议是两个以上的合伙人之间共同一致的意思表示。合伙协议是合伙组织最重要的内部法律文件，各个合伙人都是按照合伙协议享有权利和承担义务。

（3）合伙以经营共同事业为目的。正是由于以经营共同事业为目的，合伙才能作为一种多个合伙人所组成的组织体而存在。

（4）普通合伙人承担无限连带责任。所谓“普通”，就是指合伙人承担无限责任，并且是连带责任。

2. 普通合伙设立的条件

根据《合伙企业法》第十四条的规定，设立合伙企业，应当具备下列条件。

（1）有两个以上合伙人。合伙必须有两个或者两个以上的人参加，即必须是多个人的集合。这里的人包括自然人、法人和其他组织。合伙人为自然人的，应当具有完全民事行为能力。

（2）有书面合伙协议。合伙协议经全体合伙人签名、盖章后生效。合伙人按照合伙协议享有权利，履行义务。

（3）有合伙人认缴或者实际缴付的出资。根据《合伙企业法》第十六条的规定，普通合伙人可以用货币、实物、知识产权、土地使用权或者其他财产权利出资，也可以用劳务出资。

合伙人以实物、知识产权、土地使用权或者其他财产权利出资，需要评估作价的，可以由全体合伙人协商确定，也可以由全体合伙人委托法定评估机构评估。

合伙人以劳务出资的，其评估办法由全体合伙人协商确定，并在合伙协议中载明。

（4）有合伙企业的名称和生产经营场所。合伙企业名称中应当标明“普通合伙”字样，以便于与合伙企业交易的人了解该合伙的类型及合伙人对合伙债务承担的责任。

（5）法律、行政法规规定的其他条件。

3. 普通合伙的财产

（1）普通合伙财产的构成。根据《合伙企业法》第二十条的规定，合伙财产的来源由三部分构成：一是合伙人的出资，合伙人的出资财产转移给合伙后，就与其个人财产相分离，而成为合伙财产；二是以合伙企业名义取得的收益；三是依法取得的其他财产，如接受赠与的财产。

（2）合伙财产的性质。合伙经营的是共同事业，各个合伙人要共同经营、共担风险，根据《合伙企业法》的规定，可以认定合伙财产在性质上属于合伙人共同共有。

（3）合伙财产的处分。因合伙财产属于合伙人共同共有，为保护合伙财产，《合伙企业法》对合伙财产的处分做出了如下限制性规定。

① 分割合伙企业财产的限制。除法律另有规定外，合伙人在合伙企业清算前，不得请求分割合伙企业的财产。合伙人在合伙企业清算前私自转移或者处分合伙企业财产的，合伙企业不得以

此对抗善意第三人。

② 财产份额转让的限制。除合伙协议另有约定外，合伙人向合伙人以外的人转让其在合伙企业中的全部或者部分财产份额时，须经其他合伙人一致同意。合伙人向合伙人以外的人转让其在合伙企业中的财产份额的，在同等条件下，其他合伙人有优先购买权；但是，合伙协议另有约定的除外。

合伙人之间转让在合伙企业中的全部或者部分财产份额时，应当通知其他合伙人。

③ 财产份额出质的限制 。合伙人以其在合伙企业中的财产份额出质的，须经其他合伙人一致同意；未经其他合伙人一致同意，其行为无效，由此给善意第三人造成损失的，由行为人依法承担赔偿责任。

4. 普通合伙事务的执行

《合伙企业法》对普通合伙事务的执行做出了明确规定，主要涉及如下问题。

（1）合伙人的执行权与表决权。合伙人对执行合伙事务享有同等的权利。除法律另有规定外，合伙人对合伙企业有关事项作出的决议，按照合伙协议约定的表决办法办理。合伙协议未约定或者约定不明确的，实行合伙人一人一票并经全体合伙人过半数通过的表决办法。除合伙协议另有约定外，合伙企业的下列事项应当经全体合伙人一致同意：①改变合伙企业的名称；②改变合伙企业的经营范围、主要经营场所的地点；③处分合伙企业的不动产；④转让或者处分合伙企业的知识产权和其他财产权利；⑤以合伙企业名义为他人提供担保；⑥聘任合伙人以外的人担任合伙企业的经营管理人员。此外，增加或者减少对合伙企业的出资，除合伙协议另有约定外，也要经全体合伙人决定。

（2）对外合伙事务的执行。按照合伙协议的约定或者经全体合伙人决定，可以委托一个或者数个合伙人对外代表合伙企业，执行合伙事务。受委托执行合伙事务的合伙人不按照合伙协议或者全体合伙人的决定执行事务的，其他合伙人可以决定撤销该委托。合伙企业对合伙人执行合伙事务以及对外代表合伙企业权利的限制，不得对抗善意第三人。

（3）合伙事务执行人的权利与义务。合伙事务执行人享有如下权利。

① 提出异议权。合伙人分别执行合伙事务的，执行事务合伙人可以对其他合伙人执行的事务提出异议。提出异议时，应当暂停该项事务的执行。

② 知情权。合伙人为了解合伙企业的经营状况和财务状况，有权查阅合伙企业会计账簿等财务资料。

③ 监督权。委托一个或者数个合伙人执行合伙事务的，其他合伙人不再执行合伙事务。不执行合伙事务的合伙人有权监督执行事务合伙人执行合伙事务的情况。

合伙事务执行人承担如下义务。

① 报告义务。由一个或者数个合伙人执行合伙事务的，执行事务合伙人应当定期向其他合伙人报告事务执行情况以及合伙企业的经营和财务状况，其执行合伙事务所产生的收益归合伙企业，所产生的费用和亏损由合伙企业承担。

② 忠实义务。合伙人不得从事损害本合伙企业利益的活动。

③ 竞业禁止义务。合伙人不得自营或者同他人合作经营与本合伙企业相竞争的业务。

④ 交易禁止义务。除合伙协议另有约定或者经全体合伙人一致同意外，合伙人不得同本合伙企业进行交易。

5. 普通合伙损益的分配与合伙债务的承担

（1）普通合伙损益的分配。根据《合伙企业法》第三十三条的规定，合伙企业的利润分配、亏损分担，按照合伙协议的约定办理；合伙协议未约定或者约定不明确的，由合伙人协商决定；协商不成的，由合伙人按照实缴出资比例分配、分担；无法确定出资比例的，由合伙人平均分配、分担。

合伙协议不得约定将全部利润分配给部分合伙人或者全部亏损由部分合伙人承担。

（2）合伙债务的承担。根据《合伙企业法》第三十八条至第四十条的规定，合伙企业对其债务，应先以其全部财产进行清偿。合伙企业不能清偿到期债务的，合伙人承担无限连带责任。无限连带责任包括“无限责任”和“连带责任”两层含义。当合伙财产不足以清偿合伙企业债务时，各合伙人必须以自己的全部财产承担清偿责任，此即合伙人承担无限责任；当合伙财产不足以清偿合伙企业债务时，每个合伙人都必须对全部合伙债务承担清偿责任，债权人可以向任何一个合伙人请求清偿全部合伙债务，合伙人不得以合伙协议约定的债务承担比例对抗债权人，此即合伙人承担连带责任。合伙人由于承担无限连带责任，清偿数额超过其应当承担的比例的，有权向其他合伙人追偿。

6. 普通合伙人的入伙、退伙

（1）入伙。普通合伙人的入伙概念、条件及效力如下。

① 入伙的概念及条件。入伙是指非合伙人加入到已成立的合伙企业中，而取得合伙人资格的行为。

合伙企业是典型的人合企业，合伙人之间的相互信任是合伙企业存在的基础。因此，《合伙企业法》第四十三条规定：“新合伙人入伙，除合伙协议另有约定外，应当经全体合伙人一致同意，并依法订立书面入伙协议。订立入伙协议时，原合伙人应当向新合伙人如实告知原合伙企业的经营状况和财务状况。”

② 入伙的效力。《合伙企业法》第四十四条规定：“入伙的新合伙人与原合伙人享有同等权利，承担同等责任。入伙协议另有约定的，从其约定。新合伙人对入伙前合伙企业的债务承担无限连带责任。”

这是强制性规定，目的主要是为了保护债权人的利益。

（2）退伙。普通合伙人的退伙概念、形式及效力如下。

① 退伙的概念及形式。退伙，是指在合伙存续期间合伙人退出合伙组织，从而丧失合伙人资格的行为。根据退伙的原因，退伙可分为三种形式，即自愿退伙、除名退伙和法定退伙。以下分别述之。

第一种退伙形式：自愿退伙。自愿退伙，又称声明退伙，是指合伙人单方面向其他合伙人声明退伙。

根据《合伙企业法》第四十五条至第四十七条的规定，合伙协议约定合伙期限的，在合伙企业存续期间，有下列情形之一的，合伙人可以退伙：A. 合伙协议约定的退伙事由出现；B. 经全体合伙人一致同意；C. 发生合伙人难于继续参加合伙的事由；D. 其他合伙人严重违反合伙协议约定的义务。

合伙协议未约定合伙期限的，合伙人在不给合伙企业事务执行造成不利影响的情况下，也可以退伙，但应当提前30日通知其他合伙人。

合伙人违反上述规定退伙的，应当赔偿由此给合伙企业造成的损失。

第二种退伙形式：除名退伙。除名退伙，又称强制退伙，是指当某合伙人出现除名事由时，经其他合伙人一致同意，将其除名，使其丧失合伙人资格。

《合伙企业法》第四十九条规定，合伙人有下列情形之一的，经其他合伙人一致同意，可以决议将其除名：A. 未履行出资义务；B. 因故意或者重大过失给合伙企业造成损失；C. 执行合伙企业事务时有不正当行为；D. 发生合伙协议约定的事由。对合伙人的除名决议应当书面通知被除名人。被除名人接到除名通知之日，除名生效，被除名人退伙。被除名人对除名决议有异议的，可以自接到除名通知之日起30日内，向人民法院起诉。

第三种退伙形式：法定退伙。法定退伙，又称当然退伙，是指基于法律规定的事由而退伙。

根据《合伙企业法》第四十八条的规定，合伙人有下列情况之一的，当然退伙：A. 作为合伙人的自然人死亡或者被依法宣告死亡；B. 个人丧失偿债能力；C. 作为合伙人的法人或者其他组织依法被吊销营业执照、责令关闭撤销，或者被宣告破产；D. 法律规定或者合伙协议约定合伙人必须具有相关资格而丧失该资格；E. 合伙人在合伙企业中的全部财产份额被人民法院强制执行。退伙事由实际发生之日为退伙生效日。

② 退伙的效力。普通合伙人退伙的效力如下。

其一，退伙人的合伙人资格丧失。

其二，退还退伙人的财产份额。合伙人退伙，其他合伙人与该退伙人应当按照退伙时的合伙企业财产状况进行结算，退还退伙人的财产份额。财产份额的退还办法，由合伙协议约定或者由全体合伙人决定，可以退还货币，也可以退还实物。退伙人对给合伙企业造成的损失负有赔偿责任的，相应扣减其应当赔偿的数额。退伙时有未了结的合伙企业事务的，待该事务了结后进行结算。

其三，退伙人对合伙亏损的分担。合伙人退伙时，合伙企业财产少于合伙企业债务的，退伙人应当依照其应当分担的比例分担亏损。

其四，退伙人对退伙前合伙企业债务承担无限连带责任。退伙人对基于其退伙前的原因发生的合伙企业债务，承担无限连带责任，这是强制性规定，之所以如此规定，是因为退伙人在退伙前是合伙人，如果退伙后对退伙前的合伙债务不承担责任，就加重了未退伙的合伙人的负担，而且还可能发生利用退伙逃避合伙债务，损害债权人利益的情形。

四、有限合伙

1. 有限合伙的概念与特征

有限合伙是由普通合伙人和有限合伙人组成的合伙，其中普通合伙人对合伙企业债务承担无限连带责任，有限合伙人以其认缴的出资额为限对合伙企业债务承担责任。有限合伙具有以下特征。

（1）责任的特殊性。有限合伙的主要特征是有限责任与无限责任的结合，在一个合伙企业中，普通合伙人对合伙的债务承担无限连带责任，有限合伙人对合伙的债务承担有限责任。

（2）执行合伙事务的特殊性。在有限合伙企业中，有限合伙企业由普通合伙人执行合伙事务。有限合伙人不执行合伙事务，不得对外代表有限合伙企业。

（3）有限合伙人享有特殊权利。有限合伙人享有特殊权利，是指有限合伙人享有普通合伙人不享有的权利。这些特殊权利主要有：.

① 除合伙协议另有约定外，有限合伙人可以同本有限合伙企业进行交易；

② 除合伙协议另有约定外，有限合伙人可以自营或者同他人合作经营与本有限合伙企业相竞争的业务；

③ 除合伙协议另有约定外，有限合伙人可以将其在有限合伙企业中的财产份额出质；

④ 有限合伙人可以按照合伙协议的约定向合伙人以外的人转让其在有限合伙企业中的财产份额，不必经全体合伙人一致同意，但转让其财产份额应当提前30日通知其他合伙人。

2. 有限合伙设立的条件

有限合伙的设立，须具备以下条件。

（1）合伙人的人数须合法。有限合伙企业由 2 个以上 50 个以下合伙人设立，法律另有规定的除外。有限合伙企业至少应当有一个普通合伙人。这是因为如果没有普通合伙人，就没有人对合伙债务承担无限责任，与合伙的性质相违背。

（2）须有与普通合伙协议内容不同的合伙协议。有限合伙协议除具有普通合伙协议应当载明的事项外，还应当依法载明下列事项：普通合伙人和有限合伙人的姓名或者名称、住所，执行事务合伙人应具备的条件和选择程序，执行事务合伙人权限与违约处理办法，执行事务合伙人的除名条件和更换程序，有限合伙人入伙、退伙的条件、程序以及相关责任，有限合伙人和普通合伙人相互转变程序。

（3）出资须合法。有限合伙人可以用货币、实物、知识产权、土地使用权或者其他财产权利作价出资。但是，有限合伙人不得以劳务出资。这主要是因为有限合伙人对合伙的债务承担有限责任，如果以劳务出资，就会造成其出资和责任界限不易确定的状态，不利于保护债权人。有限合伙人应当按照合伙协议的约定按期足额缴纳出资；未按期足额缴纳的，应当承担补缴义务，并对其他合伙人承担违约责任。

（4）有限合伙企业名称中应当标明“有限合伙”字样。

3. 有限合伙人的入伙、退伙

依据《合伙企业法》第七十七条的规定，新入伙的有限合伙人对入伙前有限合伙企业的债务，以其认缴的出资额为限承担责任。这与新入伙的普通合伙人不同，新入伙的普通合伙人对入伙前有限合伙企业的债务，承担无限连带责任。

依据《合伙企业法》第八十一条的规定，有限合伙人退伙后，对基于其退伙前的原因发生的有限合伙企业债务，以其退伙时从有限合伙企业中取回的财产承担责任。这与普通合伙人退伙也不同，普通合伙人对退伙前有限合伙企业的债务，承担无限连带责任。

练习题

一、单项选择题

1. 依据我国法律的规定，公民参与合伙关系（　　）。
   A. 必须用资金出资　　B. 必须用劳务出资
   C. 可以用劳务出资　　D. 必须用实物出资
2. 所谓企业型合伙，是指自然人、法人和其他组织依照《合伙企业法》在中国境内设立的(　　)。
   A. 普通合伙企业　　B. 有限合伙企业
   C. 无限合伙企业　　D. 普通合伙企业和有限合伙企业
3. 依据《合伙企业法》的规定，能够成为普通合伙人的是（　　）。
   A. 社会团体　　B. 国有企业
   C. 具有完全民事行为能力的自然人　　D. 上市公司以及公益性的事业单位
4. 《合伙企业法》第二十六条规定，合伙人对执行合伙事务享有同等的权利，因此下列表述正确的是（　　）。
   A. 非自然人执行合伙企业事务不必委派代表

B. 合伙企业的事务如果没有另行约定的，以全体合伙人共同执行为原则

C. 委托合伙企业事务执行人的，其他合伙人仍可参与合伙企业重大事务的执行

D. 事务执行人对外不能代表合伙企业，执行后果自然也不能由合伙企业享有和承担

5. 甲乙丙三人合伙，并推荐甲为负责人。在与丁的债务纠纷中，甲未与乙和丙商量而放弃对丁的债权，乙和丙知道后表述反对，甲放弃债权的行为是（　　）。

A. 有效的行为　　B. 无效的行为

C. 可撤销的行为　　D. 效力未定的行为

6. 合伙协议对入伙没有明确规定的，入伙则需要取得（　　）。

A. 全体合伙人的同意

B. 半数以上合伙人的同意

C. 执行合伙企业事务的合伙人的同意

D. 出资比例超过 50%以上的合伙人的同意

7. 关于有限合伙企业的说法正确的是（　　）。

A. 有限合伙企业至少有一名普通合伙人，但可以没有有限合伙人

B. 有限合伙企业的事务执行权属于普通合伙人，有限合伙人没有事务执行权

C. 有限合伙企业只剩普通合伙人的可以继续原合伙企业，只剩有限合伙人的则必须解散

D. 除法律对有限合伙企业的人数另有规定外，其合伙人既有最低人数的限制，也有最高人数的限制

8. 除法律另有规定外，有限合伙企业的人数（　　）。

A. 没有任何限制

B. 只有最低人数的限制

C. 只有最高人数的限制

D. 既有最低人数限制即 2 人，也有最高人数限制即 50 人

二、简答题

1. 简述普通合伙的概念与特征。

2. 简述普通合伙财产的构成及其性质。

3. 简述有限合伙的概念与特征。

三、案例分析题

2014 年，准备开一家饭馆，便找到自己的朋友高级厨师乙，二人商定：由甲出资购买开设饭馆所需一切物品，乙无需实物投资和金钱投资，只负责烧菜；利润三七分成，甲得七成，乙得三成。饭馆于 2015 年 1 月 1 日正式开业。当年，饭馆实现盈利 30 万元，甲分得 21 万元、乙分得 9 万元。2016 年饭馆发生食客中毒事件，支付赔偿金 43 万元。问：

（1）在开设的饭馆中甲与乙是什么关系？为什么？

（2）食客的损害赔偿应由谁来支付？为什么？

参考答案

扫码阅读

第六章　民事法律行为

学习目标

掌握民事法律行为的概念和特征，了解民事法律行为的形式。掌握民事法律行为的分类。理解民事法律行为的成立要件和生效要件。理解附条件和附期限的民事法律行为。掌握无效民事法律行为、可撤销民事法律行为的概念、特征、情形和法律后果。掌握效力待定的民事法律行为的概念、特征、情形。

一、民事法律行为概述

依据《民法总则》第一百三十三条，民事法律行为是民事主体通过意思表示设立、变更、终止民事法律关系的行为。换言之，民事法律行为，属于表示行为的一种，是指以意思表示为核心要素的表示行为。其特征如下。

第一，民事法律行为是实现私法自治的工具，是民事主体实现个人自由的重要手段。民事法律行为以意思表示为核心要素，意思表示包含着民事主体对如何安排自身利益关系的设想，民法认可必须按照民事主体的自由意志安排其与其他民事主体之间的利益关系，这为民事主体法律上的决定自由的实现提供了可能；另一方面，在意思与表示不一致以及意思与表示不自由的情况下，民法认可民事法律行为的效力存在欠缺，并提供了相应的补救手段，这又为事实上的决定自由的实现开辟了渠道。可见，通过民事法律行为，民事主体可以自主地塑造自己与他人之间的法律关系，民事法律行为所产生的法律效果，通常就是从事民事法律行为的民事主体希望发生的法律效果。

第二，民事法律行为是高度概括、抽象的法律概念，对应着无限丰富的社会生活类型。它一方面为民法通过成文法的方式调整社会生活开辟了可能，另一方面作为《民法总则》中的一般规定，民事法律行为制度统辖着合同法、物权法、继承法和婚姻法等具体的设权行为规则，为个人自由确认和保障其在民法的各个组成部分都能得到体现和落实提供了可靠的保证。

第三，民事法律行为对应着民法意定主义的调控方式，形成了不同于法定主义体系的独特法律调整制度，体现了民法调整方式的独特性。正是由于这一点，民法在规范设计上，以任意性规范为主导。

第四，民事法律行为是实现特定公共政策的中介。民事法律行为是民事主体追求自身利益的工具，因此民事法律行为制度通常并不以积极追求特定公共政策的实现为目标。但借助民事法律行为的效力制度，尤其是借助绝对无效的民事法律行为制度，可以使民事法律行为制度避免成为实现特定公共政策的障碍。

正是由于上述原因，民事法律行为制度的相关理论在现代民法学说中居于重要地位，形成学说中令人瞩目的独立领域。

二、民事法律行为的分类

（一）单方民事法律行为、多方民事法律行为

《民法总则》第一百三十四条第1款规定，民事法律行为可以基于双方或者多方的意思表示一致成立，也可以基于单方的意思表示成立。据此，以民事法律行为的成立所需意思表示的数量为标准，可以把民事法律行为区分为单方民事法律行为和多方民事法律行为。

单方民事法律行为，又称一方行为、单独行为，是指根据一项意思表示就可成立的民事法律行为。

多方民事法律行为是指通常需要两项以上意思表示才可成立的民事法律行为。多方民事法律行为包括双方民事法律行为、共同行为和决议。

双方民事法律行为，是指需要两项内容互异但相互对应的意思表示一致才可成立的民事法律行为，如合同行为、遗赠抚养协议、委托监护协议、收养协议等。

共同行为，又称协定行为，是两个以上当事人并行的意思表示达成一致才可成立的民事法律行为。两个以上的合伙人订立合伙合同的行为，即为共同行为。我国现行民事立法通常将共同行为也归为合同行为。

决议是指多个民事主体在表达其意思表示的基础上遵循表决程序，依据表决原则作出的决定。这里所谓多个民事主体通常是指法人或非法人组织的成员以及法人或非法人组织内部设立的机构，例如股份有限公司的股东代表大会、股份有限公司的董事会等。这里所谓表决原则，可以采取全体同意原则，也可以采取多数决原则。采取全体同意表决原则的决议行为，就是共同行为。如果采取多数决原则，无论股东是否参加股东代表大会，无论股东在表决时是否赞成决议的内容，一旦决议作出，只要该决议不存在违反法律、行政法规强制性规定的情形，股东都应遵守决议。

（二）要式行为、不要式行为

以民事法律行为是否应当或者必须依据法律或行政法规采用特定的形式，可以把民事法律行为区分为要式行为和不要式行为。

要式行为，指依法律或行政法规的规定，应当或者必须采用特定形式的民事法律行为。

不要式行为，指法律或行政法规对其形式并无特别要求的民事法律行为。

法律或行政法规要求必须采用特定形式的要式行为，未采用特定形式的，民事法律行为不成立。法律或行政法规要求应当采用特定形式的，不采用特定形式的，不影响民事法律行为的成立。

（三）主民事法律行为、从民事法律行为

以民事法律行为之间的相互依从关系为标准，可以把民事法律行为区分为主民事法律行为和从民事法律行为。

主民事法律行为，指不需要有其他民事法律行为的存在就可独立成立的民事法律行为。

从民事法律行为，指从属于其他民事法律行为而存在的民事法律行为。

从民事法律行为的成立和效力取决于主民事法律行为。主民事法律行为未成立，从民事法律行为无由成立；主民事法律行为无效，将导致从民事法律行为不能生效。

（四）独立的民事法律行为、辅助的民事法律行为

以民事法律行为是否有独立的实质内容为标准，可以把民事法律行为区分为独立的民事法律行为和辅助的民事法律行为。

独立的民事法律行为，指借助行为人自己的意思表示即可发生效力的民事法律行为。有完全

民事行为能力的民事主体所为的民事法律行为，皆为独立的民事法律行为。

辅助的民事法律行为，指辅助他人的民事法律行为使之确定发生效力的民事法律行为。法定代理人对限制民事行为能力人依法不能独立实施的合同行为进行的追认，被代理人对代理人超越代理权进行的民事法律行为的追认，皆属于辅助的民事法律行为。

（五）生前行为、死因行为

根据民事法律行为效力的发生是在行为人生前还是死后，可以把民事法律行为区分为生前行为和死因行为。

生前行为，是在行为人生前发生效力的民事法律行为。多数民事法律行为属于此类。

死因行为，是以行为人的死亡为生效要件的民事法律行为。遗嘱为典型的死因行为。

三、意思表示的形式

意思表示属于民事法律行为的核心要素，是指表意人将其期望发生某种法律效果的内心意思以一定方式表现于外部的行为。

意思表示的形式，即表示行为的方式，通常也是民事法律行为的形式。《民法总则》第一百三十五条规定，民事法律行为可以采用书面形式、口头形式或者其他形式；法律、行政法规规定或者当事人约定采用特定形式的，应当采用特定形式。意思表示的形式主要有如下种类。

（一）口头形式

口头形式指以对话的形式所进行的意思表示。口头形式属于以明示的、直接的方式进行意思表示。“对话”的外延包括电话交谈、托人带口信、当众宣布自己的意思等。口头形式的民事法律行为，是不要式的民事法律行为，具有简便迅速的优点，但同时由于缺乏客观记载，一旦发生纠纷，日后难以取证，因此，大多适用于即时清理、结算或标的数额小的交易。

（二）书面形式

书面形式指用书面文字形式所进行的意思表示。书面形式也属于以明示的、直接的方式进行意思表示。合同书以及任何记载当事人权利、义务内容的文件，都属书面形式。我国《合同法》第十一条规定：“书面形式是指合同书、信件和数据电文（包括电报、电传、传真、电子数据交换和电子邮件）等可以有形地表现所载内容的形式。”书面形式可促使当事人深思熟虑后才实施民事法律行为，使权利义务关系明确化，并可保存证据，有助于预防和处理争议。书面形式是要式民事法律行为的一种形式，是否采用，由法律或行政法规规定。主要适用于履行期限较长、交易规则复杂、标的数额较大的交易行为。

（三）推定形式

推定形式指当事人通过有目的、有意义的积极行为将其内在意思表现于外部，使他人可以根据常识、交易习惯或相互间的默契，推知当事人已作某种意思表示，从而使民事法律行为成立。推定形式又被称为默示的或间接的意思表示。如租期届满后，承租人继续交纳房租，出租人接受之，由此可推知当事人双方作出了延长租期的民事法律行为。

（四）沉默方式

沉默方式指既无语言表示又无行为表示的消极行为，在法律有特别规定、当事人约定或者符合当事人之间的交易习惯的情况下，以拟制的方式，视为当事人的沉默已构成意思表示，由此使民事法律行为成立。这种沉默方式又被称为“带表示的沉默”或“规范化的沉默”。通常情况下，内部意思之外部表达须借助于积极的表示行为，沉默不是表示行为，因此，沉默不是意思表示，不能使民事法律行为成立。依据《民法总则》第一百四十条第2款，沉默只有在有法律规定、当事人约定或者符合当事人之间的交易习惯时，才可以视为意思表示。

四、民事法律行为的成立要件

民事法律行为的成立要件，是指决定法律行为本身发生或者不发生的必要条件，也称“构成要件”。

民事法律行为的成立要件，分为一般成立要件和特别成立要件。

(一) 民事法律行为的一般成立要件

民事法律行为的一般成立要件，是指一切民事法律行为都必须具备的必要条件，是确认在法律或行政法规未设特别规定，当事人也未作特别约定的情况下，民事法律行为是否成立的标准。民事法律行为的一般成立要件包括：(1) 当事人。即进行特定民事法律行为的民事主体。在单方民事法律行为中，存在一方当事人即可；在双方民事法律行为中，需要有双方当事人；在共同行为中，需要有两方以上当事人；在决议行为中，需要有某一组织的成员或内部机构参与表决。(2) 意思表示。即表意人将其期望发生某种法律效果的内心意思以一定方式表现于外部的行为。在单方民事法律行为中，有一项意思表示即可；在双方民事法律行为中，需要有两项一致的意思表示；在共同行为中，需要有两项以上内容相同的意思表示；在决议行为中，需要每个参与者独立作出意思表示，然后遵守表决程序和表决规则作出决定。

(二) 民事法律行为的特别成立要件

民事法律行为的特别成立要件，是指某些民事法律行为特别要求的必要条件，是依据法律或行政法规的规定或者依据当事人的约定，某些民事法律行为的成立，除当事人和意思表示外，还应具备特别的事实要素，如实施特定的事实行为或采用特定的形式等。如依据《合同法》第二百九十三条的规定，在当事人未作特别约定，也不存在特殊交易习惯的情况下，客运合同的成立除双方意思表示一致外，尚需要承运人向旅客交付客票。另依据《合同法》第三百六十七条的规定，除当事人另有约定外，保管合同自保管物交付时成立。

五、民事法律行为的生效要件

生效要件是使民事法律行为能够依照意思表示内容发生法律效果的要件。《民法总则》第一百三十六条第1款规定，民事法律行为自成立时生效，但是法律另有规定或者当事人另有约定的除外。

生效要件也有一般生效要件和特别生效要件之分。一般生效要件是指一切民事法律行为都必须具备的生效要件。特别生效要件是指某些民事法律行为除具备一般生效要件之外，还必须具备的某些生效要件。

(一) 民事法律行为的一般生效要件

依据《民法总则》第一百四十三条的规定，任何民事法律行为欲生效，皆须符合如下一般有效要件。

1. 行为人具有相应的行为能力

行为人具有相应的行为能力是对自然人提出的要求，法人和非法人组织不存在不具备相应行为能力的问题。这一有效要件在学理上又被称为有行为能力原则或主体合格原则。民事法律行为以当事人的意思表示为基本要素，自然人具有健全的理智，是作出合乎法律要求的意思表示的前提。

在我国现行民事立法中，完全行为能力人可以独立实施民事法律行为。8 周岁以上的未成年人作为限制民事行为能力人，可以进行与他的年龄、智力相适应的民事法律行为；不能完全辨认自己行为的精神病人作为限制民事行为能力人，可以进行与他的精神健康状况相适应的民事法律行为。

《民法总则》第一百四十四条规定，无民事行为能力人实施的民事法律行为无效。因此无民事行为能力人通常不能独立实施民事法律行为，由他的法定代理人代理进行民事法律行为。

依据《民法通则》司法解释第 6 条、《民法总则》第一百四十五条第 1 款以及《合同法》第四十七条的规定，无民事行为能力人、限制民事行为能力人实施纯粹获得利益的民事法律行为，如接受奖励、无负担的赠与、报酬等，民事法律行为的效力不受影响。

2. 当事人的意思表示真实

所谓意思表示真实，是指行为人的外部表示与其内心的真实意思相一致。实际生活中，造成行为人意思表示不真实的主要有两种情况。一是行为人意思表示不自由。如由于相对人的威胁、欺诈或是乘人之危，使行为人在违背真实意思的情况下而做出民事行为。二是意思表示不一致。如由于行为人自己对该行为的重大误解，使其行为与其内在意思不一致。对意思表示不真实的行为，根据不同的情况，应当认定为无效或者予以撤销。

3. 不违反法律或行政法规的强制性规定，不违背公序良俗

民事法律行为欲生效，即不得违反法律或行政法规的强制性规定，不得违背公序良俗。《民法总则》第一百四十三条第 3 款规定，民事法律行为不得违反法律、行政法规的强制性规定。其中所谓法律、行政法规是指全国人民代表大会及其常务委员会通过，由国家主席签发的立法文件；以及以国务院令的形式颁布，由国务院总理签发的立法文件，即仅限于我国《立法法》规定的法律和行政法规。

作为民事法律行为的生效要件，所谓不违反法律或行政法规，并非指民事法律行为必须符合法律或行政法规的所有规定，而是指民事法律行为不存在违反与其效力相关的法律或行政法规的规定。与民事法律行为效力相关的规定，主要是指禁止当事人采用特定行为模式的强制性规定。最高人民法院《关于适用〈中华人民共和国合同法〉若干问题的解释（二）》第 14 条确认，“合同法第五十二条第（五）项规定的‘强制性规定’，是指效力性强制性规定”。

（二）民事法律行为的特别生效要件

特别生效要件是某些民事法律行为特别要求的生效要件，包括民事法律行为的附条件和附期限。

1. 附条件的民事法律行为

（1）附条件的民事法律行为的概念。附条件的民事法律行为，指民事法律行为效力的开始或终止取决于将来不确定事实的发生或不发生的民事法律行为。《民法总则》第一百五十八条规定，民事法律行为可以附条件，但是按照其性质不得附条件的除外。附生效条件的民事法律行为，自条件成就时失效。《合同法》第四十五条第 1 款也规定，当事人对合同的效力可以约定附条件。附生效条件的合同，自条件成就时生效。附解除条件的合同，自条件成就时失效。例如，某甲有一房，经协商以 200 000 元卖给某乙，但某甲同时提出，待他获准调至外地工作时，房屋买卖才正式成交，乙也同意。这就是一种附条件的法律行为。甲是否获准调至外地工作，直接影响该法律行为的效力，是所附条件。

民事法律行为所附的条件，应满足如下要求。

第一，条件必须是将来的事实。已经发生的事实，无论当事人是否知晓，都不能作为条件。作为民事法律行为条件的事实可以是自然事件，可以是合同一方当事人的行为或者第三人的行为，也可以是一个社会事件，如公职人员的选举结果等。

第二，条件必须是不确定的事实，即该事实是否发生，是当事人无法精确预料的。这里的当事人仅限于进行民事法律行为的当事人。必定要发生的事实不能作为条件，确定不会发生的事实也不能作为条件。依据《民法通则》司法解释第 75 条的规定，附条件的民事行为，如果所附的条件是不可能发生的，应当认定该民事行为无效。

第三，条件必须合法，不能以违反法律的事实作为条件。依据《民法通则》司法解释第 75 条的规定，附条件的民事行为，如果所附的条件是违背法律规定的，应当认定该民事行为无效。

第四，条件必须是当事人设定的条件，不能是法律规定的与民事法律行为效力有关的条件。民事法律行为中附条件的主要作用在于，可以把当事人的动机反映到民事法律行为中，使其具有法律的意义。除个别例外情况，如公序良俗原则发生作用的情形，民法通常并不过问当事人进行民事法律行为的动机，因此民事法律行为的动机不受司法审查。但通过民事法律行为附条件，可以使当事人进行民事法律行为的动机成为司法审查的对象。

（2）条件的类型。

①延缓条件与解除条件。在民事立法中，根据条件是限制民事法律行为效力的发生还是决定民事法律行为效力的丧失，常将条件区分为延缓条件与解除条件。

民事法律行为效力的发生以特定条件的成就为原则，该特定条件即为延缓条件，又称生效条件或停止条件。如《合同法》第四十五条第 1 款规定，当事人对合同的效力可以约定附条件。附生效条件的合同，自条件成就时生效。附延缓条件的民事法律行为，在条件成就之前，民事法律行为已经成立，但民事法律行为的效力处于停止的状态。在延缓条件成就之前，生效与否尚不确定的民事法律行为业已产生相应的法律拘束力。

业已生效的民事法律行为，于特定条件成就时其法律效力丧失，该特定条件即为解除条件。如《合同法》第四十五条第 1 款规定，附解除条件的合同，自条件成就时失效。附解除条件的民事法律行为，在条件成就与否确定前，民事法律行为业已生效。一旦解除条件成就，民事法律行为的效力即终止。

②积极条件与消极条件。在学说上，以作为条件的事实的性质系属积极的抑或消极的为标准，将条件区分为积极条件与消极条件。积极条件，又称肯定条件，是以某事实的发生为条件的成就。消极条件，又称否定条件，是以某事实的不发生为条件的成就。延缓条件与解除条件既可以是积极条件，也可以是消极条件。

上述两组条件可以联系起来运用，称为积极的延缓条件、消极的延缓条件、积极的解除条件、消极的解除条件。

（3）对附条件的民事法律行为的保护。附条件的民事法律行为，是当事人基于意思自治原则，使行为人的动机获得法律表现的形式，因而受到法律的保护。按照法律的要求，作为条件的事实必须是因其自然进程发生或不发生的事实，不能受到任何一方当事人的不当影响，否则，都难免对他方当事人产生不公平的结果。《民法总则》第一百五十九条规定，附条件的民事法律行为，当事人为自己的利益不正当地阻止条件成就的，视为条件已成就；不正当地促成条件成就的，视为条件不成就。《合同法》第四十五条第 2 款也规定，当事人为自己的利益不正当地阻止条件成就的，视为条件已成就；不正当地促成条件成就的，视为条件不成就。这就是所谓条件成就或不成就的拟制。这里所谓不正当，主要是指当事人的行为违背了诚信原则的要求。

2. 附期限的民事法律行为

（1）附期限的民事法律行为的概念。附期限的民事法律行为，是以一定期限的到来作为效力开始或终止原因的民事法律行为。《民法总则》第一百六十条规定，民事法律行为可以附期限，但是按照其性质不得附期限的除外。附生效期限的民事法律行为，自期限届至时生效。附终止期限的民事法律行为，自期限届满时失效。《合同法》第四十六条规定："当事人对合同的效力可以约定附期限。附生效期限的合同，自期限届至时生效。附终止期限的合同，自期限届满时失效。"期限与条件不同。任何期限都是确定地要到来的；而条件的成就与否具有不确定性。期限可以与条件一起，共同组成对一个民事法律行为效力的限制因素。

民事法律行为所附的期限，可以是期间，也可以是期日。

（2）期限的类型。

①延缓期限与解除期限。根据期限是限制民事法律行为效力的发生还是决定民事法律行为效力的丧失，民事立法将期限区分为延缓期限与解除期限。延缓期限，又称始期，即民事法律行为效力的发生以特定期限的到来为条件，该特定期限即为延缓期限。业已生效的民事法律行为于特定期限到来时，效力终止，该特定期限即为解除期限，又称终期。

附延缓期限的民事法律行为得适用附延缓条件的民事法律行为的相关规定；附解除期限的民事法律行为得适用附解除条件民事法律行为的相关规定。

六、无效民事法律行为

（一）无效民事法律行为的概念与特征

无效民事法律行为，是指不具备或不完全具备民事法律行为的有效条件，因而不能产生行为人预期的民事法律后果的行为。

无效的民事法律行为在法律上当然无效，它不需要任何人的主张，而且根据《民法总则》第一百五十五条的规定，无效的民事法律行为，从行为开始起就没有法律约束力。

（二）无效民事法律行为的情形

1. 行为人不具有相应的行为能力所实施的民事法律行为

《民法总则》第一百四十四条规定，无民事行为能力人实施的民事法律行为无效。无民事行为能力人实施的民事法律行为，包括不满十八周岁的未成年人和不能辨认自己行为的精神病人，以及法人超出经营范围违反禁止性法律实施的行为等。

限制民事行为能力人依法不能独立实施的行为。限制民事行为能力人只能从事与其年龄、智力、精神健康状况相适应的民事法律行为，其他行为必须由其法定代理人代为进行，或征得其法定代理人的同意或追认。否则，其实施的行为无效。

具备民事行为能力的自然人在进行民事法律行为时，欠缺必要意思能力的，也会影响民事法律行为的效力。依据《民法通则》司法解释第 67 条的规定，间歇性精神病人即使未受无民事行为能力或限制民事行为能力的宣告，其进行的民事法律行为，确能证明是在发病期间实施的，应当认定无效；行为人在神志不清的状态下所实施的民事法律行为，应当认定无效。

2. 意思表示不真实的民事法律行为

（1）虚构的民事法律行为。虚构的民事法律行为，是指行为人双方实施的徒具民事法律行为的形式而根本无意使其发生法律效果的行为。这是一种无效民事法律行为。其要件是：①行为人双方均做了意思表示；②行为人双方均有虚假意思表示的故意，即双方均知道对方并不想使意思表示的内容发生效果；③行为人双方为虚假意思表示的内心愿望与其虚假的意思表示之间有因果关系。《民法总则》第一百四十六条第1款规定，行为人与相对人以虚假的意思表示实施的民事法律行为无效。

（2）恶意通谋的民事法律行为。恶意通谋的民事法律行为，是指行为人双方恶意通谋故意损害国家、集体或者他人利益的行为。它是一种无效民事法律行为。其要件有：①行为人双方有恶意通谋的故意；②行为人双方有恶意通谋的行为；③行为人双方有通过恶意通谋损害国家、集体或者他人利益而获取不法利益的目的。《民法总则》第一百五十四条规定，行为人与相对人恶意串通，损害他人合法权益的民事法律行为无效。

3. 违反法律、行政法规的民事法律行为

法律、行政法规中的强制性规定，是要求民事主体必须遵守、不得违反，否则有关民事法律行为就没有法律效力的规定。民事法律行为违反了这种规定的，就构成无效民事法律行为。例如，我国法律禁止买卖毒品，买卖毒品的行为就是无效民事法律行为。再如，我国法律和行政法规规定不动产所有权的转让行为，必须依法办理过户登记，否则不能发生所有权转让的效果。当事人之间买卖房屋虽然交付了房屋，但不办理过户登记，就是无效的转让行为。

4. 违背公序良俗的民事法律行为

《民法总则》第一百五十三条第2款规定，违背公序良俗的民事法律行为无效。该款的含义是，民事法律行为虽然没有违反法律、行政法规的效力性强制性规定，但是存在着其他损害国家利益、社会公共利益等公共利益的情形，民事法律行为也可能绝对无效。

（三）民事法律行为的部分无效

《民法总则》第一百五十六条规定，民事法律行为部分无效，不影响其他部分效力的，其他部分仍然有效。但是，如果无效部分与有效部分有牵连关系，确认部分内容无效将影响有效部分的效力，或者从行为的性质、目的、交易的习惯以及强制性规定的目的，民事法律行为部分有效违背当事人的意愿、对于当事人已无意义或无法实现强制性规定目的的，民事法律行为应被确认为全部无效。

七、可撤销的民事法律行为

（一）可撤销的民事法律行为的概念和特征

可撤销的民事法律行为，指民事法律行为虽已成立并生效，但因意思表示不真实，如行为人对行为有重大误解，或者当事人双方的经济利益明显不公平，因而一方当事人有权请求法院予以撤销的民事法律行为。

这种民事法律行为的特征是行为在撤销之前有效，撤销之时，行为自始无效，也就是撤销的效力溯及至行为开始时。因此，可撤销的民事法律行为又叫相对无效的民事法律行为。

（二）可撤销的民事法律行为的情形

1. 基于重大误解实施的民事法律行为

基于重大误解实施的民事法律行为是基于重大错误认识而实施的意思表示。所谓重大误解，最高人民法院《民通意见》第71条的解释是：“行为人因对行为的性质、对方当事人、标的物的品种、质量、规格和数量等的错误认识，使行为的后果与自己的意思相悖，并造成较大损失的，可以认定为重大误解。”重大误解行为的要件可以为：

（1）须有错误认识。所谓错误认识，既包括表意人方面的错误，也包括受意人的误解。前者是发动型错误，后者则是受动型错误。错误的形态很多，有把想要设定的法律关系性质搞错的，如把租赁当成借用；有把价格搞错的，如把 100 元/公斤当成 1 000 元/公斤；有把履行时间、地点甚至当事人搞错的，等等。

（2）须当事人不了解其错误。即当事人属无意中犯了错误。如果是故意搞错的，那就属于欺诈或虚伪行为，而不再是误解行为。

（3）须错误性质严重。判断错误是否严重，采用一般标准，即从一般人处于表意人的地位，如果有此误解，会不会实施该行为的标准来把握，如果不会实施，则属性质严重。

《民法总则》第一百四十七条规定，基于重大误解实施的民事法律行为，行为人有权请求人民法院或者仲裁机构予以撤销。《合同法》第五十四条第 1 款第 1 项也规定，因重大误解订立的合同，当事人有权请求人民法院或者仲裁机构撤销合同。

2. 显失公平的民事法律行为

显失公平的民事法律行为是指内容明显违背公平原则的民事法律行为。对于民事法律行为达到何种程度算显失公平，最高人民法《民通意见》第 72 条的解释是："一方当事人利用优势或者利用对方没有经验，致使双方的权利与义务明显违反公平、等价有偿原则的，可以认定为显失公平。"显失公平行为的要件是：

（1）须属有偿行为。显失公平行为只能发生在有偿行为之中，无偿行为因当事人一方不支付对价，谈不上公平与否的问题。

（2）须行为内容显失公平。显失公平是指根据该行为已经实施或者约定实施的财产给付，明显背离公平原则。即一方当事人利用优势或者利用对方没有经验，致使双方的权利义务明显不对等。

（3）须受害人出于急迫、轻率或者无经验。显失公平的受害一方，在实施行为时，表面上也是自愿的，然而在这种自愿背后，却有急迫、轻率或者无经验的背景。假如不是这样，那么他是不会实施的。因此这种自愿是存在缺陷的，所以法律给予行为人一个补正的机会。

（4）须显失公平在民事行为发生时出现。如订立合同时就显失公平。

《民法总则》第一百五十一条规定，一方利用对方处于危困状态、缺乏判断能力等情形，致使民事法律行为成立时显失公平的，受损害方有权请求人民法院或者仲裁机构予以撤销。《合同法》第五十四条第 1 款第 2 项规定，在订立合同时显失公平的，当事人一方有权请求人民法院或者仲裁机构撤销。

3. 因一方或者第三人的欺诈、胁迫，当事人在违背真实意思的情况下实施的民事法律行为

《民法总则》第一百四十八条规定，一方以欺诈手段，使对方在违背真实意思的情况下实施的民事法律行为，受欺诈方有权请求人民法院或者仲裁机构予以撤销。第一百四十九条规定，第三人实施欺诈行为，使一方在违背真实意思的情况下实施的民事法律行为，对方知道或者应当知道该欺诈行为的，受欺诈方有权请求人民法院或者仲裁机构予以撤销。第一百五十条规定，一方或者第三人以胁迫手段，使对方在违背真实意思的情况下实施的民事法律行为，受胁迫方有权请求人民法院或者仲裁机构予以撤销。

八、效力待定的民事法律行为

（一）效力待定的民事法律行为的概念与特征

效力待定的民事法律行为，又称效力未定的民事法律行为，是指已经成立但效力处于不确定

状态的民事法律行为。

效力待定的民事法律行为有如下特征。

(1) 效力待定的民事法律行为在成立时，其效力处于不确定状态中，既非有效，亦非无效。

(2) 效力待定的民事法律行为效力的确定，取决于第三人的行为或者其他法定条件。

(3) 效力待定的民事法律行为的后果，可能是有效的，也可能是无效的。

(4) 效力待定的民事法律行为一旦确定为有效，则其效力溯及行为成立时，自始有效；一旦确定为无效，则也是溯及行为成立时，自始无效。

(二) 效力待定的民事法律行为的情形

效力待定的民事法律行为大致有下列四种情形。

1. 限制民事行为能力人所实施的依法不能独立实施的民事法律行为

依据《民法总则》第一百四十五条第1款的规定，限制民事行为能力人可以实施纯获利益的民事法律行为，可以实施与其年龄、智力、精神健康状况相适应的民事法律行为，限制民事行为能力人实施的其他民事法律行为经法定代理人同意或者追认后有效。这些民事法律行为，事先经法定代理人同意的，效力不因自然人为限制民事行为能力人而受影响；未经法定代理人事先同意的，属于效力未定的民事法律行为。

2. 无权处分行为

无权处分行为是指当事人在对财产（包括物和权利）没有处分权能的情况下，实施了以引起财产权利变动为目的的民事法律行为。

无处分权人订立的合同，是指无处分权人处分他人财产，与受让人订立的合同。

3. 无权代理行为

无权代理行为即行为人没有代理权、超越代理权或者在代理权终止后，以代理人的身份所进行的民事法律行为。无权代理行为包括广义的无权代理行为和狭义的无权代理行为。广义的无权代理行为包括表见代理和狭义的无权代理。

4. 无权代表行为

无权代表行为是指法人的法定代表人或者非法人组织的负责人超越代表权限进行的民事法律行为。所谓超越代表权限进行的民事法律行为，包括法人的法定代表人或非法人组织的负责人未经法人或非法人组织授权，超越法人或非法人组织章程中规定的经营范围进行的民事法律行为；也包括他们超越法人或非法人组织通过章程或决议对其代表权设定的其他限制进行的民事法律行为。

九、民事法律行为被确认绝对无效、被撤销或确定不发生效力的法律后果

有效的民事法律行为能实现行为人所期望的法律效果，被确认无效、被撤销或确定不发生效力的民事法律行为尽管不能实现行为人预期的法律效果，但并非不发生任何法律效果。被确认绝对无效、被撤销或确定不发生效力的民事法律行为发生如下法律后果。

1. 返还财产

民事法律行为自成立至被确认绝对无效、被撤销或确定不发生效力期间，当事人可能已根据该民事法律行为取得了对方的财产。民事法律行为被确认绝对无效、被撤销或确定不发生效力后，当事人取得财产的法律根据已丧失，依据《民法总则》第一百五十七条的规定，原物仍存在的，交付财产的一方可行使所有物返还请求权，请求受领财产的一方返还财产。不能返还或者没有必要返还的，应当折价补偿。

2. 赔偿损失

依据《民法总则》第一百五十七条以及《合同法》第五十八条的规定，民事法律行为被确认绝对无效、被撤销或确定不发生效力，如系由一方或双方的过错造成，皆发生赔偿损失问题，要由有过错的一方向无过错的一方赔偿因民事法律行为被确认无效、被撤销或确定不发生效力所发生的损失。在双方皆有过错的情况下，各自承担相应的责任。

3. 其他法律后果

依据《民法通则》第六十一条第 2 款以及《合同法》五十九条的规定，在当事人双方恶意串通，实施民事行为损害国家、集体、第三人利益时，追缴双方所取得的财产，收归国家、集体所有或返还给第三人。依据《民法通则》司法解释第 74 条的规定，所谓“双方取得的财产”，应当包括双方当事人已经取得和约定取得的财产。

练习题

一、单项选择题

1. 以下行为中属于单方民事法律行为的是（　　）。
   A. 代理行为　　B. 赠与行为
   C. 自己决定买彩电的行为　　D. 放弃继承的行为
2. 某甲在马路上捡到一个钱包，内有 1000 元人民币。某甲认为是天上掉下的馅饼，就约朋友吃饭，花费殆尽。某甲的行为属于（　　）。
   A. 侵权行为　　B. 不当得利
   C. 无因管理　　D. 非民事行为
3. 以下民事法律行为中所附的条件有效的是（　　）。
   A. 如果一年内你能走私五辆汽车，我就同意把公司承包给你
   B. 如果去年我不结婚，今年我就把房子租给你了
   C. 如果明年我儿子能调回本市，你就不能再租我的房子了
   D. 如果你能使太阳从西边出来，我就把房子租给你
4. 无效民事法律行为（　　）。
   A. 没有任何法律效力　　B. 从行为开始起，就没有任何法律效力
   C. 在对方追认时有效　　D. 不能产生行为人预期的法律效果
5. 行为人既不用口头语言、文字，也不用积极行为，而是以消极的不作为的方式进行意思表示的是（　　）。
   A. 口头形式　　B. 书面形式
   C. 沉默形式　　D. 推定形式
6. 下列属于实践民事法律行为特别成立要件的是（　　）。
   A. 标的　　B. 当事人
   C. 意思表示　　D. 标的物的实际交付
7. 甲与乙签订一房屋租赁合同，合同约定，若甲的儿子今年考上大学，则合同生效。该行为属于（　　）。
   A. 无效的民事法律行为　　B. 未成立的民事法律行为
   C. 附期限的民事法律行为　　D. 附条件的民事法律行为

8. 某商场服装柜售货员明知有一件毛衣有质量问题（尽管并不明显），在甲挑选该毛衣并决定购买时故意不加以说明，致使顾客甲购买了该质量有问题的毛衣。该行为属于（　　）。

A. 欺诈的行为

B. 显失公平的行为

C. 乘人之危的民事法律行为

D. 行为人对行为内容有重大误解的民事法律行为

二、简答题

1. 简述民事法律行为的概念与特征。

2. 简述民事法律行为的生效要件。

3. 简述附条件的民事法律行为的概念与特征。

三、案例分析题

甲欠丁 65 万元。丁多方探询，得知甲现有私产房一套，价值 80 万元，未发现甲有其他财产。还款期限将至，丁找到甲，要甲赶紧筹款，否则，拿房子抵偿。甲无力偿还丁的债务，又怕丁对他的房子打主意，因此，甲与乙通谋，将甲名下的房屋赠与乙，以保住该房。乙表示同意，便办理了过户手续。后乙将该房以 80 万元的价格卖与不知情的丙，且已过户于丙的名下。问：

（1）甲与乙的赠与是否有效？为什么？

（2）乙与丙的房屋买卖是否有效？为什么？

参考答案

扫码阅读

第七章　代　　理

学习目标

理解代理的概念与特征。掌握代理的类型。理解代理人的义务及代理权行使的限制，了解代理权消灭的原因。理解复代理的概念与特征。掌握狭义无权代理的概念、情形及法律后果。掌握表见代理的概念、成立要件及法律后果。

一、代理的概念与特征

（一）代理的概念

代理是指代理人在代理权限范围内，以被代理人的名义实施民事法律行为，其后果由被代理人承担的一种民事法律制度。

通常所说的代理包含两层意思，一是代理法律关系。在这一法律关系中，涉及三方民事主体，被他人代为实施民事法律行为的一方称为被代理人（又称本人）；代他人实施民事法律行为的一方称为代理人；同代理人为民事法律行为的人称为第三人（又称相对人）。二是代理行为，即代理人为被代理人实施的民事法律行为。代理行为属于民事法律行为，为此，我国《民法通则》第四章专设第二节来规定代理制度。

代理制度一方面源于对行为能力有欠缺者的救济，另一方面则出自于社会生活的需要。由于社会经济生活的发展，人的活动范围逐渐广阔，社会关系日趋复杂，人们对生产、生活资料的采购、商品的销售，已经无法做到事必躬亲，而且也不可能样样精通，为此将部分事务委托他人代为办理在所难免，代理制度便应运而生。代理可以使行为能力有欠缺者获得基本如同完全行为能力人那样的机会，而且使完全行为能力人不仅利用自己的能力和知识参与民事活动，同时还可以利用他人的能力和知识，这就大大增强了主体的活动能力，同时也大大降低了交易的成本。

（二）代理的法律特征

《民法总则》第一百六十一条规定："民事主体可以通过代理人实施民事法律行为。依照法律规定、当事人约定或者民事法律行为的性质，应当由本人亲自实施的民事法律行为，不得代理。"第一百六十二条规定："代理人在代理权限内，以被代理人名义实施的民事法律行为，对被代理人发生效力。"第一百六十四条规定："代理人不履行或者不完全履行职责，造成被代理人损害的，应当承担民事责任……"说明代理具有以下法律特征。

代理人在代理权限范围内实施代理行为。这里包含三层意思。一是代理人须有代理权，代理权的产生或因委托，或因法定，或因指定。没有授权属于无权代理。二是法律规定或当事人约定只能由本人实施的行为，不得代理，如婚姻登记、遗嘱公证等。三是代理人在进行代理行为时，有独立的意思表示，可视具体情况而决定表示内容，这与传达人、居间人相区别。

代理人以被代理人的名义进行代理行为。代理人只有以被代理人的名义进行民事活动，其行为后果才能由被代理人承受，如果其以自己的名义进行民事活动，就不是代理，而是自己所为之行为，这一点使代理与行纪相区别。

代理主要是实施法律行为。即代理主要是为被代理人设立、变更、消灭一定民事法律关系，如代签合同、代为诉讼等。不具有法律意义的行为，如代人算账、代人抄写等只能是一种事实行为，它不与第三人产生权利义务关系，不是代理。

代理行为的后果直接由被代理人承担。代理的目的是为被代理人进行民事活动，代理人的行为效力当然归属被代理人，包括设定的权利归被代理人享受，义务归被代理人负担，也包括代理人的行为给他人造成的损害由被代理人赔偿。在代理人正常行使代理权的情况下，代理人与第三人之间，不因代理行为而产生权利和义务关系。

二、代理的类型

（一）委托代理与法定代理

《民法总则》第一百六十三条规定："代理包括委托代理和法定代理。委托代理人按照被代理人的委托行使代理权。法定代理人依照法律的规定行使代理权。"

1. 委托代理

委托代理，是指代理人基于被代理人的委托授权而进行的代理，又叫"意定代理"或授权代理。委托代理是适用最广泛的代理形式，委托代理人的代理权来源于被代理人的授权。

（1）授权行为。授权行为是指被代理人以一定方式向代理人授予代理权的行为。从性质上讲，授权行为是单方民事法律行为，行为人只要做出授予代理权的意思表示，就发生了授权的效果，代理人即可取得代理权。

授权可以用书面形式，也可以用口头形式，但是，法律规定用书面形式的，应当用书面形式。采用书面授权的，应当做成授权委托书。

（2）授权委托书。授权委托书也叫代理证书、委托证明，它是授权委托人制作并且交给代理人用以明确代理关系及代理权限的文书。《民法总则》第一百六十五条规定："委托代理授权采用书面形式的，授权委托书应当载明代理人的姓名或者名称、代理事项、权限和期间，并由被代理人签名或者盖章。"

（3）委托代理关系的基础法律关系。委托代理关系的基础法律关系是指需要委托代理进而发生委托代理关系的合同法律关系。包括委托合同关系、雇佣合同关系、合伙合同关系等。这几种合同关系，合同当事人之间的权利义务的实现，对委托代理都有很大的需求，因而能够产生委托代理关系，它们也被称为委托代理的基础法律关系。

但是，基础法律关系只存在发生委托代理的可能性和条件，并不是有委托合同、雇佣合同或合伙合同就当然地发生委托代理关系。委托代理关系的发生与否，取决于授权行为的有无。如，在委托合同中，委托人只同受托人确立了委托关系但没有授权的行为，受托人就没有代理权；在雇佣合同中，雇佣人没有授权，受雇人就没有代理权；在合伙合同中，隐名合伙人就没有显名合伙人那样的代理权。

2. 法定代理

法定代理，是指代理人根据法律的直接规定而发生的代理关系。法定代理主要是为无行为能力人、限制行为能力人设置的代理，一般是基于一定的亲属关系或某种隶属关系而产生的，其确定带有强制性。法定代理不需要被代理人的授权（而且一般被代理人也无授权能力），但是，在民事活动中，第三人仍然有权要求代理人证明其代理资格。

（二）本代理与复代理

以代理人是否由被代理人选任、代理权是否由被代理人授与为标准，可以将代理划分为本代理与复代理。

1. 本代理

本代理，又称原代理，是指代理人由被代理人选任或者依法律规定而担任，代理权是由被代理人授予或者依法律规定而产生的代理。本代理是相对于复代理而言，没有复代理存在，也就无本代理。

2. 复代理

复代理是指代理人为被代理人的利益将其代理权转托他人而产生的代理，故又称再代理、转代理。因代理人的转托而享有代理权的人，称为复代理人。复代理具有以下法律特征。

（1）复代理人由代理人选任，而非由被代理人选任。代理人可以由被代理人选任，复代理人只能由代理人选任。若被代理人在代理人之外又选任一代理人从事相同的事务，则此人属于共同代理人，而非复代理人。

（2）复代理人是被代理人的代理人，而非代理人的代理人。尽管复代理人是由代理人选任的，但他并非代理人的代理人，而仍然是被代理人的代理人。复代理人在为代理行为时，应以被代理人的名义进行，而非以代理人的名义进行，其行为后果直接归属于被代理人承担。

（3）复代理权是代理人转托的，而非由被代理人直接授予的。复代理权是由于代理人的转托行为产生的，即代理人将自己的代理事务转托他人，所以，复代理权的范围受到原代理权范围的限制，可以小于、也可以等于原代理权的范围，但不能超出原代理权的范围。通常情况下，代理人应当自己完成代理事务，代理人原则上没有转托他人代理的权利，因为委托代理的基础是特定当事人之间的信任关系。但是，在尊重被代理人意思和有利于保护被代理人利益的前提下，《民法总则》第一百六十九条规定，委托代理人为被代理人的利益需要转托他人代理的，应当事先取得被代理人的同意或者追认。事先没有取得被代理人同意的，应当在事后及时告诉被代理人，如果被代理人不同意，由代理人对自己所转托的人的行为负民事责任，但在紧急情况下，为了保护被代理人的利益而转托他人代理的除外。《民通意见》第80条规定，由于急病、通讯联络中断等特殊原因，委托代理人自己不能办理代理事项，又不能与被代理人及时取得联系，如不及时转托他人代理，会给被代理人的利益造成损失或者扩大损失的，属于《民法总则》第一百六十九条中的“紧急情况”。根据上述规定，复代理的成立必须事先经过被代理人的同意，或者事后经过被代理人的追认，除非存在紧急情况。复代理如果成立，则被代理人对复代理人的行为承担法律后果；复代理如果不能成立，则由代理人对复代理人的行为承担法律后果。

三、代理权的行使

代理权是指代理人能够以被代理人的名义为意思表示或接受意思表示，其效果直接归属于被代理人的资格。代理人应当在代理权限范围内进行代理，超越代理权限范围的行为，除被代理人追认者外，对被代理人不发生法律效力，由代理人承受后果。被代理人知道代理人超越代理权范围不加制止的，由代理人和被代理人承担连带责任。代理权范围由授权书明确，如果授权范围不明，被代理人应当向第三人承担民事责任，代理人负连带责任。

（一）代理人的义务

代理人应在代理权限范围内行使代理权。《民法总则》第一百六十七规定，代理人知道或者应当知道代理事项违法仍然实施代理行为，或者被代理人知道或者应当知道代理人的代理行为违法未作反对表示的，被代理人和代理人应当承担连带责任。

代理人在代理权限范围内进行的代理行为，才能由被代理人承担法律后果。超越代理权限所为的行为，除被代理人追认的以外，对被代理人不发生法律效力，而由代理人承担责任。被代理人知道代理人超越代理权为民事活动不加制止的，由代理人和被代理人承担连带责任。

代理人应为维护被代理人的利益而行使代理权。

代理人的职责就是为被代理人服务，所以，代理人应从被代理人利益出发，本着对被代理人最有利的原则行使代理权。也只有在为了被代理人的利益的情况下，才能转委托。代理人不履行职责而给被代理人造成损害的，应当承担民事责任。

（二）代理权行使的限制

《民法总则》第一百六十八条规定："代理人不得以被代理人的名义与自己实施民事法律行为，但是被代理人同意或者追认的除外。代理人不得以被代理人的名义与自己同时代理的其他人实施民事法律行为，但是被代理的双方同意或者追认的除外。"前者称自己代理，后者称双方代理。自己代理的情况下，代理人同时为代理关系中的代理人和第三人，意思表示双方实际上只由一人实施，容易发生代理人为自己利益而牺牲被代理人利益的情况，所以，法律禁止自己代理。双方代理指同一个代理人，同时代理双方当事人的法律行为。这种情况下，无法实现双方为各自的利益而进行的充分协商，容易发生代理人损害一方或者双方利益的情况。所以，法律也是禁止这种代理的。

《民法总则》第一百六十六条规定，数人为同一代理事项的代理人的，应当共同行使代理权，但是当事人另有约定的除外。第一百六十九条规定："代理人需要转委托第三人代理的，应当取得被代理人的同意或者追认。转委托代理经被代理人同意或者追认的，被代理人可以就代理事务直接指示转委托的第三人，代理人仅就第三人的选任以及对第三人的指示承担责任。转委托代理未经被代理人同意或者追认的，代理人应当对转委托的第三人的行为承担责任，但是在紧急情况下代理人为了维护被代理人的利益需要转委托第三人代理的除外。"

第一百七十条规定："执行法人或者非法人组织工作任务的人员，就其职权范围内的事项，以法人或者非法人组织的名义实施民事法律行为，对法人或者非法人组织发生效力。法人或者非法人组织对执行其工作任务的人员职权范围的限制，不得对抗善意相对人。"

《民法总则》第一百七十四条规定，被代理人死亡后，有下列情形之一的，委托代理人实施的代理行为有效：（一）代理人不知道并且不应当知道被代理人死亡；（二）被代理人的继承人予以承认；（三）授权中明确代理权在代理事务完成时终止；（四）被代理人死亡前已经实施，为了被代理人的继承人的利益继续代理。作为被代理人的法人、非法人组织终止的，参照适用前款规定。

根据《民法总则》的规定，代理人与相对人恶意串通，损害被代理人利益的行为属于无效民事法律行为。《民法总则》第一百六十四条第2款规定，代理人和相对人串通，损害被代理人的利益的，由代理人和相对人负连带责任。据此代理人与相对人恶意串通的情况下，不仅代理人所为的代理行为对被代理人不产生法律效力，而且由此给被代理人造成损害的，代理人和相对人还必须承担连带责任。

四、代理权的消灭

代理权的消灭，也叫代理权的终止，是指代理人与被代理人之间代理关系消灭，代理权不复存在。《民法总则》第一百七十三条规定，有下列情形之一的，委托代理终止：（一）代理期间届满或者代理事务完成；（二）被代理人取消委托或者代理人辞去委托；（三）代理人丧失民事行为能力；（四）代理人或者被代理人死亡；（五）作为代理人或者被代理人的法人、非法人组织终止。

代理权消灭的这些原因有共同的，也有各自不同的。

（一）代理权消灭的共同原因

1. 本人死亡

代理是为被代理人利益而设立的，如果被代理人（本人）死亡，就会出现没有代理行为后果承受者的局面，所以，代理权因本人死亡而消灭。

2. 代理人死亡或丧失民事行为能力

代理是由代理人以被代理人名义进行民事法律行为的行为，其最基本的要求是代理人必须是完全民事行为能力人。如果代理人已经死亡或丧失民事行为能力，其代理资格就不存在了，自然也就不能以被代理人名义代理被代理人进行民事活动。

（二）委托代理的代理权的消灭原因

委托代理的代理权消灭的原因还有以下方面的事实。

1. 代理期间届满或代理事务完成

如果代理是有期限的，在期限到来之时，代理关系自然终止；而如果委托代理的事务已经完成，代理也就没有继续存在的必要，代理关系也自然终止。这是委托代理终止的最常见、最正常的原因。

2. 被代理人取消委托或代理人辞去委托

委托代理是建立在被代理人和代理人相互信任的基础上的，它可以因任何一方的意思表示而终止，如果被代理人撤回委托或代理人辞去委托都会引起委托代理的终止。

3. 作为被代理人或代理人的法人终止

法人终止与自然人死亡一样，都是导致法律人格丧失的事实，法人终止也使代理关系终止。

（三）法定代理的代理权的消灭

《民法总则》第一百七十五条规定，有下列情形之一的，法定代理终止：（一）被代理人取得或者恢复完全民事行为能力；（二）代理人丧失民事行为能力；（三）代理人或者被代理人死亡；（四）法律规定的其他情形。可见除因代理终止的共同原因外，法定代理还可以因下列原因而终止。

被代理人取得或恢复民事行为能力。设立法定代理和指定代理是为保护无民事行为能力人和限制民事行为能力人的合法权益。一旦他们因长大成人或恢复健康而成为完全民事行为能力人，那么，也就没有必要再为其代理。

其他原因引起的被代理人与代理人之间的监护关系消灭的。例如，收养关系解除、监护人不履行监护义务而被撤销其监护权等。

五、无权代理

（一）无权代理的概念与特征

无权代理，有广义和狭义之分。狭义无权代理，是指行为人既没有代理权，也没有令相对人相信其有代理权的理由，而以被代理人名义所为的代理。广义的无权代理包括狭义的无权代理和表见代理。

无权代理具有以下特征。①行为人没有代理权。②行为人以被代理人名义实施了代理行为。③行为人与第三人所为的行为不是违法行为。

(二) 无权代理的法律责任

无权代理的法律责任分为两种情形，一种是由无权代理人单独承担责任，另一种是由无权代理人与相对人承担连带责任。

由无权代理人单独承担责任，适用的前提是相对人对无权代理不知情。《合同法》第四十八条第1款规定："行为人没有代理权，超越代理权或者代理权终止后以被代理人名义订立的合同，未经被代理人追认，对被代理人不发生效力，由行为人承担责任。"据此，在相对人对无权代理不知情的情况下，无权代理人所实施的民事行为，如果不能得到本人的追认，相对人也未行使撤销权，则由其自己对行为的后果负责，即自己承受与相对人所设定的权利和义务。善意相对人也可以选择要求无权代理人承担损害赔偿责任。

由无权代理人与相对人承担连带责任，适用的前提是相对人对无权代理知情。

(三) 狭义的无权代理

1. 狭义的无权代理的情形

根据《民法总则》和《合同法》的规定，狭义的无权代理主要有以下三种情形。

（1）自始没有代理权的代理。即代理人在以被代理人名义实施民事法律行为时，根本不存在法律或者委托人的授权。

（2）超越代理权的代理。即代理人在以本人名义实施民事法律行为时有代理权，但代理人实施的这一民事法律行为，超越了授权的范围。

（3）代理权终止后的代理。即代理人原先有代理权，但在代理权终止后继续以被代理人的名义实施民事法律行为。

2. 狭义无权代理的法律后果

狭义无权代理只是徒具代理表象，因其欠缺代理权，并不能当然产生代理的法律效力。但是，为保障交易安全和秩序，法律对这种效力待定行为也规定了有关当事人所享有的各项权利及法律后果。《民法总则》第一百七十一条规定："行为人没有代理权、超越代理权或者代理权终止后，仍然实施代理行为，未经被代理人追认的，对被代理人不发生效力。相对人可以催告被代理人自收到通知之日起1个月内予以追认。被代理人未作表示的，视为拒绝追认。行为人实施的行为被追认前，善意相对人有撤销的权利。撤销应当以通知的方式作出。行为人实施的行为未被追认的，善意相对人有权请求行为人履行债务或者就其受到的损害请求行为人赔偿，但是赔偿的范围不得超过被代理人追认时相对人所能获得的利益。相对人知道或者应当知道行为人无权代理的，相对人和行为人按照各自的过错承担责任。"

（1）被代理人享有追认权。行为人没有代理权，超越代理权或者代理权终止后，以被代理人名义订立合同后，被代理人有追认权。一经追认，无权代理行为自始有效，因无权代理行为产生的法律后果即由被代理人承担。

（2）相对人享有催告权与撤销权。为了维护第三人的利益，《合同法》第四十八条第2款规定，无权代理行为的相对人享有催告权和撤销权，即无权代理行为的相对人可以催告被代理人在1个月内予以追认。被代理人未作表示的，视为拒绝追认。在无权代理行为被本人追认以前，善意相对人有撤销的权利，撤销应当以通知的方式作出。

(四) 表见代理

1. 表见代理的概念

表见代理，是指无权代理人的代理行为客观上存在使相对人相信其有代理权的事实，因而依法发生有权代理效果的制度。

《民法总则》第一百七十二条规定，行为人没有代理权、超越代理权或者代理权终止后，仍然实施代理行为，相对人有理由相信行为人有代理权的，代理行为有效。法律确立表见代理制度的主要意义在于维护人们对代理制度的信赖，保护善意且无过失的当事人，进而保障交易安全。

2. 表见代理的构成要件

构成表见代理，须具备以下要件。

（1）须行为人无代理权。表见代理属于无权代理，所以行为人肯定没有代理权。否则，也不构成表见代理。

（2）须客观上存在足以使相对人相信行为人有代理权的事实。所谓“客观上存在足以使相对人相信行为人有代理权的事实”，是指在行为人和本人之间存在一种表象，而这种表象足以使一般人相信无权代理人有代理权，如行为人持有被代理人签章的空白合同书，或者有被代理人向相对人所作的授予其代理权的信件等，这些证明文件构成认定表见代理的客观依据。

（3）须相对人为善意且无过失。所谓“相对人为善意”，是指相对人不知道或者不应当知道无权代理人实际上没有代理权。所谓“相对人无过失”，是指相对人在与行为人实施民事法律行为时已尽注意义务，但仍未发现其没有代理权。

（4）须行为人与相对人所为的民事法律行为具备民事法律行为的有效要件。表见代理发生有权代理的法律效果，即由被代理人承担行为人所为民事法律行为的法律后果。所以行为人与相对人之间的民事法律行为只有符合民事法律行为的有效要件，才能产生合法的权利和义务关系，本人也才能承担这一法律后果。

3. 表见代理的法律后果

表见代理成立后，产生有权代理的法律后果。被代理人承担代理行为所带来的法律后果，即享受其权利，承担其义务。当然，被代理人有权要求无权代理人赔偿因无权代理而造成的损失。

练习题

一、单项选择题

1. 依据《合同法》的规定，行为人没有代理权、超越代理权或代理权终止后，以被代理人名义订立的合同，如第三人催告被代理人追认，而被代理人未作表示的，视为（　　）。

A. 被代理人追认　　B. 被代理人拒绝追认

C. 代理行为有效　　D. 由第三人决定代理的效力

2. 复代理人进行民事活动，应以的名义是（　　）。

A. 被代理人　　B. 原代理人

C. 复代理人自己　　D. 第三人

3. 甲明知乙以甲的名义实施民事行为，而未作任何表示的，（　　）。

A. 视为甲同意　　B. 视为甲不同意

C. 视为甲授权不明　　D. 其行为需甲本人的追认

4. 代理人行使代理权是为了（　　）。

A. 被告的利益　　B. 自己的利益

C. 被代理人的利益　　D. 代理人所在机构的利益

5. 依代理权产生的根据不同，可将代理分为（　　）。

A. 直接代理与间接代理　　B. 自己代理和双方代理

C. 显名代理与隐名代理　　D. 法定代理与委托代理

6. 下列各项属于滥用代理权的是（　　）。

A. 授权代理　　B. 双方代理

C. 超越代理权　　D. 代理权终止后的“代理”行为

7. 在委托代理中，代理人享有代理权的依据是（　　）。

A. 委托合同　　B. 委托授权

C. 委托合同和委托授权　　D. 委托合同或委托授权

8. 为了维护第三人的利益，我国法律规定，无权代理行为的相对人可以催告被代理人在（　　）内予以追认。

A. 1 年　　B. 1 个月　　C. 6 个月　　D. 半个月

二、简答题

1. 简述代理的概念与特征。
2. 简述无权代理的概念与特征。
3. 简述表见代理的构成要件。

三、案例分析题

王某是某糕点厂的采购员，原来负责豆类的采购。厂里人员重新调整后，被安排负责糖类的采购工作。某日王某持该厂空白介绍信到某市采购绵白糖，并顺利地与当地的甲公司签订了绵白糖的买卖合同。准备离开某市时，恰巧碰到曾经的业务单位丙公司的业务员李某，李某说因为预测绿豆的价格还要大幅上涨，因此丙公司最近进了大量的绿豆，建议糕点厂提前动手，免得到时候多花钱。并允诺看在老关系上，能给王某一个优惠的价格。于是，王某便擅自做主，用盖有糕点厂合同专用章的空白合同与丙公司签订了绿豆买卖合同。依合同约定，王某给了丙公司 1 万元作为糕点厂向丙公司支付的定金并将货物提走，余款一个月后付清。回厂后王某向厂长作了说明。厂长认为，目前是厂里的生产淡季，这些绿豆进来，占用仓库不说，还得为防止其变质而费心思。但又转念一想，按照现在的这个涨价势头，等到需要的时候再买，肯定会多支出不少的货款。对此未置可否。一个月后，没有想到，由于国家的干预，绿豆价格迅速回落，绿豆的市场价已经低于当时王某得到的优惠价，厂长指责王某擅自做主，越权行事，给厂里造成了损失。此时合同约定的付款期限也已届满，丙公司便向糕点厂催要货款，糕点厂却以购买绿豆纯属王某个人行为为由，拒绝支付，而丙公司则认为王某的行为应由糕点厂负责，遂诉至法院。问：

（1）如何认定王某行为的性质？为什么？

（2）糕点厂应否向丙公司支付货款？为什么？

参考答案

扫码阅读

第八章　诉讼时效和期限

学习目标

理解时效的概念与类型。理解诉讼时效的概念、意义及其与除斥期间的区别。掌握诉讼时效的种类与计算，掌握诉讼时效完成的效力。了解期限的概念与种类、法律意义和期间的确定和计算。

一、时效的概念与种类

（一）时效的概念

时效，是指一定的事实状态持续地达到一定期间而发生一定法律效果的法律事实。

时效是一种期限，但又与一般期限不同，其须有下列三要素。①一定事实状态的持续存在。所谓一定的事实状态是指占有某物、不行使权力等事实。②经过一定的期间，即一定的事实状态持续经过一定期间，这一期间谓之“时效期间”。例如某人占有某物达 30 年、债权人不行使债权已有 3 年等。时效期间为多久，应依法律的规定，故属法定期间。③发生一定的法律效果，即发生权利得失的效果。一定的事实状态持续经过一定的期间后，当事人或因此取得权利，或因此失去权利。时效对民事权利所产生的得失效果，是时效的功能之所在。

时效具有以下性质。

（1）就时效对民事法律关系的效果而言，时效属法律事实，而就时效的期间经过不受当事人意志的作用而言，时效属事件。

（2）时效期间由法律强行规定，当事人不得约定更改或预先抛弃，所以时效期间属法定期间。

（3）期间须与一定的事实状态相结合才发生一定的效果，亦即无一定事实状态与之结合，也就无时效的效果存在。

（二）时效的种类

依时效的事实状态要素和法律效果要素，将时效划分为两类：取得时效和诉讼时效。

取得时效，是指占有他人财产于时效期间届满时即取得该财产所有权的时效。因其事实状态须占有财产，故亦称“占有时效”。取得时效的命名是相对于法律效果而言的。我国现行民法没有关于取得时效的规定。

诉讼时效，是指权利人持续不行使权力而于时效期间届满时即消灭其请求权的时效。诉讼时效期间届满，只是丧失请求权，亦即使权利人丧失依诉讼程序请求保护其权利的“权利”，该“权利”学理上谓之“胜诉权”。权利人丧失胜诉权，但其权利的受领保持力仍存在，即义务人自愿履行义务时，权利人仍有受领权，义务人履行义务后不得以不知道诉讼时效已过为由，要求返还已给付的履行。故诉讼时效期间届满，只是消灭权利的最主要的效力，而非实体权利的全部消灭。就其消灭的最主要的效力，亦即请求权效力而言，诉讼时效又谓之“消灭时效”。

二、诉讼时效

（一）诉讼时效的意义

法律规定诉讼时效的意义如下。

（1）有利于社会经济的稳定。实际生活中，经常有权利人对权利久不行使的情况，如债权人长期不请求债务人履行，使财产长期处于不稳定状态。

（2）诉讼时效制度能督促权利人及时行使权力，稳定社会经济。

（3）有利于司法机关对案件的调查取证，从而及时、正确地审理案件。

（二）诉讼时效与除斥期间的区别

除斥期间，是指法律对某种权利预定存在的期间，权利人在此期间不行使权力便发生该项实体权利消灭的法律后果。例如，《继承法》第二十五条第2款规定："受遗赠人应当在知道受遗赠后两个月内，做出接受或者放弃受遗赠的表示。到期没有表示的，视为放弃受遗赠。"这里的"两个月"即是除斥期间，该期间届满，权利人不行使权力，其权利即消灭。

除斥期间和诉讼时效一样，也是一定的事实状态经过一定的期间，而发生一定的法律后果，但这两种制度又存在很大的差异。

（1）法律后果不同。除斥期间届满的法律效力是某项实体权利消灭；而诉讼时效期间届满，只是消灭胜诉权，不消灭实体权利。

（2）适用的条件不同。除斥期间届满，法院可依职权主动适用有关规定，无须当事人提出主张，义务人自愿履行的，也可以请求法院追回；诉讼时效届满后，债务人自愿履行的，不能再要求返还。例如，按破产法规定，债权人自公告之日起3个月内申报债权，逾期不报的，视为自动放弃债权。这里的"3个月"是除斥期间，过期不申报的，其实体权利消灭。破产人不能对该债权人履行债务，否则，人民法院有权追回。

（3）期间不同。除斥期间是一个不变期间，法律规定多长时间，就固定为多长时间，不能变动；而诉讼时效则可因各种原因中止、中断甚至延长。

（三）诉讼时效的适用范围

诉讼时效的适用范围，又称诉讼时效的客体。根据《民法通则》、最高人民法院《关于审理民事案件适用诉讼时效制度若干问题的规定》（以下简称《诉讼时效若干规定》）等有关民事法律和司法解释的规定，我国诉讼时效主要适用于债权请求权，包括基于合同债权请求权、基于侵权行为的请求权、基于无因管理的请求权、基于不当得利的请求权及其他债权请求权。

《民法总则》第一百八十八条第1款规定："向人民法院请求保护民事权利的诉讼时效期间为三年。法律另有规定的，依照其规定。"该条对诉讼时效作出了规定，但其只是使用了"民事权利"这一表述，而没有对诉讼时效的适用范围作出明确界定。但从《民法总则》第一百九十六条关于不适用诉讼时效的请求权的规定来看，其主要针对的是物权请求权，由此可见，诉讼时效应当主要适用于债权请求权。

《民法总则》第一百九十六条规定，下列请求权不适用诉讼时效的规定：（一）请求停止侵害、排除妨碍、消除危险；（二）不动产物权和登记的动产物权的权利人请求返还财产；（三）请求支付抚养费、赡养费或者扶养费；（四）依法不适用诉讼时效的其他请求权。

（四）诉讼时效的种类

1. 普通诉讼时效期间

所谓普通诉讼时效期间，是指由民事基本法规定的普遍适用于应当适用时效的各种法律关系的时效期间。《民法总则》第一百八十八条第1款规定：“向人民法院请求保护民事权利的诉讼时效期间为三年。法律另有规定的，依照其规定。”依据该条规定，普通诉讼时效期间为3年。

2. 特别诉讼时效期间

所谓特别诉讼时效期间，是指由民事基本法或特别法针对某些民事法律关系规定的时效期间。按照特别法优先于普通法的一般规则，如果符合特别诉讼时效规定的情况的，应当适用特别诉讼时效，而不应当适用普通诉讼时效。例如，依据《海商法》第二百五十七条的规定，就海上货物运输向承运人要求赔偿的请求权，时效期间为1年。

3. 最长诉讼时效期间

所谓最长诉讼时效期间，学说上又称绝对时效期间，是指不适用诉讼时效中止、中断规定的时效期间。《民法总则》第一百八十八条第2款规定：“诉讼时效期间自权利人知道或者应当知道权利受到损害以及义务人之日起计算。法律另有规定的，依照其规定。但是自权利受到损害之日起超过二十年的，人民法院不予保护；有特殊情况的，人民法院可以根据权利人的申请决定延长。”依据该条规定，最长诉讼时效期间为20年，而且该期限具有固定性。也就是说，最长诉讼时效期间不适用诉讼时效中止、中断的规定，否则可能使其成为可变期间。在起算上，最长诉讼时效期间从权利产生之日起计算。

（五）诉讼时效的计算

1. 诉讼时效的起算

（1）诉讼时效期间起算的一般规则。所谓诉讼时效期间的起算，是指诉讼时效期间开始计算的时点，换言之，是从何时开始计算诉讼时效期间。《民法总则》第一百八十八条第2款规定：“诉讼时效期间自权利人知道或者应当知道权利受到损害以及义务人之日起计算。法律另有规定的，依照其规定。但是自权利受到损害之日起超过二十年的，人民法院不予保护；有特殊情况的，人民法院可以根据权利人的申请决定延长。”该条规定了诉讼时效期间起算的一般规则，具体如下。

① 必须是权利在客观上遭受侵害。权利遭受侵害是诉讼时效适用的前提，权利遭受侵害的时间应当区分不同情形分别予以认定。以合同为例，在当事人明确约定了合同履行期限时，该期限届满，债务人未履行债务，即可认定债权人的债权遭受了侵害；但在未定履行期限的合同中，需要债权人请求后一定时间经过，债务人才应履行义务，因此，只有在该期限经过后，才可认定债权人的权利遭受了侵害。

② 从权利人知道或应当知道其权利遭受侵害之时起算。所谓知道，是指权利人已经事实上了解其权利遭受侵害的事实。所谓应当知道，是指按照一个合理的人的标准来判断，权利人作为一个合理的人在当时的情况下应当知道其权利受到侵害的事实。例如，合同明确规定了债务履行期限，期限届满之后，债权人就应当主张权利，一方在履行期到来后不履行，就应当视为另一方知道其已经违约。

③ 权利人知道或应当知道其权利遭受侵害还应当包括知道具体的义务人。也就是说，如果权利人知道权利被侵害，但不知明确的侵害人，则因为权利人不能提出请求，时效也不能开始计算。如果仅知道被告，但不知被告的下落，则可以通过向法院提起诉讼的方式而导致时效的中断。

（2）诉讼时效起算的各种特殊情形。《民法总则》第一百八十八条第 2 款对诉讼时效期间起算的一般规则作出了规定。在实践中，诉讼时效起算的各种情形非常复杂，法律很难作出一般性的规定。因此，《民法总则》专门规定了若干特殊情况下诉讼时效的起算，以便于法官的操作，具体如下。

① 分期履行债务中的诉讼时效的起算。《民法总则》第一百八十九条规定："当事人约定同一债务分期履行的，诉讼时效期间自最后一期履行期限届满之日起计算。"例如，双方签订了分期付款买卖合同，购买一台冰箱，价值 3 000 元，分三期支付，在订立合同时交付一次，每月交付一次，则该债务的诉讼时效应当自最后一期债务履行期限届满时起算。

② 无民事行为能力人或者限制民事行为能力人对其法定代理人的请求权。《民法总则》第一百九十条规定："无民事行为能力人或者限制民事行为能力人对其法定代理人的请求权的诉讼时效期间，自该法定代理终止之日起计算。"该条的适用对象是无民事行为能力人或限制民事行为能力人，而且必须是针对法定代理人提出请求。

③ 未成年人遭受性侵害的损害赔偿请求权。《民法总则》第一百九十一条规定："未成年人遭受性侵害的损害赔偿请求权的诉讼时效期间，自受害人年满十八周岁之日起计算。"依据该条规定，在未成年人遭受性侵害的情形下，其损害赔偿请求权的诉讼时效自其年满 18 周岁时起算。

2. 诉讼时效的中断

（1）诉讼时效期间的中断的概念和事由。所谓诉讼时效期间的中断，是指诉讼时效进行中因法定事由的发生，推翻了诉讼时效存在的基础，因此使已进行的期间全部归于无效，诉讼时效重新起算。诉讼时效的中断具有如下特点。第一，时效的中断发生在时效的进行之中，如果时效尚未开始计算，或时效已经届满，则不适用诉讼时效中断。第二，发生了一定的法定事由导致时效存在的基础被推翻。诉讼时效设立的根本目的是制裁怠于行使权利的事实状态，但如果出现了权利人行使权利的事实，仍然使权利人的权利继续受到时效的约束，这就与诉讼时效的目的相违背。第三，时效的中断在效力上使已经进行的时效从法定事由发生之日起重新起算。

根据《民法总则》第一百九十五条规定，诉讼时效中断的事由主要有如下几种。

一是权利人向义务人提出履行请求。权利人既可以向义务人主张权利，也可以向其代理人主张权利。权利人一旦提出"履行请求"，就表明权利人积极行使了权利，从而应当导致时效的中断。当然，权利人请求的意思表示必须到达义务人，如果意思表示不能到达，义务人并不知道权利人是否提出了请求，此时，不能认为权利人已经行使了权利，至于请求的理由是否充分则不必考虑。因此，诉讼时效中断应该从请求到达义务人之日起计算。

二是义务人同意履行义务。义务人同意履行义务，也称为"认诺"，是指义务人对权利人表示承认其权利的存在，愿意履行义务。认诺将导致诉讼时效中断。认诺既可以是明示的，也可以是默示的。义务人同意履行债务表明其对权利人的权利存在予以认可，从而使双方的法律关系重新趋于稳定，在此情况下，时效适用的理由不复存在，因此应当导致时效的中断。学理上将其也称为"与起诉具有同一效力的事项"。

三是权利人提起诉讼或者申请仲裁。权利人提起诉讼是指权利人在人民法院提起诉讼，请求法院强制义务人履行义务。提起仲裁是指权利人在仲裁机构申请就争议进行仲裁。只要权利人的仲裁申请符合法律规定，就可以发生时效中断的效力。由于诉讼本身有一个过程，时效中断以后，诉讼过程都应当视为权利人行使权利的持续状态。所以，因起诉引起时效中断，新的时效应从该诉讼过程结束时起再重新计算。

四是与提起诉讼或者申请仲裁具有同等效力的其他情形。如果出现了与提起诉讼或者申请仲裁具有同等效力的其他情形，足以表明权利人已经积极行使了其权利，也理应导致诉讼时效的中断。

（2）诉讼时效中断的法律效果。诉讼时效中断的事由发生后，已经过的时效期间归于无效，中断事由存续期间，时效不进行，中断事由终止时，重新计算时效期间。但是，如何确认中断事由的终止，因事由的性质有别而有所不同。这包括以下几种情形。

① 因请求或同意中断时效的，书面通知应以到达相对人时为事由终止；口头通知应以相对人了解时为事由终止。在时效期间重新起算后，权利人再次请求或义务人再次同意履行义务的，诉讼时效可再次中断。

② 因提起诉讼中断时效的，应于诉讼终结或法院做出裁判时为事由终止；权利人申请执行程序的，应以执行程序完毕之时为事由终止。

③ 因调解或仲裁中断时效的，调处失败的，以失败之时为事由终止；调处成功而达成协议的，以协议所定的履行期限届满之时为事由终止。

3. 诉讼时效的中止

（1）诉讼时效期间中止的概念。所谓诉讼时效期间的中止，是指在诉讼时效期间进行中，因发生一定的法定事由使权利人不能行使请求权，从而暂时停止计算诉讼时效期间。《民法总则》第一百九十四条第1款规定："在诉讼时效期间的最后六个月内，因下列障碍，不能行使请求权的，诉讼时效中止：（一）不可抗力；（二）无民事行为能力人或者限制民事行为能力人没有法定代理人，或者法定代理人死亡、丧失民事行为能力、丧失代理权；（三）继承开始后未确定继承人或者遗产管理人；（四）权利人被义务人或者其他人控制；（五）其他导致权利人不能行使请求权的障碍。"该条对诉讼时效的中止作出了规定。

诉讼时效中止不同于诉讼时效中断，二者的区别主要表现在：第一，发生的时间不同。关于诉讼时效中止的发生时间，《民法总则》第一百九十四条第1款规定："在诉讼时效期间的最后六个月内，因下列障碍，不能行使请求权的，诉讼时效中止。"依据该条规定，诉讼时效中止的事由应当发生在诉讼时效期间的最后6个月。而诉讼时效中断可以发生在时效进行中的任何一个阶段。第二，发生的事由不同。中止的法定事由通常是当事人主观意志所不能控制的事由，如不可抗力。而中断的法定事由一般都是当事人主观意志所能够左右的。例如，提出请求或提起诉讼，都是当事人主观上能控制的。导致诉讼时效中止的事由一般是自然事件，而导致诉讼时效中断的事由一般是人的行为。第三，法律效果不同。中止的法律效果在于使中止事由发生的时间不计入时效期间，或者说将该期限从时效期间内排除，中止事由发生前经过的时效期间仍然有效，诉讼时效期间中止的事由消除后，诉讼时效期间仍有6个月才届满。而诉讼时效中断的法律效果是在中断事由发生以后，已经经过的时效期间全部归于无效，重新开始计算时效期间。

（2）发生诉讼时效中止的法定事由。

① 不可抗力。指的是不能预见、不能避免且不能克服的客观情况。包括自然灾害和非出于权利人意思的"人祸"，例如瘟疫、暴乱等。

② 法定代理人未确定或丧失行为能力。权利被侵害的无民事行为能力人、限制民事行为能力人，如没有法定代理人、法定代理人死亡或丧失代理权，或者法定代理人本人丧失行为能力的，也可作为中止的法定障碍。

③ 继承开始后未确定继承人或者遗产管理人。在继承开始后，继承人尚未确定或非因继承人的原因导致遗产管理人不明确，将导致继承人不能行使权利，如果此种情况正好发生在时效期间的最后6个月内，也将产生诉讼时效中止的效力。

④ 权利人被义务人或者其他人控制。如果权利人被义务人或者其他人控制，也将导致权利人客观上无法行使权利。此处所说的“控制”，一般理解为权利人被限制人身自由。例如，权利人因被义务人扣押、拘禁而丧失行为自由，客观上无法主张权利。此时，可以导致诉讼时效的中止。

⑤ 其他导致权利人不能行使请求权的障碍。依据《民法总则》第一百九十四条的规定，如果出现了其他导致权利人不能行使请求权的障碍，也将产生诉讼时效中止的效力。

（3）诉讼时效中止的法律效果。

① 诉讼时效期间停止计算。依据《民法总则》第一百九十四条第 1 款的规定，一旦出现诉讼时效中止的事由，诉讼时效期间即停止计算，中止事由消除之前的期间将不计入诉讼时效期间。

② 中止事由发生前的时效期间仍然有效。诉讼时效中止不同于诉讼时效中断，诉讼时效期间一旦中断，其已经经过的时效期间将归于无效，诉讼时效期间重新起算。而在诉讼时效中止的情形下，已经经过的时效期间仍然有效，等到中止事由消灭以后，时效期间继续计算。

③ 中止事由消除后诉讼时效期间再计算 6 个月。中止的事由一旦消除，诉讼时效期间将再计算 6 个月。依据《民法总则》第一百九十四条第 2 款规定，“自中止时效的原因消除之日起满六个月，诉讼时效期间届满”。这就是说，不论诉讼时效期间中止前诉讼时效期间还剩余多少，在中止事由消灭后，剩余的诉讼时效期间都为 6 个月。

4. 诉讼时效的延长

所谓诉讼时效延长，是指在诉讼时效期间届满以后，权利人基于某种正当理由，而要求人民法院根据具体情况延长时效期间，经人民法院依职权决定延长的制度。《民法总则》第一百八十八条第 2 款规定：“但是自权利受到损害之日起超过二十年的，人民法院不予保护；有特殊情况的，人民法院可以根据权利人的申请决定延长。”该条对最长诉讼时效期间作出了规定，同时规定了诉讼时效期间的延长。该最长诉讼时效期间能否延长？本书认为，该条所规定的最长诉讼时效期间不应当适用诉讼时效期间延长的规则，因为从设立最长诉讼时效制度的目的来看，其主要是给权利的行使设立一个固定的期限，或者说设立一个最长的保护期限，如果最长的期限仍然可以延长，且对延长的上限没有限制，这就造成最长诉讼时效成为可变期限，也会使最长诉讼时效的功能不复存在。

（六）诉讼时效完成的效力

诉讼时效完成，也叫诉讼时效期间届满。它的效力表现为，未在诉讼时效期间内行使权力的债权人丧失“胜诉权”，即丧失了依诉讼程序请求保护其未行使的权力的权利。但是，债权人的权利并不因之而彻底消灭，债权人仍然可以向债务人请求履行，债务人履行了的，不得以诉讼时效期间已过而要求返还。

1. 义务人产生抗辩权

《民法总则》第一百九十二条第 1 款规定：“诉讼时效期间届满的，义务人可以提出不履行义务的抗辩。”这就是说，时效届满的主要后果是使得义务人产生拒绝履行的抗辩权。具体来说，包括两个方面：一是从义务人的角度来说，在时效届满之后，其享有拒绝履行的抗辩权。也就是说，如果权利人提出请求，义务人有权拒绝，法院也不得强制义务人必须履行其义务。二是对权利人的后果。对于权力人来说，时效届满以后，权利人的实体和诉权均不发生消灭。

2. 义务人已自愿履行的不得请求返还

《民法总则》第一百九十二条第 2 款规定：“诉讼时效期间届满后，义务人同意履行的，不得以诉讼时效期间届满为由抗辩；义务人已自愿履行的，不得请求返还”。可见，债务本身仍然存在，只是债务人可以提出抗辩，该债权也不能强制执行而已。

3. 法院不得主动适用诉讼时效的规定

诉讼时效届满以后，尽管义务人享有时效利益，但是该利益的实现是由当事人主动提出，还是应由法官依职权主动审查？《民法总则》第一百九十三条规定："人民法院不得主动适用诉讼时效的规定。"时效届满以后，法院不应当主动依据职权审查时效是否已经届满，无论是在起诉阶段，还是在诉讼过程中，法院都不能主动援引时效规定。

同时，依据《诉讼时效司法解释》第3条的规定，"当事人未提出诉讼时效抗辩，人民法院不应对诉讼时效问题进行释明及主动适用诉讼时效的规定进行裁判"，这就是说，在民事诉讼中，如果一方当事人没有提出时效的抗辩，法院不应当行使释明权，向一方当事人告知其享有诉讼时效利益，或要求其提出诉讼时效抗辩。当然，在义务人提出时效抗辩后，法院即有义务审查时效届满的情况。

三、期限

1. 期限的概念和种类

期限是法律规定的或者当事人约定的能够使权利发生、变更或者消灭的时间范围。

期限按照不同的标准划分，可以分成不同的种类。

按照期限的依据是法律规定还是约定，分为约定期间、法定期间和指定期间。（1）约定期间，指可由当事人自由选择确定的期间。例如履行债务的期间、所有权交付的期间等。（2）法定期间，指法律强行规定的期间。例如诉讼时效期间、未成年人状态的期间等。在有法定期间并同时允许当事人约定期间时，优先适用约定期间。例如一般动产的所有权从财产交付时移转，但当事人另有约定的除外。只有当事人没有约定期间时，才适用法定期间。在法律上无当事人约定期间的规定时，法定期间不可更改。（3）指定期间，指由法院或仲裁机关确定的期间。例如宣告死亡以判决宣告之日为死亡日期，违约金、赔偿金自仲裁机关或法院明确责任后10日内偿付等。指定期间实质上也是法定期间，其与法定期间的区别，只是法律将确定期间的"法定"权授予法院或仲裁机关而已。

按照期限是某个不可分的特定时间还是一定的时间区间，分为期日和期间。期日如某日、某月或者某年，期间如某年某月某日至某年某月某日。

2. 期限的法律意义

期限的法律意义主要是确定权利义务的发生、变更或者消灭的时间范围。

（1）决定民事主体的法律地位，即民事主体的法律地位由期限决定。例如：自然人的民事权利能力自出生之日起开始，至死亡之日终止；有民事行为能力人在宣告死亡期间实施的民事法律行为有效，等等。

（2）决定民事权利的得失变更，即民事权利的取得、丧失或变更由期限决定，例如：所有权从财产交付之时起移转；民事权利请求诉讼保护的时效期间；继承自被继承人死亡时开始，等等。

（3）决定民事义务的存在与否，即民事义务的承担由期限决定。例如：在子女未成年期间父母的抚养义务；在债的关系有效期间债务人的给付义务；在专利权存续期间的专利费缴纳义务，等等。

3. 期间的确定与计算方法

（1）期间的确定。法定期间按照法律的规定确定起止时间点即始期和终期，指定期间由有指定权的机关做出的指定文书确定始期和终期，约定期间则由当事人的意思表示确定始期和终期。

（2）期间的计算方法。期间计算方法对于准确界定当事人之间的权利义务关系具有重要意义。关于期间的计算方法，《民法总则》第二百零四条规定："期间的计算方法依照本法的规定，但是法律另有规定或者当事人另有约定的除外。"

期间的计算方法主要有两种。一是历法计算法。历法计算法就是以日历所定的日、星期、月、年为依据。二是自然计算法。此种方法是以实际时间精确地进行计算的方法，即以时、分、秒开始起算的方法。例如，从2003年9月1日5时至12时。历法计算法比较简便，符合人们的期间计算观念，但与自然计算法相比，又不够精确。所以，《民法总则》第二百条规定："民法所称的期间按照公历年、月、日、小时计算。"从该规定来看，兼采上述两种计算方法，即一方面，该条规定期间的计算按照公历的年、月、日计算；另一方面，该条又规定按照小时计算，这实际上同时采用了历法计算法和自然计算法两种方法。此种规定符合社会实践的需要，因为在一些交易中，当事人可能约定具体在某天的某个时刻进行交易，或者将交易的截止时间确定在某个时刻，此时就需要运用自然计算法。

4. 期间的开始和截止

为准确界定当事人之间的权利义务关系，法律需要对期间的开始和截止作出规定。我国《民法总则》分别对历法计算法和自然计算法两种期间计算方法中期间的开始和截止计算方法作出了规定。

（1）期间的开始。关于期间的开始，《民法总则》第二百零一条第1款规定："按照年、月、日计算期间的，开始的当日不计入，自下一日开始计算。按照小时计算期间的，自法律规定或者当事人约定的时间开始计算。"该条对历法计算法和自然计算法中期间开始的时间作出了规定，该条确立了两项规则：一是历法计算法中期间开始的规则。即在历法计算法中，开始的当日不计入期间，而是从下一日开始起算期间。例如，双方约定，甲方于2017年5月10日向乙方借款10万元，借期1年，则还款日期应当为2018年5月10日。二是自然计算法中期间的开始规则，即自法律规定或者当事人约定的时间开始计算。例如，当事人约定48小时内还款，那么就应当从当事人约定的时间开始计算48小时。

（2）期间的截止。关于期间的截止，我国《民法总则》也分别对历法计算法和自然计算法的截止期间确定规则作出了规定。对历法计算法而言，依据《民法总则》第二百零二条的规定，以到期月的对应日为期间的最后一日，如果没有对应日，则以月末日为期间的最后一日。例如，当事人在3月31日约定，将在一个月后履行合同，由于4月没有31日，则应当以4月30日为截止日期。

关于自然计算法中期间的截止，《民法总则》第二百零三条第2款规定："期间的最后一日的截止时间为二十四时；有业务时间的，停止业务活动的时间为截止时间。"例如，双方当事人约定的还款期限为本月的最后一天，则最终的还款时间应当是本月最后一天的24时。但对一些有确定营业时间的主体，如某银行的业务时间为上午9点至下午5点，则应当将截止时间定为当天的下午5点。

练习题

一、单项选择题

1. 对诉讼时效已过的权利人的请求，债务人可以提出抗辩的是（　　）。

A. 同时履行抗辩　　B. 先诉抗辩

C. 不安抗辩　　D. 永久抗辩

2. 依据《民法总则》的规定，诉讼时效中止的发生时间是（　　）。
A. 诉讼时效期间的任何时间
B. 当事人知道或应当知道自己权利受到损害之日起 1 年内
C. 权利受到损害之日起 1 年内
D. 诉讼时效期间的最后 6 个月内

3. 能够导致诉讼时效中止的法定事由必须是发生在（　　）。
A. 诉讼时效期间开始时
B. 诉讼时效期间的最后 6 个月内
C. 诉讼时效期间的最后 6 个月前
D. 诉讼时效期间开始后的 6 个月内

4. 诉讼时效中断后，过去进行的时效期间（　　）。
A. 一律无效
B. 仍然有效
C. 部分有效
D. 部分无效

5. 最长的诉讼时效期间（即 20 年的诉讼时效期间），其开始的时间是（　　）。
A. 权利人知道或应当知道自己的权利受到损害时
B. 权利受到损害时
C. 权利人知道自己权利受到损害时
D. 权利人应当知道自己权利受到损害时

6. 诉讼时效期间届满后，债权人丧失了（　　）。
A. 起诉权
B. 债权
C. 请求债务人履行的权利
D. 胜诉权

7. 引起诉讼时效中断的事由是（　　）。
A. 法定代理人死亡
B. 法定代理人丧失民事行为能力
C. 权利人或义务人向法院提起诉讼
D. 不可抗力或其他障碍使权利人不能行使请求权

8. 除斥期间是指法律规定的（　　）。
A. 民事请求权存在的期间
B. 民事诉讼权利存在的期间
C. 民事实体权利存在的期间
D. 民事实体权利和民事诉讼权利存在的期间

二、简答题

1. 简述时效的概念及类型。
2. 简述诉讼时效与除斥期间的区别。
3. 简答什么是诉讼时效的中止。

三、案例分析题

甲于 2013 年 6 月 1 日向乙借钱 2 万元，约定 2013 年 9 月 1 日偿还。还款期已过，甲未予履约，乙亦未予追讨。2016 年 10 月 1 日，甲主动找乙，归还了全部欠款。事后，甲得知有诉讼时效规定这回事时，又找到乙，要求乙返还该款。问：

（1）依法律规定，乙主张权利的诉讼时效应截止到何时？为什么？

（2）甲可否请求乙返还？为什么？

参考答案

扫码阅读

第二部分　物　权

第一章　物权概述

学习目标

理解物权的概念、特征和分类。理解物的概念、法律特征、分类及其意义。掌握物权法的基本原则。理解物权的保护。

一、物权的概念与特征

物权在各国民法典中基本上没有一个明确的定义。《民法总则》第一百一十四条规定："物权，是指权利人依法对特定的物享有直接支配和排他的权利，包括所有权、用益物权和担保物权。"

物权有下列基本特征。

第一，物权是权利人直接支配物的权利，即物权是一种支配权。所谓直接支配物，是指物权人可以依自己的意志就标的物直接行使其权利，无须得到他人的同意或者通过他人行为的介入。权利人的支配可以通过民事行为来实现，如将自有房屋转让；也可以通过事实行为来实现，如在自家庭院里种花。

任何种类的物权都以权利人对物的直接支配为特征，但是，支配范围的大小依物权的种类而定。例如，所有权是所有人对于自己所有之物的一种总括的、全面的支配，而他物权则总是在某一个方面对他人所有的物进行的支配，例如，土地承包经营权人对其承包经营的耕地只能占有、使用和收益，而无权处分。

第二，物权是排他性的权利。物权是权利人直接支配物的权利，必然具有排他性。排他性表现在两个方面：其一，物权人有权排除他人对物上权利之行使的干涉，可以对抗一切不特定的人，所以物权是一种对世权或称绝对权。其二，同一物上不许有内容不相容的物权并存。如一间房屋上不能同时存在两个所有权，一块耕地上不能同时设定两个土地承包经营权。物权的排他性，说明了物权不仅是人对于物的关系，而且还具有人与人的关系。

第三，物权是权利人直接享受物的利益的权利。物权作为财产权，是一种具有物质内容的、直接体现为财产利益的权利。因此，物权的目的也就在于享受物之利益，自不待言。物的利益，可以分为三种：一是物的归属，二是物的利用，三是就物的价值而设立的债务的担保。物权的内容，因对标的物之利益的不同，而有所有权、用益物权和担保物权的区别。

二、物权的客体

民事主体必须知道哪种物能够作哪种权利的客体，哪种物能够在什么范围内流转，才能有效地取得财产利益。《民法总则》第一百一十五条规定：“物，包括不动产和动产。法律规定权利作为物权客体的，依照其规定。”据此，物权的客体是物，权利成为物权的客体，仅限于法律有明确规定的情况，如权利质权。

（一）物的概念与特征

民法上的物，是指存在于人体之外，为人力所能控制且能够满足人类社会生活需要的有体物。其具有以下几个方面的特征。

1. 存在于人体之外

现今民法上的物具有非人格性，所以只能存在于人体之外。在实际生活中，与人体不可分离、以保持人的身体运行功能的以人工连接在身体上的物，如假肢、心脏起搏器等，应视为人体的一部分，不得视为物。但是，已经与人体相分离并且独立化的人体的一部分，例如拔除的牙齿、捐献的血液或者其他人体器官——在其不是为了保持被取出人的身体运行功能或者不是为了将来再植入其身体的时候——可以作为物权的客体即物。当从某人身体上分离出来的器官或者血液被移植到他人体内时，它重新成为该人身体的一部分而丧失物的属性。

2. 为人力所能控制

物权的特征之一就在于权利人对物的直接支配，如果物权的客体不能为人力所控制，则物权就没有存在的实际意义。因此，那些不能为人所实际控制或者支配的物，如日月星辰等，只能成为物理学意义上的或者哲学意义上的物或者物质，而不能成为民法上的物。

3. 能够满足人类社会生活的需要

民法上的物，必须具有一定的使用价值，能够满足人类社会生活的需要。因为法律上设定物权，是为了使物权人能直接享受物的利益或者从中满足一定的需要。人类社会生活的需要可以分为物质生活需要和精神生活需要。具有经济价值和用途的物，能够满足人们的物质生活需要，可以成为民法上的物。同样，具有精神价值，如文化价值、情感价值等的物，能够满足人们的精神生活需要，也可以成为民法上的物。前者如房屋、地产等，后者如父母的遗照、婚礼的录像制品等。

4. 以有体物为限

近年来，学理上将有体物与有形物区别开来，认为有体物不仅包括那些看得见、摸得着的有形物，还包括无法为人们肉眼所看见或者无法为人们所触摸的无形物，如电、光、热、核能、频道等各种能源。由于这些无形物必须占据特定的空间，属于有容积体的物，它们可以被储存、转让和使用，故也成为民法上的物。总之，有体物包括动产、不动产，以及虽然不占据一定空间或具备一定形状，但是能够为人力所控制的电、气、光波等物。

（二）物的分类及意义

从不同的角度、按照不同的标准，可以对物进行不同的分类。物的主要分类可以概括为以下几种。

1. 动产与不动产

这是以财产是否可以移动并且是否会因移动而损害其价值为标准对物进行的划分。不动产是指难以人为移动其位置或移动后就会减少或丧失其经济价值的物，主要有土地及其附着物、房屋等。动产是指位置能够移动，而其本身的价值不会因移动而丧失或相对减少的物，如电视机等。

民法上区分动产和不动产是先确定不动产，不动产以外的物则是动产。对于不动产各国法律规定并不一致。《民通意见》第一百八十六条规定，在我国，土地、附着于土地的建筑物及其他定着物、建筑物上的固定附属设备为不动产。

动产与不动产的法律地位是不同的。二者的区别主要可以概括如下。

(1) 流通性质和范围有区别。不动产中禁止流通物和限制流通物所占的比例较大，而动产中流通物所占的比例较大。

(2) 物权变动的法定要件不同。一般动产物权的变动以物的交付为要件，甚至可以以合同成立为要件，而不动产物权的变动不仅以交付为条件，而且还以在主管机关进行登记为要件，否则不受法律保护。这是因为，不动产一般都有价值大，用途重要，对社会、当事人及关系人利害重大等特点。

(3) 诉讼管辖方面有不同。因不动产发生的诉讼，一律由不动产所在地法院或有关机关负责处理。而动产诉讼的管辖则比较灵活。

2. 流通物、限制流通物与禁止流通物

这是以物能否流通、能在什么范围内流通为标准对物进行的划分。

流通物是指法律允许在民事主体之间自由流通的物。

限制流通物是指法律对流通范围和程度有一定限制的物。在我国限制流通物主要包括：①按照国家指令性计划购销的物；②黄金；③外币；④公民收藏的文物；⑤麻醉药品、毒品、运动枪支；⑥法律规定的其他限制流通物。

禁止流通物又称不流通物，是指法律明令禁止流通的物。在我国，禁止流通物主要包括国家专有的物资、土地、矿藏、水流以及淫秽书画等非法出版物。

这种分类的意义主要是有利于维护国家和社会的公共利益。如果民事主体违反有关限制流通物、禁止流通物的规定的，要承担相应的民事责任；情节严重的，还要承担行政的或刑事的责任。

3. 特定物和种类物

这是以转让物是否有独立特征或者是否被权利人指定而特定化为标准对物进行的划分。

特定物是指具有独立特征或被权利人指定，不能以其他物替代的转让物。特定物包括独一无二的物和从一类物中指定而特定化的物。前者如齐白石的一幅画；后者如从自行车仓库中挑出的一辆自行车。

种类物是指具有共同特征，可以以品种、规格或度量衡来加以计算和确定，不需要具体指定的物。种类物与特定物的区分不是绝对的，种类物通过选择、购买、给付等方式可以特定化而成为特定物。

区分特定物和种类物的意义主要在于以下两方面。

第一，标的物返还的要求不同。特定物受到侵害，标的物存在的，返还原物；可修理的，修理恢复原状；灭失的，可要求损害赔偿。种类物则适用返还同类物。

第二，标的物灭失后的责任不同。在交付前特定物灭失的，可免除义务人的交付义务，权利人一般可要求赔偿损失；而种类物在交付前灭失的，不免除义务人的交付义务，权利人可要求义务人交付同等种类物。

4. 主物与从物

这是以两个独立存在的物在用途上客观存在的主从关系为标准对物进行的划分。

主物是指独立存在，与同属一人所有的其他独立物结合使用中有主要效用的物。

在两个独立物的结合使用中处于附属地位，起辅助和配合作用的是从物。从物必须经常辅助主物使用；从物不是主物的构成部分；从物必须与主物同属于一人。

区分主物与从物的意义主要在于：如果法律无相反规定，合同也无相反约定，对主物的处分效力及于从物。如从物随主物所有权的移转而移转；对主物设置的租赁、抵押也及于从物。

5. 可分物与不可分物

这是以物是否具有可分割的特点为标准对物进行的划分。

可分物是指可以分割且不因分割而损害其效益或改变其性质的物。如米、油等。

不可分物是指按照物的性质不能分割，否则会改变其效益或性质的物。如一匹马、一辆汽车等；此外，按照财产共有人的协议或权利的性质，在一定时间内不得分割的物，也属于不可分物。

区分可分物与不可分物的主要意义在于以下两方面。

第一，有利于共有财产的正确分割。共有财产是可分物的，共有人可分割实物；共有财产为不可分物的，一般不得分割实物，只能是有人得实物，其他人从得实物人处取得合理的折价补偿或者采用变价分割。

第二，便于明确多数人之债的债权债务。数人共享同一债权或共负同一债务，标的物为可分物的，债权人可以享有按份债权，债务人可以负有按份债务；标的物为不可分物的，债权人之间是连带债权，债务人负有连带债务。

6. 原物和孳息物

这是以两物之间存在的原有物产生新物的关系为标准对物进行的划分。

原物是指依其自然属性或法律规定产生新物的物。

孳息物是指由原物产生的物。孳息分为天然孳息和法定孳息。天然孳息是指依物的自然属性而获得的收益，如母鸡下的蛋、母牛生的小牛犊等。法定孳息是原物根据法律关系获得的收益，如银行存款的利息、出租房屋所获得的租金等。

区分原物与孳息物的主要意义在于：除法律另有规定或者合同另有约定外，孳息归原物所有人所有；转让原物时，孳息收取权一并转移。

7. 消耗物和不消耗物

这是以同一物是否能够反复使用为标准对物进行的划分。

消耗物是指仅能供权利人一次性使用的物，如食品。不消耗物是指能够供权利人反复使用的物，如房屋、机器等各种耐耗物品。

区分消耗物和不消耗物的主要意义在于：消耗物可以作为消费借贷、买卖等转移所有权的合同的标的物，而不消耗物则不仅可以作为转移物的所有权的合同的标的物，还可以成为使用借贷、租赁等合同的标的物。

8. 有主物和无主物

这是以物在一定期限内是否有所有人为标准对物进行的划分。

有主物是指所有人明确的物，如某甲的汽车。

无主物是指在一定期限内没有所有人或者所有人不明的物，如抛弃物。所谓的所有人不明，是指事实上无法明确所有人。

这种分类的意义主要是为了解决无主物的归属问题。在我国无主物应归国家所有。《物权法》第一百一十三条的规定："遗失物自发布招领公告之日起六个月内无人认领的，归国家所有。"依《继承法》第三十二条的规定："无人继承又无人受遗赠的遗产，归国家所有；死者生前是集体所有制组织成员的，归所在集体所有制组织所有。"

三、物权的类型

物权可以依照不同的标准作不同的分类。

1. 根据《民法总则》第一百一十四条，物权分为所有权、用益物权和担保物权

（1）所有权。所有权，是指所有人对属于自己的特定物依法全面支配和排他的权利。《物权法》第三十九条规定："所有权人对自己的不动产或者动产，依法享有占有、使用、收益和处分的权利。"

所有权是最完整、最充分的物权。为充分发挥物的效用，从所有权中可以分离、派生出其他各种物权。《物权法》第四十条规定："所有权人有权在自己的不动产或者动产上设立用益物权和担保物权。用益物权人、担保物权人行使权利，不得损害所有权人的权益。"

（2）用益物权。用益物权，是指对他人所有的物，在一定范围内进行占有、使用和收益的权利。《物权法》第一百一十七条规定："用益物权人对他人所有的不动产或者动产，依法享有占有、使用和收益的权利。"我国《物权法》规定的用益物权包括土地承包经营权、建设用地使用权、宅基地使用权和地役权。

（3）担保物权。担保物权，是指为确保债权的实现，在债务人或者第三人的物上设定的以直接取得或者支配其交换价值为内容的物权。《物权法》第一百七十条规定："担保物权人在债务人不履行到期债务或者发生当事人约定的实现担保物权的情形，依法享有就担保财产优先受偿的权利，但法律另有规定的除外。"我国《物权法》规定的担保物权主要有抵押权、质权和留置权。

2. 其他主要分类

根据权利人是对自有物享有物权还是对他人所有之物享有物权而分为自物权和他物权；根据物权标的是动产还是不动产而分为动产物权和不动产物权；根据物权是否从属于其他权利存在而分为主物权与从物权。

（1）自物权与他物权。以权利人所支配的物是否自己之物为标准，可将物权分为自物权与他物权。自物权是权利人对自己之物所享有的权利。自物权只有所有权一种。他物权是权利人对他人之物所享有的权利。所有权之外的物权都是他物权，如建设用地使用权、质押权等。

（2）动产物权与不动产物权。以物权的客体是否动产为标准，可将物权分为动产物权与不动产物权。物权的客体是动产的，为动产物权，如动产所有权、动产质权、留置权等都属于动产物权；物权的客体是不动产的，为不动产物权，如土地承包经营权、宅基地使用权、地役权等都是不动产物权。

（3）主物权与从物权。以物权是否能够独立存在为标准，可将物权分为主物权与从物权。主物权，是指不依赖于其他权利即能够独立存在的物权，如所有权、土地承包经营权。从物权，是指必须依赖于其他权利才能存在的物权，如抵押权、质权和留置权。一般来讲，从物权是为担保债权而设定的。

四、我国物权法的基本原则

物权法的基本原则，是贯穿于整个物权制度中的物权立法思想和适用物权规范的根本准则。它可以由若干相对集中的法条系统表明，也可以分散体现于有关条文中。物权法的基本原则主要有以下几种。

1. 物权法定原则

物权法定原则，是指物权的种类和内容均须由法律加以明确规定，不允许当事人任意创设与

法律不同的物权种类或协议改变物权的内容。《民法总则》第一百一十六条规定："物权的种类和内容，由法律规定。"物权法定原则的要求具体表现如下。

（1）物权的种类法定，即不得创设我国法律未规定的新种类的物权。所以，当事人不得创设我国法律未规定的物权类型。有些国家的民法中，规定了典权、地上权、居住权等物权类型，而我国《物权法》未规定这些物权类型。

（2）物权的内容法定，即不得创设与法律规定的内容不同的物权或变更物权的法定内容。例如设定不移转占有的动产质权、移转占有的抵押权，均为我国现行法律所禁止。

（3）物权效力法定，即当事人不得通过协议为物权设定不同于法律规定的效力。

物权法定原则为强行性规定，非依《物权法》或其他法律规定的物权种类和内容而创设的"物权"，不被认可为物权且不具有物权效力。但该行为并非绝对无效，若其符合一般法律行为的有效要件，仍可产生相应的法律效果（如合同法上的效果）。

（4）物权的变动和保护方法必须由法律规定，不能由当事人随意确定。

2. 一物一权原则

一物一权原则又称客体特定原则，即一个标的物上不能同时并存两个或两个以上互不相容的物权。一物一权原则的立法思想，是保障物的所有人能够按照自己的意思独占性地、全面地支配自有物，能最终地处分自有物。这样的结果，使物权的支配权性质有了可靠的法律保障，不至于因物权关系不确定而造成社会混乱。理解这一原则必须注意以下两个问题。

（1）一物一权中的"一物"的含义。这实质上可以归结为如何确定物权的客体。一般而言，物权的客体应具有特定性和独立性。而这种特定性和独立性的衡量标准，不是物理上的，而应是法律上的。所以，一个物具有物理上的特定性和独立性，固然能成为物权的客体，但即使一个物不具有物理上的特定性和独立性，在交易上认为是具有特定性和独立性之物，法律也可以确认其为物权的客体。相反，某物虽然具有一定的特定性和独立性，但如果法律规定其不能单独成为物权客体的话，其也不能成为物权的客体。

（2）一物一权原则具有相对性。即一物一权原则并不排除在同一标的物上同时设立所有权和他物权，也不排除在同一标的物上同时设立两个以上不相冲突的他物权。

3. 物权的公示、公信原则

这实为两个原则，即物权的公示原则与物权的公信原则。这两个原则是针对物权的变动而设立的。

（1）物权的公示原则。物权的公示原则的作用是"使人知"，即要求物权变动当事人须以明确、可靠的方式变动物权，以公开方式让公众知道物权变动的事实，以明确何人取得何物权，何人丧失何物权，防止第三人因物权变动而蒙受损害，保障商品交换安全、有效地进行。物权变动公示的，能使物权变动行为发生确定的效果，从而受到法律的保护。如果不公示的，则不能发生物权变动的效力。

世界各国或地区的民商法多规定动产以交付或占有为公示方法，不动产则多以登记为公示方法。

我国《民法通则》第七十二条规定："财产所有权的取得，不得违反法律规定。按照合同或其他合法方式取得财产的，财产所有权从财产交付时起转移，法律另有规定或者当事人另有约定的除外。"根据这一原则性规定，在我国，物权的变动一般以标的物的交付为公示方式（也是生效要件），但又允许法律的另外规定及当事人的另外约定。

（2）物权的公信原则。物权的公信原则的作用在于"使人信"。所谓公信原则，是指物权变动公示的，即使标的物出让人事实上无处分权，善意受让人基于对公示的信赖，仍能取得物权的原则。

公信原则的内容是：物权变动公示的，即发生权利变动的效力，即使公示有瑕疵，善意受让人也不负返还义务，只能由有过错的人承担责任。具体地讲，对于动产而言，动产占有人以公示方式转让动产物权，受让人不知道并且无义务知道其无处分权的，取得了标的物的占有，就取得了物权。原所有人只能对占有人行使赔偿请求权，无权要求新物权人返还原物。只有受让人恶意取得时，才不受公信力的保护。对于不动产而言，不动产经登记而转让物权的，即使登记有瑕疵，受让人不知道并且无义务知道的，办理完登记就取得了物权。原所有人只能要求有过错的出让人或登记机关承担责任。

确立公信原则的目的主要是为了保护交易活动中的善意受让人，维护公开交易的可靠性和正常秩序。这是因为，物权的变动一般以交付或登记为公示方法，但是，常常发生实际权利与登记或占有所显示的权利不符的情况，这必然影响到交易的安全及善意第三人的利益。因此，为了保护商品交换中信任登记和占有效力的善意取得人，只要信赖这种公示而为一定的行为（如接受买卖、赠与），即使交付或登记与真实的物权状态不相符合，法律也视登记或占有的权利为正当，使善意受让人仍取得其受让的权利，从而起到使人们放心地从事商品交换的作用。

五、物权的保护

物权的保护，是指当物权受到侵害时，法律赋予权利人一定的方法和程序除去侵害，以恢复其对标的物的支配。《物权法》第三十二条规定：“物权受到侵害的，权利人可以通过和解、调解、仲裁、诉讼等途径解决。”《物权法》赋予权利人除去侵害的重要方法就是行使请求权，即请求侵害人为一定的行为。这时，如果侵害人依物权人的请求为了一定的行为，如返还原物、排除妨碍、消除危险、赔偿损失，物权人的权利就得到了保护。

1. 请求确认物权

因物权的归属、内容发生争议的，利害关系人可以请求确认权利（《物权法》第三十三条）。

2. 请求返还原物

无权占有不动产或者动产的，权利人可以请求返还原物（《物权法》第三十四条）。

3. 请求排除妨害或消除危险

妨害物权或者可能妨害物权的，权利人可以请求排除妨害或者消除危险（《物权法》第三十五条）。

4. 请求修理、重作、更换或者恢复原状

造成不动产或者动产毁损的，权利人可以请求修理、重作、更换或者恢复原状（《物权法》第三十六条）。

5. 请求损害赔偿

侵害物权，造成权利人损害的，权利人可以请求损害赔偿，也可以请求承担其他民事责任（《物权法》第三十七条）。

需要指出的是，《物权法》所规定的上述物权保护方式，可以单独适用，也可以根据权利被侵害的情形合并适用。

此外，侵害物权，除承担民事责任外，违反行政管理规定的，依法承担行政责任；构成犯罪的，依法追究刑事责任。

练习题

一、单项选择题

1. 下列选项中，属于民法上物的是（　　）。

A. 月球　　B. 著作权　　C. 债权　　D. 货币

2. 下列选项中，属于天然孳息的是（　　）。

A. 长在树上的果实　　B. 从羊身上剪下的羊毛

C. 在银行存款取得的利息　　D. 出租房屋收取的租金

3. 下列选项中，属于主物和从物关系的是（　　）。

A. 甲的手表和乙的表带　　B. 房屋和窗户

C. 电视机和遥控器　　D. 母牛和小牛

4. 下列选项中，属于财产原始取得的是（　　）。

A. 赠与　　B. 继承

C. 取得孳息　　D. 买卖

5. 就物权的性质而言，它是一种（　　）。

A. 抗辩权　　B. 请求权　　C. 支配权　　D. 相对权

6. 下列对物权的表述中不正确的是（　　）。

A. 物权是绝对权　　B. 物权是对世权

C. 物权是对人权　　D. 物权是支配权

7. 以物权是否能够独立存在为标准，可将物权分为（　　）。

A. 自物权与他物权　　B. 主物权与从物权

C. 所有权与限制物权　　D. 动产物权与不动产物权

8. 《物权法》确立了公示公信原则为我国物权法的基本原则之一，下列各情形中适用公示原则的是（　　）。

A. 甲的房屋被依法拆迁　　B. 甲继承其父房产一套

C. 甲的房屋被法院判给乙　　D. 甲接受乙赠与的一套房产

二、简答题

1. 简述物权的概念和特征。

2. 简述我国物权法规定的物权种类。

3. 简述《物权法》对物权的保护方法。

三、论述题

论述公示公信原则。

参考答案

扫码阅读

第二章 物权的变动

学习目标

掌握物权变动的概念。理解基于和非基于民事行为引起的物权变动的原因。掌握物权变动的公示方法。

一、物权变动的概念

物权变动，是物权的产生、变更和消灭的总称。从权利人角度讲，即物权的取得、变更或丧失。

物权的产生，即物权人取得物权，例如通过合法建造房屋而取得房屋的所有权，通过订立抵押合同而取得抵押权。

物权的变更，有广义和狭义之分。广义的物权的变更，是指物权的主体、内容或者客体的变更。但是严格来讲，物权主体的变更是权利人的更替，应属物权的取得与丧失的问题。狭义的物权的变更，仅指物权的内容或者客体的变更。《物权法》第一百九十四条第1款规定："抵押权人可以放弃抵押权或者抵押权的顺位。抵押权人与抵押人可以协议变更抵押权顺位以及被担保的债权数额等内容，但抵押权的变更，未经其他抵押权人书面同意，不得对其他抵押权人产生不利影响。"

物权的消灭，即物权人丧失物权。物权的消灭可分为绝对消灭和相对消灭。物权绝对消灭是指物权本身不复存在，例如所有权因标的物灭失而消灭，他物权因存续期间届满而消灭；物权的相对消灭是指原主体丧失某一物权而由其他权利主体取得，实质上是物权主体的变更，例如因买卖行为，出卖人丧失对标的物的所有权，而由买受人取得。严格讲，物权的相对消灭并非物权的消灭问题，而应属于物权的继受或主体的变更问题。

二、物权变动的原因

引起物权产生、变更和消灭的法律事实，可分为民事行为和民事行为以外的原因两大类。

1. 基于民事行为引起的物权变动

民事行为是物权变动最普遍和最重要的原因。作为物权变动原因的民事行为，既可以是单方民事行为，如消灭物权的抛弃行为；也可以是双方民事行为，如通过买卖、互易、赠与等行为取得所有权，通过合同取得抵押权、质权、地役权等他物权。

2. 非基于民事行为引起的物权变动

引起物权变动的民事行为以外的原因，种类甚多，从物权取得方面看，主要有因征收取得物权，因法律的规定取得物权（如留置权），因附合、混合、加工取得所有权，因继承取得物权，因拾得遗失物、发现埋藏物或者隐藏物取得所有权，因合法生产、建造而取得物权。从物权消灭方面看，主要有标的物灭失、法定期间届满、混同、司法裁判等。

三、物权变动的公示方法

基于民事行为引起的变动，在公示方法上，因标的物的性质不同而有所区别。依据《物权法》规定，不动产物权变动必须通过登记予以公示，动产物权变动必须通过交付予以公示。

1. 动产交付

（1）动产交付的概念及效力。交付，即移转占有。动产交付，即动产占有人将该动产移转于他人占有的行为。

关于动产交付的法律效力，大陆法系各国的民法有两种做法。

① 交付要件主义。交付要件主义是指即以移转占有作为物权变动的生效要件，即动产物权变动除了当事人之间的合意外，还要进行交付。在移转占有之前，物权变动在当事人之间不产生效力，而且物权变动也不能对抗第三人。

② 交付对抗主义。交付对抗主义，是指在移转占有之前，物权变动已在当事人之间发生效力，但不能对抗第三人。

我国《物权法》第二十三条规定："动产物权的设立和转让，自交付时发生效力，但法律另有规定的除外。"可见，我国《物权法》关于动产交付的效力，采用交付要件主义，这是由《物权法》的公示原则所决定的。

（2）动产交付的类型。动产交付包括现实交付和观念交付两种类型。现实交付，即动产占有的现实移转。观念交付是对现实交付的变通方法，主要包括以下几种。

① 简易交付。《物权法》第二十五条规定："动产物权设立和转让前，权利人已经依法占有该动产的，物权自法律行为生效时发生效力。"简易交付，即受让人已经占有动产，如受让人已经通过保管、租赁、借用等方式实际占有了动产，则于物权变动的合意成立时，视为交付。

② 指示交付。《物权法》第二十六条规定："动产物权设立和转让前，第三人依法占有该动产的，负有交付义务的人可以通过转让请求第三人返还原物的权利代替交付。"指示交付，即动产由第三人占有时，出让人将其对第三人的返还请求权让与受让人，以代替交付。

③ 占有改定。《物权法》第二十七条规定："动产物权转让时，双方又约定由出让人继续占有该动产的，物权自该约定生效时发生效力。"占有改定，是指动产物权的让与人与受让人之间特别约定，标的物仍然由出让人继续占有，这样，在物权让与的合意成立时，视为交付，受让人取得间接占有。

2. 不动产登记

不动产登记，是指将不动产物权变动的事实登载于特定的簿册或文书之上的活动。

关于不动产交付的法律效力，大陆法系各国的民法有两种做法。

（1）登记要件主义。登记要件主义是指以登记作为不动产物权变动的生效要件，即不动产物权变动除了当事人之间的合意外，还要进行登记。非经登记，物权变动在当事人之间不产生效力，而且物权变动也不能对抗第三人。

（2）登记对抗主义。登记对抗主义是指登记之前，不动产物权的变动依当事人之间的合意已经产生法律效力。但是，非经登记，物权变动不能对抗第三人。

我国《物权法》第九条第1款规定："不动产物权的设立、变更、转让和消灭，经依法登记，发生效力；未经登记，不发生效力，但法律另有规定的除外。"可见，我国《物权法》关于不动产登记的效力，是以登记要件主义为原则。与动产交付要件主义一样，这也是由《物权法》的公示原则所决定的。

但登记要件主义也存在例外。这些例外都属于法律另有规定的情形内，其表现可分为三种类型。

一是不以登记为生效要件。《物权法》第九条第 2 款规定："依法属于国家所有的自然资源，所有权可以不登记。"《物权法》第一百二十七条第 1 款规定："土地承包经营权自土地承包经营权合同生效时设立。"可见，土地承包经营权的设立不以登记为生效要件。

二是登记作为对抗要件。《物权法》第一百二十九条规定："土地承包经营权人将土地承包经营权互换、转让，当事人要求登记的，应当向县级以上地方人民政府申请土地承包经营权变更登记；未经登记，不得对抗善意第三人。"《物权法》第一百五十八条规定："地役权自地役权合同生效时设立。当事人要求登记的，可以向登记机构申请地役权登记；未经登记，不得对抗善意第三人。"

三是登记作为处分要件。《物权法》第三十一条规定："依照本法第二十八条至第三十条规定享有不动产物权的，处分该物权时，依照法律规定需要办理登记的，未经登记，不发生物权效力。"《物权法》第二十八条至第三十条规定的内容是：因人民法院、仲裁委员会的法律文书或者人民政府的征收决定等，导致物权设立、变更、转让或者消灭的，自法律文书或者人民政府的征收决定等生效时发生效力（《物权法》第二十八条）；因继承或者受遗赠取得物权的，自继承或者受遗赠开始时发生效力（《物权法》第二十九条）；因合法建造、拆除房屋等事实行为设立或者消灭物权的，自事实行为成就时发生效力（《物权法》第三十条）。

练习题

一、单项选择题

1. 下列属于因民事行为而引起物权变动的是（　　）。
   A. 甲将自己所有的电视机抛弃
   B. 甲所有的平房一间被依法拆迁
   C. 甲因继承而取得父母遗留的房产
   D. 甲所有的房产被法院依法判给乙
2. 下列属于民事行为以外的原因引起物权变动的是（　　）。
   A. 甲将自己所有的电视机抛弃
   B. 甲将自己所有的电视机赠与乙
   C. 甲将自己所有的电视机卖给乙
   D. 甲因继承而取得父母遗留的房产
3. 动产物权的权利变动，通常以（　　）为公示方法。
   A. 登记　　B. 交付　　C. 实物的占有　　D. 当事人的合意
4. 下列各情形中不属于观念交付的是（　　）。
   A. 简易交付　　B. 指示交付　　C. 占有改定　　D. 现实交付
5. 不动产物权的权利变动，通常以（　　）为公示方法。
   A. 登记　　B. 实物的占有　　C. 实物的交付　　D. 当事人的合意
6. 依照我国法律的规定，土地承包经营权的设立（　　）。
   A. 以登记为生效要件　　B. 不以登记为生效要件
   C. 以登记作为对抗要件　　D. 以登记作为处分要件

7. 依照我国法律的规定，地役权的设立（　　）。

A. 不以登记为生效要件　　B. 以登记作为处分要件

C. 以登记作为对抗要件　　D. 不以登记作为对抗要件

二、简答题

1. 简述物权变动的原因。

2. 简述动产交付的法律效力。

3. 简述不动产登记的效力。

三、案例分析题

甲将自己的私房出租给乙，租期 2 年。后甲因急需资金向乙表示欲将此房出卖。乙表示愿意购买，双方签订购房协议，约定乙在 1 个月内付清房款 10 万元。不久，乙依约付清房款，但甲因外出，过户手续一直未办理。后丙听说此事. 表示愿意以 12 万元购买。甲即要求乙补交 2 万元，乙坚决反对。甲遂将房子以 12 万元的价格卖与丙，并办理了过户登记手续。丙据此要求乙 2 个月内腾房，遭到乙的拒绝。

问：（1）现在谁享有房屋所有权？

（2）丙能否要求乙腾房？

参考答案

扫码阅读

第三章 所 有 权

学习目标

理解所有权的概念与特征。掌握所有权的权能。掌握业主的建筑物区分所有权的概念、特征及其内容。理解相邻关系的概念、特征、种类及处理相邻关系的原则。理解所有权取得的特别方式。掌握共有的概念与特征。理解按份共有和共同共有的基本内容及共有财产的管理和分割。

一、所有权概述

(一) 所有权的概念与特征

所有权是所有人依法对自己的财产享有占有、使用、收益和处分的权利。这是根据《民法通则》第七十一条的规定得出来的定义，理论上称之为列举式的定义。在民法理论上，所有权有三种含义：一是指所有权法律制度，即所有有关所有权的法律规范；二是指所有权法律关系，即所有人与非所有人之间因所有物而产生的归属、支配关系；三是所有人对所有物依法所享有的权利。

所有权是一种物权，所以具有物权的对世性、绝对性、排他性等一切法律特征。除此之外，所有权还有其不同于其他物权的独特特征。

1. 所有权具有自权性

物权分为自物权和他物权。所有权是一种自物权。与他物权相比，所有权意味着权利人可以直接地、不经任何中介地和无条件地享有占有、使用、收益和处分其物的权利，所以，所有权具有自权性。

2. 所有权具有完全性

所有权是所有人对其所有物进行全面支配的最充分的物权，除了法律和公序良俗，不受任何限制。占有、使用、收益和处分，旨在极其所能地描述所有权作用的全面性与充分性。所以，所有权是一种完全物权。其他物权均派生于所有权，而且仅仅是在一定范围内、以一定的方式对物的支配，所以在性质上属于限制物权。

3. 所有权具有恒久性

所有权是一种具有恒久性的财产权。他物权是有限的，只能在法定或者约定的期限内有效，期限到来之日便是权利消灭之时，而所有权的存在却不以期限为要件。法律不限制所有权的存续期间，当事人在取得所有权时也无须预定其存续期间。当然，所有权的恒久性不等于说所有权不可能消灭。

4. 所有权具有弹力性

所有权的全部或部分权能可以通过设定他物权或者其他形式而同作为整体的所有权相分离，但这种分离是暂时的和有条件的，而且所有权不会因为这种分离而改变其性质。在所有权上的限制或者负担消除后，所有权便又回复其圆满状态。这即是所有权的弹力性。

5. 所有权具有社会性

法制社会中，没有绝对的权利，所有权的行使要受到法律的限制。所有人行使其权利时，不可损害他人的权利，也不可以利用所有物去进行非法活动或取得非法利益。

（二）所有权的权能

财产所有权的内容是指所有人在法律规定的范围内对于其所有物可以行使的权能。所有权的权能是指所有人为利用所有物实现其对所有物的独占利益，在法律规定的范围内可以采取的各种措施和手段。所有权的权能可以分为积极权能和消极权能。

1. 积极权能

所有权的积极权能是指所有人为实现其所有权而对其所有物进行的积极行为。完整的所有权包括下列四项积极权能。

（1）占有权能。占有即所有权人对物的事实上的占领和控制。占有可分为所有人占有和非所有人占有。

所有人占有是指所有人在事实上占据或控制属于自己所有的财产，是受到法律保护的合法占有。

非所有人占有又可分合法占有和非法占有。合法占有的占有人尽管不是财产所有人，但其占有的取得是有法律根据的，受到法律保护，任何人不得侵犯，即使是所有权人也不得任意干涉或妨碍。非法占有是指非所有权人没有法律上的根据而占有他人财产。非法占有又可分为善意占有和恶意占有。善意占有是指占有人不知道也不可能知道其占有财产是非法的占有；恶意占有是指占有人知道或者应当知道其占有的财产是非法的，但仍然占有。区分善意占有和恶意占有的意义主要在于二者的法律责任不同。

（2）使用权能。使用即依照物的性能和用途，在不毁损该物或变更该物的性质的情况下对其进行利用。使用可分为所有权人的使用和非所有权人的使用。

所有权人的使用是指财产所有人对自己所有的财产按照其性能和用途加以合理利用，受到国家法律的保护。

非所有权人的使用包括合法使用和非法使用。非所有权人按照法律规定或约定取得使用权而以合法的目的和方法使用他人财产属于合法使用，包括所有权人在内的任何人不得干涉。没有法律根据或未经所有权人同意使用他人财产，或者虽然使用权的取得是合法的，但使用目的或方法不合法，属于非法使用。对非法使用应当根据不同情形追究法律责任。

由于对物的使用一般以对物的占有为前提，所以享有物的使用权能的同时通常也享有物的占有权能，但在一定条件下，享有物的占有权能的同时并不一定享有物的使用权能。如质权人、保管人等就只能对标的物进行占有而不能对标的物进行使用。

（3）收益权能。收益即收取由物所派生的经济利益，包括利息和利润。孳息分为法定孳息和天然孳息。

需要注意的是，收益通常是和使用联系在一起，但收益是所有权中的一项独立的权能，不应包括在使用之中。在某些情形下，所有人虽然不直接占有、使用其财产，但仍然可以得到相应的收益。相反，使用不一定有收益。

（4）处分权能。处分即决定物在事实上和法律上的命运。处分分为事实处分和法律处分。

事实上的处分是指所有人变更或消灭其物而实现其利益的行为，包括在客观上使物归于消灭和在客观上改变物的性状。如因为生产而将自己的原材料消耗了。

法律处分是指变更或消灭对其物的权利的行为，主要包括以一定的方式移转物的所有权和以一定方式暂时转让若干权能或若干权能的一部分。如某运动员将其参赛所得的金牌送给其教练。

在实际生活中，所有权的上述四项权能都能够并且经常地与所有人发生分离，而所有人仍不丧失其对于物的所有权。需要指出的是，占有、使用、收益和处分这四项权能在所有权的行使以及所有人利益最终实现的过程当中各自起着不同的作用，但每一项权能都从一个侧面表现了所有权所具有的最本质的属性，即对于自己所有财产的支配。所有权绝非这四项权能的简单相加，而是它们有机结合所构成的一个完整的权利。

2. 消极权能

所有权的消极权能是指所有权人有权排除他人对其所有权进行非法干涉的权能。因为所有权是独占性的支配权，不容他人的非法干涉。所有权人对于他人的非法干涉，除有权依有关侵权行为的规定请求损害赔偿外，还可享有恢复原状、返还原物、排除妨害等物上的请求权。由于所有权的这种权能并不是所有人对于物可以施加的积极行为，在没有他人干涉时，这种权能不体现出来而处于停止状态，所以称这种权能为消极权能。

二、业主的建筑物区分所有权

将一栋高层建筑物纵向或横向地划分为若干相对独立的部分，各由不同的主体取得所有权，并对共有部分享有共有权和共同管理的权利，这是现代社会普遍存在的法律现象，我国《物权法》将其定名为“业主的建筑物区分所有权”。

1. 业主的建筑物区分所有权的概念

业主的建筑物区分所有权，是指业主对于一栋建筑物中自己专有部分的单独所有权、对共有部分的共有权以及因共有关系而产生的管理权的集合性权利。据最高人民法院《关于审理建筑物区分所有权纠纷案件具体应用法律若干问题的解释》（以下简称《建筑物区分所有权解释》）第一条对业主做了规定，业主是指依法登记取得或者根据《物权法》取得建筑物专有部分所有权的人，或者基于与建设单位之间的商品房买卖民事法律行为，已经合法占有建筑物专有部分，但尚未依法办理所有权登记的人。

2. 业主的建筑物区分所有权的特征

业主的建筑物区分所有权是一类特殊的所有权类型，其具有如下特征。

（1）具有集合性。业主的建筑物区分所有权是一种集合性权利，包括业主对建筑物中的专有部分的单独所有权、对专有部分之外的共有部分的共有权以及由此产生的共同管理权三种权利。

（2）专有权的主导性。专有权的主导性表现在三个方面：其一，若无特别约定，区分所有人取得了专有权，就取得了对共有部分的共有权；反之，丧失了专有权，也就丧失了共有权。其二，专有权标的物的大小或价值决定了区分所有人共有（应有份）的比例。其三，在不动产登记上，只需登记专有权即可，共有权无须单独登记。

（3）具有整体性和不可分割性。虽然业主的建筑物区分所有权是三项权利的集合，但是它并非该三项权利的简单叠加而是有机地结合并融为一体，与此对应，由这些权利而产生的义务也是有机地融为一体的。权利人不能保留其中的某一项权利而转让或者抛弃其他权利，权利人也不能以放弃权利为由而不履行相应的义务。

3. 业主的建筑物区分所有权的内容

业主的建筑物区分所有权的内容，包括区分所有建筑物专有部分的单独所有权、共有部分的共有权，以及因区分所有权人的共同关系所生的管理权。

（1）专有部分的单独所有权。《物权法》第七十条规定：“业主对建筑物内的住宅、经营性用房等专有部分享有所有权……”何谓专有部分？依据《建筑物区分所有权解释》第二条的规定，建筑区划内符合下列条件的房屋（包括整栋建筑物），以及车位、摊位等特定空间，应当认定为专有部分：①具有构造上的独立性，能够明确区分；②具有利用上的独立性，可以排他使用；③能够登记成为特定业主所有权的客体。规划上专属于特定房屋，且建设单位销售时已经根据规划列入该业主对专有部分享有单独所有权，在性质与内容上与一般的所有权并无不同。

（2）共有部分的共有权。共有部分，是指区分所有的建筑物及其附属物的共同部分，即专有部分以外的建筑物的其他部分。共有部分的范围，依据《物权法》第七十三条规定，建筑区划内的道路，属于业主共有，但属于城镇公共道路的除外。建筑区划内的绿地，属于业主共有，但属于城镇公共绿地或者明示属于个人的除外。建筑区划内的其他公共场所、公用设施和物业服务用房，属于业主共有。《物权法》第七十四条第3款规定，占用业主共有的道路或者其他场地用于停放汽车的车位，属于业主共有。《建筑物区分所有权解释》第三条规定，除法律、行政法规规定的共有部分外，建筑区划内的以下部分，也应当认定为共有部分：①建筑物的基础、承重结构、外墙、屋顶等基本结构部分，通道、楼梯、大堂等公共通行部分，消防、公共照明等附属设施、设备，避难层、设备层或者设备间等结构部分；②其他不属于业主专有部分，也不属于市政公用部分或者其他权利人所有的场所及设施等。建筑区划内的土地，依法由业主共同享有建设用地使用权，但属于业主专有的整栋建筑物的规划占地或者城镇公共道路、绿地占地除外。

业主基于对住宅、经营性用房等专有部分特定使用功能的合理需要，无偿利用屋顶以及与其专有部分相对应的外墙面等共有部分的，不应认定为侵权。但违反法律、法规、管理规约，损害他人合法权益的除外（《建筑物区分所有权解释》第四条）。

《物权法》第七十条规定，业主对专有部分以外的共有部分享有共有的权利。业主对建筑物专有部分以外的共有部分，享有权利，承担义务；不得以放弃权利不履行义务。业主转让建筑物内的住宅、经营性用房，其对共有部分享有的共有和共同管理的权利一并转让（《物权法》第七十二条）。业主依据法律规范、合同以及业主公约，对共有部分享有使用、收益、处分权，并按照其所有部分的价值，分担共有部分的修缮费以及其他负担。

（3）业主的管理权。业主的管理权主要有以下内容。

① 业主有权设立业主大会并选举业主委员会。业主大会或者业主委员会的决定，对业主具有约束力。《物权法》第八十三条规定，业主应当遵守法律、法规以及管理规约。业主大会和业主委员会，对任意弃置垃圾、排放污染物或者噪声、违反规定饲养动物、违章搭建、侵占通道、拒付物业费等损害他人合法权益的行为，有权依照法律、法规以及管理规约，要求行为人停止侵害、消除危险、排除妨害、赔偿损失。业主对侵害自己合法权益的行为，可以依法向人民法院提起诉讼。

② 业主有权决定区分建筑物的相关事项。依据《物权法》第七十六条的规定，下列事项由业主共同决定：A. 制定和修改业主大会议事规则；B. 制定和修改建筑物及其附属设施的管理规约；C. 选举业主委员会或者更换业主委员会成员；D. 选聘和解聘物业服务企业或者其他管理人；E. 筹集和使用建筑物及其附属设施的维修资金；F. 改建、重建建筑物及其附属设施；G. 有关共有和共同管理权利的其他重大事项。决定前述E项和F项的事项，应当经专有部分占建筑物总面积2/3以上的业主且占总人数2/3以上的业主同意。决定前述其他事项，应当经专有部分占建筑物总面积过半数的业主且占总人数过半数的业主同意。

此外，《物权法》第七十九、八十条规定，建筑物及其附属设施的维修资金，属于业主共有。经业主共同决定，可以用于电梯、水箱等共有部分的维修。维修资金的筹集、使用情况应当公布。建筑物及其附属设施的费用分摊、收益分配等事项，有约定的，按照约定；没有约定或者约定不明确的，按照业主专有部分占建筑物总面积的比例确定。

③ 业主的知情权。《建筑物区分所有权解释》第十三条规定，业主请求公布、查阅下列应当向业主公开的情况和资料的，人民法院应予支持：建筑物及其附属设施的维修资金的筹集、使用情况；管理规约、业主大会议事规则，以及业主大会或者业主委员会的决定及会议记录；物业服务合同、共有部分的使用和收益情况；建筑区划内规划用于停放汽车的车位、车库的处分情况；其他应当向业主公开的情况和资料。

④ 业主可以自行管理建筑物及其附属设施，也可以委托物业服务企业或者其他管理人管理。对建设单位聘请的物业服务企业或者其他管理人，业主有权依法更换。《物权法》第八十二条规定，物业服务企业或者其他管理人根据业主的季托管理建筑区划内的建筑物及其附属设施，并接受业主的监督。

三、相邻关系

1. 相邻关系的概念

相邻关系是指不动产的相邻各方在对不动产行使占有、使用、收益、处分权时，相互间应给予便利与接受必要的限制而产生的民事权利义务关系。相邻权即是相邻不动产所有人或使用人依法享有的在行使自己的物权时能从对方得到便利的权利。

2. 相邻关系的特征

相邻关系既可能在不动产所有人之间发生，也可能在不动产使用权人、借用权人、租赁权人与所有权人或他物权人之间发生。其法律特征可以概括为以下几点。

（1）相邻关系的发生以两宗或者两宗以上的不动产相互毗邻为前提。首先，相邻关系仅对不动产而言，动产之间不构成民法上的相邻关系。在传统民法中，相邻关系又称为“土地相邻关系”，而在我国《物权法》上则包括土地相邻关系和建筑物相邻关系。其次，所谓相邻，是指不动产相互毗连或邻接，如土地相连、房屋邻接，但不以直接相连为限。

（2）相邻关系发生于两宗或者两宗以上的不动产权利人之间。不动产权利人称为相邻人。所谓不动产权利人，是指不动产的所有权人和使用权人，如不动产的所有人、用益物权人以及承租人等依合同关系合法占有他人不动产的人。不动产权利人可以是自然人，也可以是法人或者其他组织。

（3）相邻关系的客体不是不动产本身，而是由行使所有权或者使用权所引起的和邻人有关的经济利益或者其他利益，如噪声影响邻人休息等。

（4）相邻关系的内容是相邻人之间的权利义务关系。其主要包括两个方面：一是相邻一方有权要求他方提供必要的便利，他方应当给予此种便利。所谓必要便利，是指若相邻方不提供此种便利，己方就不能正常行使不动产所有权或使用权。二是相邻另一方有义务接受必要的限制，相邻各方行使权利，不得损害他方的合法权益。相邻关系的具体内容可能因为当事人的不同利益需要而多种多样。

3. 相邻关系的种类及其处理原则

不动产的相邻各方，应按照有利生产、方便生活、团结互助、公平合理的精神，正确处理截水、排水、通行、通风、采光等方面的相邻关系。给相邻方造成妨碍或者损失的，应当停止侵害、排除妨碍、赔偿损失。

（1）相邻权利人用水、排水。依据《物权法》第八十六条的规定，不动产权利人应当为相邻权利人用水、排水提供必要的便利。对自然流水的利用，应当在不动产的相邻权利人之间合理分配。对自然流水的排放，应当尊重自然流向。

不动产权利人因用水、排水等利用相邻不动产的，应当尽量避免对相邻的不动产权利人造成损害；造成损害的，应当给予赔偿（《物权法》第九十二条）。

（2）相邻通行关系。依据《物权法》第八十七条的规定，不动产权利人对相邻权利人因通行等必须利用其土地的，应当提供必要的便利。不动产权利人因通行等利用相邻不动产的，应当尽量避免对相邻的不动产权利人造成损害；造成损害的，应当给予赔偿（《物权法》第九十二条）。

（3）相邻管线铺设关系。依据《物权法》第八十八条及第九十一条的规定，不动产权利人因建造、修缮建筑物以及铺设电线、电缆、水管、暖气和燃气管线等必须利用相邻土地、建筑物的，该土地、建筑物的权利人应当提供必要的便利。不动产权利人因铺设管线等利用相邻不动产的，应当尽量避免对相邻的不动产权利人造成损害；造成损害的，应当给予赔偿（《物权法》第九十二条）。

（4）相邻通风、采光和日照关系。依据《物权法》第八十九条的规定，建造建筑物，不得违反国家有关工程建设标准，妨碍相邻建筑物的通风、采光和日照。

（5）相邻环保关系。依据《物权法》第九十条的规定，不动产权利人不得违反国家规定弃置固体废物，排放大气污染物、水污染物、噪声、光、电磁波辐射等有害物质。

依据《物权法》第八十四条及第八十五条的规定，不动产的相邻权利人应当按照有利生产、方便生活、团结互助、公平合理的原则，正确处理相邻关系。法律、法规对处理相邻关系有规定的，依照其规定；法律、法规没有规定的，可以按照当地习惯。

（6）相邻防险关系。相邻一方在自己使用的土地上挖水沟、泳池、地窖等或种植的竹木根枝伸延，危及另一方建筑物的安全和正常使用的，应分别情况，责令其消除危险、恢复原状、赔偿损失。

四、所有权取得的特别方式

1. 善意取得

（1）善意取得的概念。善意取得，是指无处分权人将不动产或动产的所有权移转给他人或设定他物权，受让人因善意而依法取得该物的所有权或他物权的制度。

（2）善意取得的构成条件。在我国目前的司法实践中，适用善意取得制度应具备以下条件。

① 标的物为依法可流通的动产或者不动产。依照我国《物权法》的规定，无论是动产或者不动产，均可以适用善意取得制度。然而，并非所有的动产、不动产都可以适用善意取得制度。首先，必须是依法可流通的。其次，法律规定不适用善意取得的动产，依其规定。如《物权法》第一百零七条规定，遗失物所有权人或者其他权利人有权追回遗失物。

② 让与人对所让与的标的物无处分权。

③ 标的物须以合理的价格转让。首先，意味着受让人受让该标的物必须是有偿的；其次，转让的价格必须合理。

④ 受让人受让该不动产或者动产时是善意的。所谓善意，是指受让人不知且不应知让与人无处分权。对受让人善意的判断，应以“受让时”为时点。就动产而言，善意的判断时点应为标的物交付之时；就不动产而言，则应以申请登记（而非登记完成）作为判断善意的时点。

⑤ 转让行为必须完成了物权变动的法定公示要求。《物权法》第一百零六条（三）规定，转让的不动产或者动产依照法律规定应当登记的已经登记，不需要登记的已经交付给受让人。

（3）善意取得的法律效果。善意取得的法律效果如下。

① 受让人取得标的物的所有权。善意取得制度的基本法律效果就是受让人取得该不动产或者

动产的所有权。

② 受让标的物原有权利消灭。《物权法》第一百零八条规定，善意受让人取得动产后，该动产上的原有权利消灭。

③ 无处分权人对原所有权人负赔偿责任。《物权法》第一百零六条第 2 款规定，受让人取得不动产或者动产的所有权的，原所有权人有权向无处分权人请求赔偿损失。法律对原所有权人提供了一种债权上的救济。

2. 拾得遗失物

依我国《民法通则》第七十九条第 2 款之规定，拾得遗失物、漂流物或失散的饲养动物，应当归还失主，因此支出的费用由失主偿还。可见，我国法律明确规定遗失物、漂流物及失散的饲养动物的所有权归于失主（即原所有人或占有人），拾得人有义务将拾得物返还失主，否则，视为对他人所有权的侵犯。也就是说，返还拾得物并不仅仅是道德上的或任意性的义务，而是法律规定的必须履行的强制性义务。

3. 发现埋藏物或隐藏物

依我国《民法通则》第七十九条第 1 款之规定，所有人不明的埋藏物、隐藏物，归国家所有。接收单位应当对上缴的单位或个人给予表扬或物质奖励。此外，我国最高人民法院《民通意见》第九十三条还规定，公民、法人对于挖掘、发现的埋藏物、隐藏物，如果能够证明属其所有，而且根据现行的法律、政策又可归其所有的，应当予以保护。因此，在实践中，应把握以下三个原则。

（1）如果当事人不能证明某埋藏物或隐藏物归其所有，就应确定该埋藏物或隐藏物归国家所有。

（2）对于法律规定归国家所有的埋藏物或隐藏物，一律属于国家所有。比如，依照《中华人民共和国文物保护法》第五条的规定，我国境内地下、内水和领海中遗存的一切文物以及古文化遗址、古墓葬、石窟等，均属于国家所有。

（3）对于埋藏物、隐藏物在发现时所有人不明，而以后所有人又明确的情况下，所有人应当可以依法请求国家返还。

4. 添附

添附，是指不同所有人的财产，合并在一起形成不能分离的财产或具有新物性质的财产的一种法律事实，如果要恢复原状在事实上不可能或者在经济上不合理，在此情况下，确认该新财产的归属问题。添附作为所有权取得的一种方式。我国目前对添附的法律效力没有明确的法律规定，仅从学理上加以讨论，将添附进行如下分类。

（1）附合。附合，是指两个以上不同所有人的物结合在一起而不能分离，若分离会毁损该物或者花费较大。物上的附合主要有动产与动产的附合（如将钻石嵌入金戒指里）以及动产与不动产的附合（如用他人的木板建造房屋）。

从学理上看，动产与动产的附合应当由原所有人按照其动产的价值，共有合成物。如果可以区别主物或从物，或者一方动产的价值显然高于他方的动产，则应当由主物或价值较高的物的原所有人取得合成物的所有权，并给对方以补偿。动产与不动产的附合，由不动产所有人取得合成物的所有权，但应当给原动产所有人以补偿。

（2）混合。混合，是两个以上不同所有人的动产互相混杂合并，不能识别，如食盐与碘混在一起、巧克力与奶油伴侣混在一起均为混合。

从学理上看，对于混合物所有权的归属，一般是根据原财产价值的大小来决定，混合后的新物一般归原财产价值大的一方所有，原财产价值小的一方可以取得相应的补偿金。如果价值差别不大，则可以由双方按份共有。

（3）加工。加工，是指在他人之物上附加自己的有价值的劳动，使之成为新物。从学理上看，加工物的所有权原则上归原物的所有人，并给加工人以补偿。但是当加工增加的价值大于材料的价值时，加工物可以归加工人所有，但应当给原物的所有人以补偿。

五、共有

（一）共有的概念与特征

1. 共有的概念与特征

共有就是两个或两个以上的民事主体对同一项财产共同享有所有权的状态。其中，共同所有权的享有者称为共有人，而其标的则称为共有物。

共有的主要法律特征概括如下。

首先，从主体看，共有的主体是两个或两个以上的民事主体。这些民事主体可以是自然人，也可以是法人或其他组织。

其次，从客体看，共有的财产只能是同一项财产。共有是一个所有权同时归几个主体享有。

最后，从引起的民事法律关系看，共有除引起共有人与非共有人之间外部的民事法律关系外，同时还必然引起共有人之间内部的民事法律关系。在共有关系内部，共有人或是对共有财产共同享有权利、承担义务（共同共有），或者按照各自的份额，对其财产分享权利，分担义务（按份共有）。在共有关系外部，共有人作为单一的权利主体，同共有关系以外的民事主体发生财产所有关系。

2. 共有与公有

共有与公有不同，其区别概括如下。

（1）共有是几个主体对同一项财产共同享有所有权，而公有是公共所有，财产所有权的主体只有一个。

（2）共有不是一种独立的财产所有权类型，只是相同或不同所有权的结合。公有是一种所有权的类型。

（3）在共有关系中，各共有人的权利是平等的，行使权力应由共有人协商一致。而公有财产的权利主体是单一的，享有全面支配财产的权利。

（二）共有的种类

共有分为按份共有和共同共有。《民法通则》第七十八条规定："财产可以由两个以上的公民、法人共有。共有分为按份共有和共同共有……"

1. 按份共有

（1）按份共有的概念与特征。

按份共有，是指共有人按照各自的份额，对共有财产分享权利、分担义务的一种共有关系。《民法通则》第七十八条规定："……按份共有人按照各自的份额，对共有财产分享权利，分担义务。共同共有人对共有财产享有权利，承担义务……"

按份共有的法律特征有二：其一，各个共有人按照各自的份额对共有物分享权利、分担义务。各个共有人的份额，称为应有份额。其二，各个共有人虽然拥有一定的份额，但共有人的权利并不仅限于共有物的某一部分上，而是及于共有物的全部。

（2）按份共有的内部、外部关系。按份共有的内部、外部关系如下。

① 共有物的占有、使用和收益。各个共有人按照各自的份额对共有物享有占有、使用和收益的权利，这些权利的行使及于所有物的全部。

② 共有物的管理《物权法》第九十六条规定，共有人按照约定管理共有的不动产或者动产；没有约定或者约定不明确的，各共有人都有管理的权利和义务。

③ 共有物的费用负担。《物权法》第九十八条规定，对共有物的管理费用以及其他负担，有约定的，按照约定；没有约定或者约定不明确的，按份共有人按照其份额负担，共同共有人共同负担。

④ 共有物的处分。《物权法》第九十七条规定，处分共有的不动产或者动产以及对共有的不动产或者动产作重大修缮的，应当经占份额 2/3 以上的按份共有人同意，但共有人之间另有约定的除外。

⑤ 应有份额的处分。《物权法》第一百零一条规定，按份共有人可以转让其享有的共有的不动产或者动产份额。其他共有人在同等条件下享有优先购买的权利。《民法通则》第七十八条规定："……按份共有财产的每个共有人有权要求将自己的份额分出或者转让。但在出售时，其他共有人在同等条件下，有优先购买的权利。"

⑥ 因共有的动产或者不动产而产生的债权债务。《物权法》第一百零二条规定，因共有的不动产或者动产产生的债权债务，在对外关系上，共有人享有连带债权、承担连带债务，但法律另有规定或者第三人知道共有人不具有连带债权债务关系的除外；在共有人内部关系上，除共有人另有约定外，按份共有人按照份额享有债权、承担债务，共同共有人共同享有债权、承担债务。偿还债务超过自己应当承担份额的按份共有人，有权向其他共有人追偿。

此外，《物权法》第一百零三条规定，共有人对共有的不动产或者动产没有约定为按份共有或者共同共有，或者约定不明确的，除共有人具有家庭关系等外，也视为按份共有。

（3）共有物的分割。

① 分割请求权。依据《物权法》第九十九条的规定，共有人约定不得分割共有的不动产或者动产，以维持共有关系的，应当按照约定，但共有人有重大理由需要分割的，可以请求分割；没有约定或者约定不明确的，按份共有人可以随时请求分割，因分割对其他共有人造成损害的，应当给予赔偿。

② 分割方式。依据《物权法》第一百条的规定，共有人可以协商确定分割方式。达不成协议，共有的不动产或者动产可以分割并且不会因分割减损价值的，应当对实物予以分割；难以分割或者因分割会减损价值的，应当对折价或者拍卖、变卖取得的价款予以分割。

2. 共同共有

共同共有，是指两个以上的人基于共同关系，对同一项不动产或者动产共同享有所有权。

（1）共同共有的法律特征。

其一，共同共有根据共同关系产生，必须以共同关系的存在为前提。这种共同关系，或者是由法律直接规定的，如夫妻关系、家庭关系，或者是由合同约定的，如合伙合同。没有共同关系这个前提，共同共有就不会产生，共同共有就会解体。

其二，共同共有没有各自的份额。共同共有是不分份额的共有，只要共同共有关系存在，共有人就不能划分自己对财产的份额。只有在共同共有关系消灭，对共有财产进行分割时，才能确定各个共有人应得的份额。

其三，共同共有的共有人平等地享有权利和承担义务。各个共有人对于共有物，平等地享有占有、使用、收益、处分权，并平等地承担义务。

（2）共同共有的内部、外部关系。

① 共有物的占有、使用和收益。共同共有中各个共有人的权利及于共有物的全部。如《物权法》第九十六条规定，共有人按照约定管理共有的不动产或者动产；没有约定或者约定不明确的，各共有人都有管理的权利和义务。

② 共有人在产生共同共有的基础丧失之前不得请求分割财产。依据《物权法》第九十九条的规定，共有人约定不得分割共有的不动产或者动产，以维持共有关系的，应当按照约定；没有约定或者约定不明确的，共同共有人在共有的基础丧失或者有重大理由需要分割时可以请求分割。因分割对其他共有人造成损害的，应当给予赔偿。

③ 对共有财产的处分或作重大修缮应取得全体共同共有人同意。依据《物权法》第九十七条的规足，处分共有的不动产或者动产以及对共有的不动产或者动产作重大修缮的，应当经全体共同共有人同意，但共有人之间另有约定的除外。

④ 共同负担管理费用。依据《物权法》第九十八条的规定，对共有物的管理费用以及其他负担，有约定的，按照约定；没有约定或者约定不明确的，共同共有人共同负担。

⑤ 因共有的动产或者不动产而产生的债权债务。依据《物权法》第一百零二条的规定，因共有的不动产或者动产产生的债权债务，在对外关系上，共有人享有连带债权、承担连带债务。

（3）共同共有的类型。在我国民法中，共同共有主要有以下几种类型。

① 夫妻共有财产。根据我国《婚姻法》第十九条和十七条的规定，除夫妻另有约定外，夫妻在婚姻关系存续期间所得的下列财产，归夫妻共同所有：工资、奖金；生产、经营的收益；知识产权的收益；继承或赠与所得的财产，但遗嘱或赠与合同中确定只归夫或妻一方的财产除外；其他应当归共同所有的财产。

② 家庭共同财产。家庭共同财产就是家庭成员在家庭共同生活关系存续期间共同创造、共同所得的财产。家庭共同财产属于家庭成员共同所有。

③ 共同继承的财产。依《继承法》的规定，继承开始时，继承人即取得遗产（不动产或动产）所有权。在法定继承以及未明确遗产份额的遗嘱继承中，若继承人为数人，则在遗产分割前，在继承人之间形成共有关系。

④ 合伙财产。合伙财产是基于合伙关系而产生的。在合伙关系存续期间，合伙人不能处分其份额、不能请求分割合伙财产。因此，合伙财产的性质应当为共同共有。

练习题

一、单项选择题

1. 依据我国民法的有关规定，所有人不明的埋藏物、隐藏物应归下列选项中谁所有（　　）。
   A. 发现单位　　B. 国家
   C. 最先占有者　　D. 最先发现者
2. 某农场欲将一头重病奶牛处理掉，工作人员在掩埋过程中，天空突降大雨，工作人员跑开。路过此地的农民某甲发现牛后，即把牛牵走，并进行治疗，该牛康复，而且成为一头高产奶牛。现农场要求某甲返还奶牛。依据法律的有关规定，该奶牛应归（　　）。
   A. 某甲所有　　B. 农场所有
   C. 国家所有　　D. 某甲和农场共有

3. 甲捡到一块手表，交给公安部门。公安部门依法经过公告后，无人认领，即拍卖给乙。乙在使用过程中，被丙偷走并以低价卖给丁。丁在使用过程中被王某认出，该表原系王某所丢失。问：该表应归谁所有（　　）。

A. 乙　　B. 丁

C. 王某　　D. 国家

4. 财产所有权法律关系的（　　）。

A. 权利主体与义务主体都是特定的

B. 权利主体与义务主体都不是特定的

C. 权利主体是特定的而义务主体是不特定的

D. 权利主体是不特定的而义务主体是特定的

5. 财产所有权不具有的法律特征是（　　）。

A. 财产所有权的客体可以是行为

B. 财产所有权具有独占性、排他性

C. 财产所有权是自物权、完全物权

D. 财产所有权法律关系的权利主体是特定的，义务主体是不特定的

6. 所有权具有的权能有（　　）。

A. 占有权、使用权、处分权　　B. 占有权、使用权、抵押权和处分权

C. 占有权、使用权、收益权和处分权　　D. 占有权、使用权、抵押权和担保权

7. 依据《物权法》的规定，下列不属于业主共有部分的是（　　）。

A. 建筑区划内的道路　　B. 建筑区划内的绿地

C. 建筑区划内的公共场所　　D. 建筑区划内属于城镇的公共道路

8. 添附是指不同所有人的物被结合、混合在一起成为一个新物，或者利用别人之物加工成为新物之事实状态。下列各种情况中不属于添附的是（　　）。

A. 孳息　　B. 加工　　C. 混合　　D. 附合

二、简答题

1. 简述所有权的概念与特征。

2. 简述相邻关系的概念与特征。

3. 简述善意取得制度。

三、案例分析题

刘某于2016年出国前托赵某保管电冰箱一台，2017年刘某来电话告知赵某自己可能不回国了，让赵某帮着以1500元的价格把冰箱卖掉。赵某即以冰箱放置时间太长，制冷情况不是很好为由，要求以1000元价格处理。刘某表示同意。赵某即转账给刘某1000元，并把冰箱留给自己。

问：赵某能否取得冰箱的所有权？为什么？

参考答案

扫码阅读

第四章 用益物权

学习目标

理解用益物权、土地承包经营权、建设用地使用权、宅基地使用权、地役权等的概念和基本内容。

一、用益物权的概念与特征

用益物权，是对他人所有的物，在一定范围内进行占有、使用和收益的权利。我国《物权法》第一百一十七条规定，用益物权人对他人所有的不动产或者动产，依法享有占有、使用和收益的权利。用益物权具有以下几方面的特征。

（1）用益物权以对物的占有为前提，以对物的使用、收益为主要内容。用益物权人只有占有了标的物，才能对物进行使用，并达到收益的目的。

（2）用益物权是他物权、限制物权、有期限物权。用益物权是指在他人所有物上设定的物权，所以是他物权；用益物权只是在一定方面支配标的物，而没有完全的支配权，所以是限制物权；用益物权有一定的期限，在其存续期限届满时用益物权即归于当然消灭，故用益物权又是有期限物权。

（3）用益物权是以不动产为客体的物权。用益物权的标的物只限于不动产。《物权法》规定的四种用益物权，即土地承包经营权、建设用地使用权、宅基地使用权和地役权都是不动产物权。但《物权法》第一百一十七条又允许动产作为用益物权的客体，很多学者认为，这是为将来物权类型的发展留有余地。

二、土地承包经营权

《民法通则》第八十条和第八十一条规定，公民、集体依法对集体所有的或者国家所有由集体使用的土地的承包经营权，受法律保护。承包双方的权利和义务，依照法律由承包合同规定。公民、集体依法对集体所有的或者国家所有由集体使用的森林、山岭、草原、荒地、滩涂、水面的承包经营权，受法律保护。承包双方的权利和义务，依照法律由承包合同规定。

1. 土地承包经营权的概念和特征

土地承包经营权，是指承包人依法通过承包而取得的对农村土地使用和收益的权利。土地承包经营权具有以下特征。

（1）土地承包经营权的客体具有特定性。土地承包经营权是以农村土地为客体的一种用益物权，也称农村土地承包经营权。所谓农村土地，是指农民集体所有和国家所有由农民集体使用的耕地、林地、草地以及其他用于农业的土地（《物权法》第一百二十四条）。

（2）土地承包经营权的权利主体具有特定性。土地承包经营权的主体主要是农村集体经济组织成员。所谓农村集体经济组织，是指村民集体管理集体经济而设立的组织，其主要形式包括农业生产合作社、农村经济合作社、农村农工商公司等。

（3）土地承包经营权的内容具有特定性。土地承包经营权的内容是土地承包经营权人依法对其承包经营的耕地、林地、草地等享有占有、使用和收益的权利，有权从事种植业、林业、畜牧业等农业生产（《物权法》第一百二十五条）。

（4）土地承包经营权的期限具有稳定性。依据《物权法》第一百二十六条的规定，耕地的承包期为30年，草地的承包期为30年至50年，林地的承包期为30年至70年。特殊林木的林地承包期，经国务院林业行政主管部门批准可以延长。上述规定的承包期届满，由土地承包经营权人按照国家有关规定继续承包。

2. 土地承包经营权的取得

土地承包经营权的取得，是指承包人与发包人通过订立承包经营合同而取得承包经营权。

土地承包经营权有两种类型，一是通过家庭承包方式取得的土地承包经营权；二是通过招标、拍卖、公开协商等方式取得的土地承包经营权。前者是以农村集体经济组织的每一个农户家庭全体成员作为一个承包人，承包的对象包括耕地、林地、草地等最重要的农村土地的使用权，也包括四荒土地（荒山、荒沟、荒丘、荒滩）的使用权。后者的承包人既可以是本集体经济组织的成员，也可以是本集体经济组织以外的单位或个人。承包的对象仅限于四荒土地的使用权。

无论是哪一种类型的承包，都应当签订承包合同。《物权法》第一百二十七条第1款规定：“土地承包经营权自土地承包经营权合同生效时设立。”据此，承包方于合同生效时取得土地承包经营权。县级以上地方人民政府应当向土地承包经营权人发放土地承包经营权证、林权证、草原使用权证，并登记造册，确认土地承包经营权（《物权法》第一百二十七条第2款）。

3. 土地承包经营权的主要内容

承包经营权人根据土地承包经营合同，享有以下主要权利。

（1）对承包的土地或者其他自然资源享有经营自主权，他人不得非法干涉。

（2）对承包的土地或者自然资源享有经营性占有、使用、收益的权利。

（3）经发包人同意的，可以将承包的土地或者自然资源转让或转包给第三人。

4. 土地承包经营权的消灭

土地承包经营权消灭的原因主要有：①承包期满而未续期；②依照法定程序进行调整；③发包方依法收回承包地；④承包经营的土地被依法征收；⑤承包方交回承包地。

三、建设用地使用权

（一）建设用地使用权的概念与特征

建设用地使用权，是指因建造建筑物、构筑物及其附属设施而使用国家所有的土地的权利。建设用地使用权具有以下特征。

（1）建设用地使用权的客体具有特殊性。建设用地使用权的客体仅限于国家所有的土地。建设用地使用权是在国有土地上设立的一种用益物权。《物权法》第一百三十六条规定，建设用地使用权可以在土地的地表、地上或者地下分别设立。

（2）建设用地使用权的目的具有特殊性。建设用地使用权的目的是为自己建造建筑物、构筑物及其附属设施。

（3）建设用地使用权的内容具有特殊性。建设用地使用权人依法享有对国家所有的土地享有占用、使用和收益的权利（《物权法》第一百三十五条第2款）。

（4）建设用地使用权的期限具有稳定性。

（二）建设用地使用权的取得与期限

1. 建设用地使用权的概念与特征

建设用地使用权，是指因建造建筑物、构筑物及其附属设施而使用国家所有的土地的权利。

建设用地使用权具有以下特征。

(1) 建设用地使用权的客体具有特殊性。建设用地使用权的客体仅限于国家所有的土地。建设用地使用权是在国有土地上设立的一种用益物权。《物权法》第一百三十六条规定，建设用地使用权可以在土地的地表、地上或者地下分别设立。

(2) 建设用地使用权的目的具有特殊性。建设用地使用权的目的是为自己建造建筑物、构筑物及其附属设施。

(3) 建设用地使用权的内容具有特殊性。建设用地使用权人依法对国家所有的土地享有占有、使用和收益的权利(《物权法》第一百三十五条)。

(4) 建设用地使用权的期限具有稳定性。

2. 建设用地使用权的取得

《物权法》第一百三十七条规定，设立建设用地使用权，可以采取出让或者划拨等方式。据此，出让与划拨是取得建设用地使用权的两种基本方式。

(1) 划拨方式。土地划拨，是指土地使用人只需按照一定程序提出申请，经主管机关批准即可取得建设用地使用权，而不必向土地所有人交付租金及其他费用。我国物权法规定，严格限制以划拨方式设立建设用地使用权。《物权法》第一百三十七条第3款规定："严格限制以划拨方式设立建设用地使用权。采取划拨方式的，应当遵守法律、行政法规关于土地用途的规定。"

(2) 出让方式。建设用地使用权出让，是指国家以土地所有人身份将建设用地使用权在一定期限内让与土地使用者，并由土地使用者向国家支付建设用地使用权出让金，土地使用者取得建设用地使用权。建设用地使用权出让有四种形式：协议、招标、拍卖和挂牌。《物权法》第一百三十七条第2款规定，工业、商业、旅游、娱乐和商品住宅等经营性用地以及同一土地有两个以上意向用地者的，应当采取招标、拍卖等公开竞价的方式出让。采取招标、拍卖、协议等出让方式设立建设用地使用权的，当事人应当采取书面形式订立建设用地使用权出让合同。建设用地使用权出让合同一般包括下列条款：当事人的名称和住所；土地界址、面积等；建筑物、构筑物及其附属设施占用的空间；土地用途；使用期限；出让金等费用及其支付方式；解决争议的方法(《物权法》第一百三十八条)。

无论是通过哪一种方式取得建设用地使用权，都需要进行登记。《物权法》第一百三十九条规定："设立建设用地使用权的，应当向登记机构申请建设用地使用权登记。建设用地使用权自登记时设立。登记机构应当向建设用地使用权人发放建设用地使用权证书。"据此，建设用地使用权自登记时取得。

3. 建设用地使用权的期限

我国法律对通过划拨方式和出让方式取得的建设用地使用权的期限做出了不同的规定。通过划拨方式取得的建设用地使用权是无期限的，而通过划拨方式取得的建设用地使用权是有期限的。

根据《国有土地使用权出让和转让暂行条例》第十二条规定，按照土地的不同用途，土地使用权的最高年限为：①居住用地70年；②工业用地50年；③教育、科技、文化、卫生、体育用地50年；④商业、旅游、娱乐用地40年；⑤综合或者其他用地50年。每一块土地的实际使用年限，在最高年限内，由出让方和受让方双方商定。《物权法》第一百四十四条及第一百四十九条规定，建设用地使用权转让、互换、出资、赠与或者抵押的，当事人应当采取书面形式订立相应的合同。使用期限由当事人约定，但不得超过建设用地使用权的剩余期限。住宅建设用地使用权期间届满的，自动续期。非住宅建设用地使用权期间届满后的续期，依照法律规定办理。该土地上的房屋及其他不动产的归属，有约定的，按照约定；没有约定或者约定不明确的，依照法律、行政法规的规定办理。

（三）建设用地使用权的消灭

建设用地使用权消灭的原因主要有：（1）因使用期限届满而未续期。（2）依法收回土地。（3）约定事由发生。（4）土地灭失。

四、宅基地使用权

1. 宅基地使用权的概念与特征

宅基地使用权，是指农村集体经济组织的成员依法享有的在集体所有的土地上建造住宅及其附属设施的权利。宅基地使用权具有以下特征。

（1）宅基地使用权的权利主体具有特殊性。宅基地使用权的主体仅限于本集体经济组织内的农户，本集体之外的农户或城镇居民无权取得宅基地使用权。

（2）宅基地使用权的客体具有特殊性。宅基地使用权的客体是农村集体所有的土地，城镇居民享有的利用国有土地建造住房的权利属于建设用地使用权的范畴。

（3）宅基地使用权的内容具有特殊性。宅基地使用权人是依法利用集体土地建造住宅及其附属设施。如果是利用集体土地从事农业生产，则属于土地承包经营权。

（4）宅基地使用权一般是无偿的，具有社会福利性质。

2. 宅基地使用权的内容

根据《物权法》第一百五十二条至第一百五十五条的规定，宅基地使用权的内容涉及下列事项。

（1）宅基地使用权人依法对集体所有的土地享有占有和使用的权利，有权依法利用该土地建造住宅及其附属设施。

（2）宅基地使用权的取得、行使和转让，适用土地管理法等法律和国家有关规定。

（3）宅基地因自然灾害等原因灭失的，宅基地使用权消灭。对失去宅基地的村民，应当重新分配宅基地。

（4）已经登记的宅基地使用权转让或者消灭的，应当及时办理变更登记或者注销登记。

五、地役权

1. 地役权的概念与特征

地役权，是指按照合同约定利用他人的不动产，以提高自己不动产的效益的权利。其中，“他人的不动产”称为供役地，“自己的不动产”称为需役地。地役权具有以下特征。

（1）地役权的权利主体为需役地的所有人或者使用人。

（2）地役权的权利客体通常是土地。地役权是对他人所有或者使用的土地加以利用。由于我国严格实行“土地使用权主体与房屋所有权主体一致”的原则，所以，地役权仅以土地为客体，不包括建筑物。

（3）地役权的目的是权利人为了提高自己不动产的效益。效益，泛指开发、利用需役地的各种需要。例如甲修水渠灌溉自己农地的庄稼，但水渠需要经过乙承包的土地，甲遂与乙约定，在乙的土地上设立用水地役权，从而提高了甲农地的效益。

（4）地役权具有从属性。地役权是一种从权利，是为了提高需役地的效益而存在，从属于需役地的所有权（或使用权），与需役地的所有权（或使用权）共命运。需役地的所有权（或使用权）让与或消灭，地役权也应随之让与或消灭。《物权法》第一百六十四条、一百六十五条规定：

“地役权不得单独转让。土地承包经营权、建设用地使用权等转让的，地役权一并转让，但合同另有约定的除外。”“地役权不得单独抵押。土地承包经营权、建设用地使用权等抵押的，在实现抵押权时，地役权一并转让。”第一百六十二条规定：“土地所有权人享有地役权或者负担地役权的，设立土地承包经营权、宅基地使用权时，该土地承包经营权人、宅基地使用权人继续享有或者负担已设立的地役权。”

（5）地役权具有不可分性。地役权的不可分性，是指地役权及于需役地的全部和共役地的全部，不得分割为若干部分或仅为一部分而存在。地役权的不可分性主要表现在两个方面：其一，需役地分割或部分转让时，地役权就各个部分而存在。《物权法》第一百六十六条规定：“需役地以及需役地上的土地承包经营权、建设用地使用权部分转让时，转让部分涉及地役权的，受让人同时享有地役权。”其二，供役地分割或部分转让时地役权就各个部分而存在。《物权法》第一百六十七条规定：“供役地以及供役地上的土地承包经营权、建设用地使用权部分转让时，转让部分涉及地役权的，地役权对受让人具有约束力。”

（6）地役权具有期限性。依据《物权法》第一百六十一条的规定，地役权的期限由当事人约定，但不得超过土地承包经营权、建设用地使用权等用益物权的剩余期限。

2. 地役权的取得

根据《物权法》第一百五十七条的规定，设立地役权，当事人应当采取书面形式订立地役权合同。地役权合同一般包括下列条款：当事人的姓名或者名称和住所；供役地和需役地的位置；利用目的和方法；利用期限；费用及其支付方式；解决争议的方法。所以，既不存在法定地役权，也不得以单方行为（如立遗嘱）设定地役权。

《物权法》第一百五十八条规定：“地役权自地役权合同生效时设立。当事人要求登记的，可以向登记机构申请地役权登记；未经登记，不得对抗善意第三人。”据此，地役权合同生效时地役权人取得地役权。

3. 地役权的内容

地役权的内容主要表现为供役地权利人的义务和地役权人的义务。《物权法》第一百五十九条规定，供役地权利人应当按照合同约定，允许地役权人利用其土地，不得妨害地役权人行使权利。《物权法》第一百六十条规定，地役权人应当按照合同约定的利用目的和方法利用供役地，尽量减少对供役地权利人物权的限制。

练习题

一、单项选择题

1. 在我国，自然人不能享有所有权的财产是（　　）。

A. 土地　　B. 房屋
C. 文物　　D. 汽车

2. 我国《物权法》上规定的用益物权，不包括(　　)。

A. 相邻权　　B. 宅基地使用权
C. 建设用地使用权　　D. 农村土地承包经营权

3. 下列对用益物权的表述不正确的是(　　)。

A. 用益物权是他物权　　B. 用益物权是限制物权
C. 用益物权是有期限物权　　D. 用益物权的标的物可以是动产或不动产

4. 依据我国《物权法》的规定，耕地的承包期为(　　)。

A. 20 年　　B. 30 年　　C. 40 年　　D. 50 年

5. 根据我国有关法律的规定，工业用地的使用权的最高年限为（　　）。

A. 30 年　　B. 40 年　　C. 50 年　　D. 70 年

6. 依据我国《物权法》的规定，可以作为建设用地使用权客体的是（　　）。

A. 宅基地　　B. 农村土地

C. 国家所有的土地　　D. 集体所有的土地

7. 依照我国法律规定，宅基地的所有权属于（　　）。

A. 集体所有　　B. 国家所有

C. 村委会所有　　D. 宅基地使用人所有

8. 为了耕种自己的土地，需要经过他人土地而取得通行权，这一权利属于用益物权中的(　　)。

A. 通行权　　B. 地役权

C. 地上权　　D. 土地承包经营权

二、简答题

1. 简述用益物权的概念与特征。
2. 简述土地承包经营权的概念与特征。
3. 简述地役权的概念与特征。

三、论述题

比较建设用地使用权和宅基地使用权的概念与特征有何异同。

参考答案

扫码阅读

第五章 担保物权

学习目标

掌握担保物权的概念及其内容。掌握抵押权、质权、留置权的概念、特征、权利设定、权利实现及当事人之间的权利与义务。

一、担保物权概述

1. 担保物权的概念与特征

担保物权，是指为确保债权的实现，在债务人或者第三人的物上设定的以直接取得或者支配其交换价值为内容的物权。包括抵押权、质权和留置权。担保物权具有以下特征。

（1）担保物权以确保债权的实现为目的。

（2）担保物权是在债务人或第三人的特定物上设定的权利。担保物权的标的物，必须是特定物，抵押物可以为不动产或动产，质权、留置权则为动产，否则就无从由其价值中优先受清偿。

（3）担保物权以取得或者支配担保物的价值为内容。担保物权属于物权的一种，但不是以对标的物实体的占有、使用、收益、处分为目的，而是以标的物的价值确保债权的清偿为目的，以取得或者支配担保物的价值为内容。当债务人不履行到期债务或者发生当事人约定的实现担保物权的情形时，担保物权人可以将担保的财产拍卖、变卖或者折价。

（4）担保物权具有从属性和不可分性。所谓从属性，是指担保物权以主债的成立为前提，随主债的转移而转移，并随主债的消灭而消灭。所谓不可分性，是指担保物权设定后，不因担保物、被担保的债权的分割、转让而受影响。

（5）担保物权具有物上代位性。担保期间，担保财产毁损、灭失或者被征收等，担保物权人可以就获得的保险金、赔偿金或者补偿金等优先受偿。被担保债权的履行期未届满的，也可以提存该保险金、赔偿金或者补偿金等。

2. 担保物权的担保范围

担保物权的担保范围，从债权人角度看，是指当债务人不履行到期债务或者发生当事人约定的实现担保物权的情形时，债权人能够优先受偿的范围。从担保人角度看，是指为了使担保物权消灭，其必须清偿的债务范围。

《物权法》第一百七十三条规定，担保物权的担保范围应当包括主债权及其利息、违约金、损害赔偿金、保管担保财产和实现担保物权的费用。当事人另有约定的，按照约定。

3. 担保物权消灭的情形

根据《物权法》第一百七十七条的规定，有下列情形之一的，担保物权消灭：①主债权消灭；②担保物权实现；③债权人放弃担保物权；④法律规定担保物权消灭的其他情形。

二、抵押权

1. 抵押权的概念与特征

抵押权，是指债权人对于债务人或者第三人不转移占有而供担保的财产，在债务人不履行到期债务或者发生当事人约定的实现抵押权的情形时，依法享有将其变价并优先受偿的权利。其中，债务人或者第三人为抵押人，债权人为抵押权人，提供担保的财产为抵押财产。

抵押权除具有担保物权的一般特征外，还具有以下自身特征。

(1) 抵押权的标的是债务人或者第三人提供的担保物或财产权利。抵押权的标的就是抵押财产，抵押财产可以是动产，也可以是不动产，还可以是财产权利。抵押财产既可以由债务人本人提供，也可以由第三人提供。

(2) 抵押权不移转标的物的占有。抵押权的成立不以对标的物的占有为要件。抵押人不必将抵押物的占有移转给债权人（抵押权人），可以由自己继续对抵押物进行使用、收益、处分，发挥物的效用。

(3) 抵押权是意定担保物权。抵押权的设定须有债权人（即抵押权人）与债务人或者第三人达成抵押协议，所以抵押权属于约定（意定）担保物权。

2. 抵押权的标的

抵押权的标的，习惯上称为抵押物，它是指债务人或者第三人提供担保的财产。对抵押物的范围，可以从“可以抵押”和“不得抵押”两个方面予以界定。

根据《物权法》第一百八十条的规定，债务人或者第三人有权处分的下列财产可以抵押：①建筑物和其他土地附着物；②建设用地使用权；③以招标、拍卖、公开协商等方式取得的荒地等土地承包经营权；④生产设备、原材料、半成品、产品；⑤正在建造的建筑物、船舶、航空器；⑥交通运输工具；⑦法律、行政法规未禁止抵押的其他财产。

根据《物权法》第一百八十四条的规定，下列财产不得抵押：①土地所有权；②耕地、宅基地、自留地、自留山等集体所有的土地使用权，但法律规定可以抵押的除外；③学校、幼儿园、医院等以公益为目的的事业单位、社会团体的教育设施、医疗卫生设施和其他社会公益设施；④所有权、使用权不明或者有争议的财产；⑤依法被查封、扣押、监管的财产；⑥法律、行政法规规定不得抵押的其他财产。

3. 抵押合同和抵押登记

抵押合同是抵押当事人双方自愿设立抵押权的合同，必须用书面形式订立。抵押权人和抵押人在合同中不得约定在债务履行期届满抵押权人未受清偿时，抵押物的所有权移转为债权人所有，约定了的，该约定无效。

抵押登记是指主管机关依法在登记簿上就抵押物上的抵押权状态予以记载。根据《中华人民共和国担保法》（以下简称《担保法》）的规定，抵押合同依法律规定分别自登记之日或签订之日起生效。依法应当办理抵押物登记的，自登记之日起生效；以其他财产抵押的，可以自愿办理抵押物登记，当事人未办理抵押物登记的，不得对抗第三人。办理抵押登记的申请人应当向登记部门提供下列文件或者其复印件：一是主合同和抵押合同；二是抵押物的所有权或者使用权证书。

4. 抵押权的效力

抵押权的效力主要表现在以下方面。

(1) 抵押权所担保的债权的范围。对此，当事人可以在抵押合同中约定，如果合同未约定的，则包括主债权、利息、违约金、损害赔偿金和实现抵押权的费用。

（2）抵押权人在实现抵押权时可以依法予以变价的标的物的范围包括抵押物的孳息。债务履行期限届满，债务人不履行债务致使抵押物被人民法院依法扣押的，自扣押之日起抵押权人有权收取由抵押物分离的天然孳息以及抵押人就抵押物可以收取的法定孳息。但如果抵押权人未将抵押物被扣押的事实通知应当清偿法定孳息的义务人的，抵押权的效力不及于该孳息。抵押权人收取的孳息应先充抵收取孳息的费用。

（3）抵押权的保全效力。在抵押权存续期间，抵押人转让已经办理登记的抵押物的，应当通知抵押权人并告知受让人转让物已经抵押的情况；抵押人未通知抵押权人或者未告知受让人的，转让行为无效。抵押人转让抵押物所得的价款，应当向抵押权人提前清偿所担保的债权或者向与抵押权人约定的第三人提存。而且，抵押权不得与债权分离而单独转让或作为其他债权的担保。如果抵押人的行为足以使抵押物价值减少的，抵押权人有权要求抵押人停止其行为。如果由于抵押人的过错使得抵押物价值减少时，抵押权人有权要求抵押人恢复原状，或者提供与减少的价值相当的担保。抵押人对抵押物价值的减少无过错的，抵押权人只能在抵押人因受损害而得到的赔偿范围内要求提供担保。抵押物价值未减少的部分，仍作为债权的担保。

值得注意的是，抵押权对抵押物上原存在的租赁权的效力是，抵押人将已出租的财产抵押的，应当书面通知承租人，原租赁合同继续有效。

5. 抵押权的实现

抵押权的实现，是指债务人不履行到期债务或者发生当事人约定的实现抵押权的情形时，抵押权人就抵押物受偿的行为。

（1）抵押权实现的条件。抵押权的实现，须具备以下条件。

其一，须抵押权有效存在。如果抵押权无效或已被撤销、或曾经有效但已经消灭，都不发生抵押权的实现问题。

其二，债权已届清偿期而未受清偿，或者发生当事人约定的实现抵押权的情形。

其三，未超过法定期间。《物权法》第二百零二条规定，抵押权人应当在主债权诉讼时效期间行使抵押权；未行使的，人民法院不予保护。

（2）抵押权实现的方式。依据我国《物权法》的规定，抵押权实现的方式有三种：折价、拍卖和变卖。

《物权法》第一百九十五条规定："债务人不履行到期债务或者发生当事人约定的实现抵押的情形，抵押权人可以与抵押人协议以抵押财产折价或者以拍卖、变卖该抵押财产所得的款优先受偿。协议损害其他债权人利益的，其他债权人可以在知道或者应当知道撤销事由之日起 1 年内请求人民法院撤销该协议。抵押权人与抵押人未就抵押权实现方式达成协议的，抵押权人可以请求人民法院拍卖、变卖抵押财产。抵押财产折价或者变卖的，应当参照市场价格。"

抵押财产折价或者拍卖、变卖后，其价款超过债权数额的部分归抵押人所有，不足部由债务人清偿。

（3）抵押权实现的顺位。抵押权实现的顺位，是指在同一财产上设定了多个抵押权，当该财产价值小于所担保的全部债权，且所担保的债权均已届清偿期时，数个抵押权依次受偿的顺序。

根据《物权法》第一百九十九条规定，同一财产向两个以上债权人抵押的，拍卖、变卖抵押财产所得的价款依照下列规定清偿。①抵押权已登记的，按照登记的先后顺序清偿；顺序相同的，按照债权比例清偿。②抵押权已登记的先于未登记的受偿。③抵押权未登记的，按照债权比例清偿。

6. 抵押权的消灭

导致抵押权消灭的原因主要有：被担保债权完全、绝对消灭；抵押物灭失且未因灭失而得赔偿金；抵押权实现；其他原因。

三、质权

质权，是指为担保债务的履行，债务人或者第三人将其动产或者财产权利移交债权人占有，当债务人不履行到期债务或者发生当事人约定的事由时，债权人可以就该动产或财产权利优先受偿的权利。其中，债务人或者第三人为出质人，债权人为质权人，交付的动产或财产权利为质押财产。

在我国，质权的特征除须债权人占有质物、标的物不能为不动产外，其余基本同于抵押权。根据质押物的不同，质权分为动产质权和权利质权。

1. 动产质权

动产质权是指债务人或者第三人将其动产移交债权人占有，将该动产作为债务的担保，在债务人不履行债务时，债权人有依照法律规定以该动产折价或者以拍卖、变卖该动产的价款优先受偿的权利。

动产质权不同于抵押权的最主要特征就是必须移交动产的占有，而且，只有移交动产的占有，动产质押合同才能生效。此外，与抵押合同一样，出质人和质权人在合同中也不得约定在债务履行期届满质权人未受清偿时，质物的所有权转移为质权人所有。

动产质权的标的物须具备为非禁止流通的物、为特定的动产、为出质人自己享有所有权或处分权的动产三个要件。

在动产质权关系中，质权人有妥善保管质物、在债务人清偿债权后返还质物等义务。质权人的权利主要有动产质权关系存续期间对质物的占有权、收取质物利息的权利（另有约定除外）、质权受侵害时的损害赔偿请求权或物上请求权、质物的变价权（即在质物有损坏或者价值明显减少的可能，足以危害质权人权利时，质权人可以要求出质人提供相应的担保。出质人不提供的，质权人可以拍卖或者变卖质物，并与出质人协议将拍卖或者变卖所得的价款用于提前清偿所担保的债权或者向与出质人约定的第三人提存）、债务人不履行债务时的优先受偿权、因保管质物所支出的必要费用的偿还请求权、质权存续期间的转质权等。

在动产质权法律关系中，出质人的权利主要有对质物的处分权、对债务人的求偿权和代位权（即当出质人为非债务人而系第三人时，出质人在代位清偿债务后，对债务人即有求偿权和代位权）。出质人的义务主要有因质物有隐蔽瑕疵而致使质权人有损害时的损害赔偿义务、对质权人因保管质物所支出的必要费用的偿还义务。

此外，动产质权的效力范围、保全效力、实现方式以及动产质权的消灭等均基本同于抵押权。

2. 权利质权

权利质权是指为了担保债务的清偿，以债务人或第三人所享有的实体财产以外的可以让与的财产权利为质物而为债权人设立的担保。

确定可以质押的权利时应遵循以下三个原则。第一，必须是财产权利。因为质押的目的是保证债权的清偿，如果不是财产权利，就无法实现质押的目的。因此，人身权不得作为质押标的。第二，必须是可以通过市场交易实现价值的财产权利。通过市场交易包括转让（如专利权可通过转让收取转让费，使质权人实现债权）、兑现（如兑现汇票取得现金来实现债权）、许可他人使用（如著作权中的财产权可以通过许可他人使用来收取费用）及提取货物（如提单）等。第三，必须是可以交付的权利。

在权利质押关系中，出质人的处分权受到限制。作为质权标的物的权利，非经质权人同意，出质人不得以法律行为使其变更或消灭。因为权利质权设定后，如果允许出质人使之变更或消灭，势必有害质权人对该标的物所支配的交换价值，担保物权的机能将因之而丧失殆尽，所以法律作了限制。出质人的其他权利一是股票设质后的股东会出席权。股东就股票设定质权后，其股东地位并不因此而丧失，因此不应禁止出质人基于股东资格而行使权力。不过，无记名股票的股东不得出席股东会。二是无体财产权设质后的使用权。专利权、著作权、商标专用权等无体财产权设质后，出质人除与质权人约定由质权人使用外，出质人仍然有继续使用权。

在权利质押法律关系中，质权人的权利一是对于证书或证券的留置权。权利质权设定时，基于设定的要物性，质押人须将证书或有价证券交付质权人。质权人对于此等交付占有的证书或证券有留置权，于担保的债权未受清偿前，得拒绝返还。二是利息的收取权。供设质的权利（如债权利息）如有法定孳息时，质权人对此法定利息有收取权。质权人收取利息时，应以对于自己财产同样的注意为之，并为出质人计算。三是权利的变价权。权利质权的权利于价值显有减少，以致足以危及质权人的权利时，质权人得拍卖质物，以其价金代充质物。四是质权的实行权。在债权届满未获清偿时，质权人即可行使质权。质权人的义务一是保管标的物的义务；二是返还标的物的义务。在所担保的债权受清偿时，质权人应将所占有的权利证书返还于有受领权的人。

权利质权的其他事项基本同动产质权。

四、留置权

留置权，是指债务人不履行到期债务时，债权人可以留置已经合法占有的债务人的动产，并在债务人仍不履行债务时就该动产优先受偿的权利。债权人为留置权人，占有的动产为留置财产。

1. 留置权的法律特征

留置权的主要法律特征可以概括为以下几方面。

（1）留置权是担保物权。留置权的功能在于以被留置物的交换价值担保债权的实现，而不在于以被留置物的使用价值供留置人使用、收益。

（2）留置权是法定担保物权。留置权是债权人根据法律规定直接取得的担保物权，其发生无须当事人约定。

（3）留置权是从权利。留置权以债权的存在为前提。留置权是在当事人之间存在合同关系，而且是一方占有他方财产、他方违约拒付或迟付款项的条件下产生的。

（4）留置权是动产物权。留置权的客体只能是动产，不动产不能成为留置权的客体。

2. 留置权的成立条件

必须同时具备下列条件，留置权才成立。

（1）债权人须基于合同占有留置物，即债权人依合同合法占有债务人的财产。我国《担保法》规定，因保管合同、运输合同、加工承揽合同发生的债权，债务人不履行债务的，债权人有留置权。

（2）债务人所负债务须与该留置物有牵连关系。这里的“牵连关系”是指债务人所负债务与债权人对留置物的占有是基于同一法律关系而发生。也就是说，债务人的债务，与其所享有的物的返还请求权是同一项债的内容，而债权人享有的债权，与其所负担的物的返还义务也是同一项债的内容。比如，保管人甲不得因委托人乙前一合同欠交的保管费而留置乙依本合同所保管的财产。

（3）须债务已届履行期而债务人不履行债务。留置权是因债务人不履行债务而发生的，而债务人是否不履行债务，只有当债务履行期限届满才能认定。所以，如果债务未届履行期，则不发生留置权。而且，债务虽然已届履行期，但债务人履行了债务，债权人也不能享有留置权。只有当债务已到履行期，而且债务人未履行债务时，债权人才可将债务人相应的财产留置。

3. 留置权人的权利和义务

（1）留置权人的权利。第一，对留置财产的占有权。留置权人可以在债权受全部清偿前继续占有债务人的财产，并可以此拒绝债务人的留置物返还请求权。不过，依我国《担保法》的规定，在债权人占有的财产为可分物时，留置权人留置的财物的价值应与债务额相当，对超过债务金额部分的物应当返还给债务人，而不享有占有权。如果留置权人拒不返还其价值超过债务额的财产部分的，则构成返还义务的违反，而不是留置权的正当行使。第二，留置物利息收取权。留置权人有权收取留置物的孳息以抵偿债权。这里的利息包括天然孳息和法定孳息。需要注意的是，这里的收取权是基于留置权的效力而发生，不是基于占有的效力而发生，故留置权人只能以留置物的利息抵偿债权及利息等，而不能直接取得利息的所有权。此外，如果留置权人收取留置物法定孳息，如收取租金，则须获得债务人同意。第三，请求偿还留置物保管的必要费用，如维修费、养护费等。第四，以留置物折价或变卖留置物的价款优先受偿的权利。第五，对留置物的必要使用权。留置权人对留置物原则上无使用的权利，但有例外。如基于保管上的必要而使用，经所有人同意而使用。

（2）留置权人的义务。第一，妥善保管留置物。留置权人应以善良管理人的注意保管留置物。留置权人如果未以足够的注意保管留置物而致留置物灭失或毁损的，应承担民事责任。第二，不得擅自使用、出租留置物及在留置物上再设立担保。第三，催告义务。留置权中变价处分权的行使须先以催告为要件，未经催告或未经过法定的期间，不得径行变卖留置物。第四，返还留置物。在债务人履行债务或债务人已经另行提供担保而使留置权成立的原因消灭时，留置权人应将留置物归还给债务人。

4. 留置权的担保范围

依我国《担保法》的规定，留置权担保范围包括主债权及利息、违约金、损害赔偿金、留置物保管费用和实现留置权的费用。

5. 留置权的实现

债权人与债务人应当在合同中约定，债权人留置财产后，债务人应当在不少于两个月内履行债务。债权人与债务人在合同中无约定的，债权人留置债务人财产后，应当确定两个月以上的期限，通知债务人在该期限内履行债务。债务人逾期仍不履行的，债权人可以与债务人协议以留置物折价，也可以依法拍卖、变卖留置物。

留置物折价或者拍卖、变卖后，其价款超过债权数额的部分归债务人所有，不足部分由债务人清偿。

6. 留置权消灭的原因

引起留置权消灭的原因主要有债权消灭或者债权清偿期延缓；债务人另行提供担保并被债权人接受；留置物灭失；留置权实现；留置权人丧失占有；留置权人抛弃留置权等。

练习题

一、单项选择题

1. 下列选项中，属于担保物权的是（　　）。

A. 地役权　　B. 保证

C. 地上权　　D. 抵押权

2. 根据《担保法》的规定，下列选项中，可以用于抵押的是（　）。

A. 自留地　　B. 小学的汽车

C. 大学的教学楼　　D. 土地使用权

3. 下列选项中，属于法定担保物权的是（　）。

A. 抵押权　　B. 质押权

C. 留置权　　D. 保证

4. 根据目的的不同，他物权可以分为（　　）。

A. 自物权和他物权

B. 用益物权和担保物权

C. 抵押权和留置权

D. 动产物权和不动产物权

5. 依我国《物权法》的规定，当事人签订抵押合同，不需要进行登记的是（　　）。

A. 电视机

B. 建设用地使用权

C. 正在建造的建筑物

D. 建筑物和其他土地附着物

6. 2017 年某天的早晨，甲在某洗衣店取衣服时，才发现出门时没有带钱包，而甲这天又须穿这件衣服参加一个重要的社交活动。情急之下甲与店老板商量，将腕上的手镯留下，先取走衣服，改天再来付洗衣费用并换回手镯，老板同意。则该老板对甲的手镯享有（　　）。

A. 处分权　　B. 质押权

C. 抵押权　　D. 留置权

7. 下列选项所列合同中，债务人不履行债务时，债权人不能享有留置权的是（　　）。

A. 保管合同　　B. 行纪合同

C. 买卖合同　　D. 加工承揽合同

8. 我国《物权法》第二百三十二条规定，法律规定或者当事人约定不得留置的动产，不得留置。下列各项财产可以作留置物的是（　　）。

A. 冰毒　　B. 私有房屋

C. 武器、弹药　　D. 运输中的电脑

二、简答题

1. 简述担保物权的概念与特征。
2. 简述抵押权的概念与特征。
3. 简述留置权的成立要件。

三、论述题

论述抵押权实现的条件、方式及顺位。

参考答案

扫码阅读

第六章　占　　有

学习目标

掌握占有的概念及其分类。理解占有保护请求权的基本内容。

一、占有概述

（一）占有的概念

占有是对物在事实上的占领、控制。占有是独立于所有权及他物权的一项制度。由于占有是对物在事实上的占领、控制，因此它不要求占有人有占有物的权利。占有制度的主要功能是维护物的事实秩序，禁止他人以私力加以破坏。

（二）占有的分类

依据不同的标准，可以将占有分为不同的类型。

1. 有权占有与无权占有

依据占有人是否基于本权而对物进行占有，可以将占有分为有权占有与无权占有。所谓本权，是指基于法律上的原因，可对物进行占有的权利。如所有权、质权、留置权等。有权占有即指基于本权的占有，如基于租赁合同对租赁物的占有。无权占有即指无本权的占有，如对抢劫物的占有。

区分有权占有与无权占有的意义在于本权人有权请求无权占有人返还原物及其孳息。另外，作为留置权要件的占有，限于有权占有。

2. 善意占有与恶意占有

对无权占有依据占有人的主观心理状态，可以将占有分为善意占有与恶意占有。善意占有指占有人不知其无占有权利的占有；恶意占有是指占有人知道其无占有权利的占有。判断是否知道有无占有权利的时间点，应以占有的物受到损害时为标准。

区分善意占有与恶意占有的意义在于占有人对损害后果承担的责任不同。《物权法》第二百四十二条规定，占有人因使用占有的不动产或者动产，致使该不动产或者动产受到损害的，恶意占有人应当承担赔偿责任。

3. 直接占有与间接占有

以占有人在事实上是否占有物为标准，可以将占有分为直接占有与间接占有。直接占有是指在事实上对物的占有，如驾驶着汽车、戴着眼镜等都为直接占有；间接占有是指基于一定法律系，对于事实上占有物的人（即直接占有人）有返还请求权，从而对物间接支配的占有。如承租人对承租房屋的占有即为直接占有；出租人基于租赁合同关系，对承租人有返还请求权，在出租期间出租人对出租的房屋即为间接占有。

区分直接占有与间接占有的意义在于这两种占有取得的方式不同，保护方法自然也不一样。

4. 自主占有与他主占有

以占有人的意思为标准，可以将占有分为自主占有与他主占有。自主占有是指占有人以自己所有的意思对物进行的占有；他主占有是指占有人非以自己所有的意思对物进行的占有。

区分自主占有与他主占有的意义在于取得所有权的要件不同，如先占要件的占有应当是自主占有。另外，是区分不当得利与无因管理的一个条件。

二、占有保护

占有为一种既成的事实，即使这种事实与其他当事人的权利相冲突，也不允许再受到非法行为的侵害。我国《物权法》规定了占有保护请求权，以对受到侵害的占有人提供法律上的救济。

根据《物权法》第二百四十五条的规定，占有保护请求权的内容主要有以下三项。

（1）返还原物的请求权。占有的不动产或者动产被侵占的，占有人有权请求返还原物。占有人返还原物的请求权，自侵占发生之日起 1 年内未行使的，该请求权消灭。

（2）排除妨害或者消除危险请求权。对妨害占有的行为，占有人有权请求排除妨害或者消除危险。

（3）损害赔偿请求权。因侵占占有物或者妨害占有造成损害的，占有人有权请求损害赔偿。

练习题

一、单项选择题

1. 2017 年 2 月 1 日，某甲在一裁缝店加工连衣裙一件，双方协商 2 月 15 日后来取衣服。2 月 15 日那天，某甲没有去取衣服。2 月 17 日，某甲去取衣服时，裁缝店老板说已将衣服变卖，并把扣除加工费还剩余的钱交给某甲。问此案的正确处理方式是（　　）。

A. 认定裁缝店老板的做法属于行使留置权，应予以支持

B. 认定裁缝店老板的行为违法，属于侵权行为

C. 某甲没有按时履行义务，属于违约行为

D. 双方违约，各自承担相应的责任

2. 相邻一方必须经过另一方的土地通行的，另一方应当允许，由于通行而造成的损失，使用人（　　）。

A. 应当适当补偿　　B. 可以不予赔偿

C. 应当赔偿损失　　D. 不得再通行

3. 质权人对质物的占有属于（　　）。

A. 恶意占有　　B. 无权占有　　C. 自主占有　　D. 有权占有

4. 下列各种占有中，属于无权占有的是（　　）。

A. 甲保管乙托其保管的货物

B. 甲将偷来的钱包放在自己的兜中

C. 物流公司接受托运人交托的邮件

D. 电器修理店收留甲因未付修理费而抵押的手镯

5. 出质人对质物的占有是（　　）。

A. 直接占有　　B. 无权占有　　C. 间接占有　　D. 恶意占有

6. 甲在商场买了一台电脑并搬回家中安装。甲的占有属于（　　）。

A. 直接占有　　B. 间接占有

C. 无权占有　　D. 恶意占有

7. 对无权占有依据占有人的主观心理状态，又可以将占有分为（　　）。
   A. 自主占有与他主占有　　B. 善意占有与恶意占有
   C. 直接占有与间接占有　　D. 有权占有与无权占有

8. 甲将其在盗墓中所得的一件古玩拿到古玩市场上，以市场价的半价标售，被乙见到。几经询问后，乙确信该古玩为真品且价格低廉，怀疑该物来历有问题，但还是经反复讨价还价之后，以低于原标价的2/3的价格买走。乙对该古玩的占有是(　　)。
   A. 有权占有　　B. 善意占有　　C. 恶意占有　　D. 间接占有

二、简答题

简述我国《物权法》对占有保护的方法。

三、案例分析题

甲偷来一辆八成新的电动自行车，发现蓄电池坏了，便置于家中未使用。后甲得知乙欲购一辆二手电动自行车，便向乙表示自己家中有一电动自行车闲置，修修就能用，如乙愿意就赠送给乙，乙欣然接受。取回车后，乙在修车行花了60元，将车修好并加以使用。后被原车主丙认出，并要求返还。问：

（1）乙对该电动自行车能否构成善意取得？为什么？

（2）乙对该电动自行车的占有是否善意占有？为什么？

（3）本案应如何处理？

参考答案

扫码阅读

第三部分 债 权

第一章 债的概述

学习目标

理解债的概念与特征。掌握有关债的分类。掌握不当得利和无因管理的概念、构成要件，掌握不当得利之债和无因管理之债的处理规则。掌握债的保全的概念以及债权人的代位权和撤销权的基本内容。理解债的担保的概念与特征，掌握我国《担保法》规定的债的担保方式及法律要求。理解债的移转的概念及其内容。掌握债的消灭的概念及其原因。

一、债的概念与特征

（一）债的概念

我国《民法通则》第八十四条规定："债是按照合同的约定或者依照法律的规定，在当事人之间产生的特定的权利和义务关系。"据此，债是特定民事主体之间以债权和债务为内容的法律关系。在债的法律关系中，当事人一方对他方有请求其为特定行为的权利，即债权，享有债权的当事人称债权人；他方负有为满足债权人的请求而为特定行为的义务，即债务，负有债务的当事人谓债务人。

（二）债的特征

1. 债的主体特征

债的主体，是指参加债的法律关系的当事人，包括权利主体和义务主体。债的权利主体是债权人，义务主体是债务人。债权人和债务人是相互对立、相互依存的债的双方当事人，缺少任何一方，债的法律关系就不能成立。债权人和债务人可以是单数，也可以是复数。当债权人或债务人一方或双方为数人时，他们之间的债就称为多数人之债。债的主体无论是单数还是复数，均须为特定之人。

2. 债的客体特征

债的客体，是"给付"，即债权债务共同负载的特定行为。如交付财物、支付金钱、移转权利、提供劳务等各种具体的债务人应为的特定行为。

作为债的客体，给付须合法、确定、适当、可能。

3. 债的内容特征

债的内容，即债权和债务。债权是请求为特定行为的权利，债务是须为特定行为的义务，二者负载于同一特定行为，具有互依、共生和对应关系。

（1）债权。《民法总则》第一百一十八条规定：“民事主体依法享有债权。债权是因合同、侵权行为、无因管理、不当得利以及法律的其他规定，权利人请求特定义务人为或者不为一定行为的权利。”债权具有如下特征。

①债权是财产权。债的关系是建立在债权人和债务人之间的一种利益关系，这种利益关系或直接具有财产性质，或最终与财产有关。债权就是在交换或分配各种经济利益时产生的、以财产或可评价为财产的利益为内容的民事权利。

②债权是请求权。债是特定人之间的法律关系，债权的实现有赖于债务人的协助，即债权人只能通过请求债务人为特定行为（交付标的物或提供劳务）来实现自己的利益，不能像物权那样，由权利人直接支配标的物而享受利益。

③债权是对人权。债权人只能请求负有特定义务的特定之人为一定的行为或不为一定的行为。在债的法律关系中，债权债务仅存在于特定的当事人之间，债权人只能向债务人主张权利，请求其向自己履行债务。债务人以外的一切他人，因与债权人之间不存在权利义务关系，故债权人不得向其主张债权。

④债权具有相容性。在同一标的物上可以同时成立两个以上内容相同的债权。换言之，债权不具有排他性。

⑤债权具有平等性。数个债权人对于同一个债务人，先后发生数个普通债权时，其效力一律平等，无优劣之分，受偿机会均等。

⑥债权为有期限权利。一方面，债权多具有请求期限，在请求期限到来之前，债权人不能随时请求债务人履行债务，债务人也不负履行债务的义务。另一方面，债权有一定的存续期限，期限届满，债权即归于消灭。而所有权和人格权则不同。所有权为永久性权利，人格权也不得附有期限。

（2）债务。债务具有如下主要特征。

①债务的本质，是债务人负担的不利益。债务的履行，一方面使债权人的利益得以实现，另一方面又使债务人失去既有利益，处于不利益状态。多数情况下，债的当事人同时既为债权人，又为债务人，一方面通过债权的实现获得利益，另一方面又因履行债务失去既有的利益，通过这种平等互利的对待给付分别获得各自利益的满足。

②债务的内容具有特定性。债务的内容或者由当事人协商确定，或者由法律直接规定。在每一个具体的债的关系中，债务都有具体和确定的标的及其质量、数量、履行期限等内容。债务的内容一经特定化，非经当事人协商或依法律规定，不得随意加以变更。

③债务不许永久存在。债务是一种法律上的拘束，如果允许设定没有期限的债务，将使债务人永久失去人身或交易的自由，这是与现代法律精神相违背的。因此，期限上的有限性是债务的一个重要特征。债务可因清偿、期限届满、债务人主体资格消灭等原因而消灭。债务不仅不能针对某一民事主体而永久存在，也不能当然延续到债务人的继承人。

二、债的分类

依据不同的标准，可将债作如下划分。

（一）意定之债与法定之债

这是依债之设定及其内容是否允许当事人自由决定划分的。

法定之债，是指债的发生及其内容均由法律直接加以明确规定的债。包括侵权行为之债、无因管理之债、不当得利之债及缔约过失之债。法定之债的发生由法律直接规定，不问当事人有无发生债的关系的意思表示，只要法律规定的事由出现，债的关系当然发生。法定之债的内容由法律直接规定，在法律规定的事由出现时，当事人之间的债权债务关系依法律的规定确定。

意定之债，是指债的发生及其内容完全由当事人依其自由意思而决定的债。意定之债的发生及内容完全依照当事人的自由意思，但当事人的自由意思不得违背法律的强行性规定以及公序良俗，即当事人的自由是有“限度”的。

此分类的法律意义在于意定之债的发生及内容依当事人的自由意思而定，由合同法加以调整；法定之债的发生及内容源自法律的直接规定，与当事人的意志无关，由相关的债法加以调整。

（二）特定物之债与种类物之债

这是依债的标的物在债成立之时是否特定而划分的。

特定物之债，是指于债成立之时，标的物即已是特定的债。对于特定物之债，债务人履行债务时须交付特定之物；仅在特定之物因灭失不存在时，方可免除交付原物的义务。当事人对于特定之物所有权的转移时间，除法律有强行规定之外，可自行约定。

种类物之债，是指以未加特定的种类物为给付标的的债。对于种类物之债，因在债发生时，标的物尚未确定，只有交付时才被特定化，所以，标的物于交付前发生灭失的，不免除债务人交付实物的义务，债务人须以同等的种类物履行债务。除法律另有规定或当事人另有约定外，种类物之债的标的物所有权自交付时起转移。

此分类的法律意义在于特定物之债的标的物毁损灭失的，发生债的履行不能；而种类物之债则不发生履行不能的问题。

（三）单一之债与多数人之债

这是依债的双方主体的人数为标准划分的。

单一之债，是指债权人和债务人各为一人的债，也称单数主体之债。

多数人之债，是指以同一给付为标的的债中，债权人为数人或债务人为数人或债权人和债务人均为数人的债，也称复数主体之债。

此分类的法律意义在于单一之债的主体双方都只有一人，当事人之间的权利、义务比较简单明了，不发生一方主体之间内部的权利、义务关系；而多数人之债，除存在外部的债权债务关系外，在多数债权人或多数债务人的内部尚存在内部关系，因此较之单一之债要复杂得多。区分单一之债和多数人之债，有利于准确地确定债的当事人之间的权利和义务。

（四）按份之债与连带之债

这是依多数人之债中多数债权人或多数债务人的内部关系划分的。

1. 按份之债

按份之债，是指各债权人或各债务人各自按确定的份额分享债权或分担债务的多数人之债。其中，各债权人享有的份额债权，称按份债权；各债务人负担的份额债务，称按份债务。

在按份之债中，各债权人只能就其所享有的债权份额请求债务人履行或接受债务人的给付，而无权接受超出其债权份额的给付；当其所享有的债权份额得到清偿时，该部分债权即归消灭，对其他债权人的按份债权不发生效力。同理，各债务人仅就自己所负担的债务份额向债权人清偿，对其他债务人的按份债务不负清偿义务；当其所负债务份额清偿完毕时，该部分债务即归消灭，对其他债务人的按份债务不发生效力。可见，按份之债中，就一个债权人或一个债务人发生的事项，对于其他债权人或债务人不发生效力。

2. 连带之债

连带之债，是指各债权人均得请求债务人为全部债务的履行，各债务人均负有为全部债务履行的义务，且全部债权债务因一次全部履行而归于消灭的多数人之债。其中，具有连带关系的数个债权人为连带债权人，他们所享的债权为连带债权；具有连带关系的数个债务人为连带债务人，他们所负的债务为连带债务。

在连带之债中，一债权人有权代受其他债权人应得份额的债权，但事后应将超出其份额的部分还给其他债权人；一债务人有义务代负其他债务人应负份额的债务，但事后对超出其份额的部分，有请求其他债务人偿还的权利，即求偿权。因连带债务有担保作用，对债权人颇为有利，而连带债权求偿易受阻，对债权人颇为不利，故实践中，连带债务常见，而连带债权少见。

连带债务在强化债权人权利的同时，加重了债务人的义务。因此，《民法通则》第八十七条规定，发生连带债务时，须有当事人的约定或法律的规定。否则，多数人之债以按份债务处理。实践中，由于债务人约定加重自己责任的情况毕竟不多，因此，连带债务的发生多来自法律的强行规定。依我国现行法律的规定，发生连带债务的情形有个人合伙债务、法人联营债务、连带责任保证、共同侵权行为人的责任、代理中的连带责任。

此分类的法律意义在于按份之债的多数债权人或多数债务人的债权或债务各自是独立的，任一债权人接受了其应受份额义务的履行或者任一债务人履行了自己应承担份额的义务后，与其他债权人或债务人均不发生任何权利义务关系。而连带之债的多数债权人或多数债务人的债权或债务是连带的，连带债权人中的任何一人接受了全部义务履行，或者连带债务人中的任何一人清偿了全部债务时，虽原债归于消灭，但连带债权人或连带债务人内部则会产生新的债权债务关系。

（五）简单之债与选择之债

这是依债的标的可否选择划分的。

简单之债，是指只有一种给付作为标的的债。在简单之债中，当事人对债的给付标的没有选择余地，债权人仅能请求债务人依确定的唯一给付标的履行债务，债务人也只能就该标的履行债务。因此，也称不可选择之债或单纯之债。

选择之债，是指在数宗给付中，当事人可选择其中之一作为给付标的的债。选择之债可因法律行为而产生，也可因法律的规定而产生。在选择之债中，可供选择的数宗给付是并列待选的，地位平等。数宗给付在选择之债成立之时既已确定，但债务人并不负履行全部给付的义务，而只需在数宗给付中选择其中之一来履行，此即选择之债的给付特定。给付特定的方法有合同、给付选择和给付不能三种。

依合同而特定，即双方当事人依合同从数宗给付中选择一宗为债的标的。依给付选择而特定，即依一方当事人的意思表示从数宗给付中选择一宗为债的标的。债权人享有选择权的，称选择债权；债务人享有选择权的，称选择债务。除当事人有约定或法律另有特别规定外，选择权原则上归债务人，这样有利于债务的顺利履行。因给付不能而特定，在可供选择的数宗给付中，因给付不能而仅余一宗给付时，即发生给付特定。

此分类的法律意义在于简单之债的标的是特定的，比较简单，其标的无法履行时，即发生履行不能；而选择之债的标的相对不特定，须经选择之后才能特定，方可履行，仅在诸标的都无法履行时，才发生履行不能。

（六）主债与从债

这是依两个债之间的关系而进行划分的。

主债，是指能够独立存在，不以他债的存在为前提的债。

从债，是指不能独立存在，以他债的存在为成立前提的债。

此分类的法律意义在于主债与从债是相互对应的，没有主债则不发生从债，没有从债也无所谓主债。从债的效力决定于主债的效力，随主债的存在而存在，随主债的消灭而消灭。从债对主债起担保作用。

三、债的发生原因

债作为民事法律关系的一种，其发生须具备一定的法律事实，此法律事实即债的发生原因。债的发生原因主要有下列四项法律事实。

（一）合同

合同，是指平等主体的当事人之间设立、变更、终止民事权利义务关系的协议。

合同一旦有效成立，即在当事人之间产生特定的权利义务关系。依法成立的合同受法律保护，当事人通过订立合同设立的以债权、债务为内容的民事法律关系，称为合同之债。在实践中，民事主体主要是通过订立合同来明确相互间的权利、义务关系。因合同设立债，是民事主体积极参与民事活动的表现，合同行为是典型的双方民事法律行为，可见，合同是债发生的最常见、最重要的原因，合同法因此而成为债法的主要内容。

（二）侵权行为

侵权行为，是指不法侵害他人的民事权益，给他人造成损害，应承担民事责任的行为。因侵权行为受到损害的人，有请求加害人赔偿损失的权利，加害人有赔偿受害人损失的义务，即在加害人和受害人之间产生以损害赔偿为标的的债权债务关系。此种债权债务关系的发生直接基于法律的强行规定，与当事人的意思无关。侵权行为是一种单方行为，就侵权人的目的而言，并不是为了在侵权人与受害人之间建立民事权利和义务关系。法律规定侵权行为是债的发生根据，是要侵权人以承担债务的方式来弥补受害人所受到的损害。

（三）不当得利

1. 不当得利的概念与类型

不当得利，是指没有合法根据取得利益而使他人受损失的事实。

不当得利因没有法律上的根据，故虽属既成事实也不能受法律的保护。《民法总则》第一百二十二条规定："因他人没有法律根据，取得不当利益，受损失的人有权请求其返还不当利益。"基于此项法律规定，在得利人与受损人之间便产生了以利益返还为内容的债权债务关系，即不当得利之债。其中，得利人为债务人，负有返还不当得利的义务；受损人为债权人，享有请求得利人返还不当得利的权利。以获得利益为标准，不当得利可以分为以下类型。

(1) 因给付产生的不当得利。此处的给付，是指有意识、基于一定目的而增加他人的财产。给付的目的有两种，一种是为清偿债务；另一种是为成立债的关系。欠缺给付目的而增加他人的财产，该他人即构成不当得利。欠缺给付目的有以下两种类型。

其一，自始欠缺给付目的。这包括两种情形，一是非债清偿，即指不负有债务而以清偿之目的而为的给付；二是作为给付原因的行为未成立、无效或被撤销，如因买卖而交付物品，但买卖合同未成立。

其二，给付目的的嗣后不存在。如附解除条件或终期的民事法律行为，条件成就或期限届满。

通常，给付因欠缺给付目的成立不当得利，得利人应负返还义务。但下列情况，虽符合不当得利的要件，但法律排除其适用不当得利的规定。

①履行道德义务而为的给付。此种给付不得以不当得利请求返还，如养子女对生父母并无赡养义务而赡养。

②债务清偿期届至前的给付。债务人对未届清偿期的债务为期前给付的，债务人不得请求返还。债务因给付而消灭，期限利益视为自愿放弃。

③明知无债务的给付。债务人明知无债务存在，而为清偿债务为给付的，视为赠与，不得请求返还。

④不法原因的给付。因不法原因而为的给付，给付人不得以对方不当得利为由请求返还，如赌债的给付、贿赂物的给付。

（2）因给付以外的事实而发生的不当得利。因给付以外的事实而发生的不当得利有以下几种。

其一，基于行为而发生的不当得利。包括以下几种：基于受益人的行为而发生的不当得利，如出租他人之物、擅自利用他人的专利；基于受损人的行为而发生的不当得利，如将他人的牲畜误以为自己的牲畜而喂养、收款员因失误而多找给顾客价款；基于第三人的行为而发生的不当得利，如甲以乙之木料为丙做家具。

其二，基于法律规定而发生的不当得利。在添附情况下，法律规定，因添附丧失权利者（受损人）对新物所有人（受益人）有不当得利返还请求权。

其三，基于自然事件而发生的不当得利。即受益人因自然事件而取得应归属于受损人的利益的不当得利。如甲鱼塘中的鱼跃入相邻的乙鱼塘中，乙因此所获利的利益即为不当得利。

2. 不当得利的构成要件

（1）一方取得财产上的利益。取得财产上的利益，是指因一定事实而增加财产总额。不当得利的成立须以一方取得财产利益为首要条件，若仅致他人损害，而自己并未获得利益，即所谓“损人不利己”，那么，即使负赔偿责任，也不构成不当得利。此处的利益，既包括财产的积极增加，也包括财产的消极增加。财产的积极增加，是指权利的增强或义务的消灭，使财产范围扩大。如取得所有权、知识产权、所有权上负担的除去等。财产的消极增加，是指财产本应减少却因一定事实而未减少所产生的利益。如本应支出的费用而没有支出，实际上等于增加了财产。

（2）他方受有损失。他方受有损失，是指因一定的事实，使他人的财产总额减少。若仅有一方获利而无他方受损，则不能构成不当得利。如：某农民使用从某化肥厂流出的水浇农田，使其庄稼获得大丰收，该农民获得的利益，不是不当得利。所谓损失，既包括财产的积极减少，也包括财产的消极减少。财产的积极减少，是指现存财产的减少；财产的消极减少，是指财产本应增加而未能增加。

（3）取得利益与受损失之间有因果关系。不当得利的成立，以利益和损失之间存在因果关系为要件，即一方受损是他方获利所致。至于损失与利益的范围大小是否一致、形态是否相同，在所不问。在返还利益时，利益小于损失的，以利益为准；利益大于损失的，以损失为准。超出损失部分的利益，在扣除有关费用后，收缴国库。

（4）取得利益没有法律上的根据。没有法律上的根据，是指获得利益没有法律上的根据。可见没有法律上的根据，是对于取得的利益而言的，并不要求取得权利或财产也无合法根据。如加工工人取得加工物的所有权是有合法根据的，但他取得的该项利益却无法律上的根据，因此应按不当得利制度返还该项利益。如果取得利益有法律上的根据，即使相对人受有损失，也不构成不当得利。如赠与，没有法律上的根据，既包括利益取得时没有根据，也包括利益取得时有根据，之后该根据消灭。如买卖被撤销，一方从对方获得的财产应当返还给对方。

3. 不当得利之债的处理

不当得利一经成立，在受益人与受损人之间便产生了债权债务关系，即不当得利之债。其中，受益人为债务人，受损人为债权人。根据《民法总则》第一百二十二条规定，不当得利之债的处理，也就是确定受益人返还不当得利的义务与受损人请求返还不当得利的权利。

不当得利返还的范围，因债务人主观为善意或恶意而不同。

（1）债务人为善意时，即在取得利益时不知道没有合法根据，仅于现存利益的范围内负返还义务；如利益已不存在，则不负返还义务。但其利益不存在如果是因为将该利益无偿让与第三人时，第三人应负返还该利益的义务。

（2）债务人为恶意时，即在取得利益时明知没有合法根据，不论所受利益是否存在，应将所受利益或其折价连同孳息一并返还。

（3）债务人在取得利益时为善意，嗣后为恶意，其返还范围应以恶意开始之时存在的利益为准。

（四）无因管理

1. 无因管理的概念

无因管理，是指没有法定或约定的义务，为避免他人利益受损失而对他人事务进行管理或服务的行为。进行管理或者服务的当事人称为管理人，接受事务管理或者服务的一方称为本人。因本人一般从管理人的管理或者服务中受益，所以又称为受益人。法律确立无因管理制度的直接目的，是赋予无因管理行为以合法性。

无因管理能引起债的发生，因此是一种法律事实。虽然无因管理行为与管理人的意志有关，但管理人并不是以发生一定的民事法律后果为目的。因此，无因管理属于法律事实中的事实行为。《民法总则》第一百二十一条规定：“没有法定的或者约定的义务，为避免他人利益受损失而进行管理的人，有权请求受益人偿还由此支出的必要费用。”

2. 无因管理的构成要件

法律设立无因管理制度的目的，在于解决尊重他人、不干预他人事务与社会成员间应互助合作、危难相助两种价值理念的冲突。法律一方面鼓励社会成员间互助合作，危难相助，另一方面又要限制对他人事务的过分干预。无因管理系对他人事务的干预，有其存在的必要，但也有法律对其加以规范的必要，否则，就会导致滥加干涉他人事务的后果。为此，无因管理应符合下列构成要件。

（1）管理他人事务。事务，是指能够满足人们生活需要并能成为债的客体的一切事项。在无因管理中，该事务应是他人的事务。如系自己的事务，不成立无因管理。管理，是指对事务的照管、料理等行为。可以是事实行为，如抢救落水儿童；也可以是法律行为，如雇佣他人为邻人修缮房屋。管理的目的是否达到，不影响无因管理的成立。

（2）管理人有为他人管理的意思。管理人主观上有为他人利益管理的意思，也就是为他人谋利益的意思。这是无因管理成立的主观要件，也是无因管理阻却违法性的根本原因。管理人是否为他人谋利益而为管理的，应由管理人负举证责任。虽然无因管理的管理人须为他人的利益而为管理，但并不要求管理人须有为他人利益的明确表示。管理人主观上既有为他人的目的又有为自己的动机，客观上自己也同时受益的，仍可成立无因管理。但是，如果管理人纯粹为自己的利益而管理他人的事务，则不能构成无因管理。

（3）管理人无法定或约定的义务。无因管理中的“无因”，即是指没有法定义务或约定义务。

管理人因合同义务或法定义务而管理他人事务，不构成无因管理。如履行委托、保管等合同义务，履行监护义务等，虽系对他人事务的管理，但均不构成无因管理。

3. 无因管理之债的处理

无因管理成立，即在管理人和本人之间发生债权债务关系。

（1）管理人的义务。

① 管理义务。管理人应依本人的明示或可推知的意思，以有利于本人的方法为事务的管理，且须尽善良管理人应尽的注意义务。

② 通知义务。管理人在开始管理事务时，应尽其可能及时通知本人，由本人决定是否继续管理。

③ 结算义务。在管理终止时，管理人应向本人报告管理情况，并将因管理事务所收取的金钱、物品交还本人；以自己的名义为本人取得的权利应移转给本人；管理人为自己利益而使用本人金钱的，应支付利息。

（2）本人的义务。

① 支付管理人为管理事务支出的必要费用。

② 偿还管理人因管理事务而负担的债务。

③ 赔偿管理人因管理事务所受到的损害。

债权让与合同，是由债权人与受让人订立的以债权让与为内容的合同。

四、债的保全

（一）债的保全的概念

债的保全，是指债权人为防止债务人财产的不当减少危及其债权的实现而采取的保全债务人责任财产的法律制度。

债的保全的基本方法是债权人的代位权和债权人的撤销权，这两种措施都旨在通过防止债务人的财产不当减少或恢复债务人的财产，从而保障债权人的权利实现。

（二）债权人的代位权

（1）债权人代位权的概念及成立要件。

债权人的代位权，是指因债务人怠于行使其到期债权，对债权人造成损害的，债权人可以向人民法院请求以自己的名义代位行使债务人债权的权利。我国《合同法》第七十三条第 1 款规定："因债务人怠于行使其到期债权，对债权人造成损害的，债权人可以向人民法院请求以自己的名义代位行使债务人的债权，但该债权专属于债务人自身的除外。"代位权是一种法定权利，无论当事人是否约定，债权人都可以享有。

根据《合同法解释（一）》第十一条的规定，债权人代位权的成立须具备以下要件。

① 须债权人对债务人的债权合法有效且已届清偿期。债权人与债务人之间必须有合法的债权、债务关系存在，这是行使代位权的基础。如果债权债务关系并不成立，或者具有无效或可撤销的因素而应当被宣告无效或者可能被撤销，或者债权债务关系已经被解除，或者债权人和债务人之间的债权是一种自然债权，则债权人都不能行使代位权。由于履行期届至前的债权，是否有不能实现的危险尚难预料，故债权人只能在债权已届履行期后才可行使代位权。

② 须债务人怠于行使其到期债权。根据《合同法解释（一）》第十三条的规定，所谓债务人怠于行使其到期债权，是指债务人不履行其对债权人的到期债务，又不以诉讼方式或者仲裁方

式向其债务人主张其享有的具有金钱给付内容的到期债务权，致使债权人的到期债务权未能实现。

③ 债务人怠于行使其到期债权的已对债权人造成损害。对于已对债权人造成损害，应从以下三个方面判断。其一，债权人对债务人的债权已经到期；其二，债务人对债权人已经构成迟延履行；其三，债务人因怠于向自己的债务人行使到期债权，造成自己无力清偿对债权人的债务，即在怠于行使自己的到期债权与不能清偿自己的债务之间具有一定的因果关系。

④ 须债务人的债权不是专属于债务人自身的债权。债权人代位行使的权利是债务人的债权，依照《合同法》第七十三条的规定，债权人可以代位行使的权利必须是非专属于债务人自身的债权，也就是说，专属于债务人自身的债权不得代位行使。《合同法解释（一）》第十二条明确规定，专属于债务人自身的债权，是指基于扶养关系、抚养关系、赡养关系、继承关系产生的给付请求权和劳动报酬、退休金、养老金、抚恤金、安置费、人寿保险、人身伤害赔偿请求权等权利。

（2）债权人代位权的行使及效力。

① 债权人代位权的行使。债权人行使代位权必须通过诉讼方式进行，债权人应以自己的名义向人民法院提起代位权诉讼。《合同法解释（一）》第十六条规定："债权人以次债务人为被告向人民法院提起代位权诉讼，未将债务人列为第三人的，人民法院可以追加债务人为第三人。"据此，在代位权诉讼中，债权人为原告，次债务人（即债务人的债务人）为被告，债务人应当为第三人。

《合同法》第七十三条第 2 款规定："代位权行使的范围以债权人的债权为限。"

② 债权人代位权行使的效力。关于债权人行使代位权的效力，《合同法解释（一）》第二十条做出了明确规定，债权人向次债务人提起的代位权诉讼经人民法院审理后认定代位权成立的，由次债务人向债权人履行清偿义务，债权人与债务人、债务人与次债务人之间相应的债权债务关系即予消灭。

（三）债权人的撤销权

1. 债权人撤销权的概念及成立要件

债权人的撤销权，是指债权人对于债务人所为的危及其债权实现的财产处分行为，请求法院予以撤销的权利。

《合同法》第七十四条第 1 款规定："因债务人放弃其到期债权或者无偿转让财产，对债权人造成损害的，债权人可以请求人民法院撤销债务人的行为。债务人以明显不合理的低价转让财产，对债权人造成损害，并且受让人知道该情形的，债权人也可以请求人民法院撤销债务人的行为。"

债权人撤销权的成立条件，因债务人所为的行为系无偿行为抑或有偿行为而有所不同。在无偿行为场合，只需具备客观要件；而在有偿行为的场合，则必须同时具备客观要件和主观要件。

（1）客观要件。其一，须债务人实施了减少其财产的行为。根据《合同法》第七十四条、《合同法解释（二）》第十八、十九条的规定，债务人减少其财产的行为包括：债务人放弃其债务权；债务人放弃其未到期的债权或者放弃债权担保，或者恶意延长到期债权的履行期；无偿转让财产；以明显不合理的低价转让财产；债务人以明显不合理的高价收购他人财产。对于"明显不合理的低价"和"明显不合理的高价"的判断，《合同法解释（二）》第十九条规定，人民法院应当以交易当地一般经营者的判断，并参考交易当时交易地的物价部门指导价或者市场交易价，结合其他相关因素综合考虑予以确认。转让价格达不到交易时交易地的指导价或者市场交易价 70% 的，一般可以视为明显不合理的低价；对转让价格高于当地指导价或者市场交易价 30% 的，一般可以视为明显不合理的高价。其二，须债务人减少其财产的行为于债权成立后所为。因为在债权成立前，债务人的行为并不发生危害债权的可能性。其三，须债务人减少其财产的行为有害债权。债务人减少其财产行为的后果，导致债务人的清偿资力减少，不能使债权人的债权得到实现。

（2）主观要件。债权人撤销权成立的主观要件，是指债务人与受益人主观上有恶意。这里的受益人是指与债务人发生交易行为的相对人，包括受让人和转让人。

对于撤销权的主观要件，依债务人所为的行为是无偿行为还是有偿行为而有所不同。对于无偿行为，不以债务人与受让人主观上有恶意为要件。对于有偿行为，则以债务人与第三人主观上有恶意为要件。

债务人的恶意，一般实行推定原则，即只要债务实施了减少其财产的行为并有害于债权人债权的实现，就推定其有恶意。受益人的恶意，就受让人而言，是指其与债务人实施交易行为时，明知债务人以明显不合理的低价转让财产，会对债权人造成损害而仍为之；就转让人而言，是指其与债务人实施交易行为时，明知债务人以明显不合理的高价收购，会对债权人造成损害而仍为之。

2. 债权人撤销权的行使及效力

（1）债权人撤销权的行使。债权人行使撤销权必须通过诉讼方式进行，债权人应以自己的名义向人民法院提起撤销权诉讼。《合同法解释（一）》第二十四条规定："债权人依照《合同法》第七十四条的规定提起撤销权诉讼时只以债务人为被告，未将受益人或者受让人列为第三人的，人民法院可以追加该受益人或者受让人为第三人。"据此，在撤销权诉讼中，债权人为原告，债务人为被告，受让人或受益人应当为第三人。

《合同法》第七十四条第2款规定，撤销权行使的范围以债权人的债权为限。但撤销权的行使是有期限限制的。《合同法》第七十五条规定，撤销权应自债权人知道或者应当知道撤销事由之日起1年内行使，超过此期间的，撤销权消灭；自债务人的财产处分行为发生之日起5年内没有行使撤销权的，撤销权也归于消灭。

（2）债权人撤销权行使的效力。债权人行使撤销权的效力主要表现在以下方面。

其一，债务人的行为一旦被撤销即自始无效。

其二，债务人的行为被撤销后，受益人因该行为取得的财产或利益，应返还给债务人。不能返还的，应折价赔偿。受益人已向债务人支付对价的，可依不当得利请求债务人返还。

其三，行使撤销权的债权人，有权请求受益人返还财产或利益，但就收取的财产或利益并不享有优先受偿权，而应将其财产纳入债务人的一般财产中去，作为全体债权人的一般担保。

五、债的担保

（一）债的担保的概念与特征

1. 债的担保的概念

债的担保，是指为确保特定债权人债权的实现，以第三人的信用或者以特定的财产保障债务人履行义务的法律制度。

2. 债的担保的法律特征

（1）债的担保具有从属性。从属性，指债的担保依附于债权债务关系而发生和存在。担保或为既存的债权债务关系而设，或为与担保同时成立的债权债务关系而设。担保之债与被担保之债形成主从关系，担保之债是从债，被担保之债是主债。担保之债的效力受主债效力的制约。

（2）债的担保具有自愿性。债的担保，除法律直接规定的法定担保之外，通常情况下，是由当事人通过合同的方式自愿设立的。担保的设立与否、担保的形式、担保的范围、担保的期限等，法律通常不加干涉，悉由当事人依意思自治而定。

（3）债的担保具有明确的目的性。债的担保系为保障债权人的利益而设。无论何种担保，当事人设立的目的皆是明确的，即确保债权人的利益能够得到充分的实现。

（4）债的担保具有补充性。担保之债的履行，以债务人不履行或不完全履行主债为前提。在担保之债中，不论是债务人设定财产作担保，还是由第三人为债务人向债权人作担保，只有在债务人不履行或不完全履行债务的情况下，才由设定的财产或由第三人来承担补充责任。如果主债业已履行，担保之债即归于消灭。

3. 债的担保的作用

债的担保是对债的效力的补充和加强，可以有效促使当事人积极履行债务，从而保障债权人的利益得以充分实现。依担保原理，在主债之外又设立债的担保，当债务不履行或不能履行时，债权人即可从担保财产中获得清偿。这样，就使得债权得到了双重保障。实践中，债的担保主要适用于合同之债，它对确保合同的履行，维护社会经济秩序，发展市场经济具有重要的意义。

（二）我国《担保法》规定的债的担保方式

债的担保，分为信用担保和财产担保两类。其中，信用担保，是指以第三人的信用确保债权的实现。其实质是把履行债务的主体及其财产范围，由债务人扩及第三人，从而增加了债权人受偿的机会。信用担保，也称人保，其具体方式只有一种，即保证。财产担保，是指以债务人或第三人的特定财产确保债权的实现。该特定财产一旦成为担保财产，其所有人对其权利的行使即受到一定的限制。其实质是让用作担保的财产退出交易领域，使债权的实现免遭不测的风险。财产担保的具体方式有抵押、质押、留置、定金。

《中华人民共和国担保法》（以下简称《担保法》）中规定了五种债的担保方式：保证、抵押、质押、留置、定金。有关抵押权、质押权和留置权这三种担保方式，本书已在物权部分阐述；在债权部分，仅阐述保证和定金两种担保方式。

1. 保证

（1）保证的概念。保证，是指第三人与债权人约定，当债务人不履行债务时，由第三人按约履行债务或承担连带责任的担保方式。该第三人即为保证人，俗称“保人”。保证人原则上应以其全部财产作为履行债务的担保。保证是债权人与保证人之间的一种合同关系，保证为担保主债而成立，故其是一种从债。

（2）保证的设定。

① 须主债务有效存在。保证作为一种从债，须以主债务的有效存在为其存在的条件。当主债务无效、被撤销或解除时，除当事人另有约定外，保证不发生效力。但债务人因主债务无效、被撤销或解除所负担的返还财产或赔偿损失的债务，仍属有效存在的主债务，保证人对该债务仍须负保证责任。

② 保证人须具有法定资格。依我国《担保法》的规定，保证人须是有代偿能力的自然人、法人或其他经济组织。企业法人的分支机构在获得法人的书面授权时，可以作保证人。国家机关以及以公益事业为目的的事业单位、社会团体不得作保证人。可见，法律对保证人的行为能力有特殊要求。

③ 保证合同的订立须采取书面形式。可以由保证人与债权人单独订立，也可以由保证人在债权人与债务人的主合同中写明其保证责任。保证合同的主要条款，依我国《担保法》的规定，应包括保证的标的、保证的期限、保证的方式、担保的范围及主债务的履行期限等。

（3）保证的范围。保证债务的范围应依约定而确定，但其最大范围一般不得超出主债务的范围。当事人对保证范围没有约定或约定不明确的应推定保证范围及于全部主债务。在保证期限内，保证债务随主债务的减少而减少，当主债务增加时，非经保证人同意，保证的范围不得随之扩大。当同一债务之上保证与物权担保同时存在时，物权担保顺序在先。保证人仅就物权担保以外的主债务承担保证责任。

(4) 保证的期限。保证作为附延缓条件的法律行为，应自主债务清偿期届满之日起生效。保证的期限可由当事人在保证合同中约定，如保证合同未约定该期限或约定不明的，保证期间为主债务履行期届满之日起 6 个月。

(5) 保证的方式。保证的方式有两种，即一般保证和连带保证。

① 一般保证，是指当事人在保证合同中约定，只有在债务人不能履行债务时，保证人才代为履行的保证方式。对于一般保证，保证人享有先诉抗辩权。先诉抗辩权，又称“检索抗辩权”，是法律基于保证的从属性和补充性而设立的专属于保证人的一种抗辩权。依先诉抗辩权，在主债务之纠纷未经审判或仲裁，并就主债务人的财产申请强制执行而未得到满足前，保证人得拒绝债权人的清偿请求。只有在法院对债务人的财产强制执行后仍不能使债权人的债权得到满足时，保证人才履行保证债务。

② 连带保证，是指债务人在债务履行期届至时未履行债务的，债权人既可以请求债务人履行债务，也可以请求保证人履行保证债务的保证方式。在连带保证中，保证人与债务人负连带清偿责任，不享有先诉抗辩权。只要主债务履行期届至时，债务人未履行债务的，不问其原因如何，也不论债务人有无履约能力，债权人均可不请求执行债务人的财产，而直接向保证人请求履行保证债务。

关于保证的方式，当事人应在合同中明确约定。当事人在保证合同中没有约定保证方式或约定不明确的，依我国《担保法》的规定，保证人应承担连带保证责任。

(6) 保证的效力。

① 在债权人与保证人之间的效力。债权人在主债务已届履行期而未履行时，发生请求保证人履行债务的效力。保证债权请求力的范围不仅及于主债务，还及于主债务的负担，如违约金、赔偿金等。主债务人对债权人享有或负担的各种权利义务，原则上对保证人也发生绝对效力。同一债务之上有两个以上的保证人时，多数保证人相互之间应负连带保证责任，但保证人与债权人约定承担按份保证责任的，保证人仅就约定的份额负担保证责任。

② 在保证人与债务人之间的效力。保证人代主债务人履行债务后，即取得债权人对主债务人的债权。保证人得以自己的名义，就其代替履行的债务，向主债务人追偿。

(7) 保证的消灭。保证因下列原因而消灭。

① 主债务消灭。保证系从债，主债务消灭，保证亦随之消灭。

② 主债务承担。保证是以信用作担保，故主债务人更换时，非经保证人同意，保证归于消灭。

③ 保证期间届满。债权人于主债务履行期届满而在约定或法定的保证有效期内不行使保证请求权的，或允许债务人延期履行的，保证于期限届满时终止。

④ 保证合同解除。依法律规定或债权人同意，解除保证合同，保证归于消灭。

2. 定金

(1) 定金的概念。定金，是指合同当事人为确保合同的履行，根据合同标的额的一定比例，由一方当事人预先支付给另一方的一定款项。

(2) 定金的种类。因对定金的约束力的性质认识不同，各国民法规定的定金类型亦不相同，主要有以下几类。

① 成约定金，是作为合同成立要件的定金，即合同因定金的交付始告成立。（如《德国民法典》第336条）

② 证约定金，是以定金作为订立合同的证据。（如《苏俄民法典》第209条）

③ 违约定金，是指给付定金的一方如不履行债务时，接受定金的一方得没收定金，定金有预付违约金的性质。

④ 解约定金，是以定金作为保留解约权的代价。即给付定金者得以抛弃定金而解除合同；接受定金者，得以加倍返还定金而解除合同。（如《法国民法典》第1590条、《日本民法典》第557条）

⑤ 立约定金，是为了保证正式订立合同而交付的定金。

（3）定金的成立。《担保法》第九十条规定："定金应当以书面形式约定。当事人在定金合同中应当约定交付定金的期限。定金合同从实际交付定金之日起生效。"

定金应当由双方当事人约定，双方约定的定金协议称为定金合同，定金合同除应具备合同生效的一般条件外，还须具备以下条件。

其一，须定金担保的主合同有效。定金合同为从合同，定金所担保的合同为主合同。从合同的效力取决于主合同。在主合同无效或被撤销时，定金合同也不能发生效力。

其二，须一方向另一方实际交付定金。定金合同为实践合同，定金自交付时起成立。即使当事人双方有关于定金的约定，但若未实际交付，则定金相保仍不能成立。

其三，须采用书面形式。

其四，须定金数额在法定数额以内。定金的数额应由当事人自己约定。但不得超过法律规定的最高限额。依《担保法》第九十一条的规定，定金数额由当事人约定，但不得超过主合同标的额的20%。可见，定金的数额不得超过主合同标的额的20%，超过的部分应认定为无效。

（4）定金的效力。

① 给付定金后，如无相反证据，主合同视为成立。定金具有证明主合同成立的效力。

② 主债履行后，定金作为从债即告消灭。给付定金的当事人一方，可请求接受定金的当事人一方返还其定金或以定金充抵应付之价金。

③ 给付定金的一方不履行债务的，无权要求返还定金；接受定金的一方不履行债务的，应当双倍返还定金。此即定金的解约效力和利益填补效力，即一方得以定金的抛弃而解约，他方未获履约利益而以取得定金作为补偿。

六、债的移转

（一）债的移转的概念

债的移转，是指在债的内容与客体不变的情况下，债的主体发生变更。

债的移转属于债的变更，并且是债的主体发生变更，即由新的主体代替旧的主体，或是债权人发生变更，或是债务人发生变更，或是债权人、债务人都发生变更。但无论是哪一方变更，都不改变当事人之间的权利义务关系，即债权与债务都不改变。

（二）债的转移的类型

债的移转包括三种类型，即债权让与、债务承担和债的概括移转。

1. 债权让与

（1）债权让与的概念。债权让与，是指在不改变债的内容的前提下，债权人通过让与合同将其债权转移于第三人享有的现象。其中，债权人称为让与人，第三人称为受让人。

(2) 债权让与合同的有效条件。债权让与通过债权人与受让人之间订立让与合同来实现。债权让与合同除应具备一般合同的生效要件外，还须具备以下条件才能有效。

① 须存在有效的债权。这是债权让与的根本前提。有效的债权是指该债权真实存在且并未消灭。

② 须让与人与受让人就债权转让达成合意，即让与人与受让人就债权的转让意思表示一致。

③ 所转让的债权须具有可让与性。债权让与得以成为现实，债权具有可让与性是必要条件。基于合同自愿原则，绝大多数的债权都可以转让。但同时，基于社会政策和保护社会公共秩序的需要，债权的让与范围也应受一定的限制。《合同法》第七十九条明确规定了以下三类债权不得转让：A. 根据合同性质不得转让。B. 按照当事人约定不得转让。C. 依照法律规定不得转让。

④ 须依法办理有关手续。如果法律、行政法规规定，转让债权应当办理批准、登记等手续的，则应依法办理这些手续。

(3) 债权让与的效力。债权让与的效力分为对内效力和对外效力两个方面。

① 债权让与的对内效力。对内效力是指债权让与合同生效后，在让与人与受让人之间发生的法律效力。这些法律效力表现在以下几方面。

第一，法律地位的取代。债权让与合同生效后，如果债权全部让与的，则该债权即由原债权人（让与人）移转于受让人，让与人脱离债的关系，受让人取代让与人的法律地位而成为新的债权人。但是，如果债权是部分让与的，则债权让与合同生效后，让与人并不退出债的关系，而是与受让人共同享有债权。所以，法律地位的取代是针对债权全部让与而言的。

第二，从属于主债权的从权利随之移转。如保证债权、定金债权、利息债权等。《合同法》第八十一条规定，债权人转让权利的，受让人取得与债权有关的从权利，但该从权利专属于债权人自身的除外。

第三，让与人应将有关债权的证明文件全部交付于受让人，并告之受让人行使债权所必需的一切情况。

② 债权让与的对外效力。对外效力是指债权让与对债务人的效力，即债权转移给受让人的结果与债务人的关系。这些法律效力表现在以下方面。

第一，债权人的更换。债务人应向受让人履行债务，不得再向让与人（原债权人）履行债务。如果债务人仍然向让与人履行债务，则不构成债的履行，尚须再向受让人履行。而让与人接受此履行，构成不当得利。

第二，抗辩权的援引。债务人对让与人（原债权人）所享有的抗辩权，在债权转让后，仍然可以对抗受让人。《合同法》第八十二条规定：“债务人接到债权转让通知后，债务人对让与人的抗辩，可以向受让人主张。”如同时履行抗辩、时效完成的抗辩、债权无效的抗辩等。

第三，可以主张抵销权。根据《合同法》第八十三条的规定，债务人接到债权转让通知时，债务人对让与人享有债权，并且债务人的债权先于转让的债权到期或者同时到期的，债务人可以向受让人主张抵销。

2. 债务承担

(1) 债务承担的概念及类型。债务承担，是指在不改变债的内容的前提下，债权人或者债务人通过与第三人订立债务承担合同，将债务全部或者部分地转移给第三人承担的现象。该第三人叫作承担人。

债务承担包括免责债务承担和并存债务承担两种类型。免责债务承担，是指由第三人即承担人代替债务人承担其全部债务，原债务人脱离债的关系，承担人成为新债务人。并存债务承担，是指第三人加入债的关系与债务人共同承担债务，原债务人并不脱离债的关系，而仍为债务人。

（2）债务承担的条件。如同债权让与，若要产生债务承担的后果，亦须具备一定条件。具体条件如下。

① 须存在有效的债务。

② 须当事人之间签订债务承担合同。该类合同的签订有两种情况，一是由债权人与承担人签订债务承担合同，二是由债务人与承担人签订债务承担合同。

③ 须经债权人同意。一般来讲，债权转让不会损害债务人的利益，所以无须征得债务人的同意。但债务转移有可能会损害债权人的利益，因此，《合同法》第八十四条规定："债务人将合同的义务全部或者部分转移给第三人的，应当经债权人同意。"

④ 所转让的债务须具有可让与性。并非所有的债务都可转移给第三人承担，依法律规定或当事人约定或依债的性质不得移转的债务，不得移转于第三人。

⑤ 须依法办理有关手续。如果法律、行政法规规定，转让债务应当办理批准、登记等手续的，则应依法办理这些手续。

（3）债务承担的效力。债务承担合同生效后，将发生如下法律效力。

① 法律地位的取代。如果是免责债务承担，则在债务承担合同生效后，承担人取代原债务人的地位而成为新债务人。原债务人脱离债的关系，不再负担债务，而由承担人直接向债权人履行债务。如果是并存债务承担，则在债务承担合同生效后，第三人加入债的关系，与原债务人共同承担债务。所以，法律地位的取代是针对免责债务承担而言的。

② 抗辩权随之转移。《合同法》第八十五条规定，债务人转移义务的，新债务人可以主张原债务人对债权人的抗辩。

③ 从债务随之转移。《合同法》第八十六条规定，债务人转移义务的，新债务人应当承担与主债务有关的从债务，但该从债务专属于原债务人自身的除外。

3. 债的概括移转

（1）债的概括移转的概念。债的概括移转，是指债的一方当事人将其债权债务一并转移给第三人，由第三人概括地继受这些权利义务的法律现象。其中，转让其债权债务的一方称为转让人；第三人称为承受人。

债的概括移转与前面述及的债权转让和债务承担的不同之处在于，其不是单一地仅转让债权或债务，而是将债权和债务一并转让。

（2）债的概括移转的类型。债的概括移转通常有两种类型。

① 合同承受。所谓合同承受，是指合同的一方当事人将原合同中的权利义务全部转移给第三人，第三人承受其在合同中的地位，享受权利并负担义务。

合同承受一般是基于当事人与第三人之间的合同而发生。由于合同承受不仅包括合同债权的移转，而且还包括债务的移转，所以《合同法》第八十八条规定，当事人一方将自己在合同中的权利和义务一并转让给第三人时，必须经对方同意。但是，合同承受有时也基于法律的直接规定而发生，该承受属于法定转移，因而不需要取得相对方的同意。如《合同法》第二百二十九条规定："租赁物在租赁期间发生所有权变动的，不影响租赁合同的效力。"据此，买受人除取得物的所有权外，还承受了该租赁物上原已存在的租赁合同关系的出租人的权利和义务。

② 企业的合并与分立。根据主体的继承性原则，企业合并或者分立之前的债权和债务应由合并或者分立后的企业承担。对此，《民法总则》第六十七条规定："法人合并的，其权利和义务由

合并后的法人享有和承担。法人分立的，其权利和义务由分立后的法人享有连带债权，承担连带债务，但是债权人和债务人另有约定的除外。”《合同法》第九十条规定：“当事人订立合同后合并的，由合并后的法人或者其他组织行使合同权利，履行合同义务。当事人订立合同后分立的，除债权人和债务人另有约定的以外，由分立的法人或者其他组织对合同的权利和义务享有连带债权，承担连带债务。”

（3）债的概括移转的效力。根据《合同法》第八十九条规定，债权债务的概括移转，其效力涉及债权让与的部分适用有关债权让与效力的规定，涉及债务转移的部分适用有关债务转移效力的规定。

七、债的消灭

（一）债的消灭的概念

债的消灭，又称债的终止，是指债的关系在客观上不复存在，债权债务归于消灭。

《合同法》第九十二条规定，合同的权利义务终止后，当事人应当遵循诚实信用原则，根据交易习惯履行通知、协助、保密等义务。这些义务在学理上称为后合同义务。当事人一方违反后合同义务，给对方当事人造成损失的，对方当事人可以请求赔偿实际损失（《合同法解释（二）》第二十二条）。

（二）债的消灭的原因

债的消灭的原因是指能够引起债消灭的法律事实。根据《合同法》的规定，债的消灭的原因主要有清偿、抵销、提存、免除和混同，以下分别述之。

1. 清偿

清偿，是指债务人依照合同约定或者法律规定向债权人履行义务。

债务一经清偿，债权即因其达到目的而消灭。因此，清偿为债消灭的原因。清偿是债消灭的最主要和最常见的原因。

清偿涉及清偿抵充问题。所谓清偿抵充，是指债务人对同一债权人负担数宗同种类债务，而债务人的履行不足以清偿全部债务时，决定该履行抵充某宗或者某几宗债务的现象。

《合同法解释（二）》第二十条规定，债权人与债务人对清偿的债务或者清偿抵充顺序有约定的，从约定。没有约定的，债务人的给付不足以清偿其对同一债权人所负的数笔相同种类的全部债务，应当优先抵充已到期的债务；几项债务均到期的，优先抵充对债权人缺乏担保或者担保数额最少的债务；担保数额相同的，优先抵充债务负担较重的债务；负担相同的，按照债务到期的先后顺序抵充；到期时间相同的，按比例抵充。

上述规定仅为原本债务的抵充，如果债务人除主债务之外还应当支付利息和费用，当其给付不足以清偿全部债务时，并且当事人没有约定的，人民法院应当按照下列顺序抵充：①实现债权的有关费用；②利息；③主债务。

2. 抵销

（1）抵销的概念及类型。抵销，是指当事人双方互负债务时，各以其债权充当债务之清偿，从而使互负的债务在对等数额内相互消灭的法律制度。

以抵销发生的根据为标准，抵销可分为法定抵销与合意抵销。法定抵销，是指在具备法律所规定的条件时，依当事人一方的意思表示所为的抵销。合意抵销，是指按照当事人双方的合意所为的抵销。

合意抵销不受法律规定的条件限制，只需当事人就抵销达成合意即可发生抵销的法律效力。《合同法》第一百条规定：“当事人互负债务，标的物种类、品质不相同的，经双方协商一致，也可以抵销。”因此，此处仅介绍法定抵销。

（2）法定抵销的条件。根据《合同法》的规定，法定抵销必须具备以下条件。

其一，须双方当事人互负债务、互享债权。抵销以在对等额内使双方债权消灭为目的，故以双方互享债权、互负债务为必要前提。若当事人一方对另一方只有债务而无债权或只有债权而无债务，则不会发生抵销。

其二，须双方互负债务的标的物的种类、品质相同。债的目的在于满足当事人的需要，只有标的物的种类、品质相同时，当事人双方的经济目的才一致，通过抵销才可满足当事人双方的利益需要。因此，抵销的债务一般为金钱债务和种类之债。

其三，须双方债务均届清偿期。债权已届清偿期，债权人才有权请求债务人清偿。未届清偿期的债权，因该债权人尚不能请求清偿，故不能主张抵销。否则，无异于强迫债务人提前清偿债务，会损害债务人的期限利益。但有学者认为，双方互负的债务，一方已届清偿期，而另一方未届清偿期时，若未到期的债务人主张抵销的，可以抵销。已届清偿期的一方主张抵销，未到期的一方同意抵销的，则也可以抵销。于此情形下，债务人自愿放弃自己的期限利益，法律自无限制的必要。

其四，须双方的债务均为可抵销的债务。依照法律规定或者债务的性质不得抵销的债务，不得抵销。前者如因侵权行为而生的债务，后者如提供劳务的债务、不作为的债务等。双方约定不得抵销的债务，也不得抵销。例如《合同法解释（二）》第二十三条规定，对于可以抵销的到期债权，当事人约定不得抵销的，人民法院可以认定该约定有效。

（3）法定抵销的方法。《合同法》第九十九条第2款规定：“当事人主张抵销的，应当通知对方。通知自到达对方时生效。抵销不得附条件或者附期限。”

当事人对抵销有异议的，应及时提出，在约定的异议期限届满后才提出异议并向人民法院起诉的，人民法院不予支持；当事人没有约定异议期间，在债务抵销通知到达之日起3个月以后才向人民法院起诉的，人民法院不予支持。

（4）法定抵销的效力。抵销的效力表现在双方互负债务在对等数额范围内归于消灭。双方互负债务数额相等的，双方的债权债务关系即归于消灭；双方债务数额不等时，尚未抵销的部分，债权人仍有请求清偿的权利，债务人仍有清偿的义务。

3. 提存

（1）提存的概念。提存，是指因债权人的原因而无法向其交付合同标的物时，债务人可将该标的物交给有关部门保存以消灭其债务的制度。

提存涉及三方当事人，即提存人（债务人）、提存受领人（债权人）和提存部门。

债务的履行需要债权人受领。如果由于债权人的原因，导致债务人无法向债权人履行债务，就会使债务人继续承担着清偿责任，继续处于债务的约束之下。这对债务人是不公平的。为解决一问题，法律设立提存制度。通过提存，债务人可将其无法给付债权人的标的物交给提存机关保存，以代替向债权人的给付，从而免除自己的清偿责任。债务提存后，债务人的债务即消灭，因而提存亦为债的消灭原因。

（2）提存的法定原因。依《合同法》第一百零一条的规定，有下列情形之一，难以履行债务的，债务人可以将标的物提存。

其一，债权人无正当理由拒绝受领；

其二，债权人下落不明；

其三，债权人死亡未确定继承人或者丧失民事行为能力未确定监护人；

其四，法律规定的其他情形。

(3) 提存的效力。提存涉及三方当事人，因此，提存的效力就表现为三方当事人之间的效力。

其一，债务人与债权人之间的效力。自提存之日起，债务人的债务归于消灭。标的物所有权转移归债权人，标的物毁损、灭失的风险由债权人负担。在提存期间提存物所产生的孳息归债权人所有。提存费用由债权人负担。

其二，提存人（债务人）与提存部门之间的效力。提存成立后，提存部门有妥善保管提存标的物的义务。在提存期间，提存人可以凭人民法院生效的判决、裁定或提存之债已经清偿的公证证明取回提存物。提存受领人（债权人）以书面形式向提存部门表示抛弃提存受领权的，提存人可取回提存物。提存人取回提存物的，视为未提存，因此产生的费用由提存人承担。

其三，提存受领人（债权人）与提存部门之间的效力。在提存期间，债权人可以随时领取提存物，但债权人对债务人负有到期债务的，提存部门根据债务人的要求，在债权人未履行债务或者提供担保之前应当拒绝其领取提存物。债权人应在法律规定的期限内领取提存物。依《合同法》第一百零四条的规定，领取提存物的权利，自提存之日起 5 年内不行使归于消灭，提存物扣除提存费用后归国家所有。

4. 免除

免除，是指债权人免除债务人的债务而使债务消灭的意思表示。

免除债务实质上是债权人抛弃债权，是债权人的单方行为。免除成立后，债权人的债权也就不再存在，债务人就不再负担被免除的债务，债即消灭。因此免除债务为债的消灭原因。

免除的效力是使债消灭。免除全部债务的，债即全部消灭；免除部分债务的，债即于免除的范围内消灭。主债务因免除而消灭的，从债务也随之免除。

5. 混同

混同，是指债权与债务同归于一人，而使债的关系消灭的事实。

发生混同的原因有两种。一是概括承受，即债的关系的一方当事人概括承受相对方的权利与义务。概括承受是发生混同的最主要原因。二是特定承受，系指债务人自债权人处受让债权，或者债权人承担债务人的债务时，因而发生的混同。

《合同法》第一百零六条规定："债权和债务同归于一人的，合同的权利义务终止，但涉及第三人利益的除外。"据此，混同的效力是导致债的关系绝对消灭，不仅主债消灭，而且从债也随之消灭。但在涉及第三人利益的情形下，虽发生混同，债却不消灭。

练习题

一、单项选择题

1. 债的客体是（　　）。

A. 特定的物　　B. 特定的行为

C. 价金　　D. 一种权利

2. 从民事法律关系的主体上看，债的主体（　　）。

A. 双方都是特定的

B. 双方都不是特定的

C. 债权人是特定的，债务人是不特定的

D. 债务人是特定的，而债权人不是特定的

3. 无因管理之债和不当得利之债是（　　）。

A. 合同之债　　B. 准合同之债

C. 法定之债　　D. 意定之债

4. 下列选项中，属于债的内容变更的是（　　）。

A. 债权让与　　B. 债务承担

C. 债权债务的概括承受　　D. 履行方式的变更

5. 债的标的物在被提存期间发生的毁损、灭失风险责任，依法应承担的责任人是（　　）。

A. 提存人　　B. 债权人

C. 提存机关　　D. 债务人

6. 下列担保方式中，不需要当事人约定，而依法可以直接适用的是（　　）。

A. 抵押　　B. 质押

C. 留置　　D. 保证

7. 下列担保方式中，属于信用担保的是（　　）。

A. 抵押　　B. 质押

C. 留置　　D. 保证

8. 下列选项中，能构成无因管理之债的是（　　）。

A. 义务劳动　　B. 将他人的牲畜当成自己的而进行饲养

C. 雪后清扫马路　　D. 将落水者救起并送往医院

二、简答题

1. 简述不当得利的构成要件。

2. 法定抵销应具备哪些条件？

3. 简述代位权的条件。

三、论述题

论述债权让与的效力。

参考答案

扫码阅读

第二章 合 同

学习目标

理解合同的概念、特征、主要分类及其意义。了解我国《合同法》的适用范围。掌握合同成立的要件、两个主要阶段及合同成立的时间、地点。了解合同的提示性条款，掌握我国《合同法》对格式条款和免责条款的规制。了解合同的形式。了解合同履行的原则，理解合同履行的规则，掌握双务合同履行中三种抗辩权的概念、成立要件、行使以及效力。了解合同变更的概念、内容与效力。掌握合同解除的概念、类型、条件、解除权的行使及合同解除的效力，尤其是法定解除合同的条件。理解各类合同的概念与特征，掌握各类合同当事人的主要义务。

一、合同概述

(一) 合同的概念与特征

1. 合同的概念

合同有广义和狭义之分。广义的合同，是指两个以上的民事主体之间设立、变更或终止民事权利义务关系的双方民事法律行为。包括物权合同、身份合同及债权合同。狭义上的合同仅指债权合同，即两个以上的民事主体之间设立、变更或终止债权债务关系的双方民事法律行为。我国《合同法》第二条规定："本法所称合同是平等主体的自然人、法人、其他组织之间设立、变更、终止民事权利义务关系的协议。"

2. 合同的特征

(1) 合同属于法律事实中的行为。法律事实依其与人的意志是否有关，分为自然事件和人的行为。人的行为是指人的有意识的活动。合同是具有行为能力的人在自己意识的支配下的活动，因而属于人的行为。

(2) 合同属于合法行为。行为依其是否符合法律规定，分为合法行为和非法行为。非法行为和合法行为均能引起民事法律关系的发生。但非法行为引起民事法律关系发生，是基于法律的直接规定，且其法律后果与行为人的意愿相反；而合法行为引起民事法律关系的发生，是出于行为人的意愿。合同是由行为人依照法律的规定进行的行为，其法律后果符合行为人的意愿，因而属丁合法行为。

(3) 合同是双方或多方的民事法律行为。合同是民事主体旨在设立、变更或终止民事权利义务关系的行为，以当事人的意思表示为基础，属于民事法律行为。民事法律行为依其意思表示的多少，分为单方行为、双方行为和多方行为。合同属于双方法律行为，即由两个方向相反的意思表示所构成的民事法律行为，双方当事人处于利害关系相对立的地位。通常双方当事人的意思表示达成一致，即合意，合同即告成立。

(二) 合同的分类

依据不同的标准，可将合同作如下分类。

1. 单务合同与双务合同

这是依据合同当事人双方是否互负义务而进行的划分。

单务合同，是当事人一方负担给付义务，而他方不负担给付义务的合同，如赠与合同、借用合同。双务合同，是当事人双方互负对待给付义务的合同，如买卖合同、租赁合同。

此分类的法律意义在于，双务合同有对待给付及同时履行抗辩等特殊规则，单务合同则无；双务合同一方履行不能时，他方可解除合同，单务合同不发生这种结果；双务合同因不可归责于双方当事人的原因而不能履行时，会发生风险负担问题。而单务合同中，因不可归责于双方当事人的原因而不能履行时，风险一律由债务人负担，不发生双务合同中的复杂问题。

2. 有名合同与无名合同

这是依法律是否设有规定并赋予特定名称为标准划分的。

有名合同，也称典型合同，是指法律设有规定并赋予一个特定名称的合同。如我国《合同法》中所规定的七种合同，皆为有名合同。无名合同，也称非典型合同，是指法律未作规定，也未赋予特定名称，任由当事人自由创立的合同。

此分类的法律意义在于，有名合同的订立，当事人可以参照法律有关规定，在合同发生争议时，法院或仲裁机关应按照法律的有关规定裁判。无名合同，法律未作具体规定，其成立、生效及纠纷解决，除适用有关民事法律行为和合同的一般规定外，可以参照与之类似的有名合同的法律规定。由于法律不可能对一切合同都作出规定，因此，无名合同只要内容不违反国家法律和政策，不违反社会公德和社会利益，即应承认其效力。

3. 主合同与从合同

这是依合同相互间的主从关系为标准划分的。

主合同，是指不依赖他合同的存在而独立存在的合同。从合同，是指以他合同的存在为存在前提的合同。从合同要依赖于主合同的存在而存在，从合同自身不能独立存在。抵押合同、质押合同、保证合同、定金合同等担保合同与其所担保的合同之间的关系，就是主从合同关系。其中，担保合同是从合同，被担保的合同为主合同。

此分类的法律意义在于，明确主从合同间的制约关系，从合同以主合同的存在为前提，主合同变更或消灭，从合同原则上也随之变更或消灭。

4. 诺成合同与实践合同

这是根据合同的成立是否以交付标的物为要件而划分的。

诺成合同，是指不依赖标的物的交付，只需当事人意思表示一致即可成立的合同，如买卖合同、承揽合同、委托合同等。实践合同，是指除经当事人意思表示一致外，还需交付合同标的物才能成立的合同，如保管合同等。

区分诺成合同与实践合同，对于确定两类合同的成立时间、标的物所有权和使用权转移时间以及风险转移时间有重要意义。

5. 要式合同与不要式合同

这是根据合同的成立是否需要采用特定的形式或程序来划分的。

要式合同，是指合同的成立要求采用特定形式的合同。其中，根据特定形式是属于法律直接规定还是当事人自由约定又分为法定要式合同与约定要式合同。不要式合同，是指不需要特定的形式或程序就可成立的合同，如《合同法》第十条所列举的一般书面形式、口头形式和其他形式即是。在我国，“特定形式和程序”，主要有特别指定的书面形式，公证、鉴证，批准和登记等。

区分要式合同与不要式合同的意义在于，两者成立或生效的条件不同。如果为要式合同，则只有在符合法律规定或当事人约定的特别形式或程序时，该要式合同才能成立或生效；如果是不要式合同，则只要符合合同的一般成立或生效要件，合同就能成立或生效。

（三）我国《合同法》的适用范围

《合同法》的适用范围是指《合同法》在哪些方面发生效力，包括对人的适用范围，对空间的适用范围和对时间的适用范围。可参见前文“民法的适用范围”。

我国《合同法》在合同类型方面的适用范围具体包括以下方面。

（1）《合同法》适用于平等主体之间订立的民事权利义务关系的协议。即《合同法》应适用于各类民事合同。具体包括：①《合同法》已确认的15类有名合同。②其他法律所确认的抵押合同、质押合同、专利权或商标权转让合同等。③虽未由民法所确认但仍然由平等的民事主体所订立的民事合同，也应受合同法调整。

（2）《合同法》所适用的合同包括各类民事主体基于平等自愿等原则所订立的合同。公民之间、法人之间、公民和法人之间订立的民事合同，都应当适用《合同法》的规定。

（3）《合同法》的适用范围既包括当事人设立民事权利义务的协议，也包括当事人变更、终止民事权利义务的协议。

下列关系不适用于我国合同法。①政府依法维护经济秩序的管理活动，属于行政管理关系，不是民事关系，适用有关政府管理的法律。②法人、其他组织内部管理关系，适用有关公司、企业的法律。③根据《合同法》第二条规定，婚姻、收养、监护等有关身份关系的协议，适用其他法律的规定。

二、合同的订立

（一）合同的成立要件

合同是双方或者多方的民事法律行为，因此，必须具备民事法律行为的成立要件。

《合同法》第二十五条规定：“承诺生效时合同成立。”这个规定，确定了合同的成立要件是要约和承诺，也就是当事人意思表示一致，形成“合意”。所以，“合意”是合同的成立要件。

（二）要约

1. 要约的概念

要约，是一方当事人以订立合同为目的而发出的，由相对人受领的意思表示。其中，发出要约的人称要约人，受领要约的人称相对人或受要约人。在商业活动和对外贸易中，要约又称为报价、发价或发盘。

2. 要约的构成要件

（1）要约必须是特定的人所为的意思表示。要约是要约人向相对人所做出的含有合同条件的意思表示，旨在经受要约人的承诺以成立合同。只有要约人是特定的人，受要约人才能对之承诺。要约人可以是自然人、法人，也可以是本人或代理人，但在客观上须是可以确定的人。

（2）要约必须是向特定人发出的意思表示。要约人为要约，是为了唤起相对人的承诺进而成立合同，故要约必须向相对人做出。要约的相对人须为特定之人。但在特殊情况下，即使要约不向特定人而向不特定的人做出，只要无碍要约所要达到的目的，要约也可以成立，如悬赏广告。

（3）要约必须是能够反映所要订立合同主要内容的意思表示。要约除须表明要约人订立合同的愿望以外，还须具备所要订立的合同的各项必要条款，如标的、质量、数量、价款或酬金、履行期限、履行地点和方法、违约责任和解决争议的方法等。要约是对未来合同的设计，要约一旦被承诺，合同即告成立。而必要条款是任何合同都不可或缺的，否则，合同不能成立。因此，要约的内容必须包括足以订立合同的必要条款。

3. 要约的法律效力

要约的法律效力，又称要约的拘束力。其内容包括要约的生效、对要约人的效力和对相对人的效力三个方面。

（1）要约生效的时间。要约于到达受要约人时生效。要约因其形式的不同，其生效的具体时间有所差别。对话形式的要约，自受要约人了解时发生效力；书面形式的要约，于到达受要约人时发生效力；采用数据电文形式进行要约，收件人指定特定系统接收数据电文的，该数据电文进入该特定系统的时间，视为到达时间，即要约生效时间；未指定特定系统的，该数据电文进入收件人的任何系统的首次时间，视为到达时间，即要约生效时间。

（2）对要约人的效力。理论上称其为“要约的形式拘束力”。是指要约生效后，在其存续期间不得变更或撤回的效力。其目的在于保护相对人的利益，维护交易的安全。

（3）对相对人的效力。理论上称其为“要约的实质拘束力”。是指要约经相对人承诺，合同即告成立的效力。要约生效后，相对人即获得承诺的权利。相对人一旦承诺，合同即成立，相对人与要约人共同成为合同的当事人。

要约的法律效力有其存续期间，此期间是指要约受承诺拘束的期间，故亦称承诺期间。要约在存续期间内受相对人承诺的拘束，非于此期限内承诺，对要约无拘束力。要约于到达相对人时生效，其存续期间有约定期间和法定期间两种。前者依意思自治原则，要约的存续期间由要约人自定，要约在约定的期限内有效。后者是在要约人未定有存续期间时，依法律规定确定的期间。

法定期间因要约发出的方式不同而不同。以对话方式进行的要约，相对人须即时承诺；以非对话方式进行的要约，应以可期待承诺到达的合同期间为其存续期间。该合同期间通常包括要约到达相对人的必要期间、相对人考虑承诺与否的必要期间及承诺到达要约人所需的必要期间。

4. 要约的撤回

要约的撤回，是指在要约生效之前，要约人欲使其丧失法律效力的意思表示。

要约可以撤回，但撤回要约的通知必须在要约送达相对人之前或同时送达相对人，方能发生撤回的效力。要约一旦被撤回，即对要约人失去拘束力。

5. 要约的撤销

要约的撤销，是指在要约生效后，要约人欲使要约丧失法律效力的意思表示。

要约可以撤销，但撤销要约的通知应在要约生效以后相对人发出承诺通知之前送达相对人。要约一旦被撤销，即丧失对要约人的拘束力。但是要约中确定了承诺期限或明示要约不可撤销的及受要约人有理由认为要约是不可撤销的，且为履行合同做了准备工作的，要约不可撤销。

6. 要约的消灭

要约的消灭，是指要约丧失其法律效力，要约人和相对人均不再受其拘束。要约因下列原因而消灭。要约有效期间（承诺期间）届满；要约撤回或撤销；要约被拒绝。要约被拒绝包括相对人不承诺和相对人对要约进行扩张、限制或变更后而承诺两种情形，后者被视为一项反要约。

（三）承诺

1. 承诺的概念

承诺，是指受领要约的相对人为成立合同而同意接受要约的意思表示。要约一经承诺，合同即成立。在商业交易中，承诺又称为接受、还盘、收盘。

2. 承诺的构成要件

（1）承诺须由受领要约的相对人作出。承诺的意思表示一般应以明示的方式作出，但当事人约定或交易习惯允许默示的，承诺可采取默示方式。承诺通常不必以要约的同一方式作出。

（2）承诺的内容须与要约的内容完全一致。承诺是要约人愿意按照要约的全部内容与要约人订立合同的意思表示，因此，相对人须对要约绝对和无条件的同意，否则，合同不能成立。承诺对要约内容进行实质性变更的，便不构成承诺，而视为一项新要约或反要约。所谓实质性变更，是指有关合同的标的、数量、质量、价款或报酬、履行期限、地点和方式、违约责任和解决争议方法等的变更。承诺未对要约内容进行实质性变更的，除要约人及时表明反对或者要约表明不得对要约内容作任何变更的以外，不为对要约的变更，该承诺有效。合同内容以承诺的内容为准。

（3）承诺须于承诺期限内作出，否则，不发生承诺的效力而视为新的要约。承诺期限，是指受要约人作出承诺的有效期限，也即要约的存续期限。该期限有约定和法定两种。承诺应当在要约确定的期限内到达要约人。对于要约中没有规定承诺期限的，承诺期限的确定因要约方式的不同而有别。要约以对话方式作出的，应当即时作出承诺，但当事人另有约定的除外；要约以非对话方式作出的，承诺应当在合理期限内到达要约人。

（4）承诺须向要约人作出。承诺是对要约的同意，受要约人承诺的目的在于同要约人订立合同，须由要约人作为一方当事人，故承诺只有向要约人作出才有意义。非向要约人作出同意要约的意思表示，不为承诺，但向要约人的代理人作出承诺，视为向要约人承诺。

3. 承诺的表示方式

承诺作为意思表示，其表示方式一般应与要约的方式相一致，或按约定或按要约要求的方式作出。

（1）承诺应以明示的方式作出，除法律有特别规定或当事人双方有特别约定之外，沉默或不行为不能作为承诺的方式。

（2）要约以对话方式作出的，受要约人应当即时承诺，否则，要约人有权拒绝。但当事人另有约定的除外。

（3）承诺应当以通知的方式作出，通知可以是口头的或书面的。但依法必须以书面形式订立的合同，其承诺必须以书面的形式作出。

（4）根据交易惯例或要约表明可以通过行为作出承诺的，行为亦可作为承诺的表示方式，即意思实现。所谓意思实现，是指依习惯、事件性质或要约人为要约时预先声明承诺无须通知，在相当时期内有可认为承诺的事实时，合同即告成立的现象。合同法本以承诺须通知为原则，但为在特别情况下简化及便利合同的成立，遂承认合同因承诺意思的实现而成立这一例外。意思实现因不必通知即可使合同成立，超越了合同成立的运作过程通常须有承诺通知的模式，对当事人的利益关系极大。因此，为保护当事人的利益，各国民法对因意思实现成立合同的交易环境均有所限制，即意思实现仅在以下的交易环境中，始发生承诺的效力：依交易习惯，承诺无须通知的，如向酒店订酒席、向宾馆订房间；依事件性质，承诺无须通知的，如邮购；依要约人要约时的预先声明，承诺无须通知的。

（5）当事人还可以约定以数据电文作为承诺的方式。

4. 承诺的生效时间

承诺的生效，通常意味着合同的成立，因此承诺的生效时间意义重大。依我国现行《合同法》的规定，承诺于承诺期限内到达要约人时生效。

（1）要约以对话方式作出，受要约人即时承诺的，承诺即时生效；要约人约定承诺期限的，承诺在承诺期限内到达要约人时，承诺生效。

（2）要约以非对话方式作出的，承诺于合理期限内到达要约人时生效。

（3）约定以数据电文形式承诺的，在承诺期限内，该数据电文进入要约人所指定的特定系统时，承诺生效；要约人未指定特定的系统的，该数据电文进入要约人的任何系统的首次时间，即为承诺的生效时间。

（4）承诺需要通知的，承诺于通知到达要约人时生效；承诺不需要通知的，根据交易惯例或要约的要求作出承诺行为时，承诺生效。

（5）采用信件、数据电文形式订立合同的场合，当事人约定采用确认书确认承诺的效力的，承诺自确认书签订时生效。

5. 承诺的撤回

承诺的撤回，是指承诺人阻止承诺发生法律效力的意思表示。

承诺于到达要约人时生效，因此，撤回承诺的通知须先于或同时与承诺到达要约人，才能发生撤回的效力。

（四）合同成立的时间与地点

1. 合同成立的时间

（1）要式合同的成立时间。要式合同除当事人之间意思表示一致外，还需完备特定的手续，故其成立时间应为完成特定手续的时间，如房屋买卖合同的成立时间为其履行过户登记的时间。

（2）法律、法规规定应采用书面形式或当事人约定应采用书面形式订立合同，当事人未用书面形式，但当事人一方已经履行了合同主要义务，对方接受的，合同成立，对方接受履行的时间为合同成立时间。

（3）不要式合同的成立时间。以要约与承诺的方式签订不要式合同，以承诺生效的时间为合同成立的时间。其中，以直接对话方式签订合同的，以相对人作出承诺的时间为合同成立的时间；以非对话方式签订合同的，以承诺送达要约人的时间为合同成立的时间。

（4）当事人采用信件、数据电文形式订立合同，在合同成立前要求签订确认书的，以签订确认书的时间为合同成立的时间。

（5）交叉要约合同的成立时间。非对话方式的交叉要约，以后到达要约的到达时间为合同的成立时间。

2. 合同成立的地点

（1）要式合同成立的地点。要式合同因需完备特别手续，故以完成特别手续的地点，为合同成立的地点。

（2）不要式合同成立的地点。不要式合同的成立地点，通常由当事人约定，可以是要约生效地、承诺生效地或标的物所在地等；当事人无约定的，一般以承诺生效的地点为合同成立的地点。

（3）交叉要约合同成立的地点。以后到达相对人的要约的到达地点为合同成立的地点；若双方要约同时到达相对人，则到达地点同时为合同成立的地点。

三、合同的内容和形式

（一）合同的条款

当事人依程序订立合同，意思表示一致，便形成合同条款。合同条款构成了合同的内容。

（1）提示性条款。合同的提示性条款，是指法律规定的对当事人订立合同起示范和提示作用的合同条款。一般来说它不是合同的全部条款，其中含有必备条款。

根据我国《合同法》第十二条规定，提示性条款主要有：①当事人的名称或者姓名和住所；②合同的标的；③合同标的的质量和数量；④价款或酬金；⑤履行的期限、地点和方式；⑥违约责任。

（2）格式条款。根据《合同法》第三十九条，格式条款是指一方当事人为了重复使用而预先拟定，并在订立合同时未与对方协商的条款。格式条款具有如下特征：①格式条款是由一方当事人为了重复使用而预先拟定的；②格式条款适用于不特定的相对人；③格式条款的内容具有定型化特点；④相对人在订约中居于附从地位。

采用格式条款订立的合同，也称定型化合同、定式合同、标准合同、格式合同，是指一方当事人将对所有相对人采用的交易条件预先拟定，由相对人决定是否承诺的合同。

格式条款合同是通常由一方当事人事先拟定好固定格式和内容的合同，是随着社会化大生产而出现的，它的应用适应了社会化大生产的需要，简化了当事人订立合同的过程，提高了交易的效率。其在使经济流转简便、迅捷的同时，剥夺了合同相对人选择合同条款的自由权。相对人只能在下面两种情形中“自由选择”，或全盘接受定式合同的既定条款而订立合同，或拒绝整个合同。正因为如此，为了保护相对人的利益，法律对格式条款合同的条款、效力及合同的解释均有特别规定。根据我国《合同法》第三十九条、四十条和四十一条的规定，对格式合同的特别规定包括：①提供格式合同的一方应当遵守公平原则确定当事人之间的权利和义务，采取合理的方式提请对方注意免除或者限制其责任的条款，按照对方的要求对该条款予以说明；②格式合同中有免除提供格式条款一方责任、加重对方责任、排除对方主要权利等情形的，该条款无效；③对格式合同条款的理解有争议的，应当做出不利于提供格式合同一方的解释。格式合同条款与非格式合同条款不一致的，应当采用非格式合同条款规定的内容。

格式条款合同的相对人在订约中处于从属地位，而格式条款制定人在订约中处于优势地位，由于双方地位差异，且格式条款为一方事先拟定，含有不公平内容的可能性较大。为此，我国法律规定，对某些格式条款合同的条款由超然于双方当事人的社会团体、国家授权机关制定，以维护交易的安全。并规定采用格式条款订立合同，提供格式条款的一方应当遵循公平原则确定当事人之间的权利和义务，并采取合理的方式提请对方注意免除或者限制其责任的条款，对该条款予以说明。

格式条款合同的适用范围，我国法律目前尚无明确规定。在合同实务中，一些法律上和事实上垄断经营的行业均适用格式条款合同。

（3）免责条款。合同的免责条款，是指当事人约定免除或者限制其未来责任的合同条款。无效免责条款，是指没有法律拘束力的免责条款。

免责条款是当事人协商同意的合同的组成部分，具有约定性。免责条款的提出须为明示，不允许以默示的方式做出，也不允许法官推定。免责条款包括免责事项和免责范围两方面的内容。免责条款具有约定性，法律不强加干预。但依我国《合同法》的规定，合同中的下列免责条款无效：造成对方人身伤害的；因故意或者重大过失给对方造成财产损失的。

法律之所以规定上述两项免责条款无效，是因为上述两种行为均可构成侵权行为，即使当事人之间没有合同关系，也可以追究当事人的侵权责任。如果允许当事人约定这种侵权行为免责，无异于允许当事人以合同方式剥夺他人的合同外权利。

（二）合同的形式

合同的形式，是指合同当事人意思表示一致的外在表现形式。我国《合同法》规定，当事人订立合同可以采用口头形式、书面形式和其他形式。合同的口头形式指当事人只有口头语言为意思表示订立合同，而不用文字表达协议内容的合同形式。口头形式优点在于方便快捷，缺点在于发生合同纠纷时难以取证，不易分清责任。口头形式适用于能即时清结的合同关系。书面形式是指当事人以合同书或者电报、电传、电子邮件等数据电文形式等各种可以有形地表现所载内容的形式订立合同。书面形式有利于交易的安全，重要的合同应该采用书面形式。书面形式又可分为下列几种形式。(1) 由当事人双方依法就合同的主要条款协商一致并达成书面协议，并由双方当事人的法定代表人或其授权的人签字盖章；(2) 格式合同；(3) 双方当事人来往的信件、电报、电传等也是合同的组成部分。

四、合同的履行

合同的履行，是指合同生效后，合同当事人依照合同的约定实施属于合同标的的行为，从而使合同目的得以实现。合同履行，是当事人在整个实施合同过程中，全面、适当地完成合同义务的行为，是当事人实施给付义务的过程。

合同的履行是合同法的核心内容。表现在：合同的订立是为了履行合同，合同成立是合同履行的前提；合同的效力是合同履行的依据；合同的移转是履行主体的变更；合同履行是合同终止的原因之一；违约责任能促使合同当事人履行合同。

(一) 合同履行的原则

1. 适当履行原则

适当履行原则，又称正确履行原则、全面履行原则，是指当事人按照合同规定的标的及其数量、质量，由适当的主体在适当的履行期限、履行地点，以适当的履行方式，全面完成合同义务的履行原则。

2. 实际履行原则

实际履行原则，是指当事人按照合同约定的标的完成合同义务的原则。该原则要求当事人在履行合同中，要实际履行标的，不能用其他标的代替原合同的标的，也不能以违约或赔偿金代替履行标的。实际履行原则不是绝对的，在下列情况下可适用除外：以特定物为标的物的合同，当标的物灭失时，实际履行已不可能；义务人不能按期交付标的，使实际履行对权利人已失去意义或不必要；标的质量不符合合同要求，权利人放弃实际履行的请求。

3. 协作履行原则

协作履行原则，是指当事人在合同履行过程中，相互协作，共同完成合同的约定义务。合同的履行是当事人的相互行为，权利的实现需要义务人的合作，义务的履行也需要权利人的帮助。只有债务人的给付行为，没有债权人的受领给付，合同的内容仍难以实现。可以说，没有相互协作，就没有合同的履行。该原则要求当事人应尽量为对方的履行创造必要的方便条件；合同履行发生变化或确实不能履行合同时应及时通知对方；发生合同纠纷时应及时协商解决，尽量减少或避免损失的发生。

(二) 合同履行的规则

1. 履行主体

合同关系的当事人是债权人和债务人，通常情况下，债权人和债务人是当然的履行主体。但除法律规定、当事人约定、性质上必须由债权人、债务人本人亲自履行的以外，债权人和债务人的代理人、合同约定的第三人皆可成为履行主体。

当事人约定由债务人向第三人履行债务的，债务人未向第三人履行债务或者履行债务不符合约定，应当向债权人承担违约责任；当事人约定由第三人向债权人履行债务的，第三人不履行债务或者履行债务不符合约定，债务人应当向债权人承担违约责任。

2. 履行标的

履行标的，是指债务人应为的特定行为，即给付。它因合同关系的不同而有别，主要包括交付财物、移转权利、提供劳务等。

当事人应按合同约定的履行标的适当履行。合同对质量没有约定或约定不明确的，可以协议补充；不能达成补充协议的，按照合同有关条款或者交易习惯确定。如果仍不能确定，按国家标准、行业标准履行；没有国家标准、行业标准的，按照通常标准或者合同目的的特定标准履行。合同对价款或者报酬没有约定或者约定不明确的，可以协议补充；不能达成补充协议的，按照合同有关条款或者交易习惯确定。如果仍不能确定，按照订立合同时履行地的市场价格履行；依法应当执行政府定价或者政府指导价的，按照规定履行。执行政府定价或者政府指导价的，在合同约定的交付期限内政府价格调整时，按照交付时的价格计价。逾期交付标的物的，遇价格上涨时，按照原价格执行；价格下降时，按照新价格执行。逾期提取标的物或者逾期付款的，遇价格上涨时，按照新价格执行；价格下降时，按照原价格执行。

3. 履行地点

履行地点，是债务人应为履行行为的地点。当事人应当按照合同约定的履行地点履行。合同对履行地点没有约定或约定不明确的，可以协议补充；不能达成补充协议的，按照合同有关条款或者交易习惯确定。如果仍不能确定，给付货币的，在接受货币一方所在地履行；交付不动产的，在不动产所在地履行；其他标的，在履行义务一方所在地履行。

4. 履行期限

当事人应当按照合同约定的期限履行。合同对履行期限没有约定或约定不明确的，可以协议补充；不能达成补充协议的，按照合同有关条款或者交易习惯确定。如果仍不能确定，债务人可以随时履行，债权人也可以随时要求履行，但应当给对方必要的准备时间。

5. 履行方式

履行方式与当事人的权益密切相关，合同当事人应当严格按照约定的方式履行。合同对履行方式没有约定或约定不明确的，可以协议补充；不能达成补充协议的，按照合同有关条款或者交易习惯确定。如果仍不能确定，即按照有利于实现合同目的的方式履行。

6. 履行费用

履行费用，是合同当事人为履行合同义务所支出的必要费用。履行费用的负担应当在合同中明确约定。合同对履行费用的负担没有约定或约定不明确的，可以协议补充；不能达成补充协议的，按照合同有关条款或者交易习惯确定。如果仍不能确定，由履行义务一方负担。

(三) 双务合同履行中的抗辩权

双务合同履行中的抗辩权，是在符合法定条件时，当事人一方对抗对方当事人的履行请求权，暂时拒绝履行其债务的权利。

双务合同履行中的抗辩权，是合同效力的体现。抗辩权的行使，只是在一定的时期内中止履行合同，并不消灭合同的履行效力。抗辩权并不消灭债权本身，产生抗辩权的原因消失后，债务人仍应履行其所负债务。可见，双务合同中的抗辩权为一时的抗辩权、延缓的抗辩权。这类抗辩权包括同时履行抗辩权、顺序履行抗辩权及不安抗辩权三种。

1. 同时履行抗辩权

同时履行抗辩权，是指在没有规定履行顺序的双务合同中，当事人一方在对方当事人未为对待给付以前，可以拒绝对方履行请求的权利。其适用条件如下。

（1）由同一双务合同产生互负的债务。互负债务，是指双方当事人所负的债务具有对价关系。只有在同一双务合同中才有可能产生同时履行抗辩权。

（2）合同中未约定履行顺序。这种情况下，往往要求当事人同时履行。只有在双方当事人的债务同时到期时，才可能产生同时履行抗辩权。

（3）对方当事人未履行债务或者未按照约定适当履行债务。

（4）对方的对待给付是可能履行的义务。

2. 顺序履行抗辩权

顺序履行抗辩权，是指当事人互负债务，有先后履行顺序的，先履行一方未履行之前，后履行一方有权拒绝其履行请求；先履行一方履行债务不符合约定的，后履行一方有权拒绝其相应的履行请求。在传统民法上，有同时履行抗辩权和不安抗辩权的理论，却无顺序履行抗辩权的概念。我国《合同法》第六十七条首次明确规定了这一抗辩权。顺序履行抗辩权发生于有先后履行的双务合同中，基本上适用于先履行一方违约的场合，这是它不同于同时履行抗辩权之处。顺序履行抗辩权包括先履行抗辩权和后履行抗辩权。

（1）先履行抗辩权。先履行抗辩权，是指在双务合同中，当事人互负债务，有先后履行顺序，先履行一方未履行或者履行债务不符合约定的，后履行一方有权拒绝其履行要求的权利。

《合同法》第六十七条规定："当事人互负债务，有先后履行顺序，先履行一方未履行的，后履行一方有权拒绝其履行要求。先履行一方履行债务不符合约定的，后履行一方有权拒绝其相应的履行要求。"先履行抗辩权是我国《合同法》所独创的一项抗辩权制度。该抗辩权的成立要件如下：①须当事人双方基于同一双务合同互负债务；②须双方互负的债务有先后履行顺序；③须先履行一方未履行债务或者履行不符合合同的约定；④须先履行一方的债务有履行的可能。

先履行抗辩权的行使以及效力。先履行抗辩权适用于先履行一方违约的情形。该抗辩权是后履行一方所享有的权利，只要具备上述要件，后履行一方当事人就可行使该项抗辩权。先履行抗辩权的效力在于，只是暂时中止履行合同，并不使合同关系消灭。如果先履行一方依约履行了合同义务，则后履行抗辩权即归于消灭。所以，后履行抗辩权也属于延期的抗辩权。后履行一方当事人行使后履行抗辩权致使合同迟延履行的，不承担迟延责任。

（2）后履行抗辩权。后履行抗辩权，是指在规定了先后履行顺序的双务合同中，后履行一方当事人在应先履行一方当事人未为履行债务之前，可以拒绝应先履行一方当事人履行请求的权利。其适用条件如下：①由同一双务合同产生互负债务；②债务的履行有先后顺序；③应先履行的一方当事人未履行或者履行债务不符合约定；④应先履行的债务有履行的可能。

3. 不安抗辩权

不安抗辩权，是指在规定了先后履行顺序的双务合同中，应先履行债务的一方当事人，在后履行债务一方当事人因财产状况恶化而有难为对待给付的情况下，于后履行债务一方当事人未履行或提供担保之前，可以拒绝先为履行的权利。其适用条件如下。

（1）适用于有先后履行顺序的双务合同。

（2）后履行债务的一方当事人的债务尚未届履行期限。

（3）后履行债务的一方当事人有丧失或者可能丧失履行债务能力的情况，如经营状况严重恶化；转移财产抽逃资金，以逃避债务；丧失商业信誉等。

（4）后履行债务一方当事人未履行或提供担保。

五、合同的变更与解除

（一）合同的变更

1. 合同变更的概念

合同变更，有广义和狭义两种含义。广义的合同变更是指合同关系在同一性保持不变的情况下，其部分要素发生的变化。包括合同的主体、内容和客体的变更。狭义的合同的变更，仅指合同内容或客体的变更。现代民法所称合同变更多指狭义而言，而将合同主体的变更称为合同的转让。

2. 合同变更的内容

合同内容的变更包括以下情形：①标的物种类的变换、数量的增减、品质的改变、规格的更改等；②履行期限、履行地点、履行方式、结算方式等履行条件的变更；③合同的性质的变更，如因合同债务的违反而产生了损害赔偿债务；④合同的担保方式的变更；⑤合同的附款的变更；⑥其他内容的变更。

3. 合同变更的效力

合同内容变更后，合同的当事人应受变更后的合同的拘束，以变更后的合同作为履行的根据。合同的内容变更的效力，原则上仅对未履行的部分发生，对已履行的部分无溯及力，但法律另有规定或当事人另有约定的除外。

（二）合同的解除

合同的解除，是指合同成立后，因当事人一方的意思表示或者双方的协议，使基于合同而发生的债权债务关系归于消灭的行为。合同的解除分为约定解除和法定解除两种。

约定解除，是当事人通过行使约定的解除权或者双方协商决定而进行的合同解除。可见，约定解除分两种情况，一是当事人在合同成立后生效前，在合同中约定了解除条件，并约定为一方或双方保留解除合同的权利，一旦条件成就，一方或双方即可行使约定的解除权，解除合同。二是当事人未在合同中约定解除条件，但在合同履行完毕前，经双方当事人协商一致而解除合同。

法定解除，是指出现法律规定的解除事由而由享有解除权的一方当事人解除合同。

1. 合同解除的条件

（1）约定解除的条件。约定解除的条件主要包括须经当事人双方协商一致；须不因解除而损害国家利益和社会公共利益。

（2）法定解除的条件。根据我国《合同法》第九十四条，法定解除的条件包括：因不可抗力致使不能实现合同目的的，当事人双方均可解除合同；预期违约，在合同履行期限届满之前，当事人一方明确表示或者以自己的行为表明不履行主要债务的，对方当事人可以解除合同；当事人一方迟延履行主要债务，经催告后在合理期限内仍未履行的，对方可以解除合同；当事人一方迟延履行债务或者有其他违约行为致使不能实现合同目的，对方可不经催告解除合同；法律规定的其他情形。

2. 合同解除权的行使和效力

约定或者法定的解除条件出现后，并不当然发生合同解除的效力。只有当事人行使解除权后，合同才能解除。解除权的行使，应由解除权人向相对人为解除的意思表示。就是说，合同的解除必须要有解除行为。

解除权有法定或约定期间的，如期间届满而未行使的，则解除权消灭；解除权未约定期间的，相对人可以催告解除权人于合理的期间内行使解除权，解除权人逾期未行使的，解除权消灭。合同一经解除，其效力溯及消灭，当事人回到未订合同的状态。但当事人之间如已有给付或当事人一方因相对人不履行而受损害的，则发生返还财产和损害赔偿的效力。

六、各种合同

（一）买卖合同

1. 买卖合同的概念与特征

（1）买卖合同的概念。买卖合同，是当事人双方约定，一方交付标的物并转移其所有权于他方，他方受领标的物并支付价金的合同。其中，负有转移标的物所有权义务的一方为出卖人；负有支付价金义务的一方为买受人。买卖合同的内容，是双方当事人就标的物、价金、履行期限、履行地点等合同条件所达成的一致协议。买卖合同的标的物须是出卖人所有或有权处分的动产或不动产，且须是法律允许的流通物。

（2）买卖合同的特征。

① 买卖合同是标的物所有权与价金对价移转的有偿合同。在买卖合同中，出卖人转移标的物所有权的给付义务与买受人给付价金的义务互为对价。

② 买卖合同是双务合同。买卖合同双方当事人的权利义务是彼此对等的，一方的权利正是另一方的义务。

③ 买卖合同是诺成合同。买卖合同的双方当事人之间意思表示达成一致，无须交付实物，合同即告成立。

④ 买卖合同是不要式合同。买卖合同除法律另有规定或当事人另有约定外，其成立无须具备一定的形式和履行特定手续。

2. 出卖人与买受人的主要义务

（1）出卖人的义务。

其一，交付标的物。出卖人交付标的物时，必须按照买卖合同约定的种类、规格、数量、质量、期限、地点和方式进行交付。标的物有从物的，应随主物一并交付。出卖人在交付标的物时，须将与标的物有关的单证一并交付，如发票、产品合格证、使用说明书等。

其二，标的物品质瑕疵担保义务。标的物品质瑕疵担保，是出卖人就其所交付的标的物应保证其符合法定或约定的品质。即标的物交付于买受人之后，应保证不发生减少其价值和效用的瑕疵。标的物品质瑕疵，是指标的物欠缺法定或约定品质的情况。标的物存在品质瑕疵时，买受人可以请求减少价金或解除合同，也可以请求出卖人更换、修理，费用由出卖人承担。标的物为种类物时买受人可以请求出卖人另行交付无瑕疵的替代物。因品质瑕疵而致使买受人或第三人损害的，出卖人应负损害赔偿责任。

其三，标的物权利瑕疵担保义务。标的物权利瑕疵担保，是出卖人就其所移转的标的物有保证其不受他人追夺以及不存在未告知的权利负担的义务。标的物权利瑕疵，是指出卖人对于标的物无处分权，从而标的物被他人主张权利或所移转的权利存在未告知的负担，如标的物上存在为他人设定的抵押权、租赁权等。标的物存在权利瑕疵时，买受人可以请求出卖人除去权利负担，并可以依债务不履行的规定，向出卖人主张支付违约金、实际履行、解除合同、损害赔偿或其他权利。

（2）买受人的义务。

其一，支付价金。买受人应依合同关于价金数额、给付期限、地点和方式的约定为给付。

其二，受领标的物。对于出卖人交付的标的物及有关权利凭证，买受人应及时受领，否则将负受领迟延的责任。

其三，对标的物的检查通知和保管义务。买受人受领标的物后，应在法定或约定的期限内及时检查标的物。如发现存在应由出卖人负担责任的瑕疵时，应立即通知出卖人并妥善保管标的物。

3. 标的物所有权转移的规则

依我国《民法通则》第七十二条的规定，标的物所有权自交付时起转移。法律另有规定或当事人另有约定的除外。可见，通常情况下，交付时间即为标的物所有权的转移时间。

标的物交付的时间，通常依合同的约定或法律的规定而确定。法律或合同都没有明确规定时，一般以完成下列行为的时间推定为交付时间：出卖人送货的，出卖人将标的物运到预定地点，由买受人验收后为交付；出卖人代办托运或邮寄的，出卖人办理完托运或邮寄手续后即为交付；买受人自己提货的，出卖人通知的提货时间为交付时间；标的物在订立合同之前已为买受人实际占有的，合同生效的时间即为交付时间；需要办理法定手续的，以办理完法定手续的时间为交付时间。

4. 标的物风险负担的规则

标的物风险的负担，是指在合同有效成立后，标的物因不可归责于任何一方的事由而发生的毁损、灭失的损失应由何方承担。

《合同法》第一百四十二条规定："标的物毁损、灭失的风险，在标的物交付之前由出卖人承担，交付之后由买受人承担，但法律另有规定或者当事人另有约定的除外。"据此，标的物风险负担的一般规则是标的物交付之前由出卖人承担，交付后由买受人承担。但如果法律有特别规定或者当事人有特别约定的，应从其特别规定或者特别约定。譬如，当事人双方约定，标的物毁损、灭失的风险于合同生效时由买受人承担，则标的物虽未交付风险负担也发生转移。法律有特别规定的情形较多，以下仅对《合同法》的特别规定进行归纳梳理。

（1）出卖人出卖交由承运人运输的在途标的物，除当事人另有约定的以外，毁损、灭失的风险自合同成立时起由买受人承担（《合同法》第一百四十四条）。

（2）当事人没有约定交付地点或者约定不明确，按照规定标的物需要运输的，出卖人将标的物交付给第一承运人后，标的物毁损、灭失的风险由买受人承担（《合同法》第一百四十五条）。

（3）标的物毁损、灭失的风险，在标的物交付之前由出卖人承担，交付之后由买受人承担，但法律另有规定或者当事人另有约定的除外（《合同法》第一百四十二条）。

（4）因买受人的原因致使标的物不能按照约定的期限交付的，买受人应当自违反约定之日起承担标的物毁损、灭失的风险（《合同法》第一百四十三条）。

（5）出卖人按照约定或者依照《合同法》的规定将标的物置于交付地点，买受人违反约定没有收取的，标的物毁损、灭失的风险自违反约定之日起由买受人承担（《合同法》第一百四十六条）。

（6）出卖人按照约定未交付有关标的物的单证和资料的，不影响标的物毁损、灭失风险的转移（《合同法》第一百四十七条）。

（7）因标的物质量不符合质量要求，致使不能实现合同目的的，买受人可以拒绝接受标的物或者解除合同。买受人拒绝接受标的物或者解除合同的，标的物毁损、灭失的风险由出卖人承担（《合同法》第一百四十八条）。

需要指出的是，根据《合同法》第一百四十九条的规定，标的物毁损、灭失的风险由买受人承担的，但若出卖人履行债务不符合约定，则买受人仍有权要求出卖人承担违约责任。

5. 特种买卖

（1）买回。买回，是指当事人双方约定，由出卖人将来买回已出卖的标的物所有权的买卖合同。出卖人对出卖物的再买回的权利，称买回权。

买回是一种附停止条件的买卖合同。买回对出卖人有一定积极意义，但对经济生活的稳定存在消极影响。因此，多数国家对买回都规定了期限限制，在买回期限内不行使买回权的，买回权即消灭。买受人在买回期限内，仅可善意使用标的物，但不得自由处分标的物。

（2）试用买卖。试用买卖，是指当事人双方约定，于合同成立时，出卖人将标的物交付买受人试用，买受人在约定期限内对所试用标的物的认可为该合同生效条件的买卖合同。试用买卖是一种附停止条件的买卖合同。合同的效力取决于买受人对标的物的认可。买受人的认可应在约定或出卖人规定的期限内作出，超出期限未作表示的，视为认可。试用买卖标的物的所有权一般于试用方以书面、口头或其他可接受的方式表示愿意购买时转移于买方，即试用方；卖方为了防止买方取得标的物所有权后不付款，可以在合同中约定，在买方付清全部价款之前，标的物所有权不转移于买方。

试用买卖的试用期间，一般当事人应有明确的约定，没有约定或者约定不明确的，可以协议补充；不能达成补充协议的，可以以合同有关条款或交易习惯确定；仍不能确定的，由卖方决定。

（3）分期付款买卖。分期付款买卖，是指当事人双方约定，出卖人先行给付标的物于买受人，而买受人分期给付价金的买卖合同。

分期付款买卖，对出卖人而言，有利于促销；对买受人而言，只给付总价金的一部分，即可占有和使用标的物。分期付款买卖一般用于房屋及高档耐用消费品的买卖中。因买受人的价金是分期支付的，影响了出卖人的资金周转，故分期付款的总价金一般略高于一次性付款的价金。

分期付款买卖对出卖人而言，有不能获得全部价金的危险。为此，出卖人可采取下列担保方式以确保其债权：就所交付标的物设定第一顺序抵押权；保留标的物的所有权于全部价金清偿之前；保留对合同的解除权。如根据《合同法》第一百六十七条的规定，分期付款的买受人未支付到期价款的金额达到全部价款的1/5的，出卖人可以要求买受人支付全部价款或者解除合同。

（4）连续供给买卖合同。连续供给买卖合同，是指当事人双方约定，一方在一定期限内供给一定种类、品质和数量的物于他方，而由他方给付价金的买卖合同。如日常生活中的供电、供水、供天然气合同及订报、订牛奶合同等。

连续供给买卖合同有两种类型。一种是当事人已就标的物的总额、分批交付的次数及期限达成明确的协议，如前述年度订报、订牛奶合同。另一种是当事人并未就标的物交付的总量作出约定，而只是就每一次交付的数量和期限达成了合意，只要时间在继续，供给就一直会持续下去，如前述的供电、供水、供天然气合同。

（5）样品买卖。样品买卖，是指双方当事人约定按照样品的品质交付标的物的买卖。

样品，是指从一批商品中抽取出来的或者由生产、使用部门加工、设计出来，用以反映和代表整批商品品质的少量实物。包括卖方提供的“卖方样”、买方提供的“买方样”以及由买方提供，卖方据此复制加工出一个类似样品由买方确认的“回样”，即“确认样”。

样品买卖中，当事人应当封存样品以备日后对照，并且可以对样品质量予以说明。卖方交付的标的物应与样品及其所说明的品质相一致。如果样品买卖中的买方不知道样品存在隐蔽瑕疵的，即使交付的标的物与样品相同，卖方交付的标的物的质量仍然应当符合同种物的通常标准。这是样品买卖中处理样品隐蔽瑕疵的原则。

（二）赠与合同

1. 赠与合同的概念与特征

赠与合同，是当事人一方将自己所有的财产无偿地转让给另一方所有，另一方表示接受的合同。

在赠与合同中，将自己的财产无偿转让给他方所有的当事人，称为赠与人，表示接受财产的一方当事人，称为受赠人，当事人所转让的财产，称为赠与物。赠与合同的法律特征如下。

（1）赠与合同是双方法律行为。赠与合同必须在双方当事人意思表示达成一致时才能成立。一方有赠与的意思表示而另一方没有愿意接受赠与的意思表示，或者一方有接受赠与的意思表示而另一方无赠与的意思表示，赠与合同均不成立。正是这一特征，使赠与合同区别于遗赠。

（2）赠与合同以转移赠与物的所有权于受赠人为目的。赠与是对财产归属的一种处分行为，其目的是将赠与物的所有权从赠与人处转移至受赠人处。赠与合同的成立，将导致赠与物所有权的转移。

（3）赠与合同是单务合同。在赠与合同中，赠与人负有转移赠与物的所有权给受赠人的义务，而受赠人则仅享有接受赠与物的权利，并不承担对价性义务。

（4）赠与合同是无偿合同。在赠与合同中，赠与人将赠与物的所有权转移给受赠人是没有对价性给付条件的，受赠人取得赠与物的所有权无须支付对价。

（5）赠与合同是诺成性合同。赠与合同只需当事人意思表示一致，无须实际交付标的物即可成立。对于赠与人作出的，将其财产无偿给予相对人的意思表示，只要受赠人作出了接受该赠与的意思表示，则赠与合同即告成立。既不需要采用特定的合同形式，也不需要将赠与的财产实际交付给受赠人。

2. 赠与人的主要义务

（1）交付赠与物的义务。赠与合同是诺成性合同，合同生效后，按照合同的约定交付赠与物给受赠人是赠与人承担的主要合同义务。赠与人不仅要将赠与物按照约定的时间、地点、方式等交付给受赠人，而且还应将赠与物的所有权转移给受赠人。但赠与人的经济状况显著恶化，严重影响其生产经营或者家庭生活的，可以不再履行赠与义务。

（2）赠与人对赠与物的瑕疵担保责任。赠与合同为无偿合同，所以，原则上对于赠与物的瑕疵，赠与人不承担责任。但附义务赠与中，赠与物有瑕疵的，赠与人在附义务的限度内承担与出卖人相同的责任。赠与人故意不告知瑕疵或者保证无瑕疵，造成受赠人损失的，应当承担损害赔偿责任。

（3）对赠与物的损害赔偿责任。为确保赠与合同的履行，实现受赠人的受赠权益，《合同法》第一百八十九条规定：“因赠与人故意或者重大过失致使赠与的财产毁损、灭失的，赠与人应当承担损害赔偿责任。”

3. 赠与合同撤销的种类

赠与合同的撤销，是指依法享有撤销权的赠与人或其他人在赠与合同生效后，撤销该赠与合同使其归于消灭的法律行为。

赠与合同的撤销分为任意撤销和法定撤销。前者是赠与人基于其独立意志而决定撤销赠与合同的情况；后者则是指赠与人基于法律规定的原因而行使撤销权撤销赠与合同的情况。赠与合同一经撤销，赠与关系即自始归于消灭。尚未交付的赠与物无须再交付；已经交付的赠与财产应当返还给赠与人，为此，撤销权人可以向受赠人要求返还赠与财产。

（1）任意撤销。我国《合同法》第一百八十六条规定："赠与人在赠与财产的权利转移之前可以撤销赠与。具有救灾、扶贫等社会公益、道德义务性质的赠与合同或者经过公证的赠与合同，不适用前款规定。"任意撤销赠与合同应具备下列条件。一是赠与人须在赠与合同生效之后，赠与财产的权利转移之前，做出撤销赠与的意思表示；二是须所要撤销的赠与合同不在法律禁止撤销之列。依《合同法》的规定，具有救灾、扶贫等社会公益、道德义务性质的赠与合同或者经过公证的赠与合同，不允许赠与人任意撤销。除此之外的赠与合同，赠与人可依自己的意志予以撤销。

（2）法定撤销。当法定事由发生时，依法享有撤销权的赠与人或者其他人得以行使撤销权撤销合同。法定撤销分赠与人的法定撤销和其他人的法定撤销两种情况。

赠与人法定撤销的法定事由如下：受赠人严重侵害赠与人或者赠与人的近亲属；受赠人对赠与人有抚养义务而不履行；受赠人不履行赠与合同约定的义务。法律规定，赠与人撤销权的除斥期间为1年，自知道或者应当知道撤销原因之日起计算。其他人法定撤销的法定事由如下：因受赠人的违法行为致使赠与人死亡或者丧失民事行为能力的，赠与人的继承人或者法定代理人可以撤销赠与。法律规定，赠与人的继承人或者法定代理人的撤销权的除斥期间为6个月，自知道或者应当知道撤销原因之日起计算。

（3）赠与合同的解除。《合同法》第一百九十五条规定："赠与人的经济状况显著恶化，严重影响其生产经营或者家庭生活的，可以不再履行赠与义务。"据此，如果赠与人的经济状况显著恶化，严重影响了其生产经营或者家庭生活，则赠与人可以解除赠与合同。

赠与合同解除与赠与合同撤销的法律后果是不同的。赠与合同解除不发生溯及既往的效力，已经履行的赠与，无权要求受赠人返还；而赠与合同撤销发生溯及既往的效力，已经履行的赠与，有权要求受赠人返还。《合同法》第一百九十四条规定："撤销权人撤销赠与的，可以向受赠人要求返还赠与的财产。"

（三）租赁合同

1. 租赁合同的概念与特征

租赁合同，是指当事人双方约定，在一定期限内，一方移转特定物于他方占有、使用或收益，他方给付租金并于期限届满时返还该特定物的合同。其中移转特定物的使用权或收益权的一方为出租人；出租人所移转的特定物为租赁物，租赁物须为法律允许自由流通的动产或不动产；对租赁物享有使用权或收益权的一方为承租人。

租赁合同依其目的分为两种。以使用为目的的租赁为使用租赁；以使用收益为目的的租赁为用益租赁。前者如租用他人房屋居住，后者如租种他人土地而获取粮食等土地出产物。租赁合同的法律特征如下。

（1）租赁合同是标的物的使用收益权与租金对等移转的合同。出租人保留租赁物的所有权。可见租赁有别于买卖和互易，也有别于使用借贷。

（2）租赁合同是双务、有偿、诺成性合同。

（3）租赁合同的标的物须为有体物、特定物、非消耗物。租赁合同并不移转标的物的所有权，租期届满，承租人须返还租赁物。

（4）租赁权的物权化。承租人的租赁权可以对抗他人，具有物权的性质。如在租赁合同有效期内，出租人将财产再租给第三人的行为对承租人无效。又如在租赁关系存续期间，出租人出卖租赁物于第三人，租赁合同不受影响，对第三人继续有效。买受人作为新的所有权人，须尊重承租人的租赁权，即须取代原所有人地位而成为新的出租人。民法理论上称此为“买卖不破租赁”。

（5）租赁期限在6个月以上的租赁合同为要式合同。《合同法》第二百一十五条规定：“租赁期限六个月以上的，应当采用书面形式。当事人未采用书面形式的，视为不定期租赁。”

2. 出租人与承租人的主要义务

（1）出租人的义务。

其一，交付租赁物。出租人应依照合同约定的时间、方式交付租赁物。

其二，继续性保持租赁物符合约定的使用收益状态。此义务又称租赁物瑕疵担保义务。租赁合同是继续性合同，在其存续期间，出租人有继续保持租赁物的法定或约定品质的义务。如租赁物发生品质降低而害及承租人使用收益时，出租人应予以维护修缮，恢复原状。当租赁物存在品质瑕疵或权利瑕疵使承租人不能依约为其使用收益时，承租人得解除或终止租赁合同。承租人因此受损失的，出租人应负赔偿责任，但承租人于订约时明知存在瑕疵的除外。

其三，返还担保物。承租人于订约时交付了押金或其他担保物的，合同终止时，出租人应予以返还。

（2）承租人的义务。

其一，给付租金。此乃承租人的主要义务。租金是承租人取得租赁物使用权所应支付的对价，承租人应依约定的租金标准、给付时间和方式交付。

其二，依照约定善意使用、收益和保管租赁物。承租人应按约定的方法或依租赁物的性质所确定的方法使用租赁物，并应善意保管租赁物。承租人因过失致租赁物毁损灭失的，应负违约责任。

其三，通知义务。租赁关系存续期间，租赁物有修理、防止危害的必要，或第三人就租赁物主张权利，或出现其他应当通知的情况时，承租人应及时通知出租人。承租人怠于通知，致使出租人不能及时救济而受损害的，承租人应负赔偿责任。

其四，返还租赁物。租赁合同终止时，承租人应返还租赁物于出租人。否则，即为违约，须负违约责任。租赁合同有定期租赁合同和不定期租赁合同两种。对于定期租赁合同，法律对其租赁期限有限制性规定，即租赁期限不得超过20年。超过20年的，超过部分无效。租赁期间届满，当事人可以续订租赁合同，但约定的租赁期限自续订之日起不得超过20年。对于不定期租赁合同，承租人有权在任意时间提出退租，出租人有权在任意时间撤租。

其五，不得擅自转租。承租人转租，须经出租人同意。非经出租人同意，承租人不得将租赁物转租；否则，出租人可终止合同。承租人经出租人同意将租赁物转租于他人的，承租人与原出租人的租赁关系继续存在。因为次承租人的过错造成租赁物毁损的，由承租人对原出租人负赔偿责任。

（3）租赁合同的解除。租赁合同的解除，是指租赁合同的法定解除，即租赁合同期限虽未届满，但因出现法定情形而由当事人一方行使解除权，从而使合同关系消灭。

在租赁合同中，法定解除的情形主要包括：①承租人未按照约定的方法或者租赁物的性质使用租赁物，致使租赁物受到损失的，出租人可以解除合同并要求赔偿损失（《合同法》第二百一十九条）。②承租人未经出租人同意转租的，出租人可以解除合同（《合同法》第二百二十四条）。③承租人无正当理由未支付或者迟延支付租金的，出租人可以要求承租人在合理期限内支付。承租人逾期不支付的，出租人可以解除合同（《合同法》第二百二十七条）。④因不可归责于承租人的事由，致使租赁物部分或者全部毁损、灭失的，致使不能实现合同目的的，承租人可以解除合同（《合同法》第二百三十一条）。⑤当事人对租赁期限没有约定或者约定不明确，依照《合同法》第六十一条的规定仍不能确定的，视为不定期租赁。当事人可以随时解除合同，但出租人解除合同应当在合理期限之前通知承租人（《合同法》第二百三十二条）。⑥租赁物危及承租人的安全或者健康的，即使承租人订立合同时明知该租赁物质量不合格，承租人仍然可以随时解除合同（《合同法》第二百三十三条）。

（四）承揽合同

1. 承揽合同的概念与特征

承揽合同，是指当事人一方按他方的特别要求，完成一定的工作并将工作成果交付给他方，他方按约定接受工作成果并给付酬金的合同。

在承揽合同中，按照他人的要求完成一定的工作，并交付工作成果的一方当事人称为承揽人，要求他人完成一定的工作并接受工作成果的一方当事人称为定作人。承揽人和定作人可以是法人或其他组织，也可以是自然人。承揽合同的标的是完成并交付工作成果，而不是提供劳务，即使承揽人付出了劳务，如果没有完成工作成果，就不能取得报酬。承揽合同的标的通常是有形的，但个别情况下也可以是无形的，如测试仪器的运行。承揽合同的法律特征如下。

（1）承揽合同是双务、有偿、诺成性合同。承揽合同中，承揽人的交付工作成果与定作人的接受工作成果并支付报酬互为对价性义务，故是双务、有偿合同。又承揽合同因当事人双方的意思表示达成一致而成立，故又是诺成性合同。

（2）承揽合同以完成一定的工作为目的。承揽合同中的承揽人必须按照定作人的要求完成一定的工作，因为定作人订立承揽合同的目的是取得承揽人完成的一定的工作成果。定作人所需要的是物化的劳动成果，而不是承揽人单纯的劳务本身。承揽人的劳务只有与其工作成果相结合，才能满足定作人的需要。

（3）承揽人的工作具有独立性。承揽人以自己的设备、技术和劳力独立完成工作，不受定作人的指挥管理。除非当事人另有约定，承揽人不得把接受的任务转让给第三人。若经定作人同意将承揽工作的一部分转让给第三人完成的，承揽人应就第三人的工作向定作人承担责任。

（4）承揽合同的标的具有特定性。承揽合同是为满足定作人的特殊需要而订立的，这就决定承揽人完成的工作成果具有特殊性，必须符合定作人的特殊需求。

（5）承揽人须承担取得工作成果的风险。承揽人应承担独立完成工作中所遭受的风险，对工作成果的完成负全部责任。承揽人不能完成定作人所指定的工作成果，不得向定作人要求报酬。

2. 承揽人与定作人的主要义务

（1）承揽人的主要义务。

其一，承揽人应按合同约定的时间、方式、数量、质量、品种等完成工作，并交付工作成果。

其二，承揽人应亲自完成约定的工作。未经定作人同意，承揽人无权将合同转让给第三人。

承揽合同具有人身信任的性质，定作方通常基于对承揽方技术条件、工作能力及信誉的信任，方与其订立合同，如果承揽方擅自转让合同，可能导致定作方信任落空、利益受损，故承揽人须亲自履约。

其三，妥善保管、正当使用定作方提供的原材料或物品，不得以次充好偷换定作方提供的原材料或物品及零部件。

其四，由承揽人提供原材料的，应按合同规定选用原材料，并接受定作方的检验。

其五，承揽人在完成工作过程中，应将影响工作质量和进程的情况及时通知定作方，以便定作方及时采取措施排除影响。

其六，承揽人在工作期间，应接受定作人的监督、检查，以确保工作符合定作人的要求。

其七，承揽人须按定作人的要求，对承揽工作保密。未经定作人同意，不得将技术资料或复制品留存或转让于第三人。

其八，承揽人对其所完成工作成果负瑕疵担保义务。

（2）定作人的主要义务。

其一，按照约定的地点、方式及时验收承揽人交付的工作成果。

其二，合同约定有协助义务的或依承揽工作的性质需要协助的，定作人须协助。

其三，按约定的时间、数额和结算方式，向承揽人支付酬金。

其四，按约定提供原材料、相关物品及有关的技术资料、数据等。

其五，应对要求完成的工作成果提出具体要求或特别指定标准，以便承揽人工作。

其六，接受的工作成果存在瑕疵的，应在约定或合理的期限内，及时通知承揽人。

工作成果在交付定作人以前，风险由承揽人负担。但定作人受领迟延的，迟延期间的风险由定作人负担。原材料由承揽人提供的，风险由承揽人负担；原材料由定作人提供或定作人已付款购买的，风险由定作人负担。

（3）承揽合同的解除。关于承揽合同的解除，此处仅介绍承揽合同法定解除的情形。

① 定作人的任意解除权。《合同法》第二百六十八条规定："定作人可以随时解除承揽合同，造成承揽人损失的，应当赔偿损失。"定作人的任意解除权的行使，应当在承揽人完成工作成果之前。

② 因一方违约而解除。这种情况主要包括：第一，承揽人未经定作人同意将承揽合同的主要工作转由第三人完成的；第二，定作人未尽到协助义务，经承揽人通知仍不履行的。此外，符合《合同法》第九十四条有关合同法定解除权产生条件的规定时，当事人均可行使解除权。

（五）委托合同

1. 委托合同的概念与特征

委托合同，又称委任合同，是指当事人双方约定，一方为他方处理事务的合同。

在委托合同中，委托他人为自己处理事务的人称委托人（委任人），接受委托的人称受托人（受任人）。委托制度的发展取决于商品经济的发达，个人由于时间、精力和能力诸方面的限制，不可能事必躬亲，不得不将部分事务交由他人处理。法律对这种关系加以确认和调整，于是产生委托制度。委托人可以特别委托受托人处理一项或数项事务，即特别委托；也可以概括委托受托人处理一切事务，即概括委托。委托合同的法律特征如下。

（1）委托合同的标的是处理事务的行为。处理事务的行为可以是法律行为，也可以是事实行为。但委托合同不适用于具有人身性质的行为，如婚姻登记行为；也不适用于履行人身性质的债务行为，如约稿行为。

(2) 受托人须在委托人授权范围内，以委托人名义从事与委托事务有关的活动，其活动后果包括风险在内均由委托人承担。

(3) 委托合同是诺成性、不要式合同。双方当事人达成合意，合同即告成立。除法律有特别规定外，合同的形式可由当事人自由协商，书面、口头均无不可。

(4) 委托合同既可以是有偿合同，也可以是无偿合同。对此，应依意思自治原则由当事人自由约定。

(5) 委托合同的订立和履行具有人身属性。委托合同的订立，体现着委托人对受托人能力和信誉的信任，也表明受托人愿意为委托人办理委托事务的意志。这种彼此信任是委托合同订立和存续的基础。因此，法律要求受托人除非情况特殊，原则上应当亲自处理委托事务。

2. 委托人与受托人的主要义务

(1) 受托人的主要义务。

其一，依约处理事务的义务。受托人应在委托人授权范围内妥善处理所受托的事务。原则上，受托人应当亲自处理所受托的事务，不得随意转托他人。但经委托人同意或遇紧急情况时，为保护委托人利益可以转委托。

其二，报告义务。受托人应将事务处理的进展情况随时向委托人报告。事务处理终结，应当向委托人汇报最终结果。

其三，交付财产的义务。受托人在处理事务过程中所收受的物品、利息及其他财产，应当交还委托人。

其四，赔偿损失的义务。受托人因自己的违约行为或违法行为给委托人造成损失的，应当依约定或法律规定承担赔偿损失的责任。

(2) 委托人的主要义务。

其一，支付费用的义务。委托人应当支付受托人为处理事务而需要的必要费用。

其二，支付报酬的义务。对于有偿的委托合同，委托人应依约定向受托人如数支付报酬。

其三，赔偿的义务。受托人在处理受托事务过程中，非因自己的过错而受到的损害，委托人应当赔偿。

(六) 保管合同

1. 保管合同的概念与特征

保管合同，也称寄托合同，是指当事人约定，一方将物品交付给他方，由他方给予保管的合同。

在保管合同中，对他人物品进行保管的一方当事人称保管人或受寄人，将自己的物品交托于保管人保管的当事人称寄托人，也称寄存人。保管合同的法律特征如下。

(1) 保管合同原则上为要物合同，即实践性合同，除当事人另有约定外，保管合同自保管物交付时成立。

(2) 保管合同的标的是保管行为。保管合同的目的在于保管物品，故保管人不得对寄托人的物品进行利用和改造。

(3) 保管合同可以有偿，也可以无偿。此由当事人自由约定。当事人对有偿、无偿没有约定或约定不明，依合同其他条款或交易惯例仍无法确定的，保管合同视为无偿。

(4) 保管合同为不要式合同。

2. 保管人与寄存人的主要义务

(1) 保管人的主要义务。

其一，保管义务。保管人须以有利于寄托人的保管方式保管物品；对保管物须尽必要程度的注意。在无偿保管合同中，保管人应尽与保管自己所有物同样的注意；在有偿保管合同中，保管人应尽管理人的注意；保管人应当亲自为寄托人保管物品，非经寄托人同意或有不得已的事由，不得转托第三人保管。

其二，不得使用义务。非经寄托人同意，保管人不得擅自使用保管物品。

其三，返还保管物的义务。保管事务完成，保管人应将保管物及其所生孳息全部返还给寄托人。

其四，告知义务。当保管物发生危险或第三人对保管物主张权利，提起诉讼或实行扣押时，保管人应及时通知寄托人。

(2) 寄存人的主要义务。

其一，支付报酬的义务。当保管合同为有偿合同时，寄存人应向保管人支付约定的报酬。寄存人不支付报酬，保管人有权留置保管物。

其二，偿还费用的义务。寄存人应当偿还保管人为保管寄托物而支出的必要费用。

其三，赔偿损失的义务。保管人因寄托物的自身性质或带有瑕疵而遭受损害的，寄存人应当给予赔偿。

其四，声明义务。寄存人寄存货币、有价证券或者其他贵重物品的，应当向保管人声明，由保管人验收或者封存。寄存人未声明的，该物品毁损、灭失后，保管人可以按照一般物品予以赔偿。

(七) 运输合同

运输合同是承运人将旅客或者货物从起运地点运输到约定地点，旅客、托运人或者收货人支付票款或者运输费用的合同。运输合同具有以下特征。

第一是运输合同一般为有偿合同。在运输合同中，承运人负有将旅客或货物运送到约定地点的义务，旅客或托运人负有按照规定支付票款或运费的义务，两种义务互为对价关系，所以运输合同一般属于有偿合同。但也有例外情形。

第二是运输合同多为格式合同。合同条款一般是由承运人事先拟订好的格式条款，如客票、货运单、提单等。

第三是运输合同具有社会性、公益性。运输合同不仅适用范围广，并且为人们的生活、生产所必需。为保护广大旅客和托运人的利益，法律进行了特别规定。《合同法》第二百八十九条规定："从事公共运输的承运人不得拒绝旅客、托运人通常、合理的运输要求。"依此规定，在正常情况下，从事公共运输的承运人不享有是否订约和选择订约当事人的自由。

(八) 居间合同

居间合同是居间人向委托人报告订立合同的机会或者提供订立合同的媒介服务，委托人支付报酬的合同。在居间合同中，报告订约机会或提供交易媒介的一方为居间人，给付报酬的一方为委托人。

一般认为，居间合同具有如下法律特征。

一是居间合同是一方为他方报告订约机会或者提供订约媒介服务的合同。居间合同中的居间人是为委托人提供服务的，但这种服务的内容是为委托人报告订约的机会或者为订约的媒介。居间人为委托人服务仅是提供有关信息以促成委托人与第三人之间的交易，自己本身并不参与订立合同。

二是居间合同中委托人的给付义务具有不确定性。居间合同中的委托人虽负有给付报酬的义务，但是居间人只有促成合同成立后才可要求委托人支付报酬。居间人的居间若无效果，没有促成委托人与第三人订立合同，则无权收取报酬。因居间人的居间是否成功具有不确定性，从而委托人的给付报酬义务是否需履行也就具有不确定性。

三是居间合同为诺成合同、不要式合同。居间合同自当事人双方意思表示一致时起即可成立，并不以居间人促成交易为成立要件。同时，法律未规定居间合同须采取特定形式，当事人采取口头形式或者书面形式均可。

练习题

一、单项选择题

1. 在下列合同所产生的债中，可以适用留置权的是（　　）。
   A. 委托合同　　B. 租赁合同
   C. 货物运输合同　　D. 买卖合同
2. 依据《合同法》的规定，下列选项中，属于要约的行为是（　　）。
   A. 寄送商品的价目表　　B. 发布招标公告
   C. 在拍卖会上参加竞买　　D. 发布招股说明书
3. 在合同履行过程中，如果不可抗力发生在义务人迟延履行期间，从而造成合同不能履行，义务人(　　)。
   A. 可以免除责任　　B. 可以部分免除责任
   C. 可以在通知权利人后免除责任　　D. 应当承担违约责任
4. 要约发出后，要约人要使要约不发生效力，撤回要约的通知必须（　　）。
   A. 立即发出　　B. 在受要约人承诺之前发出
   C. 先于要约或与要约同时到达受要约人处　　D. 在受要约人收到要约前发出
5. 王某将自有房屋出租给赵某，租期到2001年6月止，2001年2月，王某把该房屋卖给刘某。此时，该租赁合同（　　）。
   A. 继续有效，合同当事人是王某和赵某　　B. 继续有效，合同当事人是刘某和赵某
   C. 终止，但王某应补偿赵某的损失　　D. 终止，但刘某应补偿赵某的损失
6. 下列合同中，不得适用留置制度的是（　　）。
   A. 保管合同　　B. 加工承揽合同
   C. 借款合同　　D. 货物运输合同
7. 依据我国法律的有关规定，定金的数额可以由当事人约定，但约定的数额不得（　　）。
   A. 超过合同标的额的10%　　B. 少于合同标的额的10%
   C. 超过合同标的额的4倍　　D. 超过合同标的额的20%

8. 合同法规定的撤销权行使的期间为一年，该期间开始的时间是（　　）。

A. 债权人知道或应当知道撤销事由之日　B. 行为开始之日

C. 债权人知道或应当知道撤销事由之次日　D. 行为开始之次日

二、简答题

1. 构成承诺需具备哪些条件？
2. 简述买卖合同当事人的权利和义务。
3. 简述保管合同当事人的权利和义务。

三、论述题

论述承租人的主要义务。

参考答案

扫码阅读

第四部分　人　身　权

第一章　人身权概述

学习目标

理解人身权的概念、特征及其分类。

一、人身权的概念与特征

1. 人身权的概念

人身权，是指与民事主体的人身不可分离，以特定的人格和身份利益为内容的权利。其包括人格权和身份权。

人身权是与财产权相对应的一项民事权利。财产权是基于财产关系而发生的具有物质内容，并直接体现一定经济利益的权利。而人身权则是基于人身关系而产生的，体现为人格或身份利益，一般没有直接的财产内容。

人身权是民事主体享有的最基本的民事权利，也是现代社会人们赖以生存的不可缺少的社会条件。现代社会中，一个人可能会因某种原因而不享有某些具体的财产权，却不可能不享有人身权，人身权是自然人生存和发展的基础和前提。近代意义上的人身权是在资产阶级革命运动中提出的，是“人权运动”的产物。所谓人权，其本义是指每个人都享有或都应该享有的权利。即人之所以为人所应享有的权利。它包括各种各样的权利。随着社会的不断发展和进步，人身权将越来越受到人们的重视。在大陆法系国家，民法典对人身权的规定较粗略，英美法系对人身权的保护主要适用侵权行为法。我国《民法通则》则将人身权专设一章集中规定，在主体制度和民事责任制度中，也有有关条文规定；《民法总则》第一百零九条规定，自然人的人身自由、人格尊严受法律保护，第一百一十二条规定，自然人因婚姻、家庭关系等产生的人身权利受法律保护，这充分说明我国法律对人身权的重视。

2. 人身权的法律特征

与财产权相比较，人身权具有下列法律特征。

（1）人身权为专属权。人身权与主体的人身不可分离，随主体的产生而产生，并随主体的消灭而消灭，是身体权。人身权主要是其精神利益，这种精神利益是以主体的人身为依附的，离开主体的人身，其精神利益也就无法存在。所以一般情况下，人身权只有权利人本人享有和行使，不得转让、赠与、继承。这种特性使得人身权的取得与财产权的取得是不同的。自然人一出生就享有法律规定的各种人身权利，如生命健康权、姓名权、肖像权、名誉权、荣誉权、身份权等。即人身权是法定的权利，一般不需要主体通过实施一定的行为取得。财产权的取得通常需要主体的积极行为取得。另外，需要注意的是：不论主体有无民事行为能力，也不论主体是否意识到权利的存在，人身权都是存在的。主体在违反了民事义务时，不能任意剥夺其人身权利或限制其人身权的行使。这也是人身权与财产权的不同之处。

（2）人身权为绝对权。人身权的行使不必借助于他人的积极行为，只要他人不加妨碍和侵犯，人身权就可实现。

（3）人身权具有非财产性。人身权以人格和身份利益为内容，并不具有直接的财产内容，不具有经济学上的价值和使用价值，不能用金钱来衡量。与此相适应，人身权也不以满足主体的物质利益为目的。其本身也不以主体的财产多寡而有所不同，对人身权的保护也不以财产责任为原则。人身权行使的目的主要是为了满足民事主体精神上的需要。当然，这并非说人身权与财产权没有联系。例如，某种人格权的享有会直接影响其财产利益的取得范围；对人格的侵害往往带来其财产损失，如医疗费、误工费等；又例如，基于配偶身份而对另一方遗产享有继承权；法人的名誉权受到损害，会使人们失去对它的信任，造成其财产损失，甚至破产等。另外，在知识产权中，人身权与财产权是存在于一体的。即必须明确，我们说人身权不具有财产内容，不是说它与财产权没有联系。

二、人身权的分类

人身权以不同的标准可有不同的分类。按照权利的性质，人身权可分为人格权和身份权；按照主体的不同，人身权分为自然人的人身权和法人的人身权。其中，以权利的性质为标准进行的划分是最重要的划分。本书也只进行这种分类的阐述。

1. 人格权

人格权，是指民事主体具有法律上的独立人格必须享有的民事权利。人格权是每一个民事主体都享有的权利。公民一出生，就享有该权利；法人一成立，也就享有相应的人格权。人格权随权利主体的存在而存在，并随主体的消亡而消亡。人格权主要包括生命权、健康权、身体权、姓名权、肖像权、名誉权、荣誉权和隐私权、婚姻自主权等。

2. 身份权

身份权，是指民事主体因具有某种特定身份时依法享有的权利。身份权具有对人格的依附性；其内容具有权利义务的两位一体性；身份权与财产具有关联性。身份权多发生在有血缘联系、婚姻联系的亲属之间。一般包括亲属权、监护权、配偶权和亲权等。

练习题

一、单项选择题

1. 人身权作为专属权（　　）。

A. 不能转让　　B. 可以转让

C. 不可以转让但法律另有规定的除外　　D. 不得有偿转让

2. 人身权是民事主体最基本的民事权利，所以（　　）。

A. 它是每个民事主体都享有的　　B. 它不是每个民事主体都享有的

C. 公民和法人的人身权范围是一样的　　D. 死人的名誉可以任意损害

3. 人身权不具有财产内容，所以（　　）。
A. 人身权损害不能用金钱赔偿
B. 任何一项人身权都不得有偿转让
C. 对人身权造成损害不会影响主体的财产利益
D. 侵害人身权的民事责任不以损害赔偿为原则
4. 泰森在比赛时将霍利菲尔德的耳朵咬下一块肉，在民法上泰森的行为侵犯了霍利菲尔德的（　　）。
A. 健康权　　B. 身体权
C. 名誉权　　D. 肖像权
5. 下列著作权中不属于人身权的是（　　）。
A. 发表权　　B. 修改权
C. 保护作品完整权　　D. 使用权和获得报酬权
6. 下列权利中，不属于民法上人身权的是（　　）。
A. 结婚权　　B. 选举权
C. 对自己作品的修改权　　D. 在自己作品上的署名权
7. 某甲在劳动中被砸伤，致使双腿被截肢。根据我国民法的有关规定，现某甲仍享有（　　）的权利。
A. 健康权以外的人格权　　B. 身体权以外的人格权
C. 接受监护的权利　　D 各种人格权
8. 人格权是（　　）。
A. 自公民出生就享有的　　B. 并非出生就享有
C. 自公民年满十八周岁时享有　　D. 并非一切公民都平等享有的

二、简答题

1. 简述人身权的概念和法律特征。
2. 简述我国《民法通则》对人身权进行保护的意义。
3. 简述人格权和身份权的区别。

参考答案

扫码阅读

第二章 人格权

学习目标

掌握我国民法所保护的主要人格权的概念与内容。

一、人格权的概念与特征

所谓人格权，是指民事主体固有的，经法律认可、以人格利益为客体的民事权利。

人格权是民事主体维护法律上独立人格所必备的权利。人格权的本旨，就是维护作为法律上的人所必须具备的权利，保障主体在法律上的独立。保护人格权，是我国《民法通则》对宪法原则的具体贯彻和体现。我国《宪法》规定："中华人民共和国公民的人格尊严不受侵犯。"《民法总则》第一百零九条规定，自然人的人身自由、人格尊严受法律保护。《民法通则》《侵权责任法》以宪法为指导，列举了公民和法人所享有的各项具体的人格权，并详细规定了保护措施。人格权具有以下特征。

（1）人格权是民事主体固有的。所谓固有，对自然人来讲，这种权利与生俱来；对法人和其他组织来讲，这种权利自成立时即享有。该权利不需要民事主体实施任何行为，即可取得。不论民事主体有无行为能力，也不论民事主体是否实际参与各种民事关系，均应平等地享有人格权。

（2）人格权须经法律认可。虽然人格权是民事主体固有的，但只有经过法律认可的人格权，如名誉权、肖像权等才受法律的保护。未经法律认可的人格权，如亲吻权、悼念权等，不属于法律意义上的人格权，即使受到侵犯，也得不到法律上的救济。

（3）人格权以人格利益为客体。人格利益，是指民事主体自然生存和社会生存所必需的利益。具体而言，是指民事主体就其人身自由和人格尊严、生命、健康、姓名、名誉、肖像、隐私等方面所享有的利益之总和。人格利益通常分为一般人格利益和具体人格利益，前者是指民事主体享有、但法律未作特别规定的人格利益，即人身自由和人格尊严，它具有概括性和包容性；后者是指民事主体享有、并由法律明确作出具体规定的人格利益，其类型具有法定性，如生命、名誉、隐私等。人格权也因此分为一般人格权和特别人格权。

二、生命健康权的概念与内容

（一）生命健康权的概念

生命健康权是指公民依法所享有的生命安全、身体健康和维持正常功能的权利。实质上生命健康权包括生命权、身体权和健康权三种权利，只是我国《民法通则》把它们合而为一，统称为生命健康权，实际上它们虽有联系，但其区别也是明显的。

（1）生命权是指自然人以其生命维持和安全利益为内容的人格权利，具体应包括：①生命安全维持权（如当生命出现危险时，进行正当防卫、紧急避险等）；②司法保护权，即请求司法机关予以救济的权利；③生命利益支配权，即权利人处分自己生命的权利。生命始于出生，终于死亡，所以，生命权的持续期间也是从出生到死亡。从人格利益角度看，生命是人的最高人格利益，是人的第一尊严，因此，生命权是人所有权利中最重要的权利，是其他所有权利的基础，没有生命权的人，也就不享有其他任何权利。

（2）身体权指自然人对其肢体、器官和其他组织的安全维护和支配的权利。身体权要保护的是肢体、器官和其他组织的完满状态以及主体对自己身体的支配。例如，对自己身体的部分转让（献血、捐献肾脏等）。身体是自然人成为民事主体的物质基础。

（3）健康权是自然人以其器官乃至整体功能利益为内容的人格权。它所保护的不是无疾病状态，而是整体身心的安全运行，功能的正常发挥，既不限于生理健康，也包括心理健康。

身体权与健康权是紧密相连的，但二者内容并不相同。身体权的客体是身体，健康权的客体是健康。身体权体现的利益是自然人身体组织的完整性，健康权体现的利益是自然人肌体功能的完整性。例如，谩骂他人，使其心理受到创伤的，属于侵害健康权，而不是身体权；而殴打他人致一般性软组织挫伤，经治疗痊愈者，该殴打行为侵害的是身体权，而不是健康权。

（二）侵害自然人的生命健康权，可以根据侵权行为的性质、情节和危害程度，分别追究行为人的民事责任、行政责任和刑事责任

根据《民法通则》第一百一十九条和《最高人民法院关于贯彻执行〈中华人民共和国民法通则〉若干问题的意见（试行）》的有关规定，以及《中华人民共和国国家赔偿法》的规定，侵害公民生命健康权的民事赔偿责任包括以下几方面。

（1）支付丧葬费。当公民生命权受到侵害时，加害人应支付的费用，具体数额根据国家有关规定。

（2）支付受害人生前扶养的人必要的生活补助费。受害人生前扶养的人，由于受害人的死亡，而得不到扶养，这部分费用也应由侵权行为人负担，标准一般以当地的基本生活水平为准。是未成年人的给付到18周岁，其他无劳动能力的给付到死亡时止。

（3）赔偿医疗费。医疗费包括诊断费、挂号费、治疗费、化验费、药费、住院费等，这部分费用应以治疗医院的诊断证明和医疗费单据为凭。

（4）赔偿因误工而减少的收入。受害人因身体或健康受到侵害而不能工作的，加害人应赔偿其因不能正常工作而减少的收入，受害人的亲属因对受害人进行专人照顾而减少的收入也应赔偿。误工时间从受伤害之日起，到医院诊断书认定其恢复健康或因此而死亡之时止。数额标准，有固定收入的，以其平时工资或平均实际收入标准为准，无固定收入的按当地国有同行业的平均收入计算。

（5）支付交通费、住宿费等。受害人在去医院治疗或转院过程中所支付的交通费、住宿费等，加害人也应予以赔偿。

（6）赔偿残疾者生活补助费。指由于身体受到伤害，致使受害人残疾的情况下，侵权人所应承担的费用，包括基本生活费和残疾用具费。前者的标准，应根据伤残等级，按当地平均生活标准计算；后者要以医院证明按普及型器具的费用标准计算。

三、姓名权的概念与内容

姓名是自然人之间相互区别的文字符号，其本身包含姓氏和名字两部分。姓名权是自然人依法享有的决定、变更和使用自己姓名并排除他人干涉或非法使用的权利。

姓名权从内容上讲包括命名权、变更权和使用权。

（一）命名权

命名权指自然人决定其姓名的权利，包括姓氏决定权和名字决定权。公民可以姓父姓，可以姓母姓，也可以决定姓其他的姓；公民可以给自己取正式名字，也可以取别名、笔名、艺名或其他名字。一般而言，自然人出生后，先由其父母等为其取一个正式姓名，以办理户籍登记，待自己具备行为能力后，他可以继续使用该姓名，或决定取新的姓名，即变更姓名。

（二）变更权

变更权指自然人依法改变自己姓名的权利。其实，变更权属于命名权的自然延伸。自然人有权决定自己的姓名，其内容当然也就包括变更自己的姓名，只是由于权利人在未变更之前，已经以原有的姓名参与了各种法律关系，其姓名的改变可能会影响他人或社会利益。所以，变更姓名必须遵守有关的法律规定，变更正式姓名还须到户籍登记机关办理变更登记手续。

（三）使用权

使用权指自然人依法使用自己姓名的权利。使用权是姓名权的基本内容，包括权利人自己使用或不使用自己的姓名（如在自己的作品上不署名），也包括要求他人正确使用自己姓名的权利。作为权利，姓名权当然可以由权利人自由行使，但是任何权利都不是绝对的，权利人在行使姓名权时，也必须遵守有关规定，受到一定限制。这种限制，主要表现在以下几方面。

其一，在正式法律文件上，公民都必须使用其正式姓名，因为如果允许使用其他姓名，就会造成法律关系的混乱，使权利义务主体不明确，从而影响整个社会经济秩序。另外在法律或行政法规有特殊规定时，当事人应当遵守。如去银行存款，应使用真实姓名等。

其二，公民不得基于不正当目的而取与他人相同的名字，不得故意造成姓名混乱。由于我国人口众多，现实生活中，重名重姓在所难免，只要不是故意为制造混乱或损害他人利益而取的姓名，都不属违法。

其三，不得滥用姓名，如基于不正当目的而随意变更姓名等。

（四）侵害姓名权的行为

姓名权在我国得到充分保护，立法上除《民法通则》外，《中华人民共和国婚姻法》（以下简称《婚姻法》）、《中华人民共和国收养法》（以下简称《收养法》）、《中华人民共和国著作权法》等都有相关的规定。实践中，侵害姓名权的行为主要有以下几种方式。

一是干涉他人姓名权的行为，如父母干涉子女姓名权，养父母强迫养子女随其姓氏等。需要注意的是，自然人出生后，一般是父母为其取名，包括正式姓名和乳名，这不是侵权行为，也不是干涉姓名权，而是父母亲权的表现。

二是盗用他人姓名行为，指未经他人同意或授权而擅自使用他人姓名，实施有害于他人或社会的行为。例如，以他人姓名签字领取不合法收入等。

三是假冒他人姓名的行为，假冒即冒名顶替，即使用他人姓名，并冒充该人参加民事活动或其他活动的行为。

盗用和假冒都是非法使用他人姓名的侵权行为，但二者有一定区别：盗用是未经允许擅自使用他人姓名，而假冒则是直接使用他人姓名，并以他人身份进行民事活动。

四是不正确使用他人姓名，指恶意使用他人姓名的行为。例如，恶意使用他人姓名于动物或以他人姓名为文学作品中的反面人物命名，或者对他人姓名中的文字乃至读音进行改动，进而达到奚落他人的目的等，都属不正确使用他人姓名的行为。

四、肖像权的概念与内容

肖像，是指自然人的外部形象通过一定的形式在客观上的再现所形成的作品。肖像是自然人外部形象的客观再现，反映自然人的真实面貌。由于肖像能客观反映肖像人的形象，所以，在法律意义上，肖像体现自然人的人格利益。

肖像权是指自然人对自己肖像所享有的专有权利。从内容上看，肖像权包括制作专有权和使用专有权。制作专有权是指制作肖像的决定权和实施权。肖像人可以自行制作肖像，如自画像等，也可以委托他人制作，如到照相馆照相、请画家画像等。使用专有权指肖像权人对肖像的专有使用权。权利人有权以任何合法方式使用自己的肖像，包括自己使用，也包括允许他人使用，通过使用而取得财产上的利益或达到精神上的满足。

侵害自然人肖像权的行为表现在以下几方面。

（1）未经许可而制作或使用他人肖像。肖像权作为人格权，体现主体的人格利益，属绝对权。未经他人允许，不得制作或使用，否则，即构成侵权。

（2）无正当理由地制作、使用他人肖像。对此，也可以反过来理解：如果制作、使用他人肖像有正当理由，为法律所允许，即便未经肖像权人同意，也不构成侵权。这些正当理由也称对肖像权的限制，其包括：①国家机关为执行公务而使用公民肖像，如公安机关为通缉犯罪嫌疑人而使用其肖像；司法机关在诉讼活动中作为证据而使用当事人的肖像等。②在公开场合中，为新闻报道目的而使用参加该公开活动的人的肖像。如参加游行、集会、演讲时等。③为本人或社会公共利益而使用其肖像。如在寻人启事中使用失踪人的肖像；为社会公共利益而对违法或不道德行为人的行为进行曝光等。④特殊人物的肖像权受到一定的限制。如政府官员、知名人士、运动员、艺术家等，他们的活动受到社会的普遍关注，对有些活动，人们也享有知情权，所以，为了报道这些人的活动、事迹而使用其肖像，即使未征得其本人同意，也不构成侵权。⑤为了科学研究或文化教育的目的，而在一定范围内使用他人肖像。

我国《民法通则》第一百条规定：“公民享有肖像权，未经本人同意，不得以营利为目的而使用公民的肖像。”

五、名誉权的概念与内容

名誉是社会对特定的人的思想、品德、才干、财产状况等各方面的一种综合评价。也就是说，名誉是一种社会客观评价，而不是自己对自己的评价，是一般人的评价，而不是某一个人或某一组织的评价。这种评价是一种积极的评价，不一定表现出来，有时只存在于人们的观念中。名誉反映某一特定人的人格，所以，名誉对民事主体来说至关重要。

名誉权是指民事主体对其名誉所享有的权利，它是民事主体人格权的重要组成部分，其对主体财产等方面的影响也非常大。名誉本身虽非财产，也不能用金钱来计算，但名誉对主体财产利益的影响却不容忽视，特别是对企业法人，名誉（信誉）好的企业，企业效益就好；名誉受损，社会评价降低，就会失去原有的经济伙伴，导致企业的重大损失。

名誉权具有专属性，表现在名誉权与特定的人身不可分离，主体不能转让，不能抛弃，也不受他人剥夺，名誉权伴随主体终生。对名誉权的侵害都是针对特定的人，而对某一类人进行侮辱、诽谤，不构成侵害名誉权行为。

同时要注意，侵害名誉权的行为必须为第三人所知悉。名誉是一种社会评价，只有在加害行为使受害人的社会评价受到影响时，才能认定为侵害名誉权行为，不能以受害人自己或加害人的主观愿望为依据。具体说，对某人实施的行为，如果没有使公众对其评价降低，即使受害人精神上产生了极大痛苦，也不能认定该行为是侵害名誉权行为；相反，如果针对某人实施的一定行为，客观上造成了受害人的公众评价降低，而受害人自己并未意识到，也应认定该行为是侵害名誉权行为。例如，对某一精神病患者进行的侮辱、诽谤，受害人可能意识不到，而加害人的行为无疑损害了该精神病人的名誉权，其监护人应就此提出诉讼，以保护被监护人的合法权益。

在实际生活中，经常出现的案例，如在超市购物，被怀疑偷东西，进而被搜查身体。受害人往往以名誉权受到侵害为由，向人民法院提起诉讼，这是对名誉权的误解。因为，是否构成名誉权侵权，或者说名誉权是否受到侵害的标准，是看社会评价是否降低，而这个标准恰恰不是受害人自己所能感觉的。在实际操作中，就应以这种侵权事实是否被第三人所知悉为标准，因为只有为第三人知悉后，才可能产生社会评价降低的问题。当然，超市以偷东西为由搜查顾客身体的行为也肯定是侵权行为，定性上应认定为侵害了顾客的身体权。即未经允许而支配他人身体，是侵害身体权的行为。

关于死者有无名誉权问题，目前争论较大，从民事主体制度的基本原理分析，自然人的民事权利自出生时开始，到死亡时终止，人死后不可能享有民事权利，所以，死者不能享有名誉权。但对死者进行侮辱、诽谤又确实属违法行为。在实务上，人民法院都根据最高人民法院的有关司法解释，认定死者享有名誉权。因为权利虽然只有生者享有，但权利的内容——利益，在公民死后仍有所体现。利益体现在两方面，一是个人利益，二是社会利益，对社会利益的保护并不因公民的死亡而撤销。

侵害公民名誉权的行为，根据《民法通则》第一百零一条的规定，主要表现为侮辱和诽谤两种方式。侮辱，是指以暴力或者其他方式贬低他人人格，毁损他人名誉的行为。如当众剥光他人衣服，逼迫他人受胯下之辱等。此外，这也表现为以书面形式对他人进行侮辱，如写大字报对他人进行谩骂，等等。诽谤，是指捏造并散布某些虚假事实，损害他人名誉的行为。它与侮辱的区别在于，诽谤传播的是虚假事实，而且这种捏造和传播很可能使第三者信以为真，而口头或书面形式的侮辱则不具有误导他人的作用。

除此之外，其他行为如宣扬他人隐私而使其名誉权受到损害，假冒他人姓名从事违法活动，以及侵害肖像权时对他人名誉也造成损害等，都属于侵权行为竞合。如何保护自己的权利，由当事人自行选择其一即可。

六、隐私权的概念与内容

隐私是指自然人个人生活中不愿被他人所知悉的内容。隐私权是指自然人依法享有的个人生活秘密不受他人侵害的权利，是一项独立的人格权利。隐私权与名誉权存在着多方面的区别，这种区别主要表现在以下几方面。

（1）权利内容不同。名誉权的内容是社会对主体的评价，而隐私权的内容是当事人不愿公开的私生活秘密。

（2）加害人有无抗辩理由不同。在侵害名誉权案件中，以加害人得以散布的事实是真实的为抗辩理由提出抗辩；而在侵害隐私权案件中，则不能以此为抗辩理由，相反，加害人所披露的事实越真实，越详细，侵害他人隐私权的程度就越严重。

（3）权利的取舍不同。隐私权中包括公开权，即当事人可以将在某一方面的隐私权抛弃，如模特向画家、摄影师公开身体以供描绘、拍摄等。而名誉权中的名誉是公众对某人的一种评价，它不是当事人所能抛弃的。

（4）权利的范围不同。名誉权除自然人外，法人也享有，而隐私权则只有自然人才具有。

（5）保护的方式不同。名誉权受到损害时，可以依法消除影响，恢复名誉等进行救济，而隐私权受到侵害则无法消除影响，也无法恢复。另外，在现实生活中，有时擅自披露他人隐私，并不造成他人名誉受损，甚至可能会使其得到公众的尊重，反而提高其名誉。这时，行为人侵害了当事人的隐私权，而并没有侵害其名誉权。

侵害隐私权的方式主要有：非法侵入他人住宅、非法对他人行踪进行监视监听、窥视他人私生活、披露他人隐私等。

另外，需要注意的是，公众人物的隐私权范围比普通人要狭窄。这是因为公众人物的日常活动，老百姓有知情权，如政治家的活动、著名人物的活动等，他们的活动与公共利益有很大关系。当隐私权与知情权发生冲突时，应当从保护公共利益的角度出发，首先保护知情权。

七、婚姻自主权

婚姻自主权是指公民依法享有婚姻自由的权利，即公民依法按照自己的意志，自愿地结婚或离婚，不受他人干涉的自主的权利。《民法总则》第一百一十条规定，自然人享有生命权、身体权、健康权、姓名权、肖像权、名誉权、荣誉权、隐私权、婚姻自主权等权利。婚姻自主权的内容包括结婚自主权和离婚自主权。

婚姻自主权属于人格权的一种，具有专属性和不可转让性的特点，本质上是一种特别人格权。

练习题

一、单项选择题

1. 下列主体中，享有名称权的是（　　）。

A. 公民、外国人　　B. 自然人、法人

C. 农村承包经营户、个体工商户　　D. 法人、个体工商户、个人合伙

2. 下列行为中属于侵犯肖像权的是（　　）。

A. 为寻找失踪人而使用其肖像

B. 公安机关为通缉犯罪嫌疑人而使用其肖像

C. 为新闻报道目的而使用他人的照片

D. 未经许可而将他人的肖像张贴在照相馆前招揽生意

3. 下列行为中不属于侵犯姓名权的有（　　）。

A. 干涉　　B. 盗用

C. 假冒　　D. 父母为未成年子女取姓名

4. 某甲与某乙素有积怨，为使甲不能调至上级单位，在组织部门考察时，某乙到处散布某甲与他人有不正当男女关系，致使某甲精神受到很大打击。某乙的行为侵犯了某甲的(　　)。

A. 荣誉权　　B. 名誉权

C. 生命健康权　　D. 隐私权

5. 下列民事权利中，属于人格权系列的是（　　）。

A. 生命权、身体权、健康权、隐私权

B. 生命权、健康权、亲属权、名誉权

C. 身体权、健康权、监护权、名誉权

D. 姓名权、肖像权、监护权、名誉权

6. 下列行为中不属于侵犯他人名誉权的是（　　）。

A. 到处宣扬某未婚男女有两性关系

B. 捏造某人是私生子并在其单位散布

C. 为侮辱他人而在大庭广众下进行谩骂

D. 在争吵中将某人曾被判有期徒刑的事实张扬出去

7. 某杂志社未经影星李某同意，即在杂志的封面上刊登其未成名时与前妻的露情照片，并附有某生产滋补药品公司名称。李某以（　　）受到侵害为由，要求杂志社承担民事责任。

A. 肖像权　　B. 名誉权

C. 肖像权和荣誉权　　D. 肖像权或名誉权

8. 自然人开始享有名誉权的时间是（　　）。

A. 年满 18 周岁

B. 出生时

C. 年满 16 周岁以上，以自己的劳动收入为主要生活来源时

D. 年满 10 周岁

二、简答题

1. 简述名誉权与隐私权的区别。
2. 简述肖像权侵权的构成要件。
3. 简述侵害姓名权的主要表现方式。

三、论述题

试述精神损害的物质赔偿。

四、案例分析题

2016 年的一天，贺某夫妻带着儿子贺加奇到华美照相馆照周岁纪念相。摄影师于某见贺加奇活泼可爱，便私自多放大了几张，在征得贺某同意后将其中一张摆放在自己的橱窗内，以招揽顾客。其余的几张保留了下来。后来，于某的朋友洪某见到该照片，称其所在的印刷厂正在制作儿童挂历，就要求于某给他一张。印刷厂以 700 元价格从洪某处买到照片并制作投产。贺某在买挂历的过程中，发现儿子的大头像也在其中，非常气愤，找到印刷厂问明来源后，即以于某和印刷厂为被告起诉到法院。要求停止侵害，赔礼道歉，赔偿损失 2000 元。法院在审理过程中应于某要求追加洪某为被告。

法院经调查，认定上述事实属实。

问：（1）本案中于某的行为是否构成侵权？说明理由。

（2）法院应怎样判决？

参考答案

扫码阅读

第三章 身份权

学习目标

掌握身份权的概念、特征及其内容。

一、身份权的概念与特征

身份权，是民事主体基于某种特定身份而依法享有的民事权利。具体讲，身份权是民事主体基于在特定社会关系中的地位或资格而依法享有的民事权利。与人格权相比，身份权具有以下特征。

1. 身份权不是民事主体固有的权利

身份权不是民事主体固有的权利，而是通过一定的行为或事实取得的，它也会因一定的行为或事实而消灭。如配偶权，是基于结婚而取得的，也会因离婚或配偶的死亡而消灭。

2. 身份权不是民事主体的必备权利

没有身份权，民事主体依然可以生存，可以从事各种民事活动。

3. 身份权具有权利义务两位一体性

身份权一词只是借用了权利的用语，实为权利义务的集合体。因为民事主体基于特定身份既享有一定的权利，同时也承担一定的义务。如在亲权中，父母对未成年子女有抚养教育的权利，同时也有抚养教育的义务。

4. 身份权必须以一定社会关系中的地位或资格为前提

身份权是基于某种特定地位或资格而享有的权利，所以必须以该特定地位和资格作为前提。

根据身份权客体的不同，身份权可以分为婚姻家庭法上的身份权、知识产权法上的身份权以及荣誉权等。本部分重点介绍荣誉权和婚姻家庭法上的身份权。

二、荣誉权

1. 荣誉权的概念与特征

荣誉权，是指民事主体对自己荣誉所享有的权利。我国《民法通则》第一百零二条规定："公民、法人享有荣誉权，禁止非法剥夺公民、法人的荣誉称号。"我国《侵权责任法》第二条第2款也明确规定了保护荣誉权。荣誉权具有以下特征。

（1）荣誉权的主体可以是自然人，也可以是法人或其他民事主体。

（2）荣誉权的客体是荣誉。所谓荣誉，是指民事主体因一定事由、基于某种资格而获得的积极评价。例如，某人在工作中表现突出，被国家授予了"五一劳动奖章"称号；某企业法人信誉一直很好，被工商行政管理部门授予"重合同守信用企业"称号；某纺织车间织万米布无瑕疵，被工厂授予"先进车间"的称号等。

荣誉权中的"荣誉"与名誉权中的"名誉"都是社会对某一特定主体的评价，但两者又有很大的区别，主要表现在以下几个方面。①取得的条件不同。名誉是每个人都有的，其取得不需要具备任何特定条件；而荣誉虽然是每个人都可以获得的，但它需要经过当事人取得一定的成绩，并受到有关机关、组织表彰时才能获得。②取得的方式不同。名誉是存在于社会大众心里的，是一种自由的、随意的评价；而荣誉是一定的国家机关或社会组织依照一定的程序对某一主体给予的评价。③内容不同。名誉是对某一特定主体的综合性评价，涉及各个方面，具有整体性；而荣誉是对某一特定主体在某一方面的评价。④性质不同。名誉是社会大众对某一主体的评价，无论这个评价是好还是坏，其都构成该主体的名誉；而荣誉只能是正面的、积极的评价。因此，有好名誉与坏名誉之分，却无好荣誉与坏荣誉之别。

（3）荣誉权可以因荣誉被取消而消灭。既然荣誉是授予的，当获得荣誉者不再符合所授予荣誉的条件时，也可以由有关组织予以取消。如某田径运动员在世界级大赛中获得冠军称号，但赛后经组委会查证，该运动员在比赛前服用了兴奋剂，于是组委会按照一定的程序取消了其冠军称号。由于冠军称号被取消，其荣誉权也归于消灭。

2. 荣誉权的内容

荣誉权的内容主要包括以下几个方面。

（1）荣誉获得权。即民事主体有权获得授予他们的荣誉，任何人不得妨碍、阻挠他人获得荣誉，也不得侵占他人应获得的荣誉。

（2）荣誉保持权。荣誉权人有权保持自己的荣誉，他人不得非法剥夺。

（3）荣誉利用权。荣誉权人有权利用自己的荣誉。荣誉权人可以一定方式表明自己的荣誉，也可以将荣誉用于生产、经营以及生活的各个方面。

（4）享有因荣誉所产生的各种利益的权利。荣誉权本身不直接体现财产内容，但是，荣誉往往能够给权利人带来各种利益。荣誉人有权享有这些利益。

三、其他身份权

除荣誉权外，身份权还包括婚姻家庭法上的配偶权、亲权、亲属权。

配偶权，是指在合法有效的婚姻关系存续期间，夫妻双方基于夫妻身份所互相享有的民事权利。配偶权是一组权利义务的集合。具体而言，配偶权包括夫妻姓名权、住所决定权、同居的权利和义务、忠实义务、相互扶助义务以及日常事务代理权。

亲权，是指父母基于其身份而对未成年子女的人身和财产进行监护的权利和义务。该权利的基础在于父母与未成年子女这一特定的身份关系。亲权名为权利，实际上也是权利和义务的集合体。亲权只能由父母专有。具体而言，亲权的内容包括人身照护权和财产照护权。

亲属权，是指民事主体因血缘、收养等关系产生的特定身份而享有的民事权利。具体可划分为：其一，父母与成年子女之间的权利，如父母享有请求成年子女赡养的权利。其二，祖父母、外祖父母与孙子女、外孙子女之间的权利，如父母已经死亡的未成年的孙子女、外孙子女享有请求有负担能力的祖父母、外祖父母抚养的权利。其三，兄弟姐妹之间的权利，如父母无力抚养的未成年弟妹享有请求有负担能力的兄、姐抚养的权利。

练习题

一、单项选择题

1. 依据我国《民法通则》的规定，公民的（　　）受到侵害时，当事人有权要求赔偿损失。

A. 生命权、健康权、身体权　　B. 姓名权、肖像权、名誉权、荣誉权

C. 名誉权、隐私权、健康权　　D. 配偶权、监护权、亲属权、亲权

2. 张某和刘某夫妇无子女，后收养李某的幼子为养子。该养子（　　）。
   A. 姓张　　B. 必须姓刘
   C. 必须姓李　　D. 可以姓张，可以姓刘，也可以姓李
3. 2016年年底，某甲与某乙所在单位要评选“先进工作者”，某甲认为某乙是其最有力的竞争者，为不让某乙评上，某甲即散布某乙有虚报成绩等谣言，使乙未能评上“先进工作者”，并因此使其精神受到极大打击。某甲的行为侵犯了某乙的（　　）。
   A. 荣誉权　　B. 隐私权
   C. 名誉权　　D. 健康权
4. 下列民事权利中，只能由公民享有的是（　　）。
   A. 荣誉权　　B. 著作权
   C. 肖像权　　D. 名誉权
5. 下列民事权利中，不能由公民享有的权利是（　　）。
   A. 名誉权　　B. 名称权
   C. 隐私权　　D. 荣誉权
6. 荣誉权是民事主体对自己获得的荣誉称号依法所享有的权利，对该荣誉称号，依法可以(　　)。
   A. 抛弃　　B. 继承
   C. 转让　　D. 剥夺
7. 法人和个体工商户依法享有的人身权包括（　　）。
   A. 姓名权和名誉权　　B. 名誉权和经营权
   C. 经营权和隐私权　　D. 名称权和名誉权
8. 不属于身份权所具有的特征是（　　）。
   A. 身份权不是民事主体的必备权利
   B. 身份权具有权利义务两位一体性
   C. 身份权是民事主体固有的一项权利
   D. 身份权必须以一定社会关系中的地位或资格为前提

二、简答题

1. 简述身份权的概念与特征。
2. 简述荣誉权的概念与内容。

参考答案

扫码阅读

第五部分 婚姻家庭

第一章 概　　述

学习目标

掌握婚姻家庭法的调整对象和基本原则。理解身份法律行为的概念、特征及分类。理解婚姻法上的身份权。

一、婚姻家庭法的调整对象

《民法总则》第一百一十二条规定，自然人因婚姻、家庭关系等产生的人身权利受法律保护。婚姻家庭法虽属于民法部门，但与其他民法规范比较，又具有相对独立的性质。其独立性特点主要是由它的特定调整对象决定的。婚姻家庭法的调整对象可概括为婚姻家庭关系，对此，应从两个方面来认识。

（1）从调整对象的范围来看，婚姻家庭法既调整婚姻关系，又调整家庭关系。婚姻关系因结婚而成立，又因一方死亡或离婚而终止。所以，关于结婚的条件和程序、夫妻间的权利和义务，关于离婚的处理原则、程序、条件以及离婚后有关子女抚养、财产分割和生活困难等问题，都属于婚姻关系范围。家庭关系是基于结婚、出生、法律拟制等原因而发生，又因离婚、家庭成员死亡、拟制血亲关系解除等原因而消灭。因此，关于确认家庭成员之间的亲属身份，规定家庭成员之间的权利义务及其产生、变更和终止等方面的事项，均属于家庭关系的范围，由婚姻家庭法规范调整。

（2）从婚姻家庭法调整对象的性质来看，既有婚姻家庭方面的人身关系，又有婚姻家庭方面的财产关系。其中人身关系占据主导地位，财产关系以人身关系为先决条件，居于从属依附地位。所以，婚姻家庭法在性质上应认定为身份法而非财产法；它所调整的对象是基于婚姻家庭而产生的人身关系以及与此相联系的财产关系。

二、婚姻家庭法的基本原则

《婚姻法》第二条规定，实行婚姻自由、一夫一妻、男女平等的婚姻制度，保护妇女、儿童和老人的合法权益，实行计划生育。这即是婚姻家庭法的基本原则。

1. 婚姻自由原则

婚姻自由原则是宪法赋予公民的一项基本权利。是指男女双方有权依法决定自己的婚姻，既不受对方的强迫，也不受第三人的干涉。婚姻自由包括结婚自由和离婚自由。《婚姻法》第三条明确规定，禁止包办、买卖婚姻和其他干涉婚姻自由的行为。

2. 一夫一妻原则

一夫一妻，即一男一女结为夫妻的个体婚姻形式。按照这一原则，任何人都不得同时有两个或者两个以上的配偶。婚姻法严格维护一夫一妻制度，禁止重婚以及其他破坏一夫一妻制度的行为。婚姻家庭法为贯彻执行一夫一妻原则提供了有效的法律保障。如《婚姻法》第十条明确规定，重婚为无效婚姻；《婚姻法》第四十六条规定，因有配偶者与他人同居导致离婚的，无过错方有权在离婚诉讼中请求损害赔偿等。

3. 男女平等原则

婚姻家庭法所规定的男女平等原则，既是宪法原则的具体化，又是婚姻家庭法的立法基础之一。它是指男女两性在婚姻和家庭生活的各个方面都享有平等的权利，承担平等的义务。婚姻法为贯彻男女平等原则，做出了一系列有关夫妻之间或者父母双方在人身、财产上都有“平等”的权利义务的规定。如夫妻在家庭中地位平等；夫妻双方都有各用自己姓名的权利；夫妻双方都有参加生产、工作、学习和社会活动的自由，一方不得对他方加以限制或干涉；夫妻有互相扶养的义务；子女可以随父姓，可以随母姓；夫妻有相互继承遗产的权利等。

4. 保护妇女、儿童和老人合法权益原则

保护妇女、儿童和老人合法权益是从婚姻家庭领域中的客观实际出发，以维护婚姻家庭的安定和谐为目标的婚姻家庭法的基本原则。《婚姻法》为贯彻这一原则，做出了一系列保护性规定，如女方在怀孕期间、分娩后1年内或中止妊娠后6个月内，男方不得提出离婚；离婚时，夫妻的共同财产由双方协议处理，协议不成时，由人民法院根据财产的具体情况，照顾子女和女方权益的原则判决；父母对子女有抚养教育的义务；子女对父母有赡养扶助的义务；有负担能力的孙子女、外孙子女，对于子女已经死亡或子女无力赡养的祖父母、外祖父母，有赡养的义务；禁止实施家庭暴力或虐待、遗弃家庭成员，禁止溺婴、弃婴和其他残害婴儿的行为等。

5. 计划生育原则

实行计划生育是我国的基本国策之一。婚姻家庭制度同生育制度有着密切的内在联系，婚姻家庭是人口再生产的社会形式。婚姻双方是共同的生育主体，家庭是人口再生产的基本单位，宏观上的社会人口再生产，在微观上是通过婚姻家庭中的生育行为实现的。因此，我国的婚姻家庭法以实行计划生育为其基本原则之一。

三、身份法律行为与身份权

1. 身份法律行为的概念、特征及分类

身份法律行为，是指以身份以及身份所引起的人身关系和财产关系的产生、变更或消灭为目的的法律行为，也称亲属身份行为。它包括形成行为和附随行为两类。所谓形成行为是指直接以亲属身份的发生、变更或消灭为目的的法律行为，如结婚、离婚、收养以及解除收养等；所谓附随行为是指以形成行为为前提，附随于这种行为而从事的法律行为，如有关夫妻财产的约定、离婚时有关子女抚养和财产分割的协议。即使婚姻家庭法上的附随行为有时只涉及财产关系，但是正因为它附随于有关身份变动的形成行为，因此，不能单纯作为财产法上的事项来对待。与一般民事法律行为比较，身份法律行为有以下几个特征。

（1）主体资格具有限定性。该特征体现在两个方面。其一，身份法律行为的主体必须具有特定的亲属身份。例如，撤销婚姻、离婚、解除收养关系等身份行为的主体只能是婚姻关系或收养关系的当事人。其二，身份行为只有行为能力的有无之分，没有限制行为能力之说。换言之，身份行为人要么具有独立行为的完全行为能力，要么没有独立行为的能力，不存在需要征得法定代理人同意或事后法定代理人追认其行为的问题。

（2）身份行为不得代理。亲属身份行为及其法律后果以亲属身份为依归，是人身专属性的行为和后果，只能由本人进行和承受，因而亲属的身份关系的成立、变更或消灭，原则上皆须基于亲属身份人本人的自由意思，且须亲自做出实质性意思表示，不得由他人代理。

（3）身份行为不得附条件或期限。身份关系的建立是为了达成一种伦理的结合，目的就在于结合本身，而不是结合所要完成的某个目标。即使结合是为了达到某个目标，该目标也只是行为的动机，不能被纳入行为的内容中。例如，一方结婚即使是为了有房屋居住，也不能将该动机纳入结婚的行为中，如以对方购得房屋作为婚姻生效的条件。因此，身份法律行为中的形成行为发生身份变动的后果，应不允许附条件或期限，否则和身份关系的性质不符。

（4）身份行为具有要式性。身份法律行为涉及身份关系的稳定，公示和透明对于当事人和社会具有重要意义，因此，往往具有要式性，一方面促使当事人慎重，另一方面维护社会秩序（尤其是家庭秩序）的稳定。我国婚姻法对于结婚、协议离婚和收养都有登记的要求，未经登记，行为不发生效力。

（5）身份行为的评价具有独立的规则。对于形成身份行为，其效力不同于一般民事行为，它只有有效、无效和可撤销三种效力类型，而没有效力待定情形。从构成要件上看，婚姻可撤销的条件只限于胁迫，并不包括欺诈；从法律后果上看，婚姻无效的法律后果通常只是相对无效，而不是绝对无效，即只有在当事人或利害关系人向审判机关申请并经过宣告后才会发生无效的法律后果。

2. 婚姻法上的身份权

身份权是基于身份关系所产生的权利。身份权的核心问题是身份，因此，它所表达的就是亲属之间的身份地位关系，表明特定的亲属之间各自所处的不同地位和关系。因此，身份权就是亲属地位的法律化。身份权具有以下特征。

（1）身份权具有专属性。身份权仅在具有一定亲属关系的人之间存在，所以，它在归属上和行使上都具专属性，不得转让，不得处分，不得由他人代行，一般也不得抛弃。

（2）身份权具有义务性。身份权不仅仅是单方面为权利人设定，同时也是为相对人的利益而设定，如父母对未成年子女的教育权利同时也为一种义务。所以，身份权权利的行使与义务的履行具有同一性，权利人不得擅自不行使甚至抛弃。

（3）身份权无时效性。身份权的权利人不行使权利的状态持续一定时间后，该权利不会丧失。例如，扶养请求权人多年不行使其权利，只要其仍具备受扶养的条件，其扶养请求权就一直存续并受法律保护。这一点构成了身份权与债权的重要差别。所以，身份权不适用诉讼时效。这一点构成了身份权与债权的重要区别。

练习题

一、单项选择题

1. 生活在同一家庭的成员，以一定的亲属关系为前提条件，具有固定的身份和称谓。下列说法正确的是（　　）。
   A. 家庭成员之间肯定不存在亲属关系
   B. 具有亲属关系的人则肯定是家庭成员
   C. 具有亲属关系的人肯定不是家庭成员
   D. 常态下，家庭成员同时具有亲属关系，但亲属关系不等于家庭成员
2. 下列表述正确的是（　　）。
   A. 婚姻法只调整婚姻关系
   B. 婚姻法只调整婚姻家庭方面的人身关系
   C. 婚姻法只调整婚姻家庭方面的财产关系
   D. 婚姻法既调整婚姻家庭方面的人身关系又调整婚姻家庭方面的财产关系
3. 在现代核心化小家庭中，家庭关系的核心是（　　）。
   A. 夫妻关系　　B. 祖孙关系
   C. 父母子女关系　　D. 兄弟姐妹关系
4. 下列关于婚姻家庭关系的说法中，正确的是（　　）。
   A. 婚姻家庭关系中的财产关系终归是财产关系，因此具有等价有偿性质
   B. 婚姻家庭关系中的人身关系，存在于具有特定亲属身份的主体之间，本身具有一定的经济内容
   C. 婚姻家庭关系中，人身关系是起决定作用的主要方面，财产关系则处于从属地位，不能脱离人身关系而独立存在
   D. 婚姻家庭方面的财产关系，虽是以人身关系为前提的，但它不是人身关系发生、变更和终止所引起的相应法律后果
5. 下列关于婚姻家庭方面的财产关系特性的表述，不正确的是，婚姻家庭方面的财产关系(　　)。
   A. 局限于相互之间具有特定身份的亲属
   B. 终归是财产关系，因此具有等价有偿性质
   C. 基于结婚、出生、收养等特定法律事实而发生
   D. 反映亲属共同生活的要求，是实现家庭经济职能的要求
6. 婚姻法的基本原则是指婚姻法对我国婚姻家庭制度所做的概括性、原则性的规定，是我国婚姻立法的指导思想。下列不属于婚姻法基本原则的是（　　）。
   A. 婚姻自由原则　　B. 男女平等原则
   C. 诚实信用原则　　D. 计划生育原则
7. 亲属身份行为及其法律后果，(　　)。
   A. 可以由他人代理　　B. 可以由本人进行和承受
   C. 只能由本人进行和承受　　D. 不能由本人进行和承受

8. 婚姻自由是指男女双方有权依照法律规定，自主决定自己的婚姻问题，不受任何人的强制和干涉。下列说法中属于其他干涉婚姻自由的是（　　）。

A. 包办婚姻的　　B. 买卖婚姻的

C. 换亲和转亲的　　D. 对不结婚者进行侮辱、恶语中伤的

二、简答题

1. 简述婚姻家庭法的基本原则。
2. 简述身份法律行为的概念与特征。
3. 简述身份权的概念与特征。

参考答案

扫码阅读

第二章 亲属关系原理

学习目标

掌握亲属的概念与种类。理解亲系、行辈与亲等的基本内容。掌握亲属关系发生与终止的原因。

一、亲属的概念与种类

1. 亲属的概念

亲属是指自然人之间因婚姻、血缘和法律拟制而产生的身份关系。亲属之间存在着固定的身份和特定的称谓。与一般社会关系不同，亲属关系的发生必须基于特定的法定事由，如配偶关系的发生基于男女双方的婚姻这一法定事由、父母子女关系的发生基于出生或者收养这一法定事由。亲属关系主要表现为亲属间在身份上和财产上的权利与义务。

2. 亲属的种类

根据亲属关系发生的原因不同，可将亲属分为配偶、血亲和姻亲三种。

（1）配偶。男女双方因结婚而结为夫妻，在婚姻关系存续期间，夫妻双方互为配偶。配偶在亲属关系中有着极其特殊的重要地位。夫妻是亲属关系发生的起点，配偶则是血亲关系和姻亲关系得以发生的重要基础和纽带。

（2）血亲。血亲是指有血缘联系的亲属。法律上的血亲包括自然血亲和拟制血亲。

自然血亲，是指出自同一祖先，因出生而自然形成的具有真实血缘联系的亲属。如父母与子女、兄弟姐妹、祖孙、伯叔与侄子女、舅姨与外甥子女等，不分父系、母系，无论是婚生或非婚生，也无论是全血缘（同父同母）的或半血缘（同父异母、同母异父）的，都属自然血亲的范围。

拟制血亲，是指本无该种血亲应具有的血缘关系，而由法律确认其与该种自然血亲具有同等权利义务的亲属。由于此种血亲不是自然形成的，而是法律设定的，故又称“准血亲”或“法定血亲”。我国现行婚姻法确认的拟制血亲有两类：一是养父母与养子女以及养子女与养父母的其他近亲属；二是事实上形成了扶养教育关系的继父母与继子女。

（3）姻亲。姻亲是指配偶一方与另一方的血亲之间因婚姻而发生的亲属关系。但配偶本身不在姻亲之列。姻亲包括：①血亲的配偶，即己身血亲的配偶。如儿媳、女婿、继父母、姐妹夫、姑父、舅母、姨父、伯母等。②配偶的血亲，即己身配偶的血亲。如公婆、岳父母、继子女、夫的兄弟姐妹、妻的兄弟姐妹。③配偶的血亲的配偶，即己身与己身配偶的血亲的配偶之间的关系。如妯娌、连襟等。

二、亲系、行辈与亲等

1. 亲系

亲系，是指亲属间的联络系统，或称为亲属间的血缘联络。亲属以婚姻、血缘为基础，构成纵横交错，互相交织的亲属网络。除配偶外，一切亲属都有一定的亲系可循。

按照血缘关系的紧密程度，亲系有直系与旁系之分。血亲分为直系血亲与旁系血亲；姻亲亦分为直系姻亲与旁系姻亲。直系血亲与直系姻亲统称为直系亲，旁系血亲与旁系姻亲统称为旁系亲。

（1）直系血亲与旁系血亲。直系血亲，是指生育自己或自己所生育的上下各代亲属。上溯至父母、祖父母、曾祖父母等，下至子女、孙子女、曾孙子女等，皆为直系血亲。值得注意的是，直系血亲除自然直系血亲外，还包括法律拟制的直系血亲，如养父母与养子女、养祖父母与养孙子女、有扶养关系的继父母与继子女都是拟制直系血亲。

旁系血亲，是指双方之间无从出关系但由一共同祖先所生的血亲。如同源于父母的兄弟姐妹，同源于祖父母的伯、叔、姑与侄子女之间，堂（表）兄弟姐妹之间皆为旁系血亲。同父母所生者为全血缘亲属，同父异母或同母异父所生者，谓半血缘亲属。

（2）直系姻亲与旁系姻亲。姻亲以配偶为媒介，因相对人是他方配偶的血亲，故也分直系与旁系。与配偶的直系血亲为直系姻亲，但二者共同的后代除外。如公婆与儿媳，岳父母与女婿，继父母与继子女。与配偶的旁系血亲为旁系姻亲，如与妻或夫的叔、姑、姐妹、兄弟等皆为旁系姻亲。

2. 行辈

行辈又称辈分，是指亲属间的世代第次。辈分按世代来划分，以一世代为一辈分。按辈分的不同，可将亲属分为长辈亲、同辈亲和晚辈亲。同一世代者为同辈，互称为兄弟姊妹。自同辈而上则为父母辈、祖父辈等。自同辈而下则为子辈、孙辈等。父母辈以上为长辈亲，因其辈分高于自己，地位即尊，故旧称尊亲属。子辈以下为晚辈亲，因其辈分低于自己，地位即卑，故旧称卑亲属。

辈分这一观念，素来为我国人民所重视。现代法律实行人人平等原则，亲属辈分的尊卑在法律上已经并无多大实益，故我国婚姻法没有长辈、晚辈、平辈亲的规定，但《继承法》第十一条有所涉及，即“被继承人的子女先于被继承人死亡的，由被继承人的子女的晚辈直系血亲代位继承”。

3. 亲等

（1）亲等的概念及亲等的计算方法。亲等是衡量亲属间亲疏远近的指数与尺度。亲等越多则亲属关系越远。

国外立法对亲等的计算有两种方法：罗马法计算法和寺院法计算法。由于罗马法的亲等计算法比较科学、准确，因此目前为世界多数国家所采用。罗马法的亲等计算法不仅适用于血亲的计算，也准用于姻亲的亲等计算。本处仅介绍罗马法对血亲的亲等计算方法。

直系血亲亲等计算。其方法是从己身出发上数或下数（不算己身），以一世（代）为一亲等，世代数之和，即直系血亲的亲等数。例如，从己身往上数，自己与父母为一亲等；与祖父母为二亲等直系血亲；往下数，自己与子女为一亲等；与孙子女为二亲等。其他以此类推。

旁系血亲亲等计算。其方法是从己身往上数到同源的直系尊亲属，再由同源的直系尊亲属往下数到所要计算亲等的亲属，合计其代数以定亲等。具体而言，首先找出同源直系血亲，即己身与对方的共同长辈直系血亲，再按直系血亲亲等的计算方法从己身往上数至同源直系血亲，记下世代数；再从同源直系血亲往下数至要计算的旁系血亲，记下世代数；最后将两边的世代数相加所得之和，就是旁系血亲的亲等数。

（2）我国婚姻法关于亲属关系的计算方法。我国婚姻法计算亲属关系的亲疏远近的单位是“代”。如《婚姻法》第七条规定，三代以内的旁系血亲禁止结婚。

代即指世辈，以一辈为一代。计算亲属关系的代数分为直系血亲和旁系血亲两个方面。一辈代数小的比代数大的亲属关系亲近。

直系血亲的计算。从自己向上数至要计算的对方，自己本身为一代，数至父母为二代，祖父母为三代，依次类推。因此，自己与祖父母是三代直系血亲；自己与孙子女是三代直系血亲。

旁系血亲的计算。首先找出同源直系血亲，按直系血亲的计算法，从己身往上数至同源直系血亲，记下世代数；再从同源直系血亲往下数至要计算的旁系血亲，记下世代数。如果两边的世代数相同，则用一边的世代数定代数。如果两边的世代数不同，则取世代数大的一边定代数。例如，计算自己与兄弟姐妹之间的代数，首先找出同源直系血亲，即父母，己身为一世代，往上数至父母为二世代；再从父母为一世代，往下数至兄弟姐妹是二世代。因此，兄弟姐妹之间是二代的旁系血亲。

三、亲属关系的发生与终止

亲属关系因特定原因而发生，亦因特定的原因而终止。由于亲属关系的性质和种类不同，引起亲属关系发生和终止的原因亦有所不同。

1. 配偶关系的发生与终止

配偶关系因男女结婚而发生。按我国《婚姻法》规定，结婚应当办理结婚登记，以取得结婚证的时间，作为配偶关系发生的时间。

配偶关系终止的原因有两种：一是因配偶一方死亡（包括自然死亡和宣告死亡）而终止，二是因夫妻离婚而终止。

2. 血亲关系的发生与终止

（1）自然血亲关系的发生与终止。自然血亲以出生为发生的唯一依据。这是生物遗传学规律所决定的。基于人出生的事实，产生了父母子女以及兄弟姐妹等血亲关系。无论是婚生子女还是非婚生子女，都是以出生这一法律事件为血亲发生根据的。

自然血亲只能因一方死亡而终止。自然血亲不因任何人为条件而终止，即使子女被他人收养，仅终止双方的父母子女权利义务，因出生而形成的父母子女身份和称谓、法律上的禁婚效力仍然存在。

（2）拟制血亲关系的发生与终止。拟制血亲是法律设定的血亲，由于拟制血亲的种类不同，其发生和终止原因也不同。

关于养父母与养子女关系的发生和终止。养父母与养子女这种拟制血亲，是因收养成立而发生。同时，被收养人与收养人的其他近亲属，也发生拟制血亲关系。

养父母与养子女的拟制血亲关系除因一方死亡而终止外，还可因收养解除而终止。

关于继父母与继子女关系的发生与终止。这种拟制血亲关系的发生原因有二：一是以继子女的生母或生父与继父或继母结婚为前提，二是继子女与继父母之间必须形成抚养教育关系的事实。这两个条件必须同时具备，才能发生拟制血亲关系。

有抚养关系的继父母与继子女间的拟制血亲关系的终止，可因继父母子女当事人一方死亡而终止。如果生父（母）与继母（父）离婚，继子女未成年由生父母带走而与继父母终止抚养的，则该子女与继父母间的拟制血亲关系终止；但如继子女已被继父母抚养成年，则其与继父母间的拟制血亲关系仍然存在，不因生父（母）与继母（父）离婚而终止。

3. 姻亲关系的发生与终止

姻亲关系因婚姻成立而发生。姻亲关系是否因配偶一方死亡或者离婚而终止，各国规定不同。我国《婚姻法》未规定姻亲关系，因而亦未规定姻亲关系终止的原因。但我国《继承法》第十二条规定，丧偶儿媳对公、婆，丧偶女婿对岳父、岳母，尽了主要赡养义务的，作为第一顺序继承人。据此，姻亲关系不因配偶一方死亡而终止。

练习题

一、单项选择题

1. 自然人之间因婚姻、血缘和法律拟制而产生的身份关系是（　　）。
   A. 行辈　　B. 亲属　　C. 亲等　　D. 亲系
2. 下列不属于姻亲的是（　　）。
   A. 配偶　　B. 配偶的血亲
   C. 血亲的配偶　　D. 配偶的血亲的配偶
3. 将亲属分为配偶、血亲和姻亲的依据是（　　）。
   A. 亲系　　B. 行辈
   C. 亲属关系的远近　　D. 亲属关系发生的原因
4. 下列不属于血亲的配偶的是（　　）。
   A. 儿媳　　B. 继父　　C. 公婆　　D. 妹夫
5. 亲属关系不是基于下列原因而形成（　　）。
   A. 婚姻　　B. 血缘　　C. 同居　　D. 法律拟制
6. 下列属于配偶的血亲的是（　　）。
   A. 公婆　　B. 继父　　C. 儿媳　　D. 妹夫
7. 下列属于配偶的血亲的配偶的是（　　）。
   A. 儿媳　　B. 妯娌　　C. 公婆　　D. 妹夫
8. 形成行为是指直接以亲属身份的发生、变更或消灭为目的的法律行为，下列不属于其效力的是（　　）。
   A. 有效　　B. 无效　　C. 可撤销　　D. 效力待定

二、简答题

1. 简述拟制血亲关系的发生与终止的原因。
2. 简述亲属的种类。

参考答案

扫码阅读

第三章　结　　婚

学习目标

掌握结婚的概念与法律特征。理解结婚条件。掌握事实婚姻的概念及相关规定。掌握无效婚姻与可撤销婚姻的基本内容。

一、结婚的概念与特征

结婚，又称婚姻成立，是指男女双方依据法律规定的条件和程序，确立夫妻身份的民事法律行为。结婚作为一种法律行为，具有如下特征。

（1）结婚行为是身份法律行为。结婚行为的法律后果是当事人之间形成夫妻身份，因而属于身份法律行为。

（2）我国的结婚行为当事人必须是两个异性。异性的结合是婚姻自然属性要求，也是婚姻行为区别于其他法律行为的重要特征。虽然近年来一些国家已经通过允许同性结婚的法律，但依据我国现有法律，只有异性才能结婚。

（3）结婚行为必须符合法律规定的特殊有效条件。由于婚姻关系具有自然属性，所以结婚行为除了必须具备一般民事法律行为的有效条件外，还必须符合法律规定的婚姻关系有效的特殊要件。

二、结婚条件

我国《婚姻法》第二章第五至八条规定了结婚的实质条件和结婚的形式条件。

1. 结婚的实质条件

结婚实质条件，是指男女双方结婚时必须具备的法定条件。结婚实质条件包括结婚的必备条件和结婚的禁止条件。

根据《婚姻法》规定，必备条件有三项：①男女双方完全自愿；②男女双方必须达到法定婚龄，男不得早于22周岁，女不得早于20周岁；③必须符合一夫一妻制，即任何人不得同时有两个或者两个以上的配偶。

结婚的禁止条件，是指法律不允许结婚的情形。根据《婚姻法》规定，禁止条件有两项：①直系血亲和三代以内的旁系血亲禁止结婚；②患有医学上认为不应当结婚的疾病禁止结婚。

2. 结婚的形式条件

结婚的形式条件，是指法律规定的缔结婚姻所必须履行的法定手续。《婚姻法》第八条规定："要求结婚的男女双方必须亲自到婚姻登记机关进行结婚登记。符合本法规定的，予以登记，发给结婚证。取得结婚证，即确立夫妻关系。未办理结婚登记的，应当补办登记。"这一规定表明，在我国，结婚必须履行的法定程序是结婚登记，任何其他的结婚形式都不会产生有效婚姻的法律效力。

结婚登记分为申请、审查、登记三个步骤。

三、事实婚姻

1. 事实婚姻的概念

事实婚姻是法律婚姻的对称，一般泛指没有配偶的男女双方未履行法定结婚程序，但具有成立婚姻的意思并以夫妻身份公开同居生活的一种“准婚姻”关系。事实婚姻应具备以下特征：①当事人必须是无配偶的男女；②当事人以夫妻名义同居生活，对外以夫妻相待，具有创设夫妻关系的目的性和公开性；③当事人未办理结婚登记。

我国虽然采用了严格的登记婚姻制度，但在现实生活中，男女双方未办理结婚登记而共同生活的情况仍时有发生。

根据当事人婚姻状况的不同，同居情况可以分为两种。①已有配偶的人又与配偶以外的异性同居生活。这又可分为两种情况。第一，公开以夫妻名义同居，属于事实婚姻，同时也构成重婚，这种同居情形不属于本部分的讨论范围；第二，不公开以夫妻名义同居，属于《婚姻法》明文禁止的“有配偶者与他人同居”的行为，当事人要承担一定的民事责任。②没有配偶的人与异性同居生活。这又可分为两种情况，第一，无配偶的男女不以婚姻为目的而同居，通常称为非婚同居。非婚同居行为是当事人选择的生活方式，不具有违法性，当事人之间一般不产生权利义务关系。这种同居情形也不属于本部分的讨论范围。第二，无配偶的男女以夫妻名义共同生活。当事人有缔结婚姻关系的意思，也有共同生活的事实，但未履行结婚登记手续，通常所说的事实婚姻即是这种情况。

2. 我国现行婚姻法对事实婚姻的规定

我国现行婚姻法对事实婚姻的规定，主要体现在最高人民法院的司法解释中。最高人民法院《关于适用〈中华人民共和国婚姻法〉若干问题的解释（一）》（以下简称《婚姻法解释（一）》）第五条规定，未按婚姻法规定办理结婚登记而以夫妻名义共同生活的男女，起诉到人民法院要求离婚的，应当区别对待。

（1）1994 年 2 月 1 日民政部《婚姻登记管理条例》公布实施以前，男女双方已经符合结婚实质要件的，按事实婚姻处理。

（2）1994 年 2 月 1 日民政部《婚姻登记管理条例》公布实施以后，男女双方符合结婚实质要件的，人民法院应当告知其在案件受理前补办结婚登记；未补办结婚登记的，按解除同居关系处理。可见，具备事实婚姻特征的，并不都是事实婚姻，因为《婚姻法解释（一）》规定了承认事实婚姻关系的最后期限。

根据《婚姻法解释（一）》的规定，1994 年 2 月 1 日前确立同居关系并符合相应条件的，仍可认定为事实婚姻。认定为事实婚姻的，当事人之间形成夫妻关系。一方起诉离婚的，按照离婚案件处理。

1994 年 2 月 1 日后形成的同居关系，可以通过补办婚姻登记确立婚姻关系，这给同居当事人提供了弥补结婚形式瑕疵的机会。补办结婚登记后，其婚姻关系的效力从双方均符合《婚姻法》所规定的结婚的实质要件时起算，及补办结婚登记的效力具有溯及力。未补办登记的，属于同居关系。当事人起诉要求解除同居关系的，人民法院不予受理。

认定为同居关系的，当事人之间不形成夫妻关系。同居期间因共同生活而形成的财产关系，按照共同共有关系处理。同居期间一方死亡的，另一方不能以配偶身份继承；但符合适当分得遗产条件的，可以要求分得部分遗产。同居期间所生子女，属于非婚生子女，但法律地位与婚生子女相同，双方均负有抚养的权利和义务。

四、无效婚姻与可撤销婚姻

1. 无效婚姻

（1）无效婚姻的概念。无效婚姻，是指男女两性的结合因违反了法定的结婚要件而不具有法律效力的一种婚姻形式。因此，无效婚姻并不是婚姻的一个种类，它只是一种不具有法律效力的民事行为，是婚姻立法和婚姻法学研究中用来说明当事人违法结合的一个特定的概念。

（2）婚姻无效的情形。根据《婚姻法》第十条规定，有下列情形之一的，婚姻无效：①重婚的。重婚是指有配偶的人又与他人登记结婚的违法行为，其中，有配偶的人又与他人登记结婚的构成法律上的重婚；虽未与他人结婚登记，但与他人以夫妻名义同居生活的，构成事实上的重婚。无论是法律上的重婚还是事实上的重婚，其婚姻关系均属无效。②有禁止结婚的亲属关系的。禁止结婚的亲属关系是指直系血亲和三代以内的旁系血亲。③婚前患有医学上认为不应当结婚的疾病，婚后尚未治愈的。④未到法定婚龄的。未到法定婚龄是指男女一方或双方不足法定婚龄而以夫妻名义同居生活。

认定无效婚姻，必须以无效原因的现实存在为前提。当事人在缔结婚姻关系时欠缺婚姻要件，但事后无效原因消灭的，一般不得再宣告该婚姻无效。《婚姻法解释（一）》第八条规定："当事人依据婚姻法第十条规定向人民法院申请宣告婚姻无效的，申请时，法定的无效婚姻情形已经消失的，人民法院不予支持。"例如，当事人双方或一方在结婚时虽未达法定婚龄，但随着时间推移后来达到法定婚龄，则不能主张婚姻无效。

（3）宣告婚姻无效的程序。宣告婚姻无效的程序如下。

① 宣告婚姻无效的机关。一般来讲，无效民事行为当然无效，无须宣告。但对无效婚姻问题，我国采用宣告无效制度。《婚姻法解释（一）》第十三条规定："婚姻法第十二条所规定的自始无效，是指无效或者可撤销婚姻在依法被宣告无效或被撤销时，才确定该婚姻自始不受法律保护。"但是，《婚姻法》未明确规定婚姻无效的法定宣告机关。根据《婚姻法解释（一）》第七条规定，有权申请婚姻无效的人应向人民法院申请宣告婚姻无效。因此，无效婚姻的宣告机关只能是人民法院，其他任何单位和个人无权宣告婚姻无效。

启动宣告婚姻无效程序的途径有两种：一个是请求权人提出申请。依据《婚姻法解释（一）》第七条规定，由婚姻当事人及利害关系人通过起诉的方式，请求人民法院启动宣告程序；符合立案条件的，由人民法院立案审理。另一个是法院依职权主动监督婚姻效力。依据最高人民法院《关于适用〈中华人民共和国婚姻法〉若干问题的解释（二）》（以下简称《婚姻法解释（二）》）第三条的规定，人民法院受理离婚案件后，经审查确属无效婚姻的，应当将婚姻无效的情形告知当事人，并依法作出宣告婚姻无效的判决。

② 申请宣告婚姻无效的请求权人。根据《婚姻法解释（一）》第七条的规定，有权依据婚姻法规定向人民法院就已办理结婚登记的婚姻申请宣告婚姻无效的主体，包括婚姻当事人及利害关系人。利害关系人包括：其一，以重婚为由申请宣告婚姻无效的，为当事人的近亲属及基层组织。其二，以未到法定婚龄为由申请宣告婚姻无效的，为未达法定婚龄者的近亲属。其三，以有禁止结婚的亲属关系为由申请宣告婚姻无效的，为当事人的近亲属。其四，以婚前患有医学上认为不应当结婚的疾病，婚后尚未治愈为由申请宣告婚姻无效的，为与患病者共同生活的近亲属。

可见，无效婚姻的原因不同，申请宣告婚姻无效的主体也不相同。

③ 无效婚姻请求权的行使期间。《婚姻法解释（二）》第五条规定："夫妻一方或者双方死亡后一年内，生存一方或者利害关系人依据婚姻法第十条的规定申请宣告婚姻无效的，人民法院

应当受理。”据此，婚姻当事人双方与生存期间，只要无效婚姻的原因没有消除，申请主体便可提出婚姻无效的申请；如果当事人一方或者双方死亡的，须在其死亡以后1年内提出申请。

④ 人民法院对婚姻无效案件的审理。《婚姻法解释（二）》第七条第1款规定：“人民法院就同一婚姻关系分别受理了离婚和申请宣告婚姻无效案件的，对于离婚案件的审理，应当待申请宣告婚姻无效案件作出判决后进行。”

法律关于婚姻无效的规定属于强行性规定，只能依据客观事实依法认定，并不取决于案件当事人的主观意愿。所以，《婚姻法解释（二）》第二条规定：“人民法院受理申请宣告婚姻无效案件后，经审查确属无效婚姻的，应当依法作出宣告婚姻无效的判决。原告申请撤诉的，不予准许。”《婚姻法解释（一）》第九条规定：“人民法院审理宣告婚姻无效案件，对婚姻效力的审理不适用调解，应当依法作出判决；有关婚姻效力的判决一经作出，即发生法律效力。涉及财产分割和子女抚养的，可以调解。调解达成协议的，另行制作调解书。对财产分割和子女抚养问题的判决不服的，当事人可以上诉。”

（4）婚姻无效的法律后果。婚姻无效将产生以下三方面的法律后果。

① 当事人之间身份关系上的效力。根据《婚姻法》第十二条规定，无效或被撤销的婚姻，自始无效。当事人不具有夫妻的权利和义务。人民法院根据当事人的申请，根据《婚姻法》第十二条的规定，依法宣告婚姻无效或者撤销婚姻的，应当收缴双方的结婚证书并将生效的判决书寄送当地婚姻登记管理机关（《婚姻法解释（一）》第十四条）。

② 当事人之间财产关系上的效力。《婚姻法》第十二条还规定：“……同居期间所得的财产，由当事人协议处理；协议不成时，由人民法院根据照顾无过错方的原则判决。对重婚导致的婚姻无效的财产处理，不得侵害合法婚姻当事人的财产权益。”《婚姻法解释（一）》第十五条规定：“被宣告无效或被撤销的婚姻，当事人同居期间所得的财产，按共同共有处理。但有证据证明为当事人一方所有的除外。”

结合上述规定，无效婚姻当事人之间财产关系上的效力，应作如下理解：其一，不适用《婚姻法》中有关夫妻财产制的规定。夫妻财产制是针对有效婚姻而言的；其二，在财产分割时，以协议分割为原则，判决分割为例外；若是判决分割，则推定为当事人共有，主张个人所有的要承担举证责任；其三，判决分割应照顾无过错方利益，从而使导致婚姻无效后果的一方应承担不利后果；其四，保护合法婚姻当事人的财产权益。《婚姻法解释（一）》第十六条规定，人民法院审理重婚导致的无效婚姻案件时，涉及财产处理的，应当准许合法婚姻当事人作为有独立请求权的第三人参加诉讼。

③ 亲子关系上的效力。亲子关系是指当事人与所生子女之间的关系。根据《婚姻法》第十二条末句的规定：“当事人所生的子女，适用本法有关父母子女的规定。”说明无效婚姻并不影响父母子女之间的亲子关系，他们之间的关系仍然适用《婚姻法》中有关父母子女的规定。

2. 可撤销婚姻

（1）可撤销婚姻的概念。可撤销婚姻，是指已经成立的婚姻关系，因欠缺婚姻合意，受胁迫一方得以向婚姻登记机关或法院申请撤销的婚姻。可撤销婚姻是民法上可撤销民事行为在婚姻法中的具体体现。

（2）婚姻可撤销的原因。《婚姻法》第十一条规定：“因胁迫结婚的，受胁迫的一方可以向婚姻登记机关或人民法院请求撤销该婚姻……”据此，婚姻可撤销的原因只有一种，即受胁迫而缔结的婚姻。可见，婚姻可撤销的原因要窄于民法上可撤销民事行为的撤销原因，后者还包括欺诈、乘人之危、重大误解等。根据《婚姻法解释（一）》第十条第1款规定，因胁迫而结婚的“胁迫"，是指行为人以给另一方当事人或者其近亲属的生命、身体健康、名誉、财产等方面造成损害为要挟，迫使另一方当事人违背真实意愿结婚的情况。在胁迫结婚的情况下，受胁迫方的结婚意思表示处于一种不自由的状态，违反了婚姻自由原则，因此，法律赋予受胁迫方撤销婚姻关系的权利。

（3）撤销婚姻的程序。撤销婚姻有如下程序。

① 婚姻撤销的机关。有权撤销婚姻的机关是婚姻登记机关和人民法院。不同的撤销机关对应着不同的程序，婚姻登记机关依行政程序撤销婚姻，人民法院依诉讼程序撤销婚姻。

婚姻登记机关撤销婚姻。2003 年《婚姻登记条例》第九条规定："因胁迫结婚的，受胁迫的当事人依据婚姻法第十一条的规定向婚姻登记机关请求撤销其婚姻的，应当出具下列证明材料：（一）本人的身份证、结婚证；（二）能够证明受胁迫结婚的证明材料。""婚姻登记机关经审查认为受胁迫结婚的情况属实且不涉及子女抚养、财产及债务问题的，应当撤销该婚姻，宣告结婚证作废。"据此，经由婚姻登记机关撤销婚姻的，应属于就子女抚养、财产及债务问题双方已达成协议或无争议的婚姻；如果存在争议，婚姻登记机关不得撤销婚姻，而应告知当事人向人民法院起诉，通过诉讼程序解决。

人民法院撤销婚姻。《婚姻法解释（一）》第十一条规定："人民法院审理婚姻当事人因受胁迫而请求撤销婚姻的案件，应当适用简易程序或者普通程序。"第十四条规定："人民法院根据当事人的申请，依法宣告婚姻无效或者撤销婚姻的，应当收缴双方的结婚证书并将生效的判决书寄送当地婚姻登记管理机关。"

② 婚姻撤销的请求权人及请求权行使期间。《婚姻法解释（一）》第十条第 2 款规定："因受胁迫而请求撤销婚姻的，只能是受胁迫一方的婚姻关系当事人本人。"婚姻关系事关当事人的身份利益，因受胁迫而结婚的一方当事人是否撤销婚姻，应尊重其自主意愿。因此，在可撤销婚姻中，享有撤销权的人只能是受胁迫的一方，当事人之外的其他人均无此权利。

《婚姻法》第十一条规定："……受胁迫的一方撤销婚姻的请求，应当自结婚登记之日起一年内提出。被非法限制人身自由的当事人请求撤销婚姻的，应当自恢复人身自由之日起一年内提出。"该"一年"不适用诉讼时效中止、中断或者延长的规定（《婚姻法解释（一）》第十二条）。因此，该"一年"属于除斥期间，逾期不行使的，视为放弃撤销权。

（4）婚姻被撤销的法律后果。《婚姻法》第十二条规定，无效或被撤销的婚姻，自始无效。可见，被撤销的婚姻与无效婚姻具有相同的法律后果。

练习题

一、单项选择题

1. 下列选项中不属于我国《婚姻法》规定的结婚的实质要件的是（　　）。

   A. 达到法定婚龄　　B. 符合一夫一妻制

   C. 男女双方完全自愿　　D. 依法进行结婚登记

2. 下列各种婚姻中，能够产生法律效力的是（　　）。

   A. 表兄妹之间的婚姻

   B. 为取得城镇户籍而与他人登记的婚姻

   C. 未达到法定结婚年龄而骗取婚姻登记的婚姻

   D. 一审判决准予离婚，在上诉期内与他人登记的婚姻

3. 某甲的外祖母与某乙的外祖父是同胞兄妹，现甲、乙要求结婚，婚姻登记机关认为他们是(　　)。

A. 直系血亲，不予登记　　B. 四代的旁系血亲，可以登记

C. 三代以内的旁系血亲，不予登记　　D. 二代以内的旁系血亲，不予登记

4. 依照我国《婚姻法》的规定，下列属于结婚形式要件的是（　　）。

A. 符合一夫一妻制　　B. 男女双方完全自愿

C. 达到法定结婚年龄　　D. 依法进行结婚登记

5. 下列禁止结婚的规定中，不是现行婚姻法所规定的是（　　）。

A. 直系血亲禁止结婚

B. 三代以内旁系血亲禁止结婚

C. 患有麻风病未经治愈的禁止结婚

D. 患有医学上认为不应当结婚的疾病的禁止结婚

6. 依据我国法律的规定，有权以有禁止结婚的亲属关系为由向人民法院申请宣告婚姻无效的利害关系人为(　　)。

A. 当事人　　B. 基层组织

C. 当事人的近亲属　　D. 计划生育管理机关

7. 依据我国法律规定，人民法院审理宣告婚姻无效案件时，对婚姻效力的审理（　　）。

A. 一律先行调解

B. 不适用调解，应当依法作出判决

C. 如果涉及财产分割的可以适用调解

D. 先征求当事人的意见，同意调解的就适用调解

8. 下列禁止性规定中，体现我国婚姻所规定的一夫一妻原则的是（　　）。

A. 禁止重婚　　B. 禁止家庭暴力

C. 禁止借婚姻索取财物　　D. 禁止家庭成员间的虐待和遗弃

二、简答题

1. 简答结婚的实质条件。

2. 简答我国现行婚姻法对事实婚姻的规定。

3. 简述无效婚姻的概念及婚姻无效的情形。

三、论述题

论述可撤销婚姻。

参考答案

扫码阅读

第四章　夫妻关系

学习目标

掌握夫妻人身关系、财产关系的基本内容。

一、夫妻人身关系

夫妻人身关系，是指基于夫妻身份而在夫妻之间当然产生的，没有直接财产内容的权利义务关系。

夫妻人身关系发生在合法夫妻之间，对夫妻而言，既是权利，也是义务，其内容由法律直接规定，当事人不能约定加以变更或消灭。从本质上看，夫妻人身关系是因婚姻身份而使夫妻双方在人身自由方面受到一定的限制或享有一定的权利，其目的是维系婚姻共同体。

我国现行《婚姻法》对夫妻人身关系的内容主要作了如下规定。

(1) 夫妻的姓名权。《婚姻法》第十四条规定："夫妻双方都有各用自己姓名的权利。"

(2) 夫妻的人身自由权。《婚姻法》第十五条规定："夫妻双方都有参加生产、工作、学习和社会活动的自由，一方不得对他方加以限制或干涉。"

(3) 夫妻的计划生育义务。《婚姻法》第十六条规定："夫妻双方都有实行计划生育的义务。"

二、夫妻财产关系

夫妻财产关系是指基于夫妻身份而产生的以财产为内容的权利义务关系。它是夫妻共同生活关系的重要内容，也是实现家庭经济职能的基础。一般包括夫妻财产制度、夫妻之间的扶养关系、夫妻之间的继承关系。

1. 夫妻财产制度

夫妻财产制度，亦称婚姻财产制度，是规范夫妻财产关系的法律制度。夫妻财产制度有广义和狭义之分。广义的夫妻财产制度，是指关于夫妻婚前财产和婚后所得财产的归属、管理、使用、收益、处分以及夫妻债务的清偿、夫妻关系终止时的财产分割等方面的法律规定的总和。狭义的夫妻财产制度，一般不包括夫妻关系终止时的财产分割。我国《婚姻法》规定的夫妻财产制度是狭义的，有关夫妻关系终止时的财产分割内容规定在离婚制度中。

我国现行婚姻法的夫妻财产制度分为法定财产制和约定财产制两种。

(1) 法定财产制

法定财产制，是指在夫妻对婚后所得财产没有约定的情况下，依照法律规定，其财产原则上为夫妻共同所有的制度。需要指出的是，按照法定财产制度，在夫妻对婚后所得财产没有约定的情况下，并非全部财产都为夫妻共同所有，有例外为夫妻个人所有的情形。所以，法定财产制度应包括两种情形：夫妻共同财产制和夫妻个人特有财产制。

① 夫妻共同财产制。夫妻共同财产制，是指在婚姻关系存续期间，夫妻双方或一方所得的财产，除法律另有规定或夫妻另有约定之外，均为夫妻共同所有，夫妻对于共同财产，平等地享有占有、使用、收益以及处分的权利的财产制度。

根据《婚姻法》第十七条第 1 款的规定，夫妻在婚姻关系存续期间所得的下列财产，归夫妻共同所有：其一，工资、奖金；其二，生产、经营的收益；其三，知识产权的收益；其四，继承或赠与所得的财产，但遗嘱或赠与合同中确定只归夫或妻一方的财产除外；其五，其他应当归共同所有的财产。根据《婚姻法解释（二）》第十一条的规定，在婚姻关系存续期间的下列财产，属于“其他应当归共同所有的财产”：第一，一方以个人财产投资取得的收益；第二，男女双方实际取得或者应当取得的住房补贴、住房公积金；第三，男女双方实际取得或者应当取得的养老保险金、破产安置补偿费。

《婚姻法》第十七条第 2 款规定：“夫妻对共同所有的财产，有平等的处理权。”对这一规定应当如何理解呢？《婚姻法解释（一）》第十七条规定，“夫或妻对夫妻共同所有的财产，有平等的处理权”应当理解为：第一，夫或妻在处理夫妻共同财产上的权利是平等的。因日常生活需要而处理夫妻共同财产的，任何一方均有权决定；第二，夫或妻非因日常生活需要对夫妻共同财产做重要处理决定，夫妻双方应当平等协商，取得一致意见；他人有理由相信其为夫妻双方共同意思表示的，另一方不得以不同意或不知道为由对抗善意第三人。

② 夫妻个人特有财产制。夫妻个人特有财产制，是指在适用夫妻共同财产制度的情况下，法律明确规定婚后一部分财产为夫妻个人所有，所有方享有对该财产占有、使用、收益和处分的专属权利，夫妻中的另一方不得干涉的夫妻财产制度。

根据《婚姻法》第十八条的规定，有下列情形之一的，为夫妻一方的财产：其一，一方的婚前财产；其二，一方因身体受到伤害获得的医疗费、残疾人生活补助费等费用；其三，遗嘱或赠与合同中确定只归夫或妻一方的财产；其四，一方专用的生活用品；其五，其他应当归一方的财产。这是概括性规定，有补充属于夫妻个人特有财产的空间。如《婚姻法解释（二）》第十三条规定，军人的伤亡保险金、伤残补助金、医药生活补助费属于个人财产。

需要指出的是，夫妻一方所有的财产，不因婚姻关系的延续而转化为夫妻共同财产，但当事人另有约定的除外（《婚姻法解释（一）》第十九条）。

（2）约定财产制。

① 约定财产制的概念。约定财产制，是法定财产制的对称，是夫妻以协议的方式，对婚前和婚姻关系存续期间所得财产的归属和使用做出约定，从而部分或全部排除夫妻法定财产制适用的一种财产制度。

② 夫妻财产约定的范围及约定形式。根据《婚姻法》第十九条第 1 款的规定，夫妻可以约定婚姻关系存续期间所得的财产以及婚前财产归各自所有、共同所有或部分各自所有、部分共同所有。约定应当采用书面形式。没有约定或约定不明确的，适用法定财产制。

③ 夫妻财产约定的效力。夫妻财产约定的效力分为对内效力和对外效力。

对内效力。对内效力是指夫妻财产约定对夫妻双方当事人的拘束力。《婚姻法》第十九条第 2 款规定：“夫妻对婚姻关系存续期间所得的财产以及婚前财产的约定，对双方具有约束力。”可见，对内效力是夫妻财产约定最直接、最基本的效力。

对外效力。对外效力是指夫妻财产约定对第三人的拘束力。《婚姻法》第十九条第 3 款规定：“夫妻对婚姻关系存续期间所得的财产约定归各自所有的，夫或妻一方对外所负的债务，第三人知道该约定的，以夫或妻一方所有的财产清偿。”据此，夫妻财产约定是否对第三人发生效力，以第三人是否知悉该约定的存在和约定的内容为准。如果第三人明知或应知该约定的，则该约定对第三人具有对抗效力。此外，第三人知道该约定的，夫妻一方对此负有举证责任（《婚姻法解释（一）》第十八条）。

2. 夫妻间的扶养

夫妻之间的扶养，是指夫妻在经济上相互扶助和相互供养的权利和义务。《婚姻法》第二十条规定："夫妻有互相扶养的义务。一方不履行扶养义务时，需要扶养的一方，有要求对方付给扶养费的权利。"夫妻间的扶养义务虽然是基于身份产生的，但在性质上属于财产关系。一方拒不履行扶养义务，情节恶劣，后果严重，可以构成遗弃罪。

3. 夫妻间的继承

夫妻间的继承权，是指夫妻一方基于夫妻身份而享有的承受另一方遗产的权利。夫妻遗产继承权，在性质上应属于财产权，但又以特定的身份为基础。《婚姻法》第二十四条规定："夫妻有相互继承遗产的权利。"夫妻遗产继承权是继承制度中的问题，其内容详见本书第六部分"继承权"。

练习题

一、单项选择题

1. 我国《婚姻法》第十五条规定："夫妻双方都有参加生产、工作、学习和社会活动的自由，一方不得对他方加以限制或干涉。"这一规定说明，在我国婚姻关系中，夫妻享有(　　)。

A. 财产权　　B. 配偶权　　C. 扶养权　　D. 人身自由权

2. 根据我国《婚姻法》的规定，下列不属于夫妻人身关系的是（　　）。

A. 配偶的继承权　　B. 夫妻的姓名权

C. 夫妻人身自由权　　D. 夫妻的计划生育义务

3. 在婚姻关系存续期间，夫妻双方或一方所得的财产，除法律另有规定或夫妻另有约定之外，均为夫妻共同所有的财产制度是(　　)。

A. 夫妻约定财产制　　B. 夫妻共同财产制

C. 夫妻分别财产制　　D. 夫妻个人特有财产制

4. 下列对夫妻财产约定的效力的表述不正确的是（　　）。

A. 夫妻间财产约定对夫妻双方具有约束力

B. 夫妻财产约定的效力分为对内效力和对外效力

C. 第三人知道该约定的，无须夫妻一方对此承担举证责任

D. 如果第三人明知或应知该约定的，则该约定对第三人具有对抗效力

5. 甲和乙结婚，但未对婚姻财产进行约定。在这种情况下，其夫妻关系存续期间的财产中，不属于夫妻共有财产的是(　　)。

A. 甲所取得的承包收益

B. 以甲的名义购买的住房

C. 以乙的名义存于银行的存款

D. 甲的父母指定赠与甲且为甲所有的高级轿车

6. 2012 年，甲出国后不久便有了相当稳定的生活，为了答谢乙在其出国前曾经给予的帮助，表示要赠与乙 3 000 元美金以示感谢。乙表示接受，但此款因故一直未实际给付。2016 年乙与丙登记结婚，婚后第 5 个月乙接到甲赠与的 3 000 元美金。该项钱款依法应属于(　　)。

A. 乙的婚前个人财产　　B. 乙与丙的夫妻共同财产

C. 乙的婚后取得，归乙丙二人共有　　D. 乙的婚前取得，但归乙丙二人共有

7. 依照我国《婚姻法》的规定，婚姻关系存续期间，下列财产不属于军人个人财产的是（　）。

A. 军人的职务津贴　　B. 军人的伤残补助金

C. 军人的伤亡保险金　　D. 军人的医药生活补助费

8. 依据我国《婚姻法》的规定，被非法限制人身自由的当事人请求撤销婚姻的，应当自恢复人身自由之日起(　)。

A. 半年内提出　　B. 一年内提出　　C. 两年内提出　　D. 三个月内提出

二、简答题

1. 简述我国现行《婚姻法》关于夫妻人身关系内容的规定。
2. 如何理解“夫或妻对夫妻共同所有的财产，有平等的处理权”？
3. 简述约定财产制。

三、案例分析题

甲与乙于2000年结婚，甲、乙约定婚姻关系存续期间所得的财产以及婚前财产归各自所有。2003年甲以个人名义向其弟借款20万元购买商品房一套，夫妻共同居住。2009年甲、乙离婚。问：

（1）甲、乙的约定是否有效？为什么？

（2）对于甲的债务，应由谁来承担？为什么？

参考答案

扫码阅读

第五章　离　　婚

学习目标

掌握离婚的概念与法律特征。理解登记离婚和诉讼离婚的基本内容。

一、离婚的概念与特征

离婚，又称婚姻的解除，是指婚姻关系当事人在生存期间依法将有效婚姻关系予以解除的行为。

离婚具有以下法律特征。

(1) 离婚必须以有效婚姻关系的存在为前提。当事人离婚的目的是为了消灭婚姻的效力，如果婚姻是无效的，就无所谓婚姻的效力，也就没有离婚的必要。

(2) 离婚不得代理。一旦离婚，当事人之间的夫妻身份消灭，随之财产关系也将发生重大变更，即离婚是涉及当事人切身利益的身份法律行为，必须体现当事人的真实意志。因此，离婚的请求只能由当事人本人提出，任何他人都不得代理。

(3) 离婚必须在夫妻双方生存期间进行。如果婚姻关系当事人一方已经死亡（包括宣告死亡），其婚姻关系已经终止，自然不存在离婚的必要。

(4) 离婚条件、程序具有法定性。离婚是一个婚姻共同体的解体，不仅事关当事人的切身利益，也将影响家庭的安宁和社会的稳定。因此，法律不允许当事人随意解除婚姻，对离婚条件和离婚程序都做出了严格规定。离婚必须符合法定的条件，履行法律规定的程序。

(5) 离婚将产生一系列法律后果。离婚不仅终止了夫妻之间的人身关系，也终止了彼此间的财产关系，并引发相应的财产关系方面的一系列的法律后果。

从不同的角度可对离婚作不同的分类，从离婚程序的角度，可将离婚分为登记离婚与诉讼离婚。将登记离婚与诉讼离婚并列确立为我国的两大离婚方式已经成为我国离婚制度的一大特色。

二、登记离婚

1. 登记离婚的概念

登记离婚的概念是指夫妻双方自愿离婚，并就离婚的法律后果达成协议，经过婚姻登记机关认可，即可解除婚姻关系的一种离婚方式。由于登记离婚是依行政程序终止婚姻关系的一种离婚方式，所以又称为行政离婚。

登记离婚是对当事人双方自愿达成的离婚协议的认可，充分尊重了当事人的意志，体现了婚姻法保障离婚自由的精神。但是登记离婚也会产生一些弊端，如草率离婚、虚假离婚等。所以，现行婚姻法对其在条件和程序上做了必要限制，以减少其在运用上可能出现的负面作用。

2. 登记离婚的条件和程序

根据我国《婚姻法》和《婚姻登记条例》的规定，登记离婚必须符合下列条件。

(1) 双方当事人适格。这里有两层含义，一是当事人双方均为完全民事行为能力人，若一方属于无民事行为能力人或者限制民事行为能力的精神病人，则不能适用行政程序的离婚方式，而只能按诉讼程序处理离婚问题；二是双方当事人必须是在中国内地登记的合法夫妻关系，非婚同居、未经登记的事实婚姻关系或不是在中国内地登记的婚姻关系，都不能以登记离婚的方式解除。

（2）双方当事人必须有真实的离婚合意。登记离婚以当事人自愿离婚为前提，离婚合意应是当事人双方在平等自愿的基础上形成的真实的意思表示。

（3）双方当事人对子女的抚养和财产问题已达成协议。

（4）离婚协议的内容必须合法。根据《婚姻登记条例》规定，登记离婚必须经过申请、审查、登记三个环节。

《婚姻法》第三十一条规定：“男女双方自愿离婚的，准予离婚。双方必须到婚姻登记机关申请离婚。婚姻登记机关查明双方确实是自愿并对子女和财产问题已有适当处理时，发给离婚证。”

三、诉讼离婚

1. 诉讼离婚的概念及适用情形

诉讼离婚，是指夫妻一方基于法定理由提出诉请，由法院依法通过调解或判决而解除婚姻关系的离婚方式。因为诉讼离婚都是经过法院审理的，虽然有些诉讼离婚经过法院的调解最后以当事人达成离婚协议而结案，而不是以判决的方式结案，但这种离婚协议毕竟不同于登记离婚中的协议，它必须经过法院的确认，并且由法院制作成法律文书，因而诉讼离婚又称为裁判离婚。

《婚姻法》第三十二条第1款规定：“男女一方要求离婚的，可由有关部门进行调解或直接向人民法院提出离婚诉讼。”

在我国，当事人不能或者不愿采用登记离婚的，都可以适用诉讼离婚。概括而言，诉讼离婚的适用范围大致有：①一方要求离婚，另一方不同意离婚的；②双方都同意离婚，但在子女、财产等问题上不能达成协议；③精神病人的配偶要求离婚的；④失踪人的配偶要求离婚的；⑤事实婚姻关系的当事人要求解除婚姻关系的；⑥婚姻不是在中国内地登记的夫妻要求离婚的；⑦符合登记离婚条件，但当事人不愿登记离婚的。

2. 诉讼离婚的程序

（1）调解。《婚姻法》第三十二条第2款规定：“人民法院审理离婚案件，应当进行调解；如感情确已破裂，调解无效，应准予离婚。”依据这一规定，无论是因有关部门调解无效而提起的离婚诉讼，还是当事人一方直接向人民法院提起的离婚诉讼，人民法院原则上都应首先依法调解。可见，调解是人民法院审理离婚案件的必经程序。

（2）判决。人民法院在对离婚案件调解无效的情况下，应当以事实为根据，以法律为准绳，一般应及时作出准予或不准予离婚的判决。如果当事人对一审法院的判决不服的，有权在判决书送达之日起15日内提起上诉；二审判决为终审判决。判决不准离婚或调解和好的离婚案件，没有新情况和新理由的，原告在6个月内又起诉的，法院不予受理。

3. 判决离婚的法定理由

判决离婚的法定理由，是指法院准予离婚的标准和依据。依据我国《婚姻法》第三十二条第2款的规定，“感情确已破裂”是准予离婚的实质性条件，是判决离婚的唯一法定理由。

但是，“感情确已破裂”又应如何认定呢？《婚姻法》对此提供了具体的标准，第三十二条第3款规定：“有下列情形之一，调解无效的，应准予离婚：（一）重婚或有配偶者与他人同居的；（二）实施家庭暴力或虐待、遗弃家庭成员的；（三）有赌博、吸毒等恶习屡教不改的；（四）因感情不和分居满二年的；（五）其他导致夫妻感情破裂的情形。”该条第4款规定：“一方被宣告失踪，另一方提出离婚诉讼的，应准予离婚。”

4. 诉讼离婚的限制性规定

（1）对现役军人的配偶要求离婚的限制。《婚姻法》第三十三条规定："现役军人的配偶要求离婚，须得军人同意，但军人一方有重大过错的除外。"本条是对现役军人配偶的离婚胜诉权的限制。即对其配偶提出的离婚请求，如果现役军人不同意又无重大过错的，一般不得判决离婚。

（2）对男方要求离婚的限制。《婚姻法》第三十四条规定："女方在怀孕期间、分娩后一年内或中止妊娠后六个月内，男方不得提出离婚。女方提出离婚的，或人民法院认为确有必要受理男方离婚请求的，不在此限。"

本条只是对男方离婚起诉权的暂时性限制，只是推迟了男方提起离婚之诉的时间，即男方在女方怀孕期间、分娩后1年内或流产后6个月内起诉离婚的，人民法院一般不予受理，并没有剥夺男方的离婚请求权。待上述期限届满后，男方仍可请求离婚。但是，在特殊情况下，如果人民法院认为确有必要受理男方离婚请求的，也可受理，但是否准许离婚则另当别论。

5. 离婚的法律后果

离婚的法律后果，是指离婚在当事人的人身关系、财产关系和亲子关系方面所引发的一系列变化。

（1）离婚在当事人身份上的后果。我国婚姻法对离婚在当事人身份关系方面产生的效力并没有明确的规定，学理上认为，离婚在当事人身份上的效力主要表现为以下几个方面：①配偶身份的丧失。婚姻关系的终结导致双方互为配偶的身份的丧失，这是离婚的最直接效力和目的。②当事人再婚的自由。离婚后，当事人恢复为单身，再婚的障碍不再存在，当事人获得再婚的权利和自由。③姻亲关系消灭。《婚姻法》未就离婚在姻亲关系上发生的效力作出明确规定，通说认为姻亲关系因夫妻关系的终止而消灭。

（2）离婚在当事人财产上的后果。离婚在当事人财产上的后果为：①夫妻之间扶养义务终止；②夫妻相互间继承权丧失；③夫妻共同财产的分割；《婚姻法》第三十九条第1款规定："离婚时，夫妻的共同财产由双方协议处理；协议不成时，由人民法院根据财产的具体情况，照顾子女和女方权益的原则判决。""离婚时，一方隐藏、转移、变卖、毁损夫妻共同财产，或伪造债务企图侵占另一方财产的，分割夫妻共同财产时，对隐藏、转移、变卖、毁损夫妻共同财产或伪造债务的一方，可以少分或不分。离婚后，另一方发现有上述行为的，可以向人民法院提起诉讼，请求再次分割夫妻共同财产。人民法院对前款规定的妨害民事诉讼的行为，依照民事诉讼法的规定予以制裁。"（《婚姻法》第四十七条规定）④夫妻债务的清偿。夫妻共同债务，是指在婚姻关系存续期间，夫妻一方或双方为共同生活或共同生产、经营活动需要所负的债务。⑤离婚时的经济帮助。《婚姻法》第四十二条规定："离婚时，如一方生活困难，另一方应从其住房等个人财产中给予适当帮助。具体办法由双方协议；协议不成时，由人民法院判决。"⑥离婚时的经济补偿。《婚姻法》第四十条规定："夫妻书面约定婚姻关系存续期间所得的财产归各自所有，一方因抚育子女、照料老人、协助另一方工作等付出较多义务的，离婚时有权向另一方请求补偿，另一方应当予以补偿。"

（3）离婚损害赔偿制度。

① 离婚损害赔偿的概念。离婚损害赔偿，是指因夫妻一方的法定过错行为导致离婚，无过错方因离婚而受到损害的，可向有过错方要求的赔偿。离婚损害赔偿制度的确立，为维护无过错方的合法权益提供了有利的法律保障。

② 离婚损害赔偿请求权的成立条件。根据我国《婚姻法》及其司法解释，请求离婚损害赔偿必须符合以下条件：其一，须当事人双方具有法律认可的夫妻身份；其二，须夫妻一方实施了法

定的过错行为；其三，须因一方的法定过错行为而离婚。其四，须无过错因离婚而受到损害；其五，须请求权人无过错。

③ 离婚损害赔偿请求权的行使。离婚损害赔偿的权利包括请求权主体和承担赔偿责任的主体，根据我国《婚姻法》的规定，请求权主体限于无过错的配偶一方，责任主体限于有过错的配偶一方。

（4）离婚在父母子女关系方面的后果。

① 离婚后的父母子女关系。《婚姻法》第三十六条第 1 款规定："父母与子女间的关系，不因父母离婚而消除。离婚后，子女无论由父或母直接抚养，仍是父母双方的子女。"该条第 2 款规定："离婚后，父母对于子女仍有抚养和教育的权利和义务。"据此，离婚仅解除婚姻关系，但父母与子女之间的权利义务关系不因父母离婚而解除。

② 离婚后子女的直接抚养问题。根据《婚姻法》第三十六条第 3 款的规定，离婚后，哺乳期内的子女，以随哺乳的母亲抚养为原则。哺乳期后的子女，如双方因抚养问题发生争执不能达成协议时，由人民法院根据子女的权益和双方的具体情况判决。

③ 离婚后子女抚育费的负担问题。根据《婚姻法》第三十七条的规定，离婚后，一方抚养的子女，另一方应负担必要的生活费和教育费的一部或全部，负担费用的多少和期限的长短，由双方协议；协议不成时，由人民法院判决。关于子女生活费和教育费的协议或判决，不妨碍子女在必要时向父母任何一方提出超过协议或判决原定数额的合理要求。

④ 离异父母对子女的探望权。探望权，又称探视权，是指父母离婚后，不直接抚养子女的一方依法享有的对未与之共同生活的子女继续探望、交往的权利。《婚姻法》第三十八条第 1、2 款规定："离婚后，不直接抚养子女的父或母，有探望子女的权利，另一方有协助的义务。行使探望权利的方式、时间由当事人协议；协议不成时，由人民法院判决。"《婚姻法解释（一）》第二十四条规定："人民法院作出的生效的离婚判决中未涉及探望权，当事人就探望权问题单独提起诉讼的，人民法院应予受理。"

练习题

一、单项选择题

1. 婚姻关系当事人在生存期间依法将有效婚姻关系予以解除的行为是（　　）。

   A. 结婚　　B. 登记　　C. 重婚　　D. 离婚

2. 夫妻双方自愿离婚，并就离婚的法律后果达成协议，经过婚姻登记机关认可，即可解除婚姻关系的离婚方式是（　　）。

   A. 调解离婚　　B. 诉讼离婚　　C. 登记离婚　　D. 判决离婚

3. 根据我国《婚姻法》和《婚姻登记条例》的规定，下列不符合登记离婚条件的是（　　）。

   A. 未经登记的事实婚姻关系

   B. 离婚协议的内容必须合法

   C. 双方当事人必须有真实的离婚合意

   D. 双方当事人对子女的抚养和财产问题已达成协议

4. 夫妻一方基于法定理由提出诉请，由法院依法通过调解或判决而解除婚姻关系的离婚方式是(　　)。

   A. 调解离婚　　B. 登记离婚　　C. 诉讼离婚　　D. 协议离婚

5. 依据我国《婚姻法》的规定，凡判决不准离婚和调解和好的离婚案件，没有新情况新理由的，原告不得再次起诉的期限是(　　)。

A. 3 个月　　B. 6 个月　　C. 9 个月　　D. 12 个月

6. 依照我国《婚姻法》的规定，对于离婚案件的审理，应进行调解，调解无效的，应准予离婚。下列不属于我国《婚姻法》所规定的判决离婚的条件的是(　　)。

A. 因感情不和分居满一年的

B. 重婚或有配偶者与他人同居的

C. 有赌博、吸毒等恶习屡教不改的

D. 实施家庭暴力或虐待、遗弃家庭成员的

7.《婚姻法》第三十三条规定，现役军人的配偶要求离婚的，须得军人同意，但（　　）。

A. 女方在怀孕期间的除外　　B. 女方分娩后不满一年的除外

C. 军人一方有重大过错的除外　　D. 女方中止妊娠不满 6 个月的除外

8. 我国《婚姻法》规定，女方按照计划生育的要求中止妊娠的，在手术后 6 个月内，男方不得提出离婚。这样的规定所体现的我国婚姻法的原则是（　　）。

A. 一夫一妻　　B. 男女平等

C. 计划生育　　D. 保护妇女、儿童和老人合法权益原则

二、简答题

1. 简述离婚的概念与特征。
2. 简述登记离婚的概念与条件。
3. 简述诉讼离婚的概念及《婚姻法》对诉讼离婚的限制性规定。

三、论述题

论述离婚损害赔偿制度。

参考答案

扫码阅读

第六章　父母子女

学习目标

掌握父母子女关系的概念及分类。掌握父母子女间的权利和义务。

一、父母子女关系的概念与分类

父母子女关系又称亲子关系（“亲”即父母双亲，“子”即子女），是指依照相关法律规定，在父母子女之间产生的权利和义务关系。父母子女关系是亲属关系中最近的直系血亲关系。

根据父母子女关系产生的原因，我国《婚姻法》将父母子女关系分为两种，即自然血亲的父母子女关系和拟制血亲的父母子女关系。

1. 自然血亲的父母子女关系

自然血亲的父母子女关系，包括生父母与婚生子女关系、生父母与非婚生子女关系。《婚姻法》第二十五条规定：“非婚生子女享有与婚生子女同等的权利，任何人不得加以危害和歧视。不直接抚养非婚生子女的生父或生母，应当负担子女的生活费和教育费，直至子女能独立生活为止。”

2. 拟制血亲的父母子女关系

拟制血亲的父母子女关系包括养父母和养子女关系、继父母与继子女关系。《婚姻法》第二十六、二十七条规定：“国家保护合法的收养关系。养父母和养子女间的权利和义务，适用本法对父母子女关系的有关规定。养子女和生父母间的权利和义务，因收养关系的成立而消除。”“继父母与继子女间，不得虐待或歧视。继父或继母和受其抚养教育的继子女间的权利和义务，适用本法对父母子女关系的有关规定。”

二、父母子女间的权利和义务

1. 父母对子女有抚养教育的义务

《婚姻法》第二十一条第1款规定：“父母对子女有抚养教育的义务……”该条第2款规定：“父母不履行抚养义务时，未成年的或不能独立生活的子女，有要求父母付给抚养费的权利。”据此，父母对未成年子女的抚养是无条件的，而对成年子女的抚养是有条件的，父母仅对不能独立生活的成年子女负有抚养的义务。根据《婚姻法解释（一）》第二十条的规定，《婚姻法》第二十一条规定的“不能独立生活的子女”是指尚在校接受高中及其以下学历教育，或者丧失或未完全丧失劳动能力等非因主观原因而无法维持正常生活的成年子女。此外，父母不履行抚养义务时，未成年的或不能独立生活的子女，有权要求父母付给抚养费，这里的抚养费，包括子女生活费、教育费、医疗费等费用（《婚姻法解释（一）》第二十一条）。

2. 父母对未成年子女有管教、保护的权利和义务

《婚姻法》第二十三条规定：“父母有保护和教育未成年子女的权利和义务。在未成年子女对国家、集体或他人造成损害时，父母有承担民事责任的义务。”

3. 子女对父母有赡养扶助的义务

《婚姻法》第二十一条第1款规定："……子女对父母有赡养扶助的义务。"该条第3款规定："子女不履行赡养义务时，无劳动能力的或生活困难的父母，有要求子女付给赡养费的权利。"同时，根据《婚姻法》第三十条的规定，子女对父母的赡养义务，不因父母的婚姻关系变化而终止。

4. 父母和子女有相互继承遗产的权利

《婚姻法》第二十四条第2款规定："父母和子女有相互继承遗产的权利。"根据《继承法》第十条的规定，父母和子女互为第一顺序继承人。当父母死亡时，子女有继承父母遗产的权利；当子女死亡时，父母有继承子女遗产的权利。

练习题

一、单项选择题

1. 父母子女关系属于（　　）。
   A. 直系姻亲关系　　B. 直系血亲关系
   C. 旁系血亲关系　　D. 旁系姻亲关系
2. 下列属于自然血亲关系的是（　　）。
   A. 养父与养子的关系　　B. 养母与养女的关系
   C. 继父母与继子女的关系　　D. 生父母与非婚生子的关系
3. 下列属于拟制血亲关系的是（　　）。
   A. 生父与婚生子的关系　　B. 生母与婚生女的关系
   C. 继父母与继子女的关系　　D. 生父与非婚生子的关系
4. 根据我国《婚姻法》的规定，父母对不能独立生活的成年子女负有抚养的义务。下列不属于"不能独立生活的子女"的是(　　)。
   A. 尚在校接受高中学历教育的子女
   B. 丧失或未完全丧失劳动能力的子女
   C. 尚在校接受高中以下学历教育的子女
   D. 因主观原因而无法维持正常生活的成年子女
5. 依据我国《继承法》的规定，父母子女是（　　）。
   A. 第一顺序法定继承人　　B. 第二顺序法定继承人
   C. 第三顺序法定继承人　　D. 第四顺序法定继承人
6. 下列关于父母子女关系的说法不正确的是（　　）。
   A. 父母子女关系是亲属关系中最近的直系血亲关系
   B. 父母子女关系分为自然血亲的父母子女关系和拟制血亲的父母子女关系两种
   C. 亲生父母子女之间的关系也是可以由父母或子女任何一方公开声明而解除的
   D. 养父母与养子女之间的关系既可依法律行为而产生，也可依法律行为而解除
7. 下列亲属中不可能为行辈相同者的是（　　）。
   A. 配偶　　B. 直系血亲
   C. 旁系血亲　　D. 旁系姻亲

8. 按照血缘关系的紧密程度，亲系可分为（　　）。

A. 直系与旁系　　B. 直系与姻亲

C. 直系与行辈　　D. 父系与母系

二、简答题

简述父母子女间的权利和义务。

三、案例分析题

1987 年 4 月，现役军官罗强带着 4 岁的儿子罗小锋与女教师宋杉再婚。罗强因职业关系常年不在家，每月给宋杉寄来 500 元钱作为儿子的抚养费。罗小锋与宋杉共同生活，宋杉承担了照料罗小锋日常生活的责任。2002 年 6 月，罗强病故。同年 9 月，罗小锋参加了工作。2009 年 6 月宋杉退休，因体弱多病，支出较多，便向罗小锋提出，每月给 1500 元赡养费。而罗小锋认为，自己从小与宋杉共同生活，受宋照料，但抚养费由其生父承担，与宋未形成抚养教育关系，故不同意给宋赡养费。宋于 2011 年 5 月向人民法院起诉。

问：

（1）继父母和继子女间的权利义务如何确定？

（2）生父承担抚养费用，继母照料，抚养关系是否成立？

（3）法院应如何判决？

参考答案

扫码阅读

第七章 收 养

学习目标

掌握收养的概念及特征。掌握收养法的基本原则。理解收养关系成立的条件。理解收养效力的基本内容。掌握收养关系解除的方式及法律后果。

一、收养的概念与特征

收养，是指自然人依照法律规定的条件和程序，领养他人的子女为自己的子女，使之发生父母子女间权利义务关系的民事行为。收养具有以下法律特征。

（1）收养是一种民事行为。收养是当事人基于意思表示，并以建立养父母子女关系为目的的一种民事行为。

（2）收养是一种身份行为。收养关系成立后，一方面解除了被收养人与其生父母间的权利义务关系，另一方面形成了收养人与被收养人间的拟制的父母子女关系，使养父母代替了生父母的法律地位。

（3）收养是要式行为。收养是引发当事人身份关系变更的重大法律行为，不仅涉及当事人的切身利益，也关系到家庭和社会的利益。因此，我国《收养法》规定，收养关系的成立和接触应当由相关当事人达成协议，并必须办理收养登记。欠缺法定形式要件的收养行为不能发生当事人所追求的法律后果。

（4）收养是可以解除的民事行为。收养产生的拟制血亲关系与因出生而产生的自然血亲关系的区别在于，后者不能人为地解除，而前者既可依法律行为而产生，也可依法律行为而解除。

二、收养法的基本原则

收养法的基本原则是我国收养立法和司法的宗旨和指导思想，也是当事人收养行为必须遵循的基本准则。我国收养法的基本原则如下。

1. 有利于被收养人抚养、成长原则

未成年的被收养人正处于身心发育阶段，需要有一个良好的适合他们健康成长的生活环境。因此，收养法确立了收养应有利于被收养人的抚养、成长的原则。这一原则贯穿于收养行为的整个过程。

2. 保障被收养人和收养人合法权益原则

合法的收养关系有助于更好地发挥家庭的养老育幼的社会功能。所以，我国收养法将收养各方当事人的合法权益置于法律的保护之下，要求有关部门和相关人员尊重当事人的合法权益，禁止各种危害收养关系当事人的合法权益的行为。

3. 平等自愿原则

收养关系当事人的平等自愿是指当事人在收养活动中的法律地位平等，收养关系的成立须以各方当事人的意思表示真实一致为必备条件。收养是改变身份关系的重大法律行为，收养关系的建立或解除，带有浓厚的感情色彩，收养人是否愿意领养他人子女，送养人是否同意将子女送给

他人收养，有识别能力的被收养人是否愿意被他人收养等，都应由当事人自己的意志决定。只有这样，才能形成巩固、和谐的收养关系。

4. 不违背社会公德原则

收养涉及身份关系的变更，具有极强的伦理性。所以，当事人在进行收养活动时不但要遵守法律规范，还应尊重社会伦理道德及习俗的要求。

5. 不违背计划生育原则

计划生育是我国的一项基本国策，也是我国婚姻家庭法明确规定的一项基本原则。收养子女作为补充自然生育的必要手段，与计划生育有着直接密切的关系。所以，收养法必须采取有效措施防止一些人将超计划生育的子女，借收养之名随意送养或收养，以规避计划生育法规政策。

三、收养关系的成立

1. 收养关系成立的实质条件

（1）一般收养关系成立的条件。一般收养关系成立的条件，是指通常情况下建立收养关系时，当事人和收养行为所应具备的条件。根据《收养法》第四条的规定，通常情况下，建立收养关系应具备下列条件。

① 被收养人应具备的条件：其一，不满14周岁的未成年人。其二，得不到父母的抚养。得不到父母的抚养是指丧失父母的孤儿；或者查找不到生父母的弃婴和儿童；或者生父母有特殊困难无力抚养的子女。

② 收养人应当具备的条件：其一，无子女；其二，有抚养教育被收养人的能力；其三，未患有在医学上认为不应当收养子女的疾病；其四，年满30周岁；其五，无配偶的男性收养女性的，收养人与被收养人的年龄应当相差40周岁以上。

③ 送养人应当具备的条件。我国《收养法》规定，14周岁以下的未成年人生父母、其他监护人和社会福利机构均可以做送养人，但他们须分别符合相应的条件。

A. 生父母作为送养人的条件：其一，生父母有特殊困难，均无力抚养子女。其二，须双方共同送养，但生父母一方不明或者查找不到的可以单方送养。其三，配偶一方死亡，另一方送养未成年子女的，死亡一方的父母有优先抚养的权利。即此种情形下的送养须先征求死亡一方的父母的意见。

B. 其他监护人作为送养人的条件：其一，未成年人的父母均死亡的情形。在此情形下，监护人送养未成年孤儿的，须征得有抚养义务的人同意。有抚养义务的人不同意送养、监护人不愿意继续履行监护职责的，应当依照《民法通则》的规定变更监护人。其二，未成年人的父母均不具备完全民事行为能力的情形。在此情形下，该未成年人的监护人不得将其送养，但父母对该未成年人有严重危害可能的除外。

C. 社会福利机构作为送养人的条件：社会福利机构通常是指由民政部门设立的，专门收容、抚养暂时无法查明生父母或监护人的弃儿、孤儿的社会组织，如儿童福利院等。在我国，除了这类机构外，其他任何机构不得送养上述弃儿或孤儿。

④ 须各方当事人达成收养合意。收养人与送养人须双方自愿，并达成收养协议。收养年满10周岁以上未成年人的，还应当征得被收养人的同意。有配偶者收养子女，须征得其配偶的同意，由夫妻双方共同作为收养人。生父母离婚后，一方送养子女的，应征得另一方同意。

（2）特殊收养关系成立的条件。特殊收养关系成立的条件，是指几种特殊身份的当事人之间成立收养关系应具备的条件。因收养关系当事人的身份特殊，所以收养法律对这类收养关系成立的条件要求宽于一般收养关系成立的条件。

① 收养三代以内同辈旁系血亲的子女。《收养法》对收养三代以内同辈旁系血亲的子女的放宽条件表现为：其一，被收养人可以不受不满14周岁的限制；其二，作为送养人的生父母即使没有抚养子女的困难，也可将子女送养；其三，无配偶的男性收养三代以内同辈旁系血亲的女儿时，可以不受年龄相差40周岁以上的限制；其四，华侨收养三代以内同辈旁系血亲的子女，可以不受收养人无子女的限制。

② 收养孤儿、残疾儿童或者社会福利机构抚养的查找不到生父母的弃婴和儿童。《收养法》对这类收养的放宽条件表现为：收养人可以不受收养人无子女和收养一名的限制。

③ 收养继子女。继父或者继母经继子女的生父母同意，可以收养继子女。《收养法》对收养继子女的放宽条件表现为：其一，被收养人可以不受不满14周岁的限制；其二，作为送养人的生父母即使没有抚养子女的困难，也可将子女送养给继父或者继母；其三，可以不受收养一名的限制；其四，作为收养人的继父母可以不受一般收养人其他条件的限制。

2. 收养关系成立的形式条件

收养关系的成立，除具备上述实质条件外，还必须履行法定程序，以使合法的收养关系得以确认和公示。

（1）行政登记程序。行政登记程序是成立收养关系的必经程序。《收养法》第十五条第1款规定："收养应当向县级以上人民政府民政部门登记。收养关系自登记之日起成立。"

（2）收养协议与收养公证。《收养法》第十五条第3款规定："收养关系当事人愿意订立收养协议的，可以订立收养协议。"第4款规定："收养关系当事人各方或者一方要求办理收养公证的，应当办理收养公证。"据此，收养协议与收养公证都不是收养成立的必经程序，而是法定程序以外的当事人可自行选择的形式，是否订立书面的收养协议或办理收养公证，不影响收养关系的效力。

四、收养的效力

1. 收养关系成立的法律效力

（1）收养的拟制效力。《收养法》第二十三条第1款规定："自收养关系成立之日起，养父母与养子女间的权利义务关系，适用法律关于父母子女关系的规定；养子女与养父母的近亲属间的权利义务关系，适用法律关于子女与父母的近亲属关系的规定。"据此，收养的拟制效力表现为：①收养人与被收养人之间形成拟制的父母子女关系；②被收养人与收养人近亲属之间形成相应的拟制亲属关系；③被收养人的后代与收养人及其近亲属之间形成相应的拟制亲属关系。

（2）收养的解除效力。《收养法》第二十三条第2款规定："养子女与生父母及其他近亲属间的权利义务关系，因收养关系的成立而消除。"据此，养子女从此脱离了生父母而成为养父母的子女，被收养人与其生父母相互间不再承担抚养、赡养等义务，也不再享有继承等权利。被收养人与其他的自然血亲的近亲属间的权利义务关系，也同时解除。

2. 收养行为的无效

（1）收养无效的原因。《收养法》第二十五条第1款规定："违反《中华人民共和国民法通则》第五十五条和本法规定的收养行为无法律效力。"

（2）确认收养无效的程序及收养无效的法律后果。根据我国现行法律、法规的有关规定，确认收养无效的程序只有一种，即由人民法院依诉讼程序确认收养行为无效。《收养法》第二十五条第2款规定："收养行为被人民法院确认无效的，从行为开始时起就没有法律效力。"

五、收养关系的解除

1. 收养关系解除的方式

收养关系解除的方式有两种，即协议解除和诉讼解除。

（1）协议解除。收养关系成立后，在被收养人成年之前，收养人、送养人双方可以协议解除收养关系。养父母与成年养子女关系恶化、无法共同生活的，也可协议解除收养关系。收养关系的协议解除必须符合收养法规定的条件和程序。

① 协议解除的条件。须有当事人解除收养关系的合意，养子女未成年时须收养人、送养人双方协商一致，养子女年满10周岁以上的，应当征得本人同意。养子女成年后，应由养父母与成年养子女之间达成解除收养关系的协议。

② 协议解除的程序。根据《收养法》第二十八条的规定，当事人协议解除收养关系的，应当到民政部门办理解除收养关系的登记。

（2）诉讼解除。收养当事人不能达成解除收养关系协议的，收养人、送养人或者已经成年的被收养人可以向人民法院起诉，通过诉讼程序由人民法院处理。诉讼解除的情形有三种。

① 养子女未成年时，养父母要求解除收养关系的。根据《收养法》第二十六条第1款的规定，收养人在被收养人成年以前，不得解除收养关系，但收养人、送养人双方协议解除的除外，养子女年满10周岁以上的，应当征得本人同意。

② 养子女成年后，送养人要求解除收养关系的。根据《收养法》第二十六条第2款的规定，收养人不履行抚养义务，有虐待、遗弃等侵害未成年养子女合法权益行为的，送养人有权要求解除养父母与养子女间的收养关系。送养人、收养人不能达成解除收养关系协议的，可以向人民法院起诉。

③ 养子女成年后，养父母或成年养子女一方要求解除收养关系的。根据《收养法》第二十七条的规定，养父母与成年养子女关系恶化、无法共同生活的，可以协议解除收养关系。不能达成协议的，可以向人民法院起诉。

2. 收养关系解除的法律后果

（1）人身关系上的效力。

① 养子女与养父母之间。根据《收养法》第二十九条的规定，收养关系解除后，养子女与养父母及其他近亲属间的权利义务关系即行消除。

② 养子女与生父母之间。根据《收养法》第二十九条的规定，收养关系解除后，未成年的养子女与生父母及其他近亲属间的权利义务关系自行恢复；成年的养子女与生父母及其他近亲属间的权利义务关系是否恢复，可以协商确定。

（2）财产关系上的效力。

根据《收养法》第三十条的规定，收养关系解除后，经养父母抚养的成年养子女，对缺乏劳动能力又缺乏生活来源的养父母，应当给付生活费。因养子女成年后虐待、遗弃养父母而解除收养关系的，养父母可以要求养子女补偿收养期间支出的生活费和教育费。

生父母要求解除收养关系的，养父母可以要求生父母适当补偿收养期间支出的生活费和教育费，但因养父母虐待、遗弃养子女而解除收养关系的除外。

如果养子女与养父母在共同生活期间形成了共同共有的财产的收养关系解除时，应就这部分共同共有财产进行分割。

练习题

一、单项选择题

1. 自然人依照法律规定的条件和程序，领养他人的子女为自己的子女，使之发生父母子女间权利义务关系的民事行为是(　　)。

A. 扶养　　B. 收养　　C. 寄养　　D. 送养

2. 下列不是收养所具有的法律特征的是（　　）。

A. 收养是一种民事行为　　B. 收养是一种身份行为

C. 收养是一种不要式行为　　D. 收养是一种可以解除的民事行为

3. 根据我国《收养法》的规定，被收养人应是得不到父母抚养的不满 14 周岁的未成年人。下列不属于得不到父母抚养的是(　　)。

A. 父母离婚的儿童

B. 丧失父母的孤儿

C. 查找不到生父母的弃婴和儿童

D. 生父母有特殊困难无力抚养子女的

4. 根据我国《收养法》的规定，通常情况下，收养人应具备的条件不包括（　　）。

A. 无子女　　B. 年满 30 周岁

C. 必须是已婚者　　D. 有抚养教育被收养人的能力

5. 依据我国《收养法》第九条的规定，无配偶的男性收养女性的，收养人与被收养人的年龄应当相差(　　)。

A. 15 周岁　　B. 20 周岁

C. 30 周岁　　D. 40 周岁以上

6. 依照我国《收养法》的规定，不符合送养子女的条件的是（　　）。

A. 生父母双方共同送养的

B. 生父母有特殊困难，均无力抚养子女的

C. 生父母一方死亡，死亡一方的父母不同意送养的

D. 生父母一方不明或者查找不到的，另一方有特殊困难无力抚养子女的

7. 依据《收养法》的规定，继父或继母收养继子女仍受限制的条件的是（　　）。

A. 只可以收养一名

B. 被收养人不满 14 周岁

C. 有抚养教育被收养人的能力

D. 作为送养人的生父母没有抚养子女的困难

8. 下列属于成立收养关系必经程序的是（　　）。

A. 办理收养公证　　B. 办理收养登记

C. 订立收养协议　　D. 订立书面的收养协议

二、简答题

1. 简述收养的概念与特征。
2. 简述收养法的基本原则。
3. 简述收养关系成立的法律效力。

三、论述题

论述收养关系解除的法律后果。

参考答案

扫码阅读

第六部分 继承权

第一章 继承权概述

学习目标

理解继承权的概念与特征。了解我国继承法的基本原则。掌握遗产的概念和范围，以及继承权的行使、放弃与丧失。

一、继承权的概念与特征

《民法总则》第一百二十四条规定："自然人依法享有继承权。自然人合法的私有财产，可以依法继承。"

（一）继承权的概念

继承权是指自然人死亡之后，其近亲属按照其有效遗嘱或者法律的具体规定，无偿取得其遗留的个人合法财产的权利。其中，遗留财产的死者称为被继承人。自然人死亡时遗留的财产称为遗产。依法取得遗产的人（死者的近亲属）称为继承人。继承人依法承受死者财产的权利称为继承权。

继承必须具备以下条件。①须有近亲属死亡事实的发生。继承是对死者遗产的继承，所以，有死亡事实的发生是财产继承的前提，活着的人之间的财产移转，不能称为继承。这里的死亡包括生理死亡和宣告死亡。②死亡的近亲属须留有遗产。财产继承的客体是财产，死者没有留下财产，当然也就不发生财产继承。死者留有遗产是财产继承的物质条件。③须有合法的继承人。继承人是继承法律关系的主体，没有继承人或继承人丧失继承权的，不发生继承，死者的财产由有关组织或国家承受。

（二）继承权的特征

继承权作为一种民事权利，具有以下特征。

第一，继承是一种财产转移现象。继承是对死者财产的承受，所以，继承也叫财产继承。继承以死者留有财产为前提，以继承人取得财产为权利实现的标志，继承是财产取得的一种方式，所以，继承权是财产权。

第二，继承与一定的身份相关联。继承，只发生在具有一定亲属关系的人之间。《中华人民共和国继承法》(以下简称《继承法》)所确定的继承人范围也仅限于近亲属。没有亲属关系的人之间不发生财产继承问题，法定范围之外的亲属之间也不发生财产继承问题。

第三，继承的发生依赖于被继承人死亡这一法律事实。法律规定的继承权只是一种期待权，当事人并不能直接的、现实的享受利益，而只有当被继承人死亡后才能现实地实现权利。生活状态下的亲属之间的财产转移不是继承。

第四，继承人取得遗产是无偿的。继承人无论是按照法定继承还是按照遗嘱继承，其取得遗产时无须支付对价，是无偿取得遗产的。

二、我国《继承法》的基本原则

我国《继承法》的基本原则是处理继承关系的基本准则，也是实施、解释、研究继承法的基本准则。基本原则本身具有法律效力，处理一切继承纠纷案件，凡法律、法规有具体规定的，适用这些具体规定，没有具体规定的，就应当依照基本原则来处理。根据《继承法》的规定，我国《继承法》的基本原则包括以下几项。

(一) 保护公民私有财产继承权

这是我国《宪法》中有关保护公民合法财产及私有财产继承权规定的具体化，也是《继承法》的立法宗旨，它贯穿《继承法》的全部内容，是《继承法》的首要原则。保护公民私有财产继承权体现在两方面：一是赋予公民继承权，确认公民对其死亡近亲属的遗产有权继承；二是在继承权受到不法侵害时，继承人有权请求人民法院依法保护，恢复其权利原状。

(二) 继承权男女平等

《继承法》第九条规定，继承权男女平等。这是公民在法律上一律平等的具体体现。男女平等是《宪法》确认的一项重要原则，在《继承法》中男女平等主要表现在以下几个方面。

在法定继承人的范围上男女平等。近亲属中不分男女，一律平等地享有遗产继承权，每一类法定继承人中，男性与女性都是相对应的，如夫和妻、父和母、兄弟和姐妹等都平等地享有继承权。

在确定法定继承人的继承顺序上男女平等。在亲等相同的情况下，适合于男性的继承顺序，同样适合于女性；适合于父系的顺序，也适合于母系。如儿子和女儿都列入第一顺序；祖父母和外祖父母都列入第二顺序。

在代位继承中男女平等。凡是适用于男性的代位继承也适用于女性；适用于父系的代位继承，也同样适用于母系。

在遗嘱继承中，男女平等。无论男女，都有权按照自己的意志依法订立遗嘱，处理个人财产；也不论男女，都可以成为被继承人指定的遗嘱继承人。

按照法定继承分配遗产时，同一顺序的继承人继承遗产的份额，一般应当均等，不因性别而有差别。

(三) 养老育幼、互助互济

养老育幼，照顾病残是社会主义家庭的神圣职责，是社会主义制度优越性的体现，也是我国《继承法》的一项基本原则。这一原则在《继承法》中主要体现在以下方面。

在遗产分配上，对生活有特殊困难，又缺乏劳动能力的继承人应当予以照顾多分（第十三条)；对继承人以外的依靠被继承人扶养的缺乏劳动能力又没有生活来源的人，可以分给他们适当的遗产（第十四条)。

被继承人以遗嘱方式处分财产时，应当对缺乏劳动能力又没有生活来源的继承人，保留必要的遗产份额，以保障他们的基本生活需要。

保护被继承人死亡后出生的新生儿利益。遗产分割时，应当保留胎儿的继承份额（第二十八条)。

为鼓励赡养老人，《继承法》把对公婆尽了主要赡养义务的丧偶儿媳，以及对岳父母尽了主要赡养义务的丧偶女婿也列入第一顺序继承人范围。另外还规定，自然人可以通过与扶养人或集体所有制组织签订遗赠扶养协议的方式，使自己的生活得到保证。

(四) 互谅互让，和睦团结

根据《继承法》第十五条的规定，继承人应当本着互谅互让、和睦团结的精神，协商处理继承问题。继承是近亲属之间的一种法律关系，其本质是家庭成员之间的一种经济互助，所以，继承也应遵照互谅互让、和睦团结的精神来进行。

三、遗产的概念与范围

(一) 遗产的概念

遗产是指自然人死亡时所遗留的个人合法财产。从该定义可以看出，遗产是自然人死亡时所遗留的财产，如果没有死亡事实，不能称其财产为遗产；遗产是自然人死亡时遗留的个人合法财产，非法财产不得作为遗产；同时，遗产必须是死亡自然人的个人财产，其他人的财产不得作为遗产。

(二) 遗产的范围

根据《继承法》第三条的规定，遗产的范围包括以下几项。①公民的收入；②公民的房屋、储蓄和生活用品；③公民的林木、牲畜和家禽；④公民的文物、图书资料；⑤法律允许公民所有的生产资料；⑥公民的著作权、专利权中的财产权利；⑦公民的其他合法财产。

针对《继承法》第三条第7项的“其他合法财产”，最高人民法院《关于贯彻执行〈中华人民共和国继承法〉若干问题的意见》（以下简称《继承法意见》）中的总则部分第3项规定：“公民可继承的其他合法财产包括有价证券和履行标的为财物的债权等。”

在司法实践中，对遗产的范围应注意以下几方面。①他人的财产不能作为遗产。在确定遗产范围时，尤其应注意将夫妻共同财产和家庭共同财产与死者的遗产区分开。继承开始后，应先析产，将属于他人的财产分析出来，以确定死者个人的财产。②承包经营权、房屋租赁权等不得作为遗产。承包经营的内容如土地、荒山、果树、企业的经营管理权等都是属于国家或集体所有的，不是承包者个人的财产，不能作为遗产进行继承。当然其承包应得的收益是遗产。承包权是由于承包合同而产生的，是不能通过继承取得的，实践中死者的近亲属继续承包的，也不是基于继承，而是按照承包合同办理的。房屋租赁权也不是遗产，不能基于继承而继续租赁，而须与出租人重新订立租赁合同。③有关单位发给死者家属的抚恤金不是遗产。这部分财产不是死者的个人财产，而是有关单位给予死者生前扶养、赡养的家属的经济补偿和精神抚慰，是给予特定人的，不能作为遗产在全体继承人中分配。④有人身保险合同的人死后，其保险合同中注明了受益人的，保险金不得作为遗产。该保险金是合同中所注明的受益人的财产，而不是遗产。⑤人身权不能继承，例如公民的姓名权、名誉权、荣誉权等人身权都是与公民的人身不可分离的，权利人死后，任何人都不能继承这些权利。

四、继承权的接受、放弃与丧失

（一）继承权的接受

继承权的接受是指继承人做出的同意继承被继承人遗产的意思表示。继承权的接受是继承人参与继承法律关系，行使继承权，接受被继承人遗产的条件。

在继承开始后，继承人虽然取得了继承的资格，但继承人还须做出接受继承的意思表示，才能参与遗产的继承。继承人接受继承的意思表示，可以是明示的，也可以是默示的。根据《继承法》第二十五条的规定，只要继承人没有做出放弃继承权的意思表示，即视为接受继承权。

（二）继承权的放弃

1. 继承权放弃的概念

继承权的放弃，是指继承人在继承开始后、遗产分割前，以明示方式做出的放弃继承被继承人遗产的意思表示。放弃继承权的意思表示必须由本人做出，当继承人为无行为能力人或者限制行为能力人时，他们的法定监护人（或法定代理人）不能代替他们做出放弃继承的意思表示。

2. 继承权放弃的时间

《继承法意见》第49条规定："继承人放弃继承的意思表示，应当在继承开始后、遗产分割前做出。遗产分割后表示放弃的不再是继承权，而是所有权。"

3. 继承权放弃的方式

继承权放弃必须以明示方式做出，包括书面、口头方式。《继承法意见》第47条规定："继承人放弃继承应当以书面形式向其他继承人表示。用口头方式表示放弃继承，本人承认，或有其他充分证据证明的，也应当认定其有效。"在诉讼中，继承人向人民法院以口头方式表示放弃继承的，要制作笔录，由放弃继承的人签名（《继承法意见》第48条）。

4. 对继承权放弃的限制

继承人放弃继承权是对自己权利的一种处分，因此，继承人有放弃继承权的自由。但是，如同任何自由都不能绝对一样，放弃继承权也不是不受任何限制的。如果继承人因放弃继承权，致其不能履行法定义务的，放弃继承权的行为无效（《继承法意见》第46条）。

5. 继承权放弃的效力

《继承法意见》第51条规定："放弃继承的效力，追溯到继承开始的时间。"据此，放弃继承的人，自继承开始就退出继承法律关系。不享有取得继承被继承人遗产的权利，也不承担被继承人生前的债务。

（三）继承权的丧失

继承权的丧失，是指依照法律规定，在发生法定事由时，取消继承人的继承权。继承权的丧失，实质是对继承权的剥夺。

根据我国《继承法》第七条的规定，继承权丧失的原因包括下列几种情形。

（1）故意杀害被继承人的。继承人故意杀害被继承人，是一种严重的刑事犯罪行为，它不仅触犯了刑法，而且也违反了《继承法》的宗旨，对家庭关系是重大伤害。所以，决不能使故意杀害被继承人的人，再取得被继承人的遗产。

在这里需要注意以下几点。①该继承人的杀害行为，在主观上是故意的，不管是直接故意，还是间接故意，也不管其动机是什么，都不影响这一条件的成立。②继承人只要实施了以剥夺被继承人生命为目的的杀害行为，就构成丧失继承权的要件，而不管该杀害行为是既遂还是未遂。③该剥夺被继承人生命的行为是违法的。合法的剥夺其生命的行为不构成丧失继承权的要件。如执行枪决命令、正当防卫等。

（2）为争夺遗产而杀害其他继承人的。如果是因为其他目的而杀害其他继承人，不构成丧失继承权。

（3）遗弃被继承人的，或者虐待被继承人情节严重的。遗弃被继承人，是指继承人对没有独立生活能力的被继承人，拒不履行扶养义务的行为。被继承人必须是没有独立生活能力的人，如果被继承人有独立生活能力，继承人对其不尽扶养义务，尽管不合法，但不构成遗弃。另外需要注意，如果继承人本身没有独立生活能力，无力尽扶养义务的，不构成遗弃。

虐待是指对被继承人以各种手段进行肉体或精神上的摧残、折磨的行为。构成丧失继承权的虐待行为，必须达到情节严重。是否情节严重一般看虐待时间长短，手段是否残忍，后果是否严重。只是一时不关心、不照顾，不能认定情节严重。

那么，是不是只要遗弃被继承人，或虐待被继承人情节严重，就一定丧失继承权呢？回答是否定的。根据《继承法意见》，如果继承人“以后确有悔改表现，而且被虐待人、被遗弃人生前又表示宽恕的”，可不确认其丧失继承权。

（4）伪造、篡改或销毁遗嘱情节严重的。伪造遗嘱，根本不能体现遗嘱人的意愿，篡改遗嘱则改变了遗嘱人的意愿，而销毁遗嘱则是剥夺了遗嘱人对其遗产的处分权。所以，法律确认以上行为情节严重时，继承权就要被剥夺。如何认定情节严重，法律没有具体规定。最高人民法院做出的解释，也仅列举了一类，即“继承人伪造、篡改或者销毁遗嘱，侵害了缺乏劳动能力又无生活来源的继承人的利益，并造成其生活困难的，应认定其行为情节严重”。对此，应具体问题具体分析，根据个案的具体情况来认定。

继承权丧失的确认，根据《继承法》的规定，人民法院有权依法确认继承权丧失，其他任何机关、团体和个人都没有这个权力。

继承权丧失的后果，是国家依法剥夺自然人取得其死亡近亲属遗产的权利。同时，继承人丧失继承权的，其晚辈直系血亲也不得代位继承。

练习题

一、单项选择题

1. 根据我国《继承法》的规定，下列财产中可以作为遗产的是（　　）。

   A. 公民的文物、图书资料

   B. 人身保险中指定了受益人的保险金

   C. 承包经营权

   D. 因公死亡后，有关单位给其近亲属的抚恤金

2. 根据我国《继承法》的规定，有扶养能力和有扶养条件的人，不尽扶养义务的，分配遗产时应当（　　）。

A. 剥夺其继承权
B. 视为放弃继承权
C. 不分或者少分
D. 同其他继承人均等

3. 继承人有下列何种行为即丧失继承权（　　）。

A. 误把被继承人当猎物而开枪打死
B. 虐待被继承人的
C. 伪造、篡改或者销毁遗嘱的
D. 为争夺遗产而杀害其他继承人的

4. 从权利性质上说继承权是（　　）。

A. 身份权
B. 财产权
C. 人身权
D. 人身权和财产权的统一体

5. 继承人放弃继承的，应当在遗产处理前，做出放弃继承的意思表示，没有表示的，视为(　　)。

A. 放弃继承
B. 不参加继承
C. 接受继承
D. 任由他人处理

6. 受遗赠人应当在（　　）两个月内做出接受或者放弃受遗赠的表示，到期没有表示的，视为放弃受遗赠。

A. 知道受遗赠后
B. 遗产处理前
C. 被继承人死亡后
D. 应当知道受遗赠后

7. 某甲由于犯有盗窃罪而被判处死刑。其父亲某乙因此而被气死。对某乙的遗产，某甲的子女(　　)。

A. 有继承权
B. 无继承权
C. 是未成年人的有继承权
D. 因某乙是因某甲的行为而死亡的，所以，丧失继承权

8. 下列情况下，继承人的继承权被剥夺（　　）。

A. 篡改遗嘱内容，取消了没有劳动能力，又无生活来源人的继承权
B. 伪造一份代书遗嘱，要否定原订立的公证遗嘱内容
C. 由于正当防卫而杀死了被继承人的
D. 虐待被继承人的

二、简答题

1. 简述《继承法》规定的继承权丧失的原因。
2. 简述养老育幼原则在《继承法》中的体现。
3. 简述男女平等是我国《继承法》的基本原则。

三、案例分析题

王老太是某国营工厂的退休工人，早年与陈某结婚。婚后不久丈夫得病身亡，留给王老太三间房屋。后王老太收养了一个儿子王某。王某长大后，王老太倾自己所有为他办了喜事。随后即中风瘫痪在床。开始，王某夫妇对王老太照顾得不错，但不久便失去耐心，王妻更是经常以言语相辱，王老太十分气愤。

王某厌烦待在家中照顾养母，便跑到外地做买卖。王妻对王老太越发反感，经常忘记给其吃喝，更不帮其擦洗，身上长了褥疮也不为其治疗。王老太难以忍受身体上的痛苦和精神上的折磨，遂割腕自尽。

王某听说后立即赶回，办完丧事后，即独占了王老太的三间房屋和400元退休金。王某有一堂哥陈某，得知婶母被王某夫妇折磨致死一事，即以一纸诉状告至法院，要求将王老太的三间房屋判归其所有。其诉讼理由是，房屋为“陈家”所有，而王某虽是王老太的养子，但其未尽赡养义务，所以不能由王某继承这三间房屋。王某则认为，自己对养母已尽过赡养义务，后因外出做买卖，只能由其妻代为照顾养母，但不能因为妻子对养母不孝而剥夺他的继承权。

问：陈某的要求法院能否支持？王老太的遗产应由何人承受？

参考答案

扫码阅读

第二章 法定继承

学习目标

了解法定继承的概念与特征。掌握法定继承人的范围与继承顺序。掌握代位继承和转继承的概念和特征。理解法定继承方式中的遗产分配原则。

一、法定继承的概念与特征

（一）法定继承的概念

法定继承是指被继承人生前未立遗嘱处分其遗产或遗嘱无效时由全体继承人按照法律规定的继承顺序、遗产的分配原则等继承其遗产的继承方式。

法定继承是相对于遗嘱继承而言的，所以，法定继承也称“无遗嘱继承”。从历史上看，法定继承早于遗嘱继承，但从效力上看，遗嘱继承优于法定继承。继承开始后，没有遗赠扶养协议，又没有遗嘱的，才适用法定继承。依据民法原理，财产的所有人有权处分自己的财产，该处分包括生前处分，也包括对自己死后财产的归属确定。在被继承人生前立有合法遗嘱时，按遗嘱办理；在未立遗嘱时，法律根据被继承人与继承人之间的近亲属关系，推定被继承人生前愿意将自己的遗产由全体继承人按照近亲属亲等的远近，一般均等分配的方法进行继承。

（二）法定继承的特征

1. 继承人范围法定

在法定继承中，什么人有继承遗产的权利是由法律明确规定的，在被继承人有遗嘱的情况下，什么人有取得遗产的权利是根据遗嘱确定的。根据我国《继承法》的规定，法定继承人的范围包括配偶、父母、子女、兄弟姐妹、祖父母、外祖父母、代位继承人，以及对公、婆尽了主要赡养义务的丧偶儿媳和对岳父、岳母尽了主要赡养义务的丧偶女婿。这个范围是法定的，任何人不得随意增加或减少。

2. 继承人的继承顺序法定

在法定继承中，如果有多位继承人，其继承的顺序应由法律来规定的，第一顺序的继承人比第二顺序的继承人有优先继承的权利。在遗嘱继承中，继承的顺序则是由遗嘱来确定的。

3. 遗产的分配原则法定

《继承法》第十三条具体规定了法定继承中遗产的分配原则，任何人不得违反这些规定而任意多分或不让其他继承人分得应得的遗产份额。

4. 法定继承是遗嘱继承的补充

法定继承和遗嘱继承是我国《继承法》确认的两种遗产继承方式。由于法定继承的效力低于遗嘱继承，遗嘱继承的效力优于法定继承，因而继承开始后，有遗嘱时应先适用遗嘱继承，不适用遗嘱继承时才适用法定继承。

根据我国《继承法》的规定，有下列情形之一的，遗产中的有关部分按照法定继承办理。①被继承人生前未立遗嘱，又无遗赠扶养协议的；②遗嘱继承人放弃继承或受遗赠人放弃受遗赠的；

③遗嘱继承人丧失继承权的；④遗嘱继承人、受遗赠人先于遗嘱人死亡的；⑤遗嘱无效部分所涉及的遗产；⑥遗嘱未处分的遗产。

5. 法定继承是对遗嘱继承的限制

尽管在效力上遗嘱继承适用在先，法定继承适用在后，但是法定继承对遗嘱继承也存在制约作用，如遗嘱继承人只能限于法定继承人范围以内的人，遗嘱人必须在遗嘱中为缺乏劳动能力，又没有生活来源的法定继承人保留必要的遗产份额。

二、法定继承人的范围与继承顺序

（一）法定继承人的范围

法定继承人，是指法律直接规定的可以依法继承被继承人遗产的公民。根据《继承法》的有关规定，我国法定继承人范围包括配偶、父母、子女、兄弟姐妹、祖父母、外祖父母、代位继承人，以及对公、婆尽了主要赡养义务的丧偶儿媳和对岳父、岳母尽了主要赡养义务的丧偶女婿。这个范围的确定是根据我国的实际情况进行的。长期以来我国人民一般生活在三代同堂的家庭中，民事法律在确定亲属之间的扶养权利和义务时，也以此为根据，法律上所说的“近亲属”也是这样一个范围。

（1）配偶。在继承法中，配偶是指在被继承人死亡时，与被继承人有合法婚姻关系的人之间的称谓。对配偶，在实践中应注意以下几点。①被继承人死亡时，已经与被继承人解除婚姻关系的人，不再是被继承人的配偶。②中华人民共和国成立以前遗留的一夫多妻的婚姻关系，按照国家法律和政策，当事人没有解除婚姻关系的，仍认定为互为配偶。不论妻还是妾都是夫的法定继承人。③没有配偶的男女，未办理结婚登记手续即以夫妻名义同居生活的，这期间一方死亡，另一方要求继承遗产的，要具体分析。如果能认定为事实婚姻，则可以按配偶对待，列为法定继承人；如果认定为非法同居，则不是配偶关系，不能列为法定继承人。④正在办理离婚、但尚未办理完手续的夫妻，仍互为配偶。如一审法院已经做出准予离婚的判决，但判决书还没有生效时，一方死亡，那么，另一方仍然是其配偶，是其法定继承人。

（2）子女。这里的子女包括婚生子女（旧社会的一夫多妻制中，妾所生的子女也属于婚生子女）、非婚生子女、养子女和形成扶养关系的继子女。继子女在继承了继父母遗产以后，不影响其继承生父母的遗产。

胎儿不具备民事主体资格，所以胎儿没有继承权。但通常情况下，胎儿是一定要出生的，为了保障胎儿出生后的生活需要，获得其应得的遗产份额，法律对此做了特别规定。根据我国《继承法》第二十八条的规定，遗产分割时，应当保留胎儿的继承份额。如果胎儿出生时是死体的，被保留的份额应当按照法定继承处理。如果胎儿出生时活着，则与其他继承人享有同等的继承权。

（3）父母。父母包括生父母、养父母、有扶养关系的继父母。

（4）兄弟姐妹。这里的兄弟姐妹包括同父母的兄弟姐妹、同父异母或同母异父的兄弟姐妹、养兄弟姐妹以及有扶养关系的继兄弟姐妹。

（5）祖父母、外祖父母。

（6）丧偶儿媳和丧偶女婿。姻亲关系的人之间，通常是没有继承权的，但是，为了让老人在丧失了子女后，生活上得到照顾，精神上得到慰藉，同时，也使尽了主要赡养义务的丧偶儿媳或女婿，在财产利益上得到报偿，也为了发扬中华民族赡养老人的传统美德，我国《继承法》规定，对公、婆尽了主要赡养义务的丧偶儿媳和对岳父、岳母尽了主要赡养义务的丧偶女婿，赋予其继承权，而且作为第一顺序的继承人。

在这个问题上，应当注意以下几个方面。①只有丧偶的儿媳和丧偶的女婿才有资格继承公、婆或岳父、岳母的遗产。没有丧偶的儿媳或女婿不具有这种资格。②只有尽了主要赡养义务的丧偶儿媳和丧偶女婿才能作为继承人。是否尽了主要赡养义务的标准，是看是否对被继承人的生活提供了主要经济来源，或在劳务等方面给予了主要扶助。一般与被继承人共同生活的，就应认定尽了主要赡养义务。③丧偶儿媳和丧偶的女婿作为第一顺序继承人时，不影响其子女代位继承。④不管丧偶的儿媳或女婿是否再婚，只要对公、婆或岳父、岳母尽了主要赡养义务的，都可以作为第一顺序的继承人。

（二）法定继承人的继承顺序

根据《继承法》第十条的规定，我国的法定继承分为两个顺序。第一顺序的继承人包括配偶、子女、父母；第二顺序的继承人包括兄弟姐妹、祖父母、外祖父母。除此之外，按《继承法》第十二条规定，丧偶儿媳对公、婆，丧偶女婿对岳父、岳母，尽了主要赡养义务的，作为第一顺序继承人。《继承法意见》第24条的规定，继兄弟姐妹之间的继承权，因继兄弟姐妹之间的扶养关系而发生。没有扶养关系的，不能互为第二顺序继承人。继兄弟姐妹之间相互继承了遗产的，不影响其继承亲兄弟姐妹的遗产。

这样规定的效力是，有第一顺序继承人时，第二顺序的继承人不能继承；只有在没有第一顺序继承人或第一顺序继承人全部丧失或全部放弃继承权时，才能由第二顺序继承人继承。

三、代位继承与转继承

（一）代位继承的概念和特征

被继承人的子女先于被继承人死亡时，由被继承人子女的晚辈直系血亲代替被继承人的子女继承其应继承的遗产份额的继承制度叫代位继承。其中，先于被继承人死亡的子女叫作被代位继承人，被代位继承人的晚辈直系血亲叫作代位继承人，代位继承人所享有的代替被代位继承人继承遗产的权利叫作代位继承权。

由该定义分析，在代位继承中，①被代位继承人仅限于被继承人的子女；②被继承人的子女必须是先于被继承人死亡，如果其后于被继承人死亡，那么其应作为第一顺序继承人参加继承，不需要、也不允许他人代位继承；③代位继承人的代位继承权是基于被代位继承人的继承权而成立的，如果被代位继承人丧失了继承权，代位继承权也就不能成立；④代位继承人只限于被继承人子女的晚辈直系血亲，至于晚到几辈，法律上没有限制；⑤不论代位继承人人数多少，只能继承他的父亲或母亲有权继承的遗产份额；⑥代位继承只适用于法定继承，不适用于遗嘱继承或遗赠，遗嘱继承人或受遗赠人先于遗嘱人死亡的，遗产中的有关部分，按照法定继承办理。

（二）转继承的概念和特征

转继承是指被继承人死亡后，遗产分割前，未放弃继承权的继承人也死亡的，其应得遗产份额转由他的继承人继承的继承制度。转继承实际上是就同一部分遗产发生两次连续的继承关系，因此，又称“二次继承”“再继承”。在转继承法律关系中，在继承开始后、遗产分割前死亡的继承人称为被转继承人，取得其继承遗产权利的人，称为转继承人。转继承具有以下特征。

（1）被转继承人于被继承人死亡后、遗产分割前死亡。

（2）转继承人可以是被转继承人的所有继承人。

（3）被转继承人生前享有继承权。

（4）转继承人只能继承被转继承人应得的遗产份额。

（5）转继承既适用于法定继承，也适用于遗嘱继承和遗赠。

（三）代位继承与转继承的区别

转继承和代位继承都不是由继承人本人承受被继承人的遗产。但二者却有很大的区别，主要表现在以下几方面。

（1）继承人死亡的时间不同。在代位继承中，被代位人（继承人）先于被继承人死亡；在转继承中，第一次继承中的继承人后于被继承人死亡。

（2）继承的次数不同。代位继承是一次性继承，是由代位继承人直接从被继承人那里取得遗产；转继承则是二次继承。

（3）继承适用的范围不同。代位继承只适用于法定继承，而转继承则可以发生在法定继承中，也可以在遗嘱继承或遗赠中发生。

（4）继承的主体不同。代位继承人只限于被继承人的子女的晚辈直系血亲；而转继承的继承主体包括法定继承人、遗嘱继承人和受遗赠人。

四、法定继承中的遗产分配

1. 同一顺序法定继承人之间对遗产的分配

依据《继承法》第十三条的规定，同一顺序继承人继承遗产的份额，一般应当均等。特殊情况下也可不均等分配。经继承人协商同意的，可以不均等分配；对生活有特殊困难的缺乏劳动能力的继承人，分配遗产时，应当予以照顾多分；对继承人尽了主要扶养义务或者与被继承人共同生活的继承人，分配遗产时可以多分；有扶养能力和扶养条件的继承人，不尽扶养义务的，分配遗产时，应当不分或少分。

2. 法定继承人之外的遗产取得人

自然人死亡后，除其继承人有遗产继承权外，还可能发生非继承人对其遗产的取得权。根据我国《继承法》第十四条等规定，法定继承人之外的遗产取得人，主要包括：①继承人以外的依靠被继承人扶养的、缺乏劳动能力又没有生活来源的人；②继承人以外的对被继承人扶养较多的人；③继承人以外的自然人、法人或者国家按照死者的有效遗嘱，成为受遗赠人的；④对无人继承又无人受遗赠的遗产有收取权的国家或集体所有制组织；⑤依法对“五保户”遗产享有收取权的集体组织。

练习题

一、单项选择题

1. 第一顺序的法定继承人包括（　　）。

A. 父母　　B. 祖父母

C. 儿媳、女婿　　D. 兄弟姐妹

2. 某甲的父母离婚后，其母再婚。某甲与继父共同生活多年。后某甲的继父和生父相继去世，某甲（　　）。

A. 只能继承继父的遗产

B. 只能继承生父的遗产

C. 既可以继承继父的遗产，又可以继承生父的遗产

D. 可以选择其中一人的遗产继承

3. 继承人先于被继承人死亡的，继承人的（　）有代位继承的权利。

A. 父母　B. 祖父母、外祖父母　C. 子女　D. 兄弟姐妹

4. 数个辈分不同，相互有继承权的人在同一事故中丧生，无法确定死亡先后顺序的，依法应推定（　）。

A. 同时死亡，彼此不发生继承　B. 没有继承人的人先死亡

C. 长辈先死亡　D. 晚辈先死亡

5. 儿媳对公、婆遗产的继承必须符合下列条件（　）。

A. 与公、婆共同生活　B. 对公、婆尽了赡养义务

C. 丧偶后对公、婆尽了主要赡养义务　D. 丧偶并且没有改嫁

6. 下列对继子女继承权的表述不正确的是（　）。

A. 继子女与继父母形成扶养关系的，才有继承继父母遗产的权利

B. 继子女继承继父母遗产后，仍有权继承亲生父母的遗产

C. 继子女应列为第二顺序的继承人

D. 继子女享有继承权的，应当与养子女的地位相同

7. 下列对代位继承特征的表述不正确的是（　）。

A. 被代位继承人必须是被继承人的子女

B. 代位继承人必须是被代位继承人的晚辈直系血亲

C. 代位继承可以适用于法定继承，也可以适用于遗嘱继承

D. 被代位继承人丧失继承权的其晚辈直系血亲不得代位继承

8. 被继承人的子女的晚辈直系血亲进行代位继承时（　）。

A. 受辈数限制　B. 不受辈数限制

C. 在一定范围内可以受辈数限制　D. 视具体情况而定是否受辈数的限制

二、简答题

1. 简述法定继承的概念与特征。
2. 简要回答法定继承的继承顺序及其效力。
3. 简述代位继承和转继承的区别。

三、案例分析题

王某的妻子和女儿早年死亡。1991 年王某也死亡，留有遗产房屋四间。遗产未经分割，王某的儿子暴病而死。为继承这四间房屋，王某的女婿、外孙女与王某的儿媳、孙子发生争执。一审法院判决由外孙女和孙子各继承两间，当事人均不服，上诉到二审法院，二审法院判决四间房屋应先由王某的儿子和女儿各继承两间，然后，转由女婿、外孙女各继承一间；儿媳和孙子各继承一间。

问：法院的判决存在哪些问题？应怎样判决？

参考答案

扫码阅读

第三章　遗 嘱 继 承

学习目标

了解遗嘱继承的概念与特征。掌握遗嘱的形式与遗嘱见证人的资格，理解遗嘱的有效条件，理解遗嘱的变更与撤销。掌握遗赠的概念、特征，以及遗赠与遗嘱继承、遗赠与赠与的区别。理解遗赠扶养协议的概念、特征及效力。

一、遗嘱继承概述

（一）遗嘱继承的概念

遗嘱继承，是指继承人按照被继承人所立的有效遗嘱继承被继承人遗产的法律制度。在遗嘱继承中，生前立有遗嘱的被继承人称为遗嘱人，依照遗嘱的指定享有继承权的人称为遗嘱继承人。

遗嘱继承是与法定继承相对应的，是现代世界各国都承认的一种继承制度。它起源于罗马法，盛行于资本主义社会，遗嘱自由原则是对个人权利的尊重，是各国普遍采用的。但大多数国家又对此进行了一定的限制。我国法律对遗嘱继承的限制主要有：①遗嘱不得违反宪法和法律；②遗嘱继承不得违背社会主义道德和善良风俗；③遗嘱不得剥夺法定继承人中缺乏劳动能力又没有生活来源的人的必要的继承份额等。

（二）遗嘱继承的特征

遗嘱继承具有以下法律特征。

1. 遗嘱继承的发生以存在有效遗嘱以及被继承人死亡为前提

遗嘱继承的发生需要两个法律事实。一是被继承人生前立有有效遗嘱，二是被继承人死亡。如果被继承人生前未立遗嘱或者所立遗嘱无效，即使被继承人死亡，也不发生遗嘱继承，只能发生法定继承；反之，如果被继承人立有有效遗嘱，但立遗嘱人并未死亡，则遗嘱继承也不发生，因为继承还要以被继承人死亡为前提。

2. 遗嘱继承直接体现了遗嘱人的意愿

在遗嘱中，立遗嘱人往往会对继承人的范围、顺序、遗产的分配等作出安排，遗嘱继承就是按照遗嘱的内容分配遗产。所以，遗嘱继承充分尊重立遗嘱人对自己财产处分的自由。

3. 遗嘱继承的效力优先于法定继承

既然遗嘱继承直接体现了遗嘱人的意愿，为了贯彻私法意思自治的原则，法律赋予遗嘱继承优先于法定继承的效力。在继承开始后，被继承人留有遗嘱的，即按照遗嘱进行继承；没有遗嘱的，或者所立遗嘱无效的才适用法定继承。

（三）遗嘱继承的适用条件

依据《继承法》的规定，被继承人死亡后，只有具备以下条件时，才可以适用遗嘱继承。

1. 没有遗赠扶养协议

《继承法意见》第5条规定：“被继承人生前与他人订有遗赠扶养协议，同时又立有遗嘱的，继承开始后，如果遗赠扶养协议与遗嘱没有抵触，遗产分别按协议和遗嘱处理；如果有抵触，按协议处理，与协议抵触的遗嘱全部或部分无效。”可见，遗嘱继承不能对抗遗赠扶养协议，遗赠扶养协议的效力优先于遗嘱继承。

2. 被继承人生前立有有效遗嘱

因为遗嘱只有合法有效，才可以执行。被继承人生前所立遗嘱合法有效，是适用遗嘱继承的一个必备条件。

3. 被指定的继承人未丧失继承权和未放弃继承权

遗嘱指定的继承人必须享有继承权。被指定的继承人丧失继承权和放弃遗嘱继承权的，遗产按照法定继承处理。需要注意的是，遗嘱指定的继承人放弃遗嘱继承，并不改变其法定继承人的地位，该继承人仍得以法定继承人的身份参与法定继承。

二、遗嘱的设立

（一）遗嘱的概念与特征

1. 遗嘱的概念

遗嘱，是公民生前依法对自己的财产及其他事项预作处分并于死亡时生效的民事法律行为。广义上的遗嘱指死者生前对死后一切事务的安排。如遗言死后不开追悼会，不举行遗体告别等。狭义的遗嘱仅指对其死后财产的处理，是民法上的遗嘱。

2. 遗嘱的特征

遗嘱具有以下法律特征。

（1）遗嘱是单方民事法律行为。遗嘱人设立遗嘱依遗嘱人一方的意思表示就能成立，是单方法律行为。遗嘱人设立遗嘱不需要征得遗嘱继承人或其他人的同意，所立的遗嘱只要是遗嘱人本人真实的意思表示，并依法设立，即可有效成立。即使遗嘱所指定的继承人放弃遗嘱继承的，也不影响遗嘱的成立和有效。

（2）遗嘱是在遗嘱人死后生效的法律行为，遗嘱人订立遗嘱的目的，在于对自己生前的财产及有关事务作事先安排，这种安排对遗嘱人不具有拘束力。遗嘱人可以在其生前的任何时间订立遗嘱、变更遗嘱，甚至撤销遗嘱。

（3）遗嘱是要式法律行为。根据我国《继承法》的规定，有效的遗嘱必须符合法律规定的形式，所以遗嘱是要式法律行为。

（4）遗嘱是遗嘱人独立进行的法律行为，设立遗嘱不适用代理制度。遗嘱是遗嘱人生前对自己财产所作的处分行为，这种法律行为只能由遗嘱人自己作出。

（二）遗嘱的形式

我国《继承法》所规定的遗嘱形式有五种，即公证遗嘱、自书遗嘱、代书遗嘱、录音遗嘱和口头遗嘱。

1. 公证遗嘱

《继承法》第十七条第 1 款规定，公证遗嘱由遗嘱人经公证机关办理。所以，公证遗嘱是遗嘱人将其所立的自书遗嘱、代书遗嘱送国家公证机关办理遗嘱公证。公证遗嘱具有真实性和合法性。与其他形式的遗嘱相比，公证遗嘱的法律效力最高，其他形式的遗嘱不得变更、撤销公证遗嘱。

2. 自书遗嘱

自书遗嘱，是指由遗嘱人亲笔书写的遗嘱。《继承法》第十七条第 2 款规定，自书遗嘱必须由遗嘱人亲笔书写，签名并注明年、月、日。遗嘱人不得用盖章或者按手印代替签名。公民在遗书中涉及死亡后个人财产处分的内容，确为死者真实意思的表示，有本人签名并且注明了年、月、日，又无相反证据的，可按自书遗嘱对待。

3. 代书遗嘱

代书遗嘱，是指由遗嘱人委托他人代为书写的遗嘱。《继承法》第十七条第3款规定，代书遗嘱应当有两个以上见证人在场见证，由其中一人代书，注明年、月、日，并由代书人、其他见证人和遗嘱人签名。

4. 录音遗嘱

录音遗嘱，是指用录音设备录下遗嘱人的口述遗嘱。录音遗嘱比口头遗嘱可靠，但因录音磁带容易被人剪辑伪造，因此，以录音形式立的遗嘱，应当有两个以上见证人在场见证。

5. 口头遗嘱

口头遗嘱，是遗嘱人在危急情况下以口头方式设立的遗嘱。口头遗嘱因缺乏有物证据，容易引起纠纷，因此，法律对口头遗嘱的适用有着严格的限制。《继承法》第十七条第5款规定，遗嘱人在危急情况下，可以立口头遗嘱。口头遗嘱应当有两个以上见证人在场见证。危急情况解除后，遗嘱人能够用书面或者录音形式立遗嘱的，所立的口头遗嘱无效。

（三）遗嘱见证人的资格

根据我国《继承法》的规定，上述遗嘱形式中，代书遗嘱、录音遗嘱和口头遗嘱的有效成立都必须有两个以上见证人在场见证。所谓遗嘱见证人，是指能够客观公正地证明遗嘱真实性的人。因为遗嘱见证人证明的真伪直接关系着遗嘱的效力，关系到对遗产的处置，因此，《继承法》对遗嘱见证人的资格作出了规定。

我国《继承法》第十八条规定，下列人员不能作为遗嘱见证人。

（1）无行为能力人、限制行为能力人。

（2）继承人、受遗赠人。

（3）与继承人、受遗赠人有利害关系的人。

《继承法意见》第36条规定，继承人、受遗赠人的债权人、债务人，共同经营的合伙人，也应当视为与继承人、受遗赠人有利害关系，不能作为遗嘱的见证人。

三、遗嘱的有效条件

有效的遗嘱必须符合下列条件。

1. 遗嘱人须有遗嘱能力

遗嘱人立遗嘱时必须具有完全民事行为能力，即遗嘱能力。《继承法》第二十二条第1款规定，无行为能力人或者限制行为能力人所立的遗嘱无效。《继承法意见》第41条规定，遗嘱人立遗嘱时必须有行为能力。无行为能力人所立的遗嘱，即使其本人后来有了行为能力，仍属无效遗嘱。遗嘱人立遗嘱时有行为能力，即使后来丧失了行为能力，也不影响遗嘱的效力。

2. 遗嘱须是遗嘱人的真实意思表示

《继承法》第二十二条第2~4款规定，遗嘱必须表示遗嘱人的真实意思，受胁迫、欺骗所立的遗嘱无效。伪造的遗嘱无效。遗嘱被篡改的，篡改的内容无效。

3. 遗嘱内容合法

遗嘱的内容不得违反法律和社会公德。如《继承法意见》第38条规定，遗嘱人以遗嘱处分了属于国家、集体或他人所有的财产，遗嘱的这部分，应认定无效。再如，遗嘱应当为缺乏劳动能力又没有生活来源的继承人保留必要的遗产份额，《继承法意见》第37条规定，继承人是否缺乏劳动能力又没有生活来源，应按遗嘱生效时该继承人的具体情况确定。

4. 遗嘱形式合法

遗嘱为要式法律行为，必须符合法律要求的形式，不符合法定形式要件的遗嘱无效。

四、遗嘱的变更与撤销

1. 遗嘱变更与撤销的概念

遗嘱的变更是指遗嘱人在遗嘱设立后对遗嘱内容的部分修改。遗嘱的撤销是指遗嘱人在设立遗嘱后又取消原来所立的遗嘱。遗嘱的变更仅是遗嘱人部分地改变了原设立遗嘱时的意思，可以说是对遗嘱部分内容的撤销；而遗嘱的撤销是遗嘱人改变原设立遗嘱时的全部意思，可以说是对遗嘱内容的全部变更。遗嘱是遗嘱人单方的意思表示，因此，在遗嘱发生效力前，遗嘱人得随时变更、撤销所立的遗嘱。《继承法》第二十条第1款规定："遗嘱人可以撤销、变更自己所立的遗嘱。"

2. 遗嘱变更与撤销的方式

与遗嘱的设立一样，遗嘱的变更和撤销只能自为之，不得代理。遗嘱的变更与撤销有以下两种方式。

（1）明示方式，即遗嘱人以明确的意思表示变更、撤销遗嘱。如遗嘱人另立新遗嘱，并在新遗嘱中明确声明变更或者撤销原来所立的遗嘱。需要注意的是，被变更或者被撤销的遗嘱如果是公证遗嘱，新遗嘱必须重新公证，否则不能发生变更或者撤销的效力，原公证遗嘱仍然有效。《继承法》第二十条第3款规定，自书、代书、录音、口头遗嘱，不得撤销、变更公证遗嘱。也就是说，遗嘱人若要变更、撤销公证遗嘱，必须再经过公证。

（2）推定方式，即遗嘱人虽未以明确的意思表示变更、撤销原先所立遗嘱，但法律根据遗嘱人的行为，推定遗嘱人变更或撤销了原先设立的遗嘱。这包括下列情况。

①遗嘱人以不同形式立有数份内容相抵触的遗嘱，其中有公证遗嘱的，以最后所立公证遗嘱为准；没有公证遗嘱的，以最后所立的遗嘱为准。

②遗嘱人生前的行为与遗嘱的意思表示相反，而使遗嘱处分的财产在继承开始前灭失、部分灭失或所有权转移、部分转移的，遗嘱视为被撤销或部分被撤销。

③遗嘱人销毁原来所立的遗嘱，推定撤销遗嘱。

五、遗赠

（一）遗赠的概念与特征

遗赠是指遗嘱人以遗嘱的方式，将其财产的部分或全部赠与国家、集体或者法定继承人以外的人，并于遗嘱人死亡时发生效力的法律行为。在遗赠法律关系中，立遗嘱人为遗赠人，遗嘱指定接受遗赠财产的人为受遗赠人。

遗赠具备遗嘱所具有的法律特征，即遗赠也是单方法律行为、要式法律行为、于遗嘱人死后生效的法律行为。除此之外，遗赠还具有一个独有的特征，即受遗赠人是法定继承人以外的人。遗嘱中指定法定继承人范围内的人承接遗产的，为遗嘱继承；遗嘱中指定法定继承人以外的人承接遗产的才是遗赠。

（二）遗赠与遗嘱继承的区别

第一，受遗赠人与遗嘱继承人的法律地位不同。受遗赠人不是继承人，没有继承权；而遗嘱继承人是继承人，享有继承权。

第二，受遗赠人与遗嘱继承人的范围不同。遗嘱继承人只能是法定继承人范围之内的人，而且只能是自然人；而受遗赠人必须是法定继承人范围以外的人，可以是自然人，也可以是国家或者集体。

第三，遗赠受领权与遗嘱继承权的标的不同。受遗赠人原则上只享有受领遗产的权利，并不承担清偿遗赠人生前债务的义务；遗嘱继承人既享有接受遗产的权利，还负有清偿被继承人生前债务的义务。当然，在执行遗赠时，被继承人尚有未清偿的债务的，应首先以其遗产清偿，剩余部分再执行遗赠。

第四，权利行使方式不同。根据我国《继承法》第二十五条第 2 款的规定，受遗赠人应当在知道受遗赠后两个月内，作出接受或者放弃受遗赠的表示，到期没有表示的，视为放弃受遗赠；遗嘱继承人在继承开始后遗产处理前，没有表示放弃遗嘱继承的，视为接受继承。

（三）遗赠与赠与的区别

赠与和遗赠也是不同的。赠与是将自己的财产权利无偿送与他人所有的民事法律行为。二者的区别在于：①法律行为的性质不同。遗赠是单方法律行为，是只要有遗嘱人一方的意思表示就可成立的行为；而赠与则是双方法律行为，赠与人和受赠与人是合同关系。②发生效力的时间不同。通常情况下，赠与是在赠与人交付赠与物后即发生法律效力的行为，而遗赠是在遗嘱人死后生效的法律行为。③意思表示的方式不同。赠与没有严格的形式，可以由双方当事人以口头形式进行，也可以用书面形式进行，是不要式的法律行为；遗赠则必须按照法律规定的遗嘱形式进行，是要式的法律行为。

六、遗赠扶养协议

（一）遗赠扶养协议的概念与特征

遗赠扶养协议，是由遗赠人与扶养人签订的，由扶养人对遗赠人负生养义务，遗赠人将其财产按约定在其死后转移给扶养人所有的协议。我国《继承法》第三十一条规定："公民可以与扶养人签订遗赠扶养协议。按照协议，扶养人承担该公民生养死葬的义务，享有受遗赠的权利。公民可以与集体所有制组织签订遗赠扶养协议。按照协议，集体所有制组织承担该公民生养死葬的义务，享有受遗赠的权利。"

遗赠扶养协议具有以下特征。

第一，遗赠扶养协议是一种双方的、诺成的法律行为。遗赠扶养协议必须遗赠人和扶养人双方意思表示一致才能成立；遗赠扶养协议在双方意思表示一致时即发生法律效力。

第二，遗赠扶养协议是双务、有偿法律行为。协议的双方当事人都负有一定的义务，只不过双方履行义务的时间不同。扶养人应自协议生效之日起履行义务，在遗赠人死亡时实现权利；遗赠人自协议生效之日起享受权利，于死亡后将财产转移给扶养人。遗赠扶养协议是有偿的法律行为，双方所享有的权利、所承担的义务是相对应的，但不一定等价。

第三，遗赠扶养协议中的扶养人不限于自然人。在遗赠扶养协议中，遗赠人即受扶养人，只能是自然人；而扶养人可以是自然人，也可以是集体所有制组织。法定继承人和国家机关、国有企事业单位不能作为扶养人。

第四，遗赠扶养协议具有优先于遗嘱和遗赠的执行效力。

《继承法意见》第 5 条规定："继承人生前与他人订有遗赠扶养协议，同时又立有遗嘱的，继承开始后，如果遗赠扶养协议与遗嘱没有抵触，遗产分别按协议和遗嘱处理；如果有抵触，按协议处理，与协议抵触的遗嘱全部或部分无效。”遗嘱的执行效力优先于法定继承，遗赠扶养协议又具有优先于遗嘱的执行效力。所以，遗赠扶养协议是继承法规定的多种遗产转移方式中最优先适用的方式。

（二）遗赠扶养协议的效力

遗赠扶养协议实质是双务合同，双方当事人的权利义务具有对应性。从履行义务的角度看，一方面，扶养人应对遗赠人履行生养死葬的义务，另一方面，遗赠人应当将协议约定的财产遗赠给扶养人。根据《继承法意见》第 56 条的规定，扶养人或集体组织与公民订有遗赠扶养协议，扶养人或集体所有制组织无正当理由不履行，致协议解除的，不能享有受遗赠的权利，其支付的供养费用一般不予补偿；遗赠人无正当理由不履行，致协议解除的，则应偿还扶养人或集体所有制组织已支付的供养费用。

练习题

一、单项选择题

1. 某甲立有有效遗嘱，在其死后，其遗产由其独子乙继承。结果，乙因病先于某甲死亡。某甲死亡后，乙的儿子丙继承某甲的遗产应适用（　　）。

A. 遗嘱继承　　B. 转继承

C. 代位继承　　D. 第二顺序法定继承

2. 根据我国法律的规定，当几种继承之间发生冲突时，按效力的高低排列顺序应是(　　)。

A. 法定继承，遗嘱继承和遗赠，遗赠扶养协议

B. 遗嘱继承和遗赠，法定继承，遗赠扶养协议

C. 遗赠扶养协议，法定继承，遗嘱继承和遗赠

D. 遗赠扶养协议，遗嘱继承和遗赠，法定继承

3. 遗嘱人在危急情况下，可以订立口头遗嘱，危急情况解除后，遗嘱人能够用书面或录音形式订立遗嘱的，所立的口头遗嘱（　　）。

A. 无效　　B. 继续有效

C. 部分有效　　D. 由遗嘱人自己决定是否有效

4. 没有公证遗嘱的数份遗嘱中，如果内容相抵触的，以（　　）为准。

A. 自书遗嘱　　B. 代书遗嘱

C. 录音遗嘱　　D. 最后所立的遗嘱

5. 遗嘱人生前的行为与遗嘱的意思表示相反，而使遗嘱处分的财产在继承开始前灭失、部分灭失或所有权转移、部分转移的，遗嘱视为（　　）。

A. 无效　　B. 部分无效

C. 失效　　D. 被撤销或者被变更

6. 遗嘱人须有遗嘱能力，依我国法律的规定，下列人员中，哪类人是无遗嘱能力的人(　　)。

A. 十七周岁的大学生　　B. 又聋又哑的人

C. 盲人　　D. 正在服刑的罪犯

7. 能够作为遗嘱见证人的是（　　）。
   A. 限制行为能力人　　B. 受遗赠人
   C. 遗嘱人的债务人　　D. 遗嘱人的朋友
8. 遗嘱附有义务的，继承人或受遗赠人无正当理由不履行义务的，经受益人或其他继承人的请求，人民法院可以（　　）。
   A. 强制其履行义务　　B. 取消其接受附义务那部分遗产的权利
   C. 处于罚款　　D. 宣告遗嘱无效

二、简答题

1. 遗赠和赠与有什么区别？
2. 简述遗嘱的变更或撤销的形式。
3. 简述遗嘱的有效条件。

三、案例分析题

不孝儿子郝某家资丰厚，但在其妻刘氏的训导下，对将其辛辛苦苦拉扯大的母亲郝赵氏拒不扶养。结婚后就搬出去另过，基本不去照顾母亲。郝赵氏年纪大了，生活上需要帮助。邻居有位姑娘李玉，看到郝赵氏有困难，即主动给予多方照顾。一天郝赵氏病危，李玉即将其送往医院抢救，并通知郝某。郝赵氏想到儿子的不孝和李玉对她的多年照顾，在手术前立下口头遗嘱，表示在她死后，将其出嫁时带到郝家并埋在院内的一罐银圆留给李玉。当时有医生的护士在场见证。在手术进行过程中，郝某和刘氏赶到医院。当听说母亲将银圆赠给李玉时，郝某夫妇逼迫李玉立下字据，写明李玉将那罐银圆转给郝某夫妇。

由于手术不成功，郝赵氏死亡。一个星期后，在一次同学聚会上，李玉提起此事，同学们都劝李玉找郝某要回银圆。在一位律师的帮助下，李玉找到郝某欲要回银圆，未果，即起诉到人民法院。作为李玉的律师，请提出要回银圆的理由。

参考答案

扫码阅读

第四章 遗产的处理

学习目标

了解继承的开始、遗产的保管及遗产的分割与债务清偿。

一、继承的开始与遗产的保管

(一) 继承的开始

根据《继承法》第二条的规定:“继承从被继承人死亡时开始。”所以,继承开始的时间,应以被继承人死亡的时间为准。死亡包括生理死亡和宣告死亡。生理死亡以医学上公认的方法来确认;宣告死亡以人民法院判决书中认定的时间为准。

在某些意外事件中,有数人死亡于同一事件但难于查明每个人确切的死亡时间的,依照《继承法意见》第2条,应按照下列规则进行推定:“相互有继承关系的几个人在同一事件中死亡,如不能确定死亡先后时间的,推定没有继承人的人先死亡。死亡人各自都有继承人的,如几个死亡人辈分不同,推定长辈先死亡;几个死亡人辈分相同,推定同时死亡,彼此不发生继承,由他们各自的继承人分别继承。”

确定自然人死亡的具体时间即继承开始的时间有重要的法律意义。①继承开始的时间是确定继承人范围的时间。不论是法定继承人还是遗嘱继承人,只有在继承开始时尚生存的人,才能享有继承权,才能有资格取得被继承人的遗产。先于被继承人死亡的,除了其为被继承人子女,有可能发生代位继承的以外,其余继承人的继承资格随其本人的死亡而消灭。②继承开始的时间是确定遗产范围的时间。被继承人活着的时候,其作为遗产的财产项目、数额等是无从得知的。只有在其死后,才能确定哪些是其遗留的遗产。③继承开始的时间是继承期待权转为既得权的界限。在继承开始之前的继承权是一种继承资格,是期待权,继承人并不能实际取得遗产,只有在被继承人死亡时,即继承开始时,这种期待权才转化为既得权。④在遗嘱继承中,继承开始的时间是确定遗嘱是否具有执行效力的时间。遗嘱是在立遗嘱人生前订立,而在其死时发生法律效力的民事法律行为,所以,遗嘱是否具有执行效力,应以继承开始的时间为准。⑤继承开始的时间是继承权时效的起算点。

(二) 遗产的保管

继承开始后,在遗产分割前,由于遗产的最后归属尚未确定,如果不对遗产加以保管,就可能使遗产遭受不应有的损害。所以,遗产的保管对继承人及受遗赠人来说,是相当重要的。对此,我国《继承法》及其司法解释作出了如下规定。

第一,存有遗产的人,应当妥善保管遗产,任何人不得侵吞或者争抢(《继承法》第二十四条)。

第二,继承开始后,知道被继承人死亡的继承人应当及时通知其他继承人和遗嘱执行人。继承人中无人知道被继承人死亡或者知道被继承人死亡而不能通知的,由被继承人生前所在单位或者住所地的居民委员会、村民委员会负责通知(《继承法》第二十三条)。

第三，人民法院在审理继承案件时，如果知道有继承人而无法通知的，分割遗产时，要保留其应继承的遗产，并确定该遗产的保管人或保管单位（《继承法意见》第44条）。

二、遗产的分割与被继承人债务的清偿

（一）遗产分割的原则

依照《继承法》的规定，遗产分割应遵循以下原则。

第一，尊重被继承人意思原则。即在有遗嘱的情况下，应先适用遗嘱继承和遗赠，即按照遗嘱的指定，分割遗产；遗产有剩余时，才适用法定继承。

第二，先析产后继承原则。分割遗产，首先必须确定遗产的范围。如果遗产与共有财产发生联系时，要将遗产与共有财产区分开。《继承法》第二十六条第1款规定："夫妻在婚姻关系存续期间所得的共同所有的财产，除有约定的以外，如果分割遗产，应当先将共同所有的财产的一半分出为配偶所有，其余的为被继承人的遗产。"第2款规定："遗产在家庭共有财产之中的，遗产分割时，应当先分出他人的财产。"

第三，均等原则。《继承法》第十三条规定："同一顺序继承人继承遗产的份额，一般应当均等。"对生活有特殊困难的缺乏劳动能力的继承人，分配遗产时，应当予以照顾。对被继承人尽了主要扶养义务或者与被继承人共同生活的继承人，分配遗产时，可以多分。有扶养能力和有扶养条件的继承人，不尽扶养义务的，分配遗产时，应当不分或者少分。但是，继承人协商同意的，也可以不均等。

第四，协商原则。《继承法》第十五条规定，继承人应当本着互谅互让、和睦团结的精神，协商处理继承问题。遗产分割的时间、办法和份额，由继承人协商确定。协商不成的，可以由人民调解委员会调解或者向人民法院提起诉讼。

第五，保留胎儿应继份额原则。胎儿是指生父死亡时尚在母腹中的胚胎。胎儿本身不是法定继承人，但《继承法》第二十八条规定，遗产分割时，应当保留胎儿应继承的份额，以保护其利益。《继承法意见》第45条进一步明确规定，应当为胎儿保留的遗产份额而没有保留的，应从继承人所继承的遗产中扣回。为胎儿保留的遗产份额，如胎儿出生后死亡的，由胎儿的继承人继承；如胎儿出生时就是死体的，由被继承人的继承人继承。

第六，维护遗产效用原则。《继承法》第二十九条第1款规定，遗产分割应当有利于生产和生活需要，不损害遗产的效用；不宜分割的遗产，可以采取折价、适当补偿或共有等方式处理。《继承法意见》第58条进一步明确规定，人民法院在分割遗产中的房屋、生产资料和特定职业所需要的财产时，应依据有利于发挥其使用效益和继承人的实际需要，兼顾各继承人的利益进行处理。

（二）遗产分割的办法

遗产的分割应根据遗产的性质、种类、使用价值等采用不同的分割办法。①如果遗产为可分物，可根据各个继承人应得的份额，对遗产做实际分割；②如果遗产不宜分割，应采取折价、适当补偿的方法，分割遗产；③如果遗产不能实物分割，又无法通过作价补偿方法分割的，就采取共有的形式，由数个继承人共同继承这一遗产。

（三）被继承人债务的清偿

被继承人债务，亦称遗产债务，是指被继承人生前所欠的个人债务，包括生前所欠的税款、合同债务、侵权损害赔偿债务、不当得利返还债务等。

以被继承人个人名义所欠的债务，如果用于家庭共同生活，则属于家庭共同债务，应由被继承人承担的部分属于被继承人的个人债务。

1. 被继承人债务的范围

清偿被继承人的债务必须严格限于被继承人生前的个人债务。首先，被继承人的债务应当是被继承人以个人名义欠下的，完全用于被继承人个人需要或其他依法应当由其个人承担法律责任的债务，应将个人债务与家庭债务区分开；其次，被继承人的债务应当是被继承人生前自己所欠的个人债务，因殡葬被继承人所欠的债务不是被继承人的债务。

2. 被继承人债务的清偿规则

我国实行概括继承原则，继承人对被继承人的财产权利和财产义务是一并继承的。当然，行为人仅应当对自己的债务负责，而不能使其以本人的财产，负担他人的债务。因此，被继承人生前所欠个人债务，应以其遗产偿还。

对于被继承人债务的清偿，我国《继承法》确立了如下原则。

（1）限定继承原则。我国《继承法》第三十三条规定，继承人继承遗产应当清偿被继承人的债务，但清偿债务以被继承人的遗产实际价值为限。超过遗产实际价值部分，继承人自愿偿还的，不在此限。继承人放弃继承的，对被继承人依法应当缴纳的税款和债务可以不负偿还责任。由此可见，我国《继承法》在债务清偿规则上确认了限定继承原则。

（2）执行遗赠不得妨碍债务清偿原则。我国《继承法》第三十四条规定："执行遗赠不得妨碍清偿遗赠人依法应当缴纳的税款和债务。"据此，在遗赠和清偿债务的顺序上，清偿债务优先于执行遗赠。只有在清偿债务之后，还有剩余遗产时，遗赠才能得到执行。如果遗产已不足清偿债务，则遗赠就不能执行。

（3）保留必要份额原则。《继承法》第十九条规定："遗嘱应当对缺乏劳动能力又没有生活来源的继承人保留必要的遗产份额。"《继承法意见》第61条进一步明确规定："继承人中有缺乏劳动能力又没有生活来源的人，即使遗产不足清偿债务，也应为其保留适当遗产，然后再按《继承法》第三十三条和《民事诉讼法》第一百八十条的规定清偿债务。"

3. 遗产债务的清偿程序和方法

继承开始后，首先应以被继承人的遗产缴纳其生前应缴纳的税款和清偿其生前所欠的个人债务，之后继承人才就余下的遗产进行继承。

《继承法意见》第62条规定，遗产已被分割而未清偿债务时，如有法定继承又有遗嘱继承和遗赠的，首先由法定继承人用其所得遗产清偿债务；不足清偿时，剩余的债务由遗嘱继承人和受遗赠人按比例用所得遗产偿还；如果只有遗嘱继承和遗赠的，则由遗嘱继承人和受遗赠人按比例用所得遗产偿还。

练习题

一、单项选择题

1. 继承人以外的对被继承人扶养较多的人，在分给他们遗产时，按规定（　　）。

A. 必须多于继承人

B. 只能少于继承人

C. 可以多于也可以少于继承人

D. 只能与其他法定继承人分得相同的遗产份额

2. 根据我国继承法的规定，继承从（　　）开始。

A. 遗产分割时　　B. 遗产执行时

C. 被继承人死亡时　　D. 订立遗嘱时

3. 被继承人所欠的税款和债务应当（　　）清偿。

A. 无论遗产多少，必须全部

B. 超过遗产实际价值部分，由继承人负担

C. 超过遗产实际价值部分，由受遗赠人负担

D. 以遗产的实际价值为限进行清偿，不足部分可不再

4. 在债务未清偿前，遗产已经分割时，如有法定继承又有遗嘱继承和遗赠的，应当先由（　　）用所得的遗产清偿。

A. 遗嘱继承人　　B. 法定继承人

C. 受遗赠人　　D. 受遗赠人和遗嘱继承人

5. 下列各项中，属于遗产的有（　　）。

A. 被继承人生前所享有的承包经营权

B. 由于被继承人死亡，有关单位给其家属的抚恤金

C. 在保险单中指定了受益人的保险金

D. 被继承人生前已经领取的抚恤费的剩余部分

6. 法律对法定继承顺序规定的效果是（　　）。

A. 前一顺序的继承人排斥后一顺序的继承人

B. 区分不同顺序继承人的继承遗产的份额

C. 说明前一顺序继承人对被继承人尽了较多的扶养义务

D. 体现了法律对个人意思的排斥

7. 某甲有财产若干，2009 年 9 月，其订立公证遗嘱，言明其死后遗产全部归由长子继承；2010 年 1 月某甲又订立合法代书遗嘱，要将其遗产全部归次子继承；2010 年 3 月，其三子结婚时欠了他人很多钱。某甲又自书遗嘱，言明其死后全部遗产归三子继承。某甲的遗产应归（　　）。

A. 长子继承

B. 次子继承

C. 三子继承

D. 因某甲总变更遗嘱，所以，应视其遗嘱无效，遗产归三个儿子共同继承

8. 王某于 2011 年病逝，遗产有 40 000 元。由其妻某甲和子某乙、某丙继承，当时，某甲已经怀孕，为胎儿保留继承份额 10 000 元。胎儿出生后是双胞胎。问如何对待以前的遗产分割结果（　　）。

A. 原分割结果有效

B. 原分割结果部分有效，应由某甲、某乙、某丙各返还 2 000 元给两个新生儿或将遗产分成五份重新分割

C. 原分割结果无效，应由某甲分得 20 000 元，某乙、某丙及两个新生儿各分得 5000 元

D. 原分割结果无效，由于是双胞胎，遗产也不多，所以，应由两个新生儿继承全部遗产

二、简答题

1. 我国《继承法》对继承开始的时间是怎样规定的？确定继承开始的时间有何意义？

2. 清偿被继承人生前所欠税款和债务应遵循哪些法律规定？

3. 简述遗产的分配原则。

三、案例分析题

甲有父母，配偶（机关干部）为他生下儿子（工程师）、女儿（小学音乐教师）各一人。2012 年甲去世，留有遗产房屋 6 间、存款 5 000 元，古字画 10 件和钢琴 1 架。甲生前自书遗嘱指定：房产归妻子和儿女继承，古字画赠给文物部门，对存款和钢琴遗嘱未做处理。2013 年处理甲的遗产时，甲的女儿提出要将钢琴留给自己；甲的父母皆年迈且丧失劳动能力，又无独立生活来源，主张要 2 间房居住，其他继承人亦对继承份额发生争议，诉至法院。审理中又发现甲因购字画还有 10 000 元债款未还。诉讼开始，甲的儿子未表示放弃继承权，但却以不愿伤害亲属关系为由，不愿参加诉讼。问：

（1）甲的遗嘱是否有效？

（2）甲的女儿的要求是否合理？

（3）甲的债务如何清偿？

（4）甲的父母应否分得遗产？

（5）甲的儿子是否能继承甲的遗产？

参考答案

扫码阅读

第七部分 民事责任

第一章 民事责任概述

学习目标

了解民事责任的概念与特征。掌握民事责任的主要类型。

一、民事责任的概念与特征

民事责任是民法的一个重要组成部分。没有民事责任，民事义务的约束力就得不到体现，民事权利的保护也不能实现。因此，民事责任是保护民事权利，促进民事主体履行民事义务的重要法律手段。

1. 民事责任的概念

民事责任是民事主体违反民事义务所应当承担的一种法律责任，即民事违法行为人所应当承担的法律后果。理解民事责任概念应注意：①民事责任是一种法律责任，具有法律的强制性；②民事责任以恢复被损害的民事权利为目的；③我国的民事责任制度与传统民法中把民事责任分散规定的体系有所不同。我国《民法总则》将民事责任作为第八章加以规定，提高了民事责任制度的地位，有利于对民事主体民事权利的保护。《民法总则》第一百七十六条规定，民事主体依照法律规定和当事人约定，履行民事义务，承担民事责任。

2. 民事责任的特征

与行政责任、刑事责任相比较，民事责任具有以下特征。

(1) 具有强制性和一定程度的任意性。法律责任的强制性是其区别于道德责任和其他社会责任的根本标志。民事责任作为法律责任之一，当然也具有强制性，该强制性表现为民事责任最终必须以国家强制力作保障，当民事主体不主动承担民事责任时，国家通过有关权力机构强制其承担责任，履行民事义务。民事责任除具有强制性外，还具有一定的任意性，这是民事责任与其他法律责任的一个区别。民事责任的任意性既体现在合同责任方面，如当事人可以在法律允许的范围内对违约责任的减免或承担方式等作出约定，也体现在非合同责任方面，如侵权责任的受害人可以不请求责任人承担民事责任，责任人还可以与受害人协商确定民事责任的承担等。

(2) 具有财产性。民法是商品经济发展的产物，民法以商品关系为主要调整对象，商品关系以财产关系为特征。民事义务也大都具有财产内容，人身权受到侵害，最终也可以以财产进行补偿。所以，违反民事义务或侵犯民事权利的责任主要是财产责任。而行政责任主要是对行政违法行为人的人身的制裁，如记过、撤职等。刑事责任主要是限制违法者的人身自由。行政责任和刑事责任中都有一定的财产责任如罚金、没收财产等，但这里的财产责任都不是主要的责任方式。民事责任中也还有部分非财产性的责任，如消除影响、恢复名誉、赔礼道歉等。

（3）具有补偿性。所谓补偿性，是指民事责任以补足民事主体所受损失为限。就违约责任而言，旨在使当事人的利益达到合同获得适当履行的状态；就侵权民事责任而言，旨在使当事人的利益恢复到受损害以前的状态。

（4）民事责任是一方当事人对另一方当事人承担的责任。民事责任是违法行为人对受害人承担的责任。这是由民法调整对象和民事法律关系的特征所决定的，民法调整平等主体之间的财产关系和人身关系，说明当事人之间的法律地位平等，权利义务关系平等。平等要求当事人诚实履行义务，不得侵害他人的合法权利，否则，就使双方之间的平等状态受到破坏。法律为使平等状态得到恢复，即以强制力迫使加害人承担不利的后果。所以民事责任是当事人一方对另一方承担的责任。而刑事责任和行政责任都不是平等主体之间的责任。

二、民事责任的分类

依据不同的标准，可以对民事责任作不同的分类。常见的分类主要有以下几种。

1. 合同责任与非合同责任

以民事责任是否因合同关系引起为标准，民事责任可以分为合同责任与非合同责任。

合同责任，是指因合同关系所产生的民事责任，它不仅包括违约责任，还包括合同变更、解除所产生的民事责任和保证责任等。非合同责任，是指因合同关系所产生的民事责任，具体包括缔约过失责任、侵权民事责任、不当得利返还民事责任等。

（1）侵权行为的民事责任。侵权行为的民事责任，是指行为人对其不法行为造成他人财产或人身权利损害时，应承担的法律责任。

侵权行为的民事责任，是违反法定义务所产生的责任，以补偿受害人因受侵害而受到的损失为目的，因此，责任的性质主要是财产责任，如赔偿损失、恢复原状等，少数的也可以是非财产性质的，如赔礼道歉、恢复名誉等责任方式。

（2）违反合同的民事责任。违反合同的民事责任，是指当事人违反合同约定的义务而应承担的法律责任。

依法成立的合同，对当事人有法律约束力，任何一方都不得违反，违反合同不仅仅是不守信用，而且是对合同法律的违反，因此，应当承担法律责任。

违反合同的民事责任，是违反约定义务的法律后果，在确定责任时，主要根据当事人之间的合同，在合同没有具体约定时，按照法律的规定。违反合同的民事责任，在性质和内容上都属于财产责任。

（3）缔约过失责任（见本书“合同的成立”）。

（4）不当得到返还民事责任（见本书“债的发生原因”）。

2. 单独责任与共同责任

以承担责任者是否仅有一人为标准，民事责任可以分为单独责任与共同责任。

单独责任，是指责任人仅有一人的民事责任。如甲向丙借款1万元，逾期未还款，该还款责任只由甲一人承担的情形，即为单独责任。共同责任，是指责任人为两人或者两人以上的民事责任。如甲、乙两人为合伙经营一餐馆，共同向丙借款1万元，逾期未还款，该还款责任应由甲、乙两人共同承担的情形，即为共同责任。

在共同责任中还可以区分为按份责任、连带责任与不真正连带责任。

按份责任是指多数当事人按照法律的规定或者合同的约定，各自承担一定份额的民事责任。《民法总则》第一百七十七条规定，二人以上依法承担按份责任，能够确定责任大小的，各自承担相应的责任；难以确定责任大小的，平均承担责任。

连带责任是指多数当事人按照法律的规定或者合同的约定，连带地向权利人承担责任。民法上的连带责任主要有：(1) 合伙人对合伙之债权人的责任；(2) 共同侵权人的连带责任；(3) 连带保证人之间的连带责任；(4) 代理关系中发生的连带责任。《民法总则》第一百七十八条规定，二人以上依法承担连带责任的，权利人有权请求部分或者全部连带责任人承担责任。连带责任人的责任份额根据各自责任大小确定；难以确定责任大小的，平均承担责任。实际承担责任超过自己责任份额的连带责任人，有权向其他连带责任人追偿。连带责任，由法律规定或者当事人约定。

不真正连带责任是指各债务人基于不同的发生原因而对于同一债权人负有以同一给付为标的的数个债务，因一个债务人的履行而使全体债务均归于消灭，此时数个债务人之间所负的责任即为不真正连带责任。

3. 财产责任与非财产责任

以责任的内容是否财产为标准，民事责任可以分为财产责任与非财产责任。

财产责任，是指以一定的财产为内容的民事责任。如损害赔偿、返还财产、支付违约金等。非财产责任，是指不具有财产内容的民事责任。如消除影响、停止侵害、赔礼道歉、恢复名誉等。

4. 有限责任与无限责任

以承担责任是否有财产限制为标准，民事责任可以分为有限责任与无限责任。

有限责任，是指责任人以其某部分财产承担民事责任。如抵押人仅以抵押财产对所担保的债权承担的责任，有限责任公司的股东仅以其出资对公司债务所承担的责任。无限责任，是指责任人以其所有的全部财产承担民事责任。如保证人的保证责任，普通合伙人对合伙组织债务所承担的责任。

三、承担民事责任的方式

《民法总则》第一百七十九条规定：“承担民事责任的方式主要有：（一）停止侵害；（二）排除妨碍；（三）消除危险；（四）返还财产；（五）恢复原状；（六）修理、重作、更换；（七）继续履行；（八）赔偿损失；（九）支付违约金；（十）消除影响、恢复名誉；（十一）赔礼道歉。法律规定惩罚性赔偿的，依照其规定。本条规定的承担民事责任的方式，可以单独适用，也可以合并适用。”

此外，《民法总则》第一百八十一条至第一百八十三条等规定了如下内容：正当防卫超过必要的限度，造成不应有的损害的，正当防卫人应当承担适当的民事责任；因紧急避险造成损害的，由引起险情发生的人承担民事责任；因保护他人民事权益使自己受到损害的，由侵权人承担民事责任；等等。

《民法总则》第一百八十七条规定，民事主体因同一行为应当承担民事责任、行政责任和刑事责任的，承担行政责任或者刑事责任不影响承担民事责任；民事主体的财产不足以支付的，优先用于承担民事责任。

练习题

一、单项选择题

1. 关于民事责任的表述不正确的是（　　）。
   A. 民事责任都表现为财产责任
   B. 民事责任是违反民事法律规范所应承担的法律责任
   C. 民事责任的范围与违法行为造成的权利损害相适应
   D. 民事责任是一方当事人对另一方当事人承担的责任
2. 以共同责任人对债权人是否按一定的份额承担责任为标准，可将共同责任区分为(　　)。
   A. 有限责任和无限责任　　B. 按份责任和连带责任
   C. 单独责任和共同责任　　D. 财产责任和非财产责任
3. 依照我国法律的规定，关于民事责任的承担表述正确的是（　　）。
   A. 没有过错的，不承担民事责任
   B. 没有过错的，部分承担民事责任
   C. 没有过错的，由当事人协商是否承担责任
   D. 没有过错的，但法律规定应当承担民事责任的，仍应承担民事责任
4. 我国《消费者权益保护法》第四十九条规定："经营者提供商品或者服务有欺诈行为的，应当按照消费者的要求增加赔偿其受到的损失，增加赔偿的金额为消费者购买商品或者接受服务的费用的一倍。"该条规定说明，民事责任(　　)。
   A. 不具有补偿性，只具有惩罚性
   B. 只具有补偿性，不具有惩罚性
   C. 不具有补偿性，也不具有惩罚性
   D. 不仅具有补偿性，而且还具有惩罚性
5. 以民事责任是否因合同关系引起为标准，民事责任可以分为（　　）。
   A. 合同责任与非合同责任　　B. 有限责任与无限责任
   C. 共同责任与单独责任　　D. 财产责任与非财产责任
6. 以民事责任的内容是否财产为标准，民事责任可以分为（　　）。
   A. 合同责任与非合同责任　　B. 有限责任与无限责任
   C. 共同责任与单独责任　　D. 财产责任与非财产责任
7. 为合伙经营一餐馆，甲、乙两人共同向丙借款1万元，逾期未还。该还款责任为（　　）。
   A. 单独责任　　B. 共同责任
   C. 侵权责任　　D. 非合同责任
8. 下列属于合同责任的是（　　）。
   A. 违约责任　　B. 缔约过失责任
   C. 侵权民事责任　　D. 不当得利返还民事责任

二、简答题

1. 简述民事责任的概念与特征。
2. 简述有限责任与无限责任的划分标准及其含义。
3. 简述民事责任的分类。

三、案例分析题

某甲要出国，临行时把房屋钥匙交给邻居某乙，让其帮着看家。一天，某乙发现，屋里的几盆花由于经常见不到太阳快死掉了，就把花盆都搬到阳台上。不料那天傍晚刮风，把其中一盆吹落，正好砸在从楼下经过的某丙肩头上，某丙当时被砸晕了，被人送到医院抢救，共花费医疗费2 000元。

问：某丙的损失应由谁承担？为什么？

参考答案

扫码阅读

第二章　缔约过失责任与违约责任

学习目标

掌握缔约过失责任与违约责任的基本内容。

一、缔约过失责任

1. 缔约过失责任的概念

缔约过失责任，是指在合同订立过程中，一方因违反先合同义务给对方造成损失时所应承担的损害赔偿责任。

缔约过失责任发生在合同订立过程中而不是合同成立之后，这是缔约过失责任与违约责任的基本区别所在。缔约过失责任作为独立的民事责任，是有其法律意义的。交易是个过程，包括当事人开始接触、相互洽商、成交，到最后履行几个阶段。相应地，法律保护交易，应该是对整个交易过程加以全面规制。而传统合同法仅仅设立了违约责任，其所保护的只是合同有效成立之后当事人的权利，但对合同成立之前处于接触磋商阶段缔约当事人的权益却没有予以保护。因此，缔约过失责任制度的确立，使保护当事人权利的起点提前到了缔约阶段，从而完善了保护整个交易安全的规则。

2. 缔约过失责任的构成要件

缔约过失责任的成立，需要具备以下要件。

（1）缔约一方违反先合同义务。所谓先合同义务，是指在合同订立过程中，缔约当事人依据诚实信用原则所应承担的注意义务，包括互相协助、照顾、保护、告知、保密等义务。这些义务系以诚实信用原则为基础，其发生以双方当事人进入缔约过程为前提。那么，如何判断是否进入了缔约过程呢？一般认为，以缔约当事人之间已经显然具有了某种订约上的联系为标准，换言之，为缔结合同，一方实施了具有某种法律意义的行为（如发出要约），并表明受该行为的约束，而另一方对此行为产生了能够成立合同关系或合同有效的合理信赖，缔约当事人之间产生了一种信赖关系。

（2）对方当事人受有损失。对方当事人受有损失是指信赖利益的损失。所谓信赖利益损失，是指在缔约过程中，由于一方当事人信赖合同成立和有效，但后因合同不成立、无效或被撤销所遭受的损失。应当指出，受到法律保护的信赖利益，必须是基于合理的信赖而产生的利益。

（3）违反先合同义务与受有损失存在因果关系。即对方当事人的损失是由违反先合同义务所引起的。

（4）违反先合同义务方有过错。这里的过错是指行为人对导致合同不成立、无效或被撤销等的原因上的过错，包括故意和过失。

3. 缔约过失责任的适用情形

根据《合同法》规定，缔约过失责任适用的情形主要有以下几方面。

（1）假借订立合同，恶意进行磋商，给对方造成损失的。

（2）故意隐瞒与订立合同有关的重要事实或者提供虚假情况，给对方造成损失的。

（3）泄露或不正当使用在缔约过程中知悉的商业秘密，给对方造成损失的。

（4）在缔约过程中有其他违背诚实信用原则的行为，造成对方损失的。如不协助办理申请批准、登记手续，致使合同不能生效，使对方遭受损失等。

4. 缔约过失责任的形式

缔约过失责任的形式为损害赔偿。损害赔偿的范围为信赖利益损失，具体包括直接损失和间接损失两部分。其中直接损失有：

（1）缔约费用，如邮电费用、赶赴缔约地及验查标的物等所支出的合理费用；

（2）准备履行所支出的费用，如为运送标的物或受领对方的给付所支出的合理费用；

（3）支出上述费用所失去的利息。间接损失主要是指因丧失与第三人另订合同的机会所产生的损失。

二、违约责任

1. 违约责任的概念与特征

违约责任，是指合同当事人不履行合同义务所应承担的民事法律后果。《民法总则》第一百八十六条规定，因当事人一方的违约行为，损害对方人身权益、财产权益的，受损害方有权选择请求其承担违约责任或者侵权责任。《合同法》第一百零七条规定：“当事人一方不履行合同义务或者履行合同义务不符合约定的，应当承担继续履行、采取补救措施或者赔偿损失等违约责任。”违约责任的产生是以合同的有效存在为前提的。合同一旦生效以后，就已经受到有效合同的约束，当事人应按照合同的约定全面、严格地履行合同义务，任何一方当事人因违反有效合同所规定的义务均应承担违约责任。

违约责任具有以下特征。

（1）违约责任的产生是以合同当事人不履行合同义务为前提的。合同义务又称为合同债务。债务是责任发生的前提，无债务则无责任，责任是债务不履行的后果。一旦债务人不履行债务，则债务在性质上便转化为一种强制履行的责任。

（2）违约责任具有相对性。违约责任的相对性是指违约责任仅发生于合同当事人之间，合同关系以外的人不承担违约责任，合同当事人也不对合同关系以外的第三人承担违约责任。

具体来说，违约责任的相对性包含以下几层含义。①违反合同债务的当事人应对自己的违约行为负责，不能将违约责任推卸给他人。②因第三人原因造成违约的，债务人仍应对债权人负违约责任，而不是由第三人向债权人负违约责任。③债务人应当向债权人承担违约责任，而不是向国家或者第三人承担违约责任。

（3）违约责任可以由当事人约定。作为民事责任的一种，违约责任当然具有强制性。但与其他民事责任相比，它具有更高程度的任意性，即法律允许当事人事先对违约责任作出约定。如《合同法》第一百一十四条第1款规定：“当事人可以约定一方违约时应当根据违约情况向对方支付一定数额的违约金，也可以约定因违约产生的损失赔偿额的计算方法。”再如，当事人还可以通过约定免责条款来限制和免除其违约责任。当然，当事人对违约责任的约定不能超出法律规定的范围和程度，否则将是无效的。

(4) 违约责任是财产责任。就违约责任性质而言，违约责任作为合同债务的转化形式，与合同债务在经济利益方面具有同一性，违约责任固然是一种财产责任；就违约责任形式而言，《合同法》第七章规定的诸种违约责任形式，如实际履行、赔偿损失、支付违约金及定金等，都可以用财产、金钱来进行计算，违约责任当然属于财产责任范畴。

(5) 违约责任主要具有补偿性。违约责任的补偿性，是指违约责任旨在弥补因违约行为造成的损害后果。违约责任具有补偿性，从根本上说是民法的平等、公平原则的体现，也是商品交易关系在法律上的内在要求。在一方违约使合同关系遭到破坏，当事人利益失去平衡时，法律通过违约责任的方式要求违约方对受害人所遭受的损失给予充分的补偿，从而使双方的利益状况达到平衡。

当然，强调违约责任的补偿性，并不否认在特定情况下违约责任也具有惩罚性。

2. 违约责任的构成要件

违约责任的构成要件可分为一般构成要件和特殊构成要件。所谓一般构成要件，是指违约当事人无论承担何种违约责任形式都必须具备的要件。所谓特殊构成要件，是指各种具体的违约责任形式所要求的责任构成要件。各种不同违约责任形式的责任构成要件是不同的，如损害赔偿责任构成要件与违约金责任构成要件就不完全相同。

违约责任的一般构成要件仅包括两个，即存在违约行为和不存在免责情形。以下分别述之。

(1) 存在违约行为。违约行为，是指合同当事人不履行合同义务或履行合同义务不符合约定的行为。在学理上，违约行为也称为不履行合同债务的行为。

实践中，违约行为表现为多种多样。根据我国《合同法》规定，以履行期限是否届满为标准，可以将这些违约行为分为预期违约和实际违约两种形态。

① 预期违约。预期违约也称为先期违约，是指在履行期限届满之前，当事人一方明确表示或者以自己的行为表明不履行主要债务。

预期违约包括明示毁约和默示毁约两种类型。所谓明示毁约，是指在履行期限届满之前，当事人一方明确表示不履行主要债务。所谓默示毁约，是指在履行期限届满之前，当事人一方以自己的行为表明不履行主要债务。

《合同法》第一百零八条规定："当事人一方明确表示或者以自己的行为表明不履行合同义务的，对方可以在履行期限届满之前要求其承担违约责任。"

② 实际违约。实际违约，是指履行期限届满之后，合同当事人不履行或不适当履行合同义务。实际违约主要包括不能履行、拒绝履行、迟延履行和不完全履行等几种类型。

A. 不能履行。不能履行是指债务人在客观上已经没有履行能力，或者法律禁止债务的履行。如在以提供劳务为标的的合同中，债务人丧失了劳动能力，为不能履行；在以给付特定物为标的的合同中，该特定物灭失，为不能履行。

B. 拒绝履行。拒绝履行是指债务人能够履行而对债权人表示不履行。这种表示一般为明示的，也可以是默示的。例如，债务人将应交付的标的物处分给第三人，即可视为拒绝履行。

C. 迟延履行。迟延履行又称逾期履行，是指债务人能够履行，但在履行期限届满时却未履行债务的现象。迟延履行不同于拒绝履行。在迟延的情况下，违约当事人已经做出了履行，只是履行不符合期限的规定。而在拒绝履行的情况下，违约当事人不仅没有做出履行，还明确表示不愿意履行合同义务，可见拒绝履行是一种公然的违约。

D. 不完全履行。不完全履行又称不适当履行，是指债务人虽然履行了债务，但其履行不符合债务的本旨，包括标的物的品种、规格、型号、数量、质量以及其运输方法、包装方法等不符合合同约定等。

(2) 不存在法定的免责条件与约定的免责条款。《合同法》虽然采取了无过错责任原则，但并不意味着违约方在任何情况下均须对其违约行为负责。在法律规定有免责条件的情况下，当事人不承担违约责任；在当事人以约定排除或者限制其未来责任的情况下，也可能不承担违约责任或者只承担一部分违约责任。反之，在既不存在免责条件也不存在免责条款的情况下，违约当事人就须承担违约责任了。

① 免责条件。所谓免责条件，是指法律明文规定的当事人对其不履行合同不承担违约责任的条件。我国法律规定的免责条件，主要有不可抗力、货物本身的自然性质、货物的合理损耗、债权人的过错等。其中，不可抗力是普遍使用的免责条件，其他则仅适用于个别场合。

A. 不可抗力。不可抗力，是指不能预见、不能避免并不能克服的客观情况。《合同法》第一百一十七条第 1 款规定："因不可抗力不能履行合同的，根据不可抗力的影响，部分或者全部免除责任，但法律另有规定的除外。当事人迟延履行后发生不可抗力的，不能免除责任。"

B. 货物本身的自然性质、货物的合理损耗。根据《合同法》第三百一十一条的规定，承运人对运输过程中货物的毁损、灭失承担损害赔偿责任，但承运人证明货物的毁损、灭失是因不可抗力、货物本身的自然性质或者合理损耗造成的，不承担损害赔偿责任。

C. 债权人的过错。因债权人的过错致使债务人不履行合同，债务人不负违约责任。我国《合同法》多有明文规定，如《合同法》第三百零二条规定，承运人应当对运输过程中旅客的伤亡承担损害赔偿责任，但伤亡是旅客自身健康原因造成的或者承运人证明伤亡是旅客故意、重大过失造成的除外。第三百七十条规定，寄存人交付的保管物有瑕疵或者按照保管物的性质需要采取特殊保管措施的，寄存人应当将有关情况告知保管人；寄存人未告知，致使保管物受损失的，保管人不承担损害赔偿责任。

② 免责条款。免责条款，是指当事人以协议排除或者限制其未来责任的合同条款。民法实行意思自治原则，民事主体可以依法放弃民事权利，免除他人的民事义务、民事责任。因此，当事人在订立合同时，可以约定免责条款，只要具有免责条款规定的情形，当事人纵有违约行为，也不承担违约责任。但是，免责条款的内容不能违背法律的强制性规定，否则无效，当事人仍应承担违约责任。

3. 为第三人承担违约责任

《合同法》第六十五条规定："当事人约定由第三人向债权人履行债务的，第三人不履行债务或者履行债务不符合约定，债务人应当向债权人承担违约责任。"第一百二十一条规定："当事人一方因第三人的原因造成违约的，应当向对方承担违约责任。当事人一方和第三人之间的纠纷，依照法律规定或者按照约定解决。"这些规定，实际上是让债务人对以履行辅助人为典型代表的第三人的原因造成的违约负责，可以成为"为第三人负责"。

为第三人负责，其中第三人的范围是一个问题。在我国的《合同法》，由于采纳了无过错责任原则，"第三人"便不局限于履行辅助人，尚包括其他的第三人，《合同法》第一百二十一条的规定实即如此。

4. 违约责任与侵权责任的竞合

(1) 违约责任与侵权责任竞合的概念及构成要件。违约责任与侵权责任竞合，是指行为人的同一违反民事义务的行为同时符合侵权责任与违约责任的构成要件，从而导致两种责任形式并存和相互冲突的现象。其构成要件如下。

① 行为人与受害人之间成立合同关系。

② 行为人只实施了一个违反民事义务的行为。所谓“一个违反民事义务的行为”，乃因故意或过失地违反约定义务或法定义务的行为。如买卖合同交付的标的物质量不合格（违反约定义务，属于违约行为）致他人人身遭受损害；保管人擅自将保管物出卖给第三人（违反法定义务，属于侵犯他人财产行为）致他人财产遭受损害。只实施了一个违反民事义务的行为，是民事责任竞合的前提条件。

③ 同一违反民事义务的行为同时符合侵权责任与违约责任的构成要件。所实施的同一违反民事义务的行为同时违反了合同法和侵权责任法的规定，同时符合侵权责任与违约责任的构成要件，这是民事责任竞合的决定性条件。如前所述，买卖合同交付的标的物质量不合格（符合违约责任的构成要件）致他人人身遭受损害（符合侵权责任的构成要件）；保管人擅自将保管物出卖给第三人（符合侵权责任的构成要件）致他人财产遭受损害（符合违约责任的构成要件）。

④ 两个民事责任之间相互冲突。两个民事责任相互冲突，是指侵权责任与违约责任之间不能相互吸收或者同时并存，行为人只能承担其中之一。不能相互吸收，是指一种民事责任不能为另一种民事责任所涵盖。不能同时并存，是指行为人不能同时承担数个民事责任。

（2）违约责任与侵权责任竞合的法律效果。违约责任与侵权责任的竞合将导致双重请求权的存在，应允许受害人选择行使，但不应允许同时行使。否则，行为人承担双重责任，受害人获得双重赔偿。《合同法》第一百二十二条对违约责任与侵权责任竞合的法律效果做出了明确规定，即“因当事人一方的违约行为，侵害对方人身、财产权益的，受损害方有权选择依照本法要求其承担违约责任或者依照其他法律要求其承担侵权责任”。法律允许受害人选择责任，是因为在责任竞合的情况下，行为人的行为已符合两种责任的构成要件，受害人选择任何一种责任都是加害人所应当承担的。同时，允许受害人选择责任，也是因为违约责任和侵权责任在很多方面都是不同的，而选择不同的责任对受害人的保护也不同。

5. 违约责任与侵权责任的区别

违约责任与侵权责任的区别主要表现在以下几方面。

（1）归责原则不同。侵权责任以过错责任原则为一般归责原则，只有在法律有明确规定的情形下才适用无过错责任原则。而违约责任以严格责任（无过错责任）为一般归责原则，只有在法律有明确规定的情形下才适用过错责任原则。

（2）举证责任不同。归责原则的不同影响了举证责任的承担。在一般侵权责任中，因适用过错责任原则，故受害人有义务举证加害人主观上有过错。而违约责任因以严格责任为一般归责原则，故未违约方只需证明有违约行为存在，无须证明违约方有过错。

（3）责任构成要件不同。侵权责任以损害事实作为构成要件之一，无损害即无责任。而违约责任不以损害事实为构成要件。

（4）免责条件不同。在违约责任中，法定的免责条件主要限于不可抗力，但当事人可以事先约定免责条款。在侵权责任中，当事人虽然难以事先约定免责条款，但一般侵权责任的法定的免责条件不限于不可抗力，还包括意外事故、第三人的行为、正当防卫和紧急避险等。

（5）责任形式不同。侵权责任既包括财产性责任（以损害赔偿为主），也包括多种非财产性责任，如停止侵害、赔礼道歉、排除妨碍等。违约责任都是财产性责任，包括损害赔偿、违约金、定金等。

此外，在损害赔偿范围、时效期限、诉讼管辖等方面，违约责任与侵权责任也存在着区别。正是因为上述区别的存在，所以受害人选择不同的责任，将严重影响到对其利益的保护和对不法行为人的制裁。这也正是违约责任与侵权责任竞合产生的意义及被广泛讨论的原因所在。

6. 承担违约责任的方式

根据我国《合同法》的规定，承担违约责任的方式有很多，下面重点介绍继续履行、赔偿损失、违约金和定金四种方式。

(1) 继续履行。继续履行与解除合同是完全对立的补救方法，主张继续履行就不能请求解除合同，主张解除合同就不能请求继续履行。

① 继续履行的概念。继续履行，学理说上又称强制实际履行，是指当事人一方不履行合同时，由法院强制违约方继续履行合同债务的违约责任方式。与其他违约责任形式相比，继续履行的功能不在于对受害方所受损失的弥补，而是在于合同目的的实现。

继续履行虽然是合同履行的继续，仍然是履行原合同债务，但它与正常地履行原合同义务在性质上是不同的。一是履行时间不同，正常履行是按期履行，而继续履行是在履行期限届满后才履行；二是强制性不同，正常履行是债务人的自觉履行，是单纯的履行合同债务，而继续履行则带有国家强制的性质，是对当事人违约行为的否定性评价。

② 不能适用继续履行的情形。根据给付标的的不同，我国《合同法》将合同债务分为金钱债务和非金钱债务。前者是指支付价款或者报酬的债务，后者是指金钱债务以外的债务。若违反金钱债务，可以适用继续履行，若违反非金钱债务，则并非都能适用继续履行。根据《合同法》第一百一十条的规定，下列几种情形不能适用继续履行。

A. 法律上或者事实上不能履行。所谓法律上不能履行是指根据法律规定，履行是不可能的。如某买卖合同成立后履行前，该合同项下的标的物被新颁布的法律规定为禁止流通物，继续履行将构成违法。所谓事实上不能履行，是指在客观上履行是不可能的。如特定物交付前灭失。

B. 债务的标的不适于强制履行或者履行费用过高。所谓债务的标的不适于强制履行，是指债务的标的强制履行不合法或者不合常理。如委托合同、演出合同、出版合同中的劳务债务。这些合同通常具有人身专属性，在性质上决定了不适于强制履行。

所谓履行费用过高，是指对标的物若要强制履行，代价太大。比如为履行合同专门进口一台设备，所花代价远远超过履行合同所产生的收益。

C. 债权人在合理期限内未要求履行。之所以规定此种情形，实际上是想以此督促债权人及时主张权利，行使其履行请求权。如果债权人并不积极行使其履行请求权，主张强制履行，待一段时间后始主张强制履行，则对于债务人未免不公。

所谓“合理期限”，是一个不确定概念，最终要由法院在个案中具体地加以判断。

(2) 赔偿损失。

① 赔偿损失的概念及类型。赔偿损失，亦称违约损害赔偿，是指债务人不履行合同义务时依照约定或者依照法律规定赔偿债权人所受损失的责任方式。

以损害赔偿的依据为标准，可以将损害赔偿分为约定损害赔偿和法定损害赔偿。

所谓约定损害赔偿，是指当事人双方在订立合同时预先估计的损害赔偿总额，或预先约定的损害赔偿额的计算方法。由于债权人于对方违约而请求损害赔偿时，须证明损害及因果关系。而此类举证，不但困难，且易产生纠纷，因而当事人为避免上述困难及纠纷，预先约定损害赔偿额或者其计算方法，不失为良策，一方面是可以激励债务人履行债务，另一方面是如发生违约，则其责任承担简单明了。我国《民法通则》和《合同法》都允许当事人约定损害赔偿。

所谓法定损害赔偿，是指违约方依照法律规定赔偿对方当事人所受的损失。约定损害赔偿与法定损害赔偿既有相同之处，也有不同之处。相同之处在于，这两种损害赔偿都以因违约给未违约方造成损害为前提。不同之处在于两个方面。A. 一旦因违约给未违约方造成了损害，约定损害赔偿的未违约方不必举证证明损害的范围和损害的大小，依据约定损害赔偿条款就可以获得赔偿；而法定损害赔偿的未违约方必须要举证证明损害的范围和损害的大小，否则不能获得赔偿。B. 在损害赔偿的适用上，约定损害赔偿优先于法定损害赔偿。

② 法定损害赔偿的范围。对于法定损害赔偿，最核心的内容就是确定赔偿范围。《民法通则》第一百一十一条规定，当事人一方不履行合同义务或者履行合同义务不符合约定条件的，另一方有权要求履行或者采取补救措施，并有权要求赔偿损失。《民法通则》第一百一十二条规定，当事人一方违反合同的赔偿责任，应当相当于另一方因此所受到的损失。《合同法》第一百一十三条第 1 款规定："当事人一方不履行合同义务或者履行合同义务不符合约定，给对方造成损失的，损失赔偿额应当相当于因违约所造成的损失，包括合同履行后可以获得的利益，但不得超过违反合同一方订立合同时预见到或者应当预见到的因违反合同可能造成的损失。"第一百一十九条第 1 款规定："当事人一方违约后，对方应当采取适当措施防止损失的扩大；没有采取适当措施致使损失扩大的，不得就扩大的损失要求赔偿。"这些规定是对一般法定赔偿范围所做的原则性规定。

除此之外，我国特别法上对损害赔偿范围还设有一些特别规定。如根据《合同法》第一百一十三条第 1 款的规定，确定赔偿范围应遵循完全赔偿原则。所谓完全赔偿原则，是指违约方对于违约所造成的损失应当全部赔偿的原则，即"损失赔偿额应当相当于因违约所造成的损失，包括合同履行后可以获得的利益"。按照这一原则，违约方应当赔偿未违约方实际遭受的全部损失，包括现有财产的损失和可得利益的损失。这里的可得利益，是指合同在适当履行后可以实现和取得的财产利益。我国《合同法》还采纳了可预见规则和减轻损失规则等来限制赔偿的范围。所谓可预见规则，是指违约方的损害赔偿不得超过其在订立合同时预见到或者应当预见到的因违反合同可能造成的损失。减轻损失规则，是指一方违约后，对方应及时采取适当措施以防止损失扩大，否则就扩大的损失不得要求赔偿。

（3）违约金。

① 违约金的概念。所谓违约金是指由当事人事先约定的、在违约发生后由违约方向对方支付一定数额的金钱的责任方式。

《合同法》第一百一十四条第 1 款规定："当事人可以约定一方违约时应当根据违约情况向对方支付一定数额的违约金，也可以约定因违约产生的损失赔偿额的计算方法。"《民法通则》第一百一十二条亦有此规定。二者所规定的违约金在性质上属于赔偿性违约金，也叫作损害赔偿额的预定。

② 违约金数额的调整。基于合同自愿原则，对于违约金的数额，《合同法》均未做出最低和最高的限制要求。但是，完全放任自愿，可能也会带来不适当的结果，会使违约金条款异化成为一方压榨另一方的工具。因而，我国《合同法》做出了违约金数额过高或者过低时可以调整的规

定。《合同法》第一百一十四条第 2 款规定：“约定的违约金低于造成的损失的，当事人可以请求人民法院或者仲裁机构予以增加；约定的违约金过分高于造成的损失的，当事人可以请求人民法院或者仲裁机构予以适当减少。”针对违约金数额的调整问题，应从以下几个方面去理解。

A. 必须基于当事人的请求。只有在当事人提出请求时，法院和仲裁机构才可以考虑就违约金数额进行调整，如果当事人没有提出请求，法院和仲裁机构不能依职权主动进行调整。这主要是因为合同法奉行的合同自愿原则，违约金是当事人自愿约定的，无论数额过低还是过高，只要不损害国家利益和社会公共利益，且当事人自愿接受，他人就不能干涉。

B. 违约金高低的比较标准。《合同法》第一百一十四条所规定的比较标准是“因违约造成的损失”。

C. 违约金的增加。约定的违约金低于造成的损失的，当事人可以请求人民法院或者仲裁机构予以增加。《合同法解释（二）》第二十八条规定，当事人请求人民法院增加违约金的，增加后的违约金数额以不超过实际损失为限。增加违约金以后，当事人又请求对方赔偿损失的，人民法院不予支持。

D. 违约金的适当减少。约定的违约金过分高于造成的损失的，当事人可以请求人民法院或者仲裁机构予以适当减少。依据《合同法解释（二）》第二十九条的规定，当事人主张约定的违约金过高请求予以适当减少的，人民法院应当以实际损失为基础，兼顾合同的履行情况、当事人的过错程度以及预期利益等综合因素，根据公平原则和诚实信用原则予以衡量，并做出裁决。当事人约定的违约金超过造成损失的 30% 的，一般可以认定为《合同法》第一百一十四条第 2 款规定的“过分高于造成的损失”。

③ 违约金与其他责任方式的关系。

A. 违约金与继续履行。违约金与继续履行两种责任方式能否并用，应区分具体情形而定。

如果违约金是针对迟延履行约定的，根据《合同法》第一百一十四条第 3 款的规定，违约方支付违约金后，还应当履行债务。这就是说，在债务人履行迟延场合，一方面债权人仍享有履行请求权，另一方面又享有违约金请求权，由于两项请求权指向的对象并不相同，因而可以同时主张，并行不悖。

如果违约金是针对不能履行、拒绝履行或不完全履行的情形约定的，是作为替代债务不履行的损害赔偿的预定，则在实际发生不能履行、拒绝履行或不完全履行的场合，继续履行请求权消灭，只能请求违约金。

B. 违约金与赔偿损失。赔偿性违约金与损害赔偿在本质上具有同一性，原则上不宜并用。

C. 违约金与定金。《合同法》第一百十一五条规定：“当事人可以依照《中华人民共和国担保法》约定一方向对方给付定金作为债权的担保。债务人履行债务后，定金应当抵作价款或者收回。给付定金的一方不履行约定的债务的，无权要求返还定金；收受定金的一方不履行约定的债务的，应当双倍返还定金。”可见，《合同法》所规定的定金属于违约定金。

《合同法》第一百十一六条规定：“当事人既约定违约金，又约定定金的，一方违约时，对方可以选择适用违约金或者定金条款。”按照这一规定，如果在一个合同中，当事人既约定了违约金，又约定了定金的，一方违约时，对方只能在违约金责任和定金责任中择一请求。也就是说，违约金责任与定金责任不能并用。

（4）定金。根据《民法通则》《担保法》及《合同法》的规定，定金既可以作为担保方式，也可以作为违约责任方式。

定金作为债的担保方式与定金作为违约责任方式并不矛盾。定金的设立虽然是为了担保债的履行，但是在当事人违约后，就要产生违约责任，此时的定金担保就转化成了定金责任。

关于定金责任的内容，请参见“债的担保”部分。

练习题

一、单项选择题

1. 当事人在合同中约定的违约金过分高于造成的损失的，当事人（　　）。

A. 要遵守约定

B. 可以请求法院将违约金额降低至与损失相同的范围

C. 可以请求仲裁机构予以适当减少

D. 将高出部分上缴国家

2. 当事人在合同中既约定了违约金，又约定定金的，一方违约时，对方（　　）。

A. 只能适用违约金条款

B. 只能适用定金条款

C. 可以既要求违约方支付违约金，又要求按定金罚则处理定金问题

D. 可以选择适用违约金或定金条款

3. 当事人一方因另一方违反合同受到损失时，如果没有及时采取措施致使损失扩大的（　　）。

A. 有权就全部损失要求赔偿　　B. 无权就扩大的损失要求赔偿

C. 无权要求另一方赔偿损失　　D. 双方应就扩大的损失共同承担责任

4. 当事人一方不履行非金钱债务或履行非金钱债务不符合约定的，对方在下列情况下，可以要求履行（　　）。

A. 法律上或事实上不能履行　　B. 债务的标的不适合于强制履行

C. 债务的标的履行费用过高　　D. 当事人拒绝履行

5. 当事人一方明确表示不履行合同义务的，对方（　　）要求其承担违约责任。

A. 可以在履行期届满之前　　B. 必须在履行期届满之后

C. 需在另行订立的履行期到来时　　D. 必须在履行期届满之前

6. 依我国《合同法》的有关规定，当事人一方不履行合同义务或者履行合同义务不符合约定的，在履行义务或采取补救措施后，对方还有损失的，应当（　　）。

A. 解除合同　　B. 不负赔偿责任

C. 仍然负赔偿责任　　D. 双方分担损失

7. 某甲因某乙的原因，使得无法按约定期限向某丙交付工作物。某甲应（　　）。

A. 向某丙承担违约责任　　B. 要求某乙向某丙承担违约责任

C. 某甲和某乙共同向某丙承担违约责任　　D. 减轻向某丙承担的违约责任

8. 一方当事人不履行或不适当履行非金钱债务的，对方可以要求强制履行。下列适合于强制履行的是（　　）。

A. 能履行而不履行的债　　B. 债权人在合理的期限内未要求履行

C. 债务的标的不适合于强制履行　　　　　　　D. 履行费用过高的

二、简答题

1. 违反合同的民事责任的免责条件有哪些？

2. 简述违约责任的构成要件。

3. 简述侵权行为的民事责任与违约责任的区别。

三、案例分析题

甲厂与乙公司于 2017 年 11 月 1 日签订了一份服装买卖合同。双方在合同中约定，乙公司购买甲厂大衣 1000 件，价款 30 万元。货物由公司自提，提货时由乙公司验货付款。11 月 16 日乙公司带车到甲厂，对大衣验货后表示满意，即付清货款。双方商定第二天早上开始装货。当天夜里甲厂又收到丙商场的一份订单。对方愿意以 35 万元购买 1000 件大衣。甲厂见有利可图，即将该 1000 件大衣连夜运到丙商场。致使乙公司没能按时提货。

问：甲厂对乙公司应承担什么责任？

参考答案

扫码阅读

第三章　侵权责任

学习目标

了解侵权行为的概念与特征。理解侵权责任的概念与特征。掌握侵权责任的归责原则。理解侵权责任的承担方式。理解一般侵权责任的成立要件与免责事由。理解数人侵权行为与责任的基本内容。掌握所列举的侵权责任法规定的几种特殊侵权行为责任。

一、侵权责任概述

顾名思义，侵权责任也即侵权行为的民事责任。《民法总则》第一百二十条规定，民事权益受到侵害的，被侵权人有权请求侵权人承担侵权责任。并且，《中华人民共和国侵权责任法》已于2010年7月1日起施行。《侵权责任法》将公民的生命权、健康权、隐私权、专利权、继承权等一系列人身权、财产权明确纳入法律的保护，规范了各种侵权责任的划分，让损害赔偿清晰明了。

（一）侵权行为的概念与特征

侵权行为，是指行为人违反法定义务，侵害他人合法民事权益并致损害，依法应当承担民事责任的加害行为。

侵权行为有以下几个特征。

（1）侵权行为是违反法定义务的行为。这里的法定义务包括两个方面的义务，一是一般义务，即对于物权、人格权等绝对权，任何组织和个人都负有不得侵害的一般义务，这种一般义务是侵权行为所依据的法定义务的主要来源；二是特别义务，即法律赋予某些特定主体的义务，如《侵权责任法》规定，公共场所的管理人或者群众性活动的组织者，负有安全保障义务。教育机构对在该机构中学习、生活的无民事行为能力人和限制民事行为能力人负有教育、管理义务。

（2）侵权行为是侵害他人合法民事权益的行为。《侵权责任法》只保护民事主体的合法权益。如果侵害的不是合法的民事权益，则不属于民事侵权行为。

（3）侵权行为是造成他人损害的行为。没有损害发生，不构成侵权。这里的损害，既包括财产损害，也包括精神损害。

（4）侵权行为应当是民事责任的不法事实行为。侵权行为作为法律事实，是一种不法事实行为，是应当承担侵权责任的行为。

（二）侵权责任的概念与特征

侵权责任是指行为人因其侵权行为致人损害时依法应承担的民事法律后果。

侵权责任是民事责任，而不是行政责任或者刑事责任。但是，因侵权行为产生民事责任的同时，也可能产生行政责任或者刑事责任。根据《侵权责任法》第四条第2款的规定，侵权人因同一行为应当承担行政责任或者刑事责任的，不影响依法承担侵权责任。

侵权责任作为民事责任的一种，具有民事责任的一般特征。就其自身而言，它具有如下特征。

1. 侵权责任以违反法定义务为前提

民事责任都是对民事义务违反的结果。从性质上来说，民事义务分为两种，一种是当事人自行约定的义务，另一种是法律规定的义务。违反前一种义务会构成违约责任，违反后一种义务才会构成侵权责任。

2. 侵权责任形式具有多样性

侵权责任主要是一种财产责任，但不限于财产责任。由于侵权行为大都给他人的财产造成了一定的损害，行为人需要以自己的财产补偿他人的财产对行为后果负责，同时，金钱损害赔偿可以作为替代方式，弥补侵权行为给受害人造成的非财产损失，因此侵权责任形式主要是财产责任。但是，金钱损害赔偿又具有一定的局限性，为了充分保护民事主体的合法权益，《侵权责任法》除规定赔偿损失、返还财产等财产责任外，还规定了停止侵害、恢复名誉、消除影响、赔礼道歉等非财产责任形式。

3. 侵权责任具有优先性

根据《侵权责任法》第四条第2款的规定，因同一行为应当承担侵权责任和行政责任刑事责任，侵权人的财产不足以支付的，先承担侵权责任。

（三）侵权责任的归责原则

侵权责任归责原则是指据以确定行为人承担民事责任的根据和标准。事实上则本身，并不能决定责任的成立与否，它只是为责任的成立寻找根据和理由，要成立责任还须看是否符合侵权责任的其他构成要件。但是，侵权责任归责原则在侵权责任法中居于核心地位，一定的归责原则反映了民法的基本理念和立法政策倾向，决定着侵权责任的构成要件、举证责任的负担、免责条件、损害赔偿的原则和方法等各方面。确定合理的归责原则，建立逻辑统一的归责原则体系，是构建整个侵权责任法的内容和体系的关键，也是实现侵权责任法宗旨的关键。

民事责任的归责原则主要包括：过错责任原则、无过错责任原则和公平责任原则。

1. 过错责任原则

过错责任原则，是指行为人须对自己有过错的致害行为负责的责任状态，即行为人承担民事责任以其主观上有过错为原则。“有过错即有责任，无过错即无责任”。《民法通则》第一百零六条第2款规定：“公民、法人由于过错侵害国家、集体的财产，侵害他人财产、人身的，应当承担民事责任。”此项规定表明我国现行的民事立法对过错责任原则作为归责原则的肯定。过错责任原则适用于一般情况，是一般侵权行为的归责原则。过错责任原则实行谁主张谁举证原则，受害人须就加害人的过错进行举证。

在过错责任原则中，还有一种推定过错责任，指法律推定特定的加害行为人于行为之际具有过错，行为人因此须对其加害行为负责的责任形态。依此责任，在损害发生后，特定加害行为的行为人如果不能证明自己无过错，法律即推定其有过错，须对其致害行为负责。过错推定责任免除了受害人的举证责任，而加害人须承担其没有过错的举证责任，即使举证责任倒置。过错推定责任原则只适用于法律有特别规定的行为，是特殊侵权行为的归责原则。

2. 无过错责任原则

无过错责任原则，是指不以存在过错为要件的责任形态。此责任形态不以行为人主观上具有过错作为归责原则，而是不问行为人于行为之际是否有过错，均须对其致害行为承担民事责任。无过错责任原则仅适用于法律有特别规定的情况，是特殊侵权行为的归责原则。无过错责任原则免除了受害人对加害人的过错进行举证的责任，也简化了司法审判的程序。我国《民法通则》第一百零六条第3款规定：“没有过错，但法律规定应当承担民事责任的，应当承担民事责任。”这是我国民法关于无过错责任原则的立法规定。

3. 公平责任原则

公平责任原则，是指在当事人对造成的损害都没有过错，又不能适用无过错责任原则要求致害人承担赔偿责任，而使受害人遭受重大损害得不到赔偿显失公平的情况下，由人民法院根据实际情况，依据公平合理负担的原则，判决双方分担损失的原则。我国《民法通则》第一百三十二条规定："当事人对造成损害都没有过错的，可以根据实际情况，由当事人分担民事责任。"正是这一原则的立法表现。

(四) 承担侵权责任的方式

根据《侵权责任法》第十五条的规定，承担侵权责任的方式主要有停止侵害、排除妨碍、消除危险、返还财产、恢复原状、赔偿损失、赔礼道歉和消除影响、恢复名誉。以上承担侵权责任的方式，可以单独适用，也可以合并适用。

(1) 停止侵害。停止侵害，是指侵权人终止其正在实施的侵害他人合法权益的行为。停止侵害的责任方式可以适用于各种侵权行为。此种责任方式的主要作用在于能够及时制止侵害行为，防止损害扩大。

(2) 排除妨碍。排除妨碍，是指行为人排除因其行为而引起的妨碍他人权利正常行使的障碍。排除妨碍针对的是已经存在或者将来必然会出现的障碍。此种责任方式主要适用于对物权，尤其是对相邻权侵害的场合，如在他人窗前堆放物品，妨碍他人开窗通风，堆放人应当将物品搬走。

(3) 消除危险。消除危险，是指行为人采取有效措施消除因其行为或者其管理的物件对他人人身或财产安全所造成的威胁。适用消除危险的责任方式，必须是危险存在，确有可能造成损害的后果，而且损害尚未实际发生。如化工厂排放污染物，在还没有造成实际损失之前，行为人就应承担此种责任。消除危险旨在防止损害的发生，提前保护民事主体的合法权益。此种责任方式适用的范围比较广，只要有可能给他人人身、财产造成不利后果的，都可以适用。

(4) 返还财产。返还财产，是指侵权人将其非法占有的财产移转给所有人或权利人。此种责任方式广泛适用于财产被他人非法占有的场合。如甲的房屋被乙租用，租期届满后，乙不返还承租的房屋，只有占有人将所有物转移至所有人的控制之下，才能视为原物已经返还。这种情况就构成非法占有。返还财产适用的条件是原物依然存在。返还财产应当返还原物所生的孳息。返还财产在性质上是物的占有的转移，而不是所有权的转移。因此，只有行为人将占有财产移转至所有人控制之下，才能视为财产已经返还。

(5) 恢复原状。恢复原状，是指使受害人的财产恢复到受侵害之前的状态。此种责任方式广泛适用于财产受到侵害的场合。适用此种责任方式须具备两个条件：一是可能性，即受损害的财产在客观上具有恢复的可能；二是必要性，即受损害的财产有恢复原状的必要。如果恢复原状对受害人已无必要，或者恢复原状不符合经济合理原则，那么无须再恢复原状，而应适用折价赔偿或者损害赔偿等责任方式。

(6) 赔偿损失。赔偿损失为人因其侵权行为致他人人身、财产受到损害时，以其财产补偿受害人的损失。赔偿损失的范围，原则上是受害人所受到的全部实际损失，包括财产损失、人身损害和精神损害。但在某些侵权场合，也适用超过实际损失的惩罚性赔偿，如《侵权责任法》第四十七条规定："明知产品存在缺陷仍然生产、销售，造成他人死亡或者健康严重损害的，被侵权人有权请求相应的惩罚性赔偿。"赔偿损失是侵权责任方式中适用范围最广、使用最普遍的责任方式，一切民事责任最终都可以转化为赔偿损失。

(7) 赔礼道歉。赔礼道歉，是指侵权人以口头或者书面方式向受害人承认错误、表示歉意，以求得受害人的原谅。赔礼道歉是不具有财产内容的责任方式，但适用的范围很广。只要行为人因过错侵犯了他人的财产权或人身权，都可责令行为人承担此种责任。赔礼道歉一般应当公开进行，否则不足以消除影响。但是否公开，由受害人选择。

（8）消除影响、恢复名誉。消除影响，是指侵权人在其侵害后果所及范围内，消除对受害人不良的影响。恢复名誉，是指侵权人在其侵害后果所及范围内使受害人的名誉恢复到受损害前的状态。消除影响、恢复名誉是不具有财产内容的责任方式。在适用中，消除影响适用的范围较宽，可适用于侵犯自然人或法人人格权的场合，也可适用于侵犯知识产权的场合。恢复名誉则只适用于侵害名誉权的场合。

（五）不承担责任和减轻责任的情形

不承担责任和减轻责任的情形，是指侵权责任的免责事由。一般认为，侵权责任的免责事由可以分为两大类：正当理由和外来原因。

1. 正当理由

（1）依法执行公务。依法执行公务，是指依据法律规定行使职权而造成他人损害的行为。如公安机关依法限制罪犯人身自由的行为，尽管在客观上侵害了他人的自由，但是不承担侵权责任。

执行公务获得免责正当性的关键是依法。因此，因依法执行公务而免责必须具备以下条件。

第一，执行公务的行为必须有合法根据。

第二，执行公务的行为必须有合法程序。

第三，造成他人损失的行为必须为执行公务所必需。即只有给他人造成损害，才能完成公务行为。

（2）受害人同意。受害人同意，是指在不违背法律及公序良俗的情况下，受害人在损害发生前明确作出的容许他人侵害其权利、自愿承担损害后果的意思表示。

作为免责事由，受害人的同意必须具备以下条件。第一，受害人自愿承担损害后果。第二，受害人的自愿是其真实意思表示。第三，受害人自愿承担损害后果的表示不违背法律及公序良俗。第四，受害人的同意应当在损害后果发生前作出。如果受害人在损害后果发生后表示自愿承担该损害后果，应当视为受害人对行为人侵权责任的事后免除。

2. 外来原因

（1）不可抗力。不可抗力，是指不能预见、不能避免并不可克服的客观情况。包括自然现象如地震、台风、洪水等和社会现象如战争等。不可抗力是独立于人的行为之外，并且不受当事人的意志所支配的现象，它是各国立法通行的免责事由。我国《侵权责任法》第二十九条规定："因不可抗力造成他人损害的，不承担责任。法律另有规定的，依照其规定。"

根据上述规定，原则上侵权责任皆可因不可抗力而免除，但在法律有特别规定下，不可抗力是不能作为免责事由的，即原则上都免，例外不免。如《侵权责任法》第七十一条规定："民用航空器造成他人损害的，民用航空器的经营者应当承担侵权责任，但能够证明损害是因受害人故意造成的，不承担责任。"这条规定的免责事由中就不包括不可抗力。

（2）意外事件。意外事件也称为意外事故，是指通常情况下无法预见的小概率事件。为了预防和避免意外事件，需要太多的成本，因此，意外事件可以作为侵权责任的免责事由。

意外事件与不可抗力的关系在于，二者都是通常情况下无法预见的事件。但是，不可抗力通常是无法克服的自然灾难或者重大社会事件；而意外事件如果提前有所预见，则可以避免或者克服。此外，意外事件往往用来衡量过错的存在，因此一般只适用于过错责任原则下的侵权责任；而不可抗力则通常可以适用于各种归责原则下的侵权责任。

(3) 受害人过错。受害人过错，是指受害人对损失的发生或者扩大存在过错时，可以减轻或者免除行为人的责任。《侵权责任法》第二十六条规定："被侵权人对损害的发生也有过错的，可以减轻侵权人的责任"。第二十七条规定："损害是因受害人故意造成的，行为人不承担责任。"

受害人过错不是一律免除行为人责任，应根据具体情况分析。

第一种情况，行为人对损害没有过错，受害人过错是损害发生的唯一原因。在此情况下，如果适用过错责任原则，因行为人无过错，原本就不承担侵权责任，所以也就无所谓免责了。如果适用无过错责任原则，行为人没有过错也要承担侵权责任，但受害人过错可能会使行为人责任得以免除或减轻。如《侵权责任法》第七十三条规定："从事高空、高压、地下挖掘活动或者使用高速轨道运输工具造成他人损害的，经营者应当承担侵权责任，但能够证明损害是因受害人故意或者不可抗力造成的，不承担责任。被侵权人对损害的发生有过失的，可以减轻经营者的责任。"

第二种情况，行为人和受害人对损害的发生都有过错。在此情况下，如果适用过错责任原则，则只可减轻行为人的责任，而不能免除其责任。如果适用无过错责任原则，则如同第一种情况，受害人过错可能会使行为人责任得以免除或减轻。

(4) 第三人过错。第三人过错，是指第三人对于损害的发生或者扩大具有过错。行为人和受害人以外的人都称为第三人。第三人过错的主要特点是主体上的特殊性，其过错形式没有区别，也包括故意和过失。《侵权责任法》第二十八条规定："损害是因第三人造成的，第三人应当承担侵权责任。"第三人过错的法律后果，是第三人承担赔偿责任，亦即减轻或免除行为人的赔偿责任。如《侵权责任法》第八十三条规定："因第三人的过错致使动物造成他人损害的，被侵权人可以向动物饲养人或者管理人请求赔偿，也可以向第三人请求赔偿。动物饲养人或者管理人赔偿后，有权向第三人追偿。"

二、一般侵权责任的构成要件

一般侵权责任的构成要件，是指依据《侵权责任法》第六条及相关条款而承担一般侵权责任的各种作为必要条件的因素。这里的"一般侵权责任"是指自己加害行为造成损害并适用过错责任原则情况下的责任。这里的"责任"主要指赔偿损失的责任和恢复原状的责任。一般侵权责任的构成要件适用于一般侵权责任，而以无过错责任原则为归责原则的案件或准侵权行为案件在责任构成方面有特殊要求。

一般侵权责任的构成要件包括过错、加害行为、损害事实以及二者之间的因果关系。它们是一个整体，缺一不可。

1. 加害行为

构成侵权责任，首先，必须有一定的行为。其次，这种行为在客观上必须违反法律，具有违法性的特征。

加害行为，也称侵害行为或者狭义的"侵权行为"，《侵权责任法》第六条使用的"侵害"、第七条使用的"损害"等术语即为立法对加害行为的表述，它是指侵权人一方实施的加害于被侵权人民事权益的不法行为。

加害行为通常表现为作为和不作为两种形式。作为，是指不应作而作，即行为人实施了法律禁止的行为，理论上称为作为的加害行为。作为的加害行为，违反的都是法律规定的权利不可侵犯的一般义务，其他任何人都负有不得侵害的法定义务，如人身权、财产权均为绝对权，若行为人违反不可侵义务而侵害之，如伤害他人健康，用语言诽谤他人，侵害他人财产所有权等皆为作为的加害行为。作为的加害行为是侵权行为的主要方式。

不作为，是指应作而不作，即行为人不履行法律所要求的具体义务，理论上称为不作为的违法行为。确定不作为违法行为的前提，是行为人负有特定的作为义务，这种特定的作为义务，是法律所要求的具体义务。如《侵权责任法》要求宾馆、商场、银行、车站、娱乐场所等公共场所的管理人或者群众性活动的组织者，必须尽到安全保障义务；在公共场所或者道上挖坑、修缮安装地下设施等，施工人员在施工时必须放置明显的警示标志和采取安全措施等。如果不履行上述的法定作为义务造成他人损害的，即为不作为的违法行为。

2. 损害事实

损害事实，是指权利主体的财产或者人身权益所遭受的不利后果。

损害事实作为侵权责任的构成要件，是由侵权法的本质和功能决定的。侵权法功能之一就在于补偿受害人所受的损害，使其利益尽可能恢复到受损害前的状态。因此，所谓“无损害则无责任”的说法。

《侵权责任法》在一般意义上采用最广义的损害概念，不仅包括现实的已经存在的不后果，也包括构成现实威胁的不利后果。不仅包括财产损害，也包括非财产损害，非财产损害又包括人身伤害和精神损害。

一般来说，作为侵权责任构成要件的损害事实必须具有以下特征。

（1）损害的对象具有合法性。即损害的对象是他人的合法权益，包括合法权利和合法利益。非法权益的损害不属此列。

（2）损害具有可补救性。损害的可补救性包含两层含义。第一层含义是，从量上来看，损害已产生，且已经达到一定的严重程度。只有在量上达到一定程度的损害，法律上才视为应当补救的损害。对于微量损害，法律上认为没有补救的必要。第二层含义是，损害的可补救性并不是说损害必须是能够计量的。就客观而言，能够精确计量的损害往往是少数的。但是，法律不能因为损害无法计量就不给予赔偿。损害因其形式不同，法律给予的救济手段也不同。除损害赔偿外，还有停止侵害、排除妨碍、消除危险、返还财产、恢复原状、消除影响、恢复名誉。单就损害赔偿而言，很多需要赔偿的损害，例如人身损害赔偿、精神损害赔偿均无法计量，但不能以此为由，拒绝给予赔偿。当然，如何给予无法计量的损害以救济，是侵权法面临的重大课题。

（3）损害具有确定性。损害的确定性是指：第一，损害是已经发生的事实；第二，损害是真实存在而非主观臆测的事实；第三，损害是对权利与合法利益的侵害，此种事实能够依据社会一般观念或者公平意识加以认可。

3. 加害行为与损害事实之间有因果关系

作为侵权责任构成要件的因果关系，是指加害行为作为原因，损害事实作为结果，在它们之间存在前者引起后者、后者被前者所引起的客观联系。

如何判断行为与权益被侵害之间的因果关系？通说为相当因果关系说，其为法院在具体案件的判断中所采用。相当因果关系的判断分为两个步骤：条件关系和相当性。

条件关系的判断标准是，“如果没有某行为，则不会发生某结果，那么该行为就是该结果的条件”。这一标准还应可以从反面认定，“如果没有某行为，某权益被侵害的结果仍会发生，那么该行为就不是该结果的条件”。

相当性是指具备条件关系的行为与权益被侵害之间的关系达到一定程度，从而使得该行为人对权益的被侵害承担法律后果具有正当性。相当性的判断标准是“通常会产生该种损害”。

条件关系在于给原因划定范围，看行为是否可以纳入原因范围。范围划定后，再通过相当性来确定行为与损害后果之间的紧密程度。如果有此行为通常也不会发生此种损害，则不具有相当性；如果有此行为，通常都会发生此种损害，则具有相当性。行为一旦具有相当性，则该行为与该结果之间，就构成了侵权责任要件的因果关系。

4. 过错

过错是指行为人应受责难的主观状态。过错考察的是行为人在行为当时的主观状态，它与行为本身不同。所以，应将主观状态与行为本身区别开来。但是，行为是在主观状态支配下实施的，而且，在绝大多数情况下，主观状态需要通过行为本身来考察。因此，过错与行为本身又具有密切的关系。

过错分为故意和过失两种形式。故意，是指行为人明知自己的行为会发生侵害他人权益的结果，并且希望或放任这种结果发生的心理状态。过失，是指行为人应当预见自己的行为可能发生侵害他人权益的结果，但却因疏忽大意而没有预见到，或者已经预见而轻信能够避免的心理状态。

故意和过失的划分，对于单独侵权行为（即一人实施的侵权行为）而言意义不大。因为无论是故意还是过失，侵权人都要承担侵权责任。另外，确定侵权责任的范围，通常取决于损害结果的有无和大小，也不以故意或过失来区分。但是，对于共同侵权和混合过错而言则具有法律意义，因为它是确定行为人赔偿责任大小的依据。所谓共同侵权，是指二人或二人以上共同实施侵害他人合法权益的行为。所谓混合过错，是指对损害的发生，加害人和受害人都有过错的情形。

我国民法将过失分为重大过失和一般过失。法律对行为人提出了较高的注意义务，结果行为人没有达到该较高的注意义务，但是却达到了一般人的注意义务，此时就认定为构成一般过失。假设行为人不仅未达到该较高的注意义务，同时连一般人的注意义务都没有达到，就认定为构成重大过失。如《侵权责任法》第七十八条规定，饲养的动物造成他人损害的，动物饲养人或者管理人应当承担侵权责任，但能够证明损害是因被侵权人故意或者重大过失造成的，可以不承担或者减轻责任。

三、数人侵权行为与责任

1. 数人侵权行为的概念

数人侵权行为，是指二人以上实施的侵权行为。数人侵权行为与单独侵权行为对应。根据承担责任的方式，数人侵权行为可以分为承担连带责任的数人侵权行为和承担按份责任的数人侵权行为。承担连带责任的数人侵权行为，也称为共同侵权行为。

根据《侵权责任法》的规定，数人侵权行为包括共同侵权行为，教唆、帮助行为，共同危险行为，无意思联络数人侵权行为。下面仅探讨前三种数人侵权行为。

2. 共同侵权行为及其责任

《民法通则》第一百三十条规定，二人以上共同侵权造成他人损害的，应当承担连带责任。

（1）共同侵权行为的概念与特征。共同侵权行为，是指二人以上共同故意或者共同过失侵害他人合法权益，依法承担连带责任的行为。

共同侵权行为具有以下构成要件。

其一，行为人为二人以上。这里的行为人可以是自然人，也可以是法人或其他组织。

其二，行为具有关联性。共同侵权行为的数个侵权人，每个人都实施了加害行为。这些行为结合在一起，共同造成了损害后果，各行为彼此之间具有密切的关联性。

其三，具有共同过错。传统民法学说认为，共同侵权行为以共同的过错为必要，这种共同过错包括共同故意，共同过失，故意和过失的混合。共同故意或共同过失是数个行为人承担连带责任的正当性所在，此即所谓意思共同说。

其四，损害后果具有单一性。数个侵权人虽然实施了多个侵权行为，但数个行为造成了同一的损害结果，该损害结果不可分割。

（2）共同侵权行为的责任。《民法总则》第一百七十八条规定：“二人以上依法承担连带责任的，权利人有权请求部分或者全部连带责任人承担责任。连带责任人的责任份额根据各自责任大小确定；难以确定责任大小的，平均承担责任。实际承担责任超过自己责任份额的连带责任人，有权向其他连带责任人追偿。连带责任，由法律规定或者当事人约定。”

3. 教唆、帮助行为及其责任

（1）教唆行为。教唆行为，是指通过开导、说服、怂恿、利诱、刺激等方法使被教唆者实施侵权行为的行为。教唆行为与被教唆者的加害行为构成共同侵权的要件如下。

其一，教唆者实施了教唆行为，被教唆者按教唆内容实施了加害行为，二者之间具有因果关系。

其二，教唆者与被教唆者须有共同过错。包括教唆者与被教唆者主观上都是故意，教唆者是故意、被教唆者是过失以及教唆者与被教唆者都是过失。

其三，教唆者与被教唆者都是完全民事行为能力人。如果被教唆者是无民事行为能力人或者限制民事行为能力人，则由教唆者单独承担责任，但该无民事行为能力人、限制民事行为能力人的监护人未尽到监护责任的，应当承担相应的责任。

（2）帮助行为。帮助行为，是指通过提供工具或激励等方式在物质上或者精神上帮助他人实施侵权行为的行为。帮助行为与被帮助行为构成共同侵权的要件如下。

其一，帮助者实施了帮助行为，被帮助者实施了加害行为。

其二，帮助者与被帮助者须有共同过错。

其三，帮助者与被帮助者都是完全民事行为能力人。如果被帮助者是无民事行为能力人或者限制民事行为能力人，则由帮助者单独承担责任，但该无民事行为能力人、限制民事行为能力人的监护人未尽到监护责任的，应当承担相应的责任。

（3）教唆、帮助行为的责任。《侵权责任法》第九条规定：“教唆、帮助他人实施侵权行为的，应当与行为人承担连带责任。”“教唆、帮助无民事行为能力人、限制民事行为能力人实施侵权行为的，应当承担侵权责任；该无民事行为能力人、限制民事行为能力人的监护人未尽到监护责任的，应当承担相应的责任。”据此，教唆、帮助行为的责任应视被教唆者、被帮助者的民事行为能力状况分别对待。

教唆、帮助完全民事行为能力人实施侵权行为的，教唆者、帮助者与被教唆者、被帮助者的行为构成共同侵权行为，承担连带责任。

教唆、帮助无民事行为能力人、限制民事行为能力人实施侵权行为的，由教唆者、帮助者承担侵权责任。被教唆、被帮助的无民事行为能力人、限制民事行为能力人的监护人，根据监护情况承担相应的监护责任。

4. 共同危险行为及其责任

（1）共同危险行为的概念与构成要件。共同危险行为，是指二人以上实施危及他人人身或者财产安全的行为并造成损害后果，不能确定实际侵害行为人的情况。共同危险行为具有以下构成要件。

其一，主体必须是二人以上。

其二，每个人都单独实施了危险行为。所谓危险行为，是指可能引发损害后果的行为。二个以上的主体都单独实施了可能引发损害后果的行为，彼此行为之间无关联或者结合关系。

其三，每个人都具有独立的过错，这些过错可能相同，但是彼此之间无意思联络。

其四，不能确定是哪个人的行为造成了损害后果。在因果关系方面，也许只有一个人的行为造成了损害后果，也许是多人的行为都与损害后果有因果关系，究竟如何，无法确定。如果能够确定具体侵权人的，则属于单独侵权行为，由侵权人单独承担责任。

（2）共同危险行为的责任。《侵权责任法》第十条规定：“二人以上实施危及他人人身、财产安全的行为，其中一人或者数人的行为造成他人损害，能够确定具体侵权人的，由侵权人承担责任；不能确定具体侵权人的，行为人承担连带责任。”据此，共同危险行为人对受害人承担连带责任。支付超出自己赔偿数额的连带责任人，有权向其他连带责任人追偿。

四、《侵权责任法》规定的各类侵权责任

本部分所讲的各类侵权责任，有些是在侵权责任构成要件上有特殊性，有些是侵权责任主体有特殊性，有些是新类型的侵权责任。

1. 监护人责任

（1）监护人责任的概念与构成要件。监护人责任，是指无民事行为能力人、限制民事行为能力人致人损害的，由其监护人承担的侵权责任。

监护人责任的成立须具备以下要件。

其一，须实施侵害行为的主体是无民事行为能力人、限制民事行为能力人。

其二，所实施的侵害行为必须是无民事行为能力人、限制民事行为能力人按照自己的意思、独立地所为，而不是受他人教唆、指使所为或被带领与他人共同所为。

其三，须有损害后果。

其四，须侵害行为与损害后果之间有因果关系。

其五，须责任人与侵权人之间存在监护关系。

（2）监护人责任的承担。根据《侵权责任法》第三十二条的规定，被监护人侵权行为的后果由其监护人来承担。在被监护人侵权行为中，行为主体和责任主体相分离，行为主体是被监护人，责任主体是其监护人。监护人承担责任的归责原则是无过错责任，即只要被监护人的行为构成侵权行为，监护人就应当承担侵权责任。如果监护人尽到了监护责任，可以减轻其责任。在具体的损害赔偿方面，如果被监护人自己有财产的，则从其本人财产中支付赔偿费用。不足部分，由监护人赔偿。

2. 职务侵权责任

（1）职务侵权责任的概念与构成要件。职务侵权责任，是指用人单位的工作人员因执行工作任务造成他人损害的，由用人单位承担的侵权责任。

《侵权责任法》第三十四条第1款规定：“用人单位的工作人员因执行工作任务造成他人损害的，由用人单位承担侵权责任。”用人单位既包括国家机关，也包括法人以及其他组织。职务侵权责任的成立须具备以下要件。

其一，须职务侵权行为的主体是国家机关、国家机关工作人员或其他用人单位的工作人员。

其二，须有职务侵权行为。即国家机关、国家机关工作人员或其他用人单位的工作人员在执行职务过程中实施的侵权行为。

其三，须有损害后果，即侵犯了他人的合法权益。这里的合法权益，是指职务行为所指向范围以外的合法权益。如警察在追击犯人时，将路边小摊上出卖的古玩踩坏，此时，就侵犯了出售者的财产权益。

其四，须职务侵权行为与损害后果之间有因果关系。

（2）职务侵权责任的承担。根据《侵权责任法》第三十四条第1款的规定，用人单位承担责任的归责原则是无过错责任原则。

在劳务派遣的场合，被派遣人员出现了两个用人单位，一个是劳务派遣单位，另一个是接受劳务派遣的单位。《侵权责任法》第三十四条第2款规定：“劳务派遣期间，被派遣的工作人员因执行工作任务造成他人损害的，由接受劳务派遣的用工单位承担侵权责任；劳务派遣单位有过错的，承担相应的补充责任。”据此，被派遣人员行为的后果由接受派遣单位承担。而派遣单位仅在自己过错范围内承担相应的补充责任。

3. 网络侵权责任

（1）网络侵权责任的概念。网络侵权责任，是指因通过互联网侵害他人合法权益所应承担的侵权责任。

自互联网出现之后，网络侵权也随之出现。随着网络技术的发展，互联网日益普及，网络侵权行为也大量出现，日益复杂。网络具有传输速度快、无边界等特点，因此，网络侵权给他人造成的损害，往往要比其他侵权行为更严重。

（2）网络侵权责任的承担。网络侵权责任的承担有三种类型。

① 网络用户侵权责任。根据《侵权责任法》第三十六条第1款的规定，网络用户利用网络侵害他人民事权益的，应当承担侵权责任。此种网络侵权行为的主体是网络用户。网络是行为人侵害他人合法权益的手段。网络用户侵权责任是否构成，应根据一般侵权责任的构成要件来判断。

② 网络服务提供者侵权责任。根据《侵权责任法》第三十六条第1款的规定，网络服务提供者利用网络侵害他人民事权益的，应当承担侵权责任。此种网络侵权行为的主体是网络服务提供者。网络服务提供者侵权责任是否构成，也是根据一般侵权责任的构成要件来判断。

③ 网络用户侵权时网络服务提供者的侵权责任。网络用户侵权时网络服务提供者的侵权责任，应根据网络服务提供者是否知情而区别对待。

第一种情况，网络服务提供者知道网络用户利用其网络侵害他人民事权益的。根据《侵权责任法》第三十六条第3款的规定，网络服务提供者知道网络用户利用其网络服务侵害他人民事权益，未采取必要措施的，与该网络用户承担连带责任。

第二种情况，网络服务提供者不知道网络用户利用其网络侵害他人民事权益的。根据《侵权责任法》第三十六条第2款的规定，网络服务提供者接到通知后未及时采取必要措施的，对损害的扩大部分与该网络用户承担连带责任。

4. 违反安全保障义务的责任

（1）违反安全保障义务责任的概念与构成要件。违反安全保障义务的责任，是指公共场所的管理人或者群众性活动的组织者因违反法定的安全保障义务，造成他人损害时应当承担的侵权责任。

《侵权责任法》第三十七条第1款规定：“宾馆、商场、银行、车站、娱乐场所等公共场所的管理人或者群众性活动的组织者，未尽到安全保障义务，造成他人损害的，应当承担侵权责任。”据此，违反安全保障义务的责任须具备以下要件。

其一，违反安全保障义务的主体是宾馆、商场、银行、车站、娱乐场所等公共场所的管理人或者群众性活动的组织者。

其二，须违反了安全保障义务。安全保障义务是指宾馆、商场、银行、车站、娱乐场所等公共场所的管理人或者群众性活动的组织者，应尽的合理限度范围内使他人免受损害的注意义务。

合理限度范围的确定，需要根据具体情况，结合义务人所管理的公共场所和组织的群众性活动的性质，由法官就个案加以判断。

其三，须有损害后果，即侵犯了他人的合法权益。

其四，须违反安全保障与损害后果之间有因果关系。

（2）违反安全保障义务侵权责任的承担。违反安全保障义务侵权责任的承担有两种类型。

① 安全保障义务人自己违反安全保障义务时的责任。根据《侵权责任法》第三十七条第1款规定，安全保障义务人因其未尽合理限度范围内的安全保障义务，造成他人损害的，由义务人承担侵权责任。此时，违反安全保障义务侵权责任适用过错责任原则。安全保障义务就其性质而言属于注意义务，未尽到适当的注意义务，即应认定过错的存在。

② 第三人侵权时安全保障义务人的责任。此种情况是指因第三人的原因造成受害人在安全保障义务人所管理的公共场所或者组织的群众性活动中遭受人身损害。此时，应当根据一般侵权行为的构成要件要求第三人承担侵权责任。但是，如果安全保障义务人未尽到安全保障义务的，应当在其能够防止或者制止的范围承担相应的补充赔偿责任。

5. 教育机构伤害责任

（1）教育机构伤害责任的概念。教育机构伤害责任，是指未成年人在教育机构学习、生活期间受到伤害的，该教育机构依法所应承担的侵权责任。

这里的教育机构，包括幼儿园、学校或者其他教育机构；包括公益性的，也包括营利性的；包括走读的，也包括全日制寄宿的。未成年人在教育机构学习、生活期间受到的伤害，包括来自教育机构本身的行为造成的伤害，如因学校的教学设备不符合安全标准引起的人身损害，教师变相体罚学生、侮辱学生人格尊严引起的人身损害等；还包括来自在同一教育机构学习、生活的其他未成年人行为造成的伤害，如学生之间互相嬉戏、玩耍造成的人身损害等；还包括来自教育机构以外的人员的伤害，如社会人员进入幼儿园殴打儿童，校外车辆在校园内撞伤学生等。

（2）教育机构伤害责任的承担。教育机构伤害责任的承担有三种类型。

① 无民事行为能力人在教育机构中受到伤害的责任承担。《侵权责任法》第三十八条规定："无民事行为能力人在幼儿园、学校或者其他教育机构学习、生活期间受到人身损害的，幼儿园、学校或者其他教育机构应当承担责任，但能够证明尽到教育、管理职责的，不承担责任。"

据此，无民事行为能力人在幼儿园、学校或者其他教育机构学习、生活期间受到人身损害的，适用过错推定原则。幼儿园、学校或者其他教育机构要想免除责任，需要举证证明自己已经尽到教育、管理职责。这里的教育、管理职责的范围应考虑时间和空间两方面因素。时间上应限定于学校等教育机构组织的教育、教学活动期间（包括其中的间歇，例如课间休息时间以及中午不离校的休息时间）；空间上应限定于教育机构负有管理责任的校舍、操场以及其他教育教学设施、生活设施范围内。在寄宿制教育机构，教育机构对整个寄宿期间的无民事行为能力人、限制民事行为能力人都负有教育、管理职责。

② 限制民事行为能力人在教育机构中受到伤害的责任承担。《侵权责任法》第三十九条规定："限制民事行为能力人在学校或者其他教育机构学习、生活期间受到人身损害，学校或者其他教育机构未尽到教育、管理职责的，应当承担责任。"据此，限制民事行为能力人在教育机构中受到伤害的，适用过错责任原则。在教育机构伤害责任的归责原则方面，《侵权责任法》对无民事行为能力人和限制民事行为人采取了区别对待的立法政策。在受害人为无民事行为能力人的场合，采过错推定原则；在受害人为限制民事行为能力人的场合，采过错责任原则。

③ 无民事行为能力人、限制民事行为能力人在教育机构中受到第三人侵害时的责任承担。

《侵权责任法》第四十条规定："无民事行为能力人或者限制民事行为能力人在幼儿园、学校或者其他教育机构学习、生活期间，受到幼儿园、学校或者其他教育机构以外的人员人身损害的，由侵权人承担侵权责任；幼儿园、学校或者其他教育机构未尽到管理职责的，承担相应的补充责任。"

对于补充责任，应当从以下两点去理解。

第一，第三人的侵权责任和安全保障义务人的补充责任有先后顺序。首先由第三人承担侵权责任，在无法找到第三人或者第三人没有能力全部承担侵权责任时，才由幼儿园、学校或者其他教育机构承担侵权责任。

第二，幼儿园、学校或者其他教育机构承担的补充责任是相应的补充责任。对于第三人没有承担的侵权责任，幼儿园、学校或者其他教育机构不是全部承担下来，而是在其未尽到安全保障义务的范围内承担，即根据幼儿园、学校或者其他教育机构未尽到的管理职责的程度来确定其应当承担的侵权责任和份额。

6. 产品责任

《中华人民共和国产品质量法》对这种侵权行为做了规定，《侵权责任法》第五章专门规定了产品责任。

(1) 产品责任的概念与构成要件。产品责任，是指产品的生产者、销售者，因其生产、销售的产品存在缺陷造成他人损害而应承担的侵权责任。

产品责任的成立须具备以下要件。

其一，产品存在缺陷。根据《产品质量法》的规定，所谓产品，是指经过加工、制作，用于销售的产品。所谓缺陷，是指产品存在危及人身、他人财产安全的不合理的危险；产品有保障人体健康以及人身、财产安全的国家标准、行业标准的，是指不符合该标准。根据该法第四十条规定，下列情况也属于缺陷范围：不具备产品应当具备的使用性能而事先未作说明的；不符合在产品或者其包装上注明采用的产品标准的；不符合以产品说明、实物样品等方式表明的质量状况的。

其二，须有损害后果，即他人的人身、财产遭受损害。

其三，须产品缺陷与损害事实之间有因果关系。

(2) 产品责任的承担。

① 产品责任的主体。《侵权责任法》第四十三条规定："因产品存在缺陷造成损害的，被侵权人可以向产品的生产者请求赔偿，也可以向产品的销售者请求赔偿。产品缺陷由生产者造成的，销售者赔偿后，有权向生产者追偿。因销售者的过错使产品存在缺陷的，生产者赔偿后，有权向销售者追偿。"第四十四条规定："因运输者、仓储者等第三人的过错使产品存在缺陷，造成他人损害的，产品的生产者、销售者赔偿后，有权向第三人追偿。"

根据上述规定，产品责任的责任主体是产品的生产者和销售者。受害人如果因产品存在缺陷而遭受损害的，可以选择生产者，也可以选择销售者请求赔偿。承担责任的生产者或者销售者，可以在彼此之间进行追偿。如果是产品运输者、仓储者等第三人的过错使产品存在缺陷，产品的生产者、销售者赔偿后，可以向该第三人追偿。

② 产品责任的归责原则。关于产品责任的归责原则，存在两种不同观点。一种观点认为产品责任适用过错责任原则，另一种观点认为产品责任适用无过错责任原则。本书认为，生产者的产品责任适用无过错责任原则，销售者的产品责任适用过错责任原则。其依据为《侵权责任法》第四十一条规定："因产品存在缺陷造成他人损害的，生产者应当承担侵权责任。"第四十二条规定："因销售者的过错使产品存在缺陷，造成他人损害的，销售者应当承担侵权责任。销售者不

能指明缺陷产品的生产者也不能指明缺陷产品的供货者的，销售者应当承担侵权责任。”

③ 产品责任的形式。其一，赔偿损失。《侵权责任法》第四十三条第 1 款规定：“因产品存在缺陷造成损害的，被侵权人可以向产品的生产者请求赔偿，也可以向产品的销售者请求赔偿。”

其二，排除妨碍、消除危险。《侵权责任法》第四十五条规定：“因产品缺陷危及他人人身、财产安全的，被侵权人有权请求生产者、销售者承担排除妨碍、消除危险等侵权责任。”

其三，警示、召回。《侵权责任法》第四十六条规定：“产品投入流通后发现存在缺陷的，生产者、销售者应当及时采取警示、召回等补救措施。未及时采取补救措施或者补救措施不力造成损害的，应当承担侵权责任。”

其四，惩罚性赔偿。《侵权责任法》第四十七条规定：“明知产品存在缺陷仍然生产、销售，造成他人死亡或者健康严重损害的，被侵权人有权请求相应的惩罚性赔偿。”

7. 机动车交通事故责任

（1）机动车交通事故责任的概念。机动车交通事故责任，是指机动车发生交通事故造成损害的，依照法律规定应承担的赔偿责任。

（2）机动车交通事故责任的承担。机动车交通事故责任承担有六种类型。

① 机动车所有人与使用人为同一人时发生交通事故后的责任承担。《侵权责任法》第四十八条规定：“机动车发生交通事故造成损害的，依照《道路交通安全法》的有关规定承担赔偿责任。”根据《中华人民共和国道路交通安全法》第七十六条的规定，机动车发生交通事故造成人身伤亡、财产损失的，由保险公司在机动车第三者责任强制保险责任限额范围内予以赔偿；不足的部分，按照下列规定承担赔偿责任：第一，机动车之间发生交通事故的，由有过错的一方承担赔偿责任；双方都有过错的，按照各自过错的比例分担责任。第二，机动车与非机动车驾驶人、行人之间发生交通事故，非机动车驾驶人、行人没有过错的，由机动车一方承担赔偿责任；有证据证明非机动车驾驶人、行人有过错的，根据过错程度适当减轻机动车一方的赔偿责任；机动车一方没有过错的，承担不超过10%的赔偿责任。交通事故的损失是由非机动车驾驶人、行人故意碰撞机动车造成的，机动车一方不承担赔偿责任。

《道路交通安全法》主要解决的是在强制保险责任限额范围内赔偿后不足部分的责任承担问题。按照该法规定，责任承担分三种情况。

其一，机动车之间发生交通事故后的赔偿责任。机动车之间发生交通事故的，由有过错的一方承担赔偿责任；双方都有过错的，按照各自过错的比例分担责任（《道路交通安全法》第七十六条第 1 款第 1 项）。

其二，机动车与非机动车驾驶人、行人之间发生交通事故后的赔偿责任。机动车与非机动车驾驶人、行人之间发生交通事故，非机动车驾驶人、行人没有过错的，由机动车一方承担赔偿责任；有证据证明非机动车驾驶人、行人有过错的，根据过错程度适当减轻机动车一方的赔偿责任；机动车一方没有过错的，承担不超过10%的赔偿责任（《道路交通安全法》第七十六条第 1 款第 2 项）。

其三，机动车一方不承担责任的情形。交通事故的损失是由非机动车驾驶人、行人故意碰撞机动车造成的，机动车一方不承担赔偿责任（《道路交通安全法》第七十六条第 2 款）。

② 租赁、借用机动车发生交通事故后的责任承担。《侵权责任法》第四十九条规定：“因租赁、借用等情形机动车所有人与使用人不是同一人时，发生交通事故后属于该机动车一方责任的，由保险公司在机动车强制保险责任限额范围内予以赔偿。不足部分，由机动车使用人承担赔偿责任；机动车所有人对损害的发生有过错的，承担相应的赔偿责任。”

之所以让机动车使用人承担赔偿责任，是因为使用人直接控制着机动车，更有能力和可能避免损害的发生。但是，如果所有人的过错对损害的发生造成了影响，则要承担相应的责任。

③ 转让并交付机动车但未办理所有权转移登记期间发生交通事故后的责任承担。《侵权责任法》第五十条规定："当事人之间已经以买卖等方式转让并交付机动车但未办理所有权转移登记，发生交通事故后属于该机动车一方责任的，由保险公司在机动车强制保险责任限额范围内予以赔偿。不足部分，由受让人承担赔偿责任。"

之所以让受让人承担责任的原因，是因为受让人控制着机动车，更有能力和可能避免损害的发生。

④ 转让拼装或者报废机动车发生交通事故后的责任承担。《侵权责任法》第五十一条规定："以买卖等方式转让拼装或者已达到报废标准的机动车，发生交通事故造成损害的，由转让人和受让人承担连带责任。"

拼装机动车或者驾驶已达报废标准的机动车，是违法行为；买卖拼装机动车或者已达报废标准的机动车，也是违法行为。因违法行为发生交通事故的，转让人和受让人承担连带责任。

⑤ 盗窃、抢劫或者抢夺的机动车发生交通事故后的责任承担。《侵权责任法》第五十二条规定："盗窃、抢劫或者抢夺的机动车发生交通事故造成损害的，由盗窃人、抢劫人或者抢夺人承担赔偿责任。保险公司在机动车强制保险责任限额范围内垫付抢救费用的，有权向交通事故责任人追偿。"

机动车被盗窃、抢劫或者抢夺后，机动车的所有人失去了对机动车的控制，被盗机动车辆的所有人不承担损害赔偿责任。相反，机动车由盗抢人控制，由其承担责任，既可能激励其避免损害的发生，也体现了对盗抢人的制裁和惩罚。

⑥ 发生交通事故后机动车驾驶人逃逸的责任承担。《侵权责任法》第五十三条规定："机动车驾驶人发生交通事故后逃逸，该机动车参加强制保险的，由保险公司在机动车强制保险责任限额范围内予以赔偿；机动车不明或者该机动车未参加强制保险，需要支付被侵权人人身伤亡的抢救、丧葬等费用的，由道路交通事故社会救助基金垫付。道路交通事故社会救助基金垫付后，其管理机构有权向交通事故责任人追偿。"

8. 医疗损害责任

（1）医疗损害责任的概念与构成要件。医疗损害责任，是指医疗机构及其医务人员在诊疗活动中使患者受到损害，依照法律规定应承担的赔偿责任。医疗损害责任的成立须具备以下要件。

其一，医疗机构及其医务人员实施了医疗行为。医疗侵权行为发生在医务人员以医疗机构名义从事的医疗活动中。因此，医务人员是行为主体，医疗机构是责任主体。

其二，患者遭受非正常的损害。在医疗活动中遭受一定的损害，是医疗行为不可避免的。但这种损害必须是正常医疗行为导致的合理损害。如果超出了合理范围，则即构成非正常的损害。

其三，须医疗机构及其医务人员有过错。《侵权责任法》第五十四条规定："患者在诊疗活动中受到损害，医疗机构及其医务人员有过错的，由医疗机构承担赔偿责任。"这表明医疗损害责任一般适用过错责任原则。但在某些特殊情况下，适用过错推定原则。根据《侵权责任法》第五十八条的规定，患者有损害，因下列情形之一的，推定医疗机构有过错：①违反法律、行政法规、规章以及其他有关诊疗规范的规定；②隐匿或者拒绝提供与纠纷有关的病历资料；③伪造、篡改或者销毁病历资料。

其四，须医疗行为与患者非正常损害之间具有因果关系。

（2）医疗损害责任的承担。医疗损害责任的承担有以下五种类型。

① 违反说明和征得同意义务的责任。《侵权责任法》第五十五条第1款规定："医务人员在诊疗活动中应当向患者说明病情和医疗措施。需要实施手术、特殊检查、特殊治疗的，医务人员应当及时向患者说明医疗风险、替代医疗方案等情况，并取得其书面同意；不宜向患者说明的，应当向患者的近亲属说明，并取得其书面同意。"第2款规定："医务人员未尽到前款义务，造成患者损害的，医疗机构应当承担赔偿责任。"

② 未尽到与当时医疗水平相应的诊疗义务的责任。根据《侵权责任法》第五十七条的规定，医务人员在诊疗活动中未尽到与当时的医疗水平相应的诊疗义务，造成患者损害的，医疗机构应当承担赔偿责任。

③ 医疗产品侵权的责任。医疗产品侵权，是指因药品、医疗设备存在缺陷造成患者损害的侵权行为。《侵权责任法》第五十九条规定："因药品、消毒药剂、医疗器械的缺陷，或者输入不合格的血液造成患者损害的，患者可以向生产者或者血液提供机构请求赔偿，也可以向医疗机构请求赔偿。患者向医疗机构请求赔偿的，医疗机构赔偿后，有权向负有责任的生产者或者血液提供机构追偿。"

④ 违反诊疗规范诊疗的责任。根据《侵权责任法》第六十条的规定，患者或者其近亲属不配合医疗机构进行符合诊疗规范的诊疗，医疗机构及其医务人员也有过错的，应当承担相应的赔偿责任。

⑤ 泄露患者隐私的责任。根据《侵权责任法》第六十二条的规定，医疗机构及其医务人员应当对患者的隐私保密。泄露患者隐私或者未经患者同意公开其病历资料，造成患者损害的，应当承担侵权责任。

(3) 医疗损害责任的免责事由。医疗损害责任属于一般侵权责任，一般侵权责任的免责事由对医疗损害责任都适用。但鉴于医疗行为的特殊性，除一般免责事由外，医疗损害责任还有一些特殊的免责事由。根据《侵权责任法》第六十条的规定，患者有损害，因下列情形之一的，医疗机构不承担赔偿责任。①患者或者其近亲属不配合医疗机构进行符合诊疗规范的诊疗。②医务人员在抢救生命垂危的患者等紧急情况下已经尽到合理诊疗义务。③限于当时的医疗水平难以诊疗。

9. 环境污染责任

(1) 环境污染责任的概念与构成要件。环境污染责任指污染环境造成他人损害的，污染者依法应当承担的侵权责任。其成立须具备以下要件。

其一，须有污染环境的行为。污染环境的行为，并非仅以排污行为超过了国家或地方规定的污染物排放标准来衡量。即使排污符合标准，但给他人造成损害的，仍构成污染环境行为，仍需承担侵权责任。

其二，须有环境污染的损害事实。

其三，须污染环境行为与损害事实之间存在因果关系。根据《侵权责任法》第六十六条的规定，因污染环境发生纠纷，污染者应当就其行为与损害之间不存在因果关系承担举证责任。据此，因果关系的举证责任实行倒置，即不是由受害人举证证明因果关系的存在，而是由行为人举证证明因果关系的不存在。如果不能证明因果关系不存在，则推定因果关系的存在。

(2) 环境污染责任的承担。《侵权责任法》第六十六条规定："因污染环境造成损害的，污染者应当承担侵权责任。"根据这一规定，环境污染责任适用无过错责任原则。法律之所以做出这种规定，是由于污染环境会严重威胁社会大众的生命和财产安全，如果不适用无过错责任，势必严重威胁人类的生存与发展。

环境污染责任的承担有以下两种类型。

① 数个污染者侵权责任的承担。根据《侵权责任法》第六十七条的规定，两个以上污染者污染环境，污染者承担责任的大小，根据污染物的种类、排放量等因素确定。

② 因第三人过错污染环境的责任的承担。第三人过错，是指污染者与受害人之外的第三人，对受害人损害的发生具有过错。此种过错包括故意和过失。根据《侵权责任法》第六十八条的规定，因第三人的过错污染环境造成损害的，被侵权人可以向污染者请求赔偿，也可以向第三人请求赔偿。污染者赔偿后，有权向第三人追偿。

10. 高度危险责任

（1）高度危险责任的概念与构成要件。高度危险责任，是指从事高度危险作业造成他人损害的，依法应当承担的侵权责任。高度危险责任一般都存在责任限额。根据《侵权责任法》第七十七条的规定，承担高度危险责任，法律规定赔偿限额的，依照其规定。高度危险责任的成立须具备以下要件。

其一，行为人从事了高度危险作业。高度危险作业，是指从事高空、高压、高速、易燃、易爆、剧毒、放射性等对周围环境具有高度危险性的活动。高度危险作业应具备两个条件，一是作业本身具有高度的危险性；二是即使采取安全措施并尽到了相当的注意义务，也无法避免损害。

其二，须有损害后果。即损害了他人的人身和财产利益。

其三，行为人从事的高度危险作业与损害之间存在因果关系。

（2）高度危险责任的承担。《侵权责任法》第六十九条规定：“从事高度危险作业造成他人损害的，应当承担侵权责任。”据此，高度危险作业致人损害责任适用无过错责任。法律之所以这样规定，是为了促使从事高度危险作业的人提高责任心和不断改进技术安全措施，以保障社会公众的人身、财产安全。高度危险责任的承担有七种类型。

① 民用核设施致害责任。《侵权责任法》第七十条规定：“民用核设施发生核事故造成他人损害的，民用核设施的经营者应当承担侵权责任，但能够证明损害是因战争等情形或者受害人故意造成的，不承担责任。”据此，民用核设施的核事故致人伤害适用无过错责任。民用核设施的经营者要想免责，需要自己举证证明损害是因战争等情形或者受害人故意造成的。

② 民用航空器致害责任。《侵权责任法》第七十一条规定：“民用航空器造成他人损害的，民用航空器的经营者应当承担侵权责任，但能够证明损害是因受害人故意造成的，不承担责任。”据此，民用航空器致人损害适用无过错责任。民用航空器的经营者要想免责，需要自己举证证明损害是因受害人故意造成的。

③ 易燃、易爆、剧毒、放射性等高度危险物致害责任。《侵权责任法》第七十二条规定：“占有或者使用易燃、易爆、剧毒、放射性等高度危险物造成他人损害的，占有人或者使用人应当承担侵权责任，但能够证明损害是因受害人故意或者不可抗力造成的，不承担责任。被侵权人对损害的发生有重大过失的，可以减轻占有人或者使用人的责任。”据此，占有、使用易燃、易爆、剧毒、放射性等高度危险物致人损害适用无过错责任。占有人或者使用人要想免责，需要自己举证证明损害是因受害人故意或者不可抗力造成的。

④ 从事高空、高压、地下挖掘活动或者使用高速轨道运输工具致害责任。《侵权责任法》第七十三条规定：“从事高空、高压、地下挖掘活动或者使用高速轨道运输工具造成他人损害的，经营者应当承担侵权责任，但能够证明损害是因受害人故意或者不可抗力造成的，不承担责任。被侵权人对损害的发生有过失的，可以减轻经营者的责任。”据此，从事高空、高压、地下挖掘活动或者使用高速轨道运输工具致人损害适用无过错责任。经营者要想免责，需要自己举证证明损害是因受害人故意或者不可抗力造成的。

⑤ 遗失、抛弃高度危险物致害责任。《侵权责任法》第七十四条规定："遗失、抛弃高度危险物造成他人损害的，由所有人承担侵权责任。所有人将高度危险物交由他人管理的，由管理人承担侵权责任；所有人有过错的，与管理人承担连带责任。"据此，遗失、抛弃高度危险物致人损害责任适用无过错责任。所有人将高度危险物交由他人管理的，由管理人承担侵权责任；所有人有过错的，与管理人承担连带责任。这里的"所有人有过错"，是指所有人未选择符合资质的管理人，或者未如实告知高度危险物的性质、危害、应急措施等有关情况。如果管理人遗失、抛弃高度危险物造成他人损害的，所有人与管理人承担连带责任。

⑥ 非法占有高度危险物致害责任。《侵权责任法》第七十五条规定："非法占有高度危险物造成他人损害的，由非法占有人承担侵权责任。所有人、管理人不能证明对防止他人非法占有尽到高度注意义务的，与非法占有人承担连带责任。"

所谓非法占有，是指明知自己无权占有，而通过盗窃、抢劫非法手段将他人物品据为己有。按照高度危险物致害责任原理，一般由实际控制人承担侵权责任。因此，应当由非法占有人承担侵权责任，且为加重其责任，适用无过错责任原则。

⑦ 未经许可进入高度危险活动区域受害责任。根据《侵权责任法》第七十六条的规定，未经许可进入高度危险活动区域或者高度危险物存放区域受到损害，管理人已经采取安全措施并尽到警示义务的，可以减轻或者不承担责任。

11. 饲养动物损害责任

(1) 饲养动物损害责任的概念与构成要件。饲养动物损害责任，是指动物饲养人或者管理人因其饲养的动物致人损害而应当承担的侵权责任。饲养动物损害责任的成立须具有以下要件。

其一，须有饲养动物的加害行为。首先，加害动物必须为饲养动物，即为人们管束喂养的动物。野生动物，因无管理人，其造成的损害，谈不上由谁承担责任。其次，饲养动物为加害，必须是指基于动物的本能，而非受人的驱使。如无人看管的狗在大街上咬伤行人，这属于动物的本能动作。但如果狗是在人的驱使下去咬伤路人，则此情形不构成饲养动物损害责任，而是应由动物驱使者承担一般侵权责任。

其二，须有造成他人损害的事实。

其三，须饲养动物加害行为与损害之间存在因果关系。

(2) 饲养动物损害责任的承担。《侵权责任法》第七十八条规定："饲养的动物造成他人损害的，动物饲养人或者管理人应当承担侵权责任，但能够证明损害是因被侵权人故意或者重大过失造成的，可以不承担或者减轻责任。"据此，饲养动物损害责任一般适用无过错责任原则，即只要饲养的动物造成他人损害，动物饲养人或者管理人就应当承担侵权责任。饲养动物损害责任的承担有以下五种类型。

① 未对动物采取安全措施致害责任。根据《侵权责任法》第七十九条的规定，违反管理规定，未对动物采取安全措施造成他人损害的，动物饲养人或者管理人应当承担侵权责任。

② 禁止饲养的危险动物致害责任。根据《侵权责任法》第八十条的规定，禁止饲养的烈性犬等危险动物造成他人损害的，动物饲养人或者管理人应当承担侵权责任。

③ 动物园动物致害责任。根据《侵权责任法》第八十一条的规定，动物园的动物造成他人损害的，动物园应当承担侵权责任，但能够证明尽到管理职责的，不承担责任。

④ 遗弃、逃逸的动物致害责任。根据《侵权责任法》第八十二条的规定，遗弃、逃逸的动物在遗弃、逃逸期间造成他人损害的，由原动物饲养人或者管理人承担侵权责任。

⑤ 因第三人过错致使动物致害责任。《侵权责任法》第八十三条规定："因第三人的过错致使

动物造成他人损害的，被侵权人可以向动物饲养人或者管理人请求赔偿，也可以向第三人请求赔偿。动物饲养人或者管理人赔偿后，有权向第三人追偿。”第三人过错是指被侵权人和动物饲养人或者管理人以外的人对动物造成损害有过错。第三人的过错在大多数场合表现为有意挑逗、投喂、诱使动物等，其后果致使他人受到人身或者财产的损害，其实质是实施了诱发动物致害的行为。

12. 物件损害责任

（1）物件损害责任的概念。物件损害责任，是指物件管领人因其物件造成他人损害而应当承担的侵权责任。因为“物件等同于人的手臂的延长”，所以，物件致人损害等同于物件的所有人、管理人或使用人实施了侵权行为致人损害。

（2）物件损害责任的承担。物件损害责任的承担有以下八种类型。

① 建筑物及其搁置物等脱落、坠落致害责任。根据《侵权责任法》第八十五条的规定，建筑物、构筑物或者其他设施及其搁置物、悬挂物发生脱落、坠落造成他人损害，所有人、管理人或者使用人不能证明自己没有过错的，应当承担侵权责任。所有人、管理人或者使用人赔偿后，有其他责任人的，有权向其他责任人追偿。建筑物、构筑物或者其他设施及其搁置物、悬挂物发生脱落、坠落致人损害责任适用过错推定原则，是因为受害人几乎无法证明所有人、管理人或者使用人存在过错。

② 建筑物或者其他设施倒塌致害责任。建筑物、构筑物或者其他设施倒塌致人损害的责任适用无过错责任原则。《侵权责任法》第八十六条规定：“建筑物、构筑物或者其他设施倒塌造成他人损害的，由建设单位与施工单位承担连带责任。建设单位、施工单位赔偿后，有其他责任人的，有权向其他责任人追偿。因其他责任人的原因，建筑物、构筑物或者其他设施倒塌造成他人损害的，由其他责任人承担侵权责任。”

③ 从建筑物中抛物或者从建筑物上坠物致害责任。《侵权责任法》第八十七条规定：“从建筑物中抛掷物品或者从建筑物上坠落的物品造成他人损害，难以确定具体侵权人的，除能够证明自己不是侵权人的外，由可能加害的建筑物使用人给予补偿。”此处的“建筑物使用人”，是指在侵权行为发生时建筑物的实际使用人，包括建筑物的所有权人、承租人、借用人以及其他使用建筑物的人。可能加害的建筑物使用人给予补偿时，建筑物的各个使用人之间并非承担连带责任，而是按份分别对受害人进行补偿。

④ 堆放物倒塌致害责任。根据《侵权责任法》第八十八条的规定，堆放物倒塌造成他人损害，堆放人不能证明自己没有过错的，应当承担侵权责任。堆放物倒塌致人损害责任适用过错推定原则。

⑤ 公共道路上堆放、倾倒、遗撒物品致害责任。根据《侵权责任法》第八十九条的规定，在公共道路上堆放、倾倒、遗撒妨碍通行的物品造成他人损害的，有关单位或者个人应当承担侵权责任。公共道路上堆放、倾倒、遗撒妨碍通行物品致人损害责任适用无过错责任原则。

⑥ 林木折断致害责任。《侵权责任法》第九十条规定：“因林木折断造成他人损害，林木的所有人或者管理人不能证明自己没有过错的，应当承担侵权责任。”据此，林木折断致人损害责任适用过错推定原则。林木的所有人或者管理人要想免责，需要自己举证证明没有过错存在。

⑦ 公共场所或者道路上施工致害责任。根据《侵权责任法》第九十一条第 1 款的规定，在公共场所或者道路上挖坑、修缮安装地下设施等，没有设置明显标志和采取安全措施造成他人损害的，施工人应当承担侵权责任。

⑧ 地下设施致害责任。根据《侵权责任法》第九十一条第 2 款的规定，窨井等地下设施造成

他人损害，管理人不能证明尽到管理职责的，应当承担侵权责任。地下设施致人损害责任适用过错推定原则。

练习题

一、单项选择题

1. 因堆放物品倒塌造成他人损害的，如果当事人均无过错，应当（　　）。

A. 根据无过错责任原则处理　　B. 由堆放物品的人承担责任

C. 根据公平原则酌情处理　　D. 由受害人自己承担责任

2. 甲、乙、丙三人进山打猎，见草丛中有动静，三人同时开枪，结果造成采药人李某重伤。现无法确定是谁射中的。李某的损害应由（　　）承担。

A. 甲、乙、丙共同　　B. 甲、乙、丙与李某共同

C. 李某自己　　D. 山林的管理人

3. 甲、乙二人路过丙家门口时，甲提议赛跑，乙表示同意。二人刚开始跑，即引得丙家的狼狗追赶，仓皇中，乙摔倒在地，左臂骨折。对乙的损害应由（　　）负担。

A. 甲　　B. 丙

C. 甲、乙　　D. 甲、乙和丙

4. 2015 年的一天，某甲骑自行车逆行，与正在执行公司运输任务的李某所开的卡车相撞，造成李某的自行车报废。查当时李某是违章调头。某甲的损失应由（　　）承担。

A. 某甲　　B. 李某

C. 某公司和某甲共同　　D. 李某和某甲共同

5. 2017 年 2 月 3 日，某甲从乙商店购买了丙厂生产的保温瓶，当天在正常使用过程中，发生爆炸，使某甲胳膊被烫伤。某甲的损失应由（　　）承担责任。

A. 乙商店和丙厂　　B. 某甲

C. 某甲和乙商店　　D. 某甲和丙厂

6. 根据我国《民法通则》的规定，受害人对于损害的发生也有过错的，（　　）侵害人的民事责任。

A. 可以免除　　B. 可以减轻

C. 由双方平均分担　　D. 可以免除或减轻

7. 因紧急避险造成损害的，如果险情是由于人为的原因引起的，则由（　　）承担民事责任。

A. 紧急避险人　　B. 引起险情的人

C. 紧急避险人和引起险情的人　　D. 受害人自己

8. 某气象局在机关院内铺设管道，由甲工程队负责施工。由于工程队在马路上违规码放管线，当某乙（七岁）经过此地时，管线塌落，造成某乙当场死亡。对某乙的死亡应由（　　）承担责任。

A. 某气象局　　B. 甲工程队

C. 某气象局和工程队　　D. 某气象局、工程队和乙的监护人

二、简答题

1. 简述无过错责任原则。

2. 简述一般侵权行为民事责任的构成要件。

3. 简述动物致人损害的民事责任的构成要件及免责条件。

三、论述题

论监护人责任。

四、案例分析题

2014 年，某施工队承包了某大学的地下管道铺设工程，在一条南北走向的通道上，挖了一条一米深的大沟，准备安装地下管道。施工队在开挖处的路段上，竖立了一个木牌，上写“此处施工，行人及车辆禁止通行”。一天晚上，张三骑车路过此处，因没有看见禁止通行的木牌而掉进沟里。后经他人相救送往医院，经查：张三左臂骨折以及其他部位的擦伤，共花医疗费 749 元，被迫休息一个月。张三找到施工队要求赔偿，遭到拒绝，张三即以施工队为被告起诉到人民法院，要求施工队赔偿医药费 749 元、自行车修理费 60 元、误工补助费 610 元，并承担本案诉讼费。

施工队辩称：在道路上挖沟进行施工是经过有关部门批准的，在开挖处也设立了标志。张三掉进沟里纯系他自己骑车不注意所造成的，施工队没有过错，也不应对张三的损失承担赔偿责任。

问：法院应如何判决？理由是什么？

参考答案

扫码阅读

附　录

最近 2 年成人高等学校招生全国统一考试·民法（专升本）

在线答题　　在线答题

全国各类成人高等学校招生复习考试大纲

——专科起点升本科

民　法

扫码阅读

样　题

在线答题